독일 철학 개론

칸트에서 하버마스까지

KB055605

독일 철학 개론

: 칸트에서 하버마스까지

2024년 4월 22일 초판 1쇄 발행

지음 앤드류 보위
옮김 김지호
도움 강지하
펴냄 김지호

도서출판 100
전 화 070-4078-6078
팩 스 050-4373-1873
소재지 경기도 파주시 아동동
이메일 100@100book.co.kr
홈페이지 www.100book.co.kr
등록번호 제2016-000140호

ISBN 979-11-89092-47-4 93160

차례

- 저자가 *italic*체로 강조한 부분은 **굵은 글씨**로 표기했고, 낱말 첫 자를 대문자로 강조한 부분은 필요에 따라 고딕체로 표기했다.
- 독자의 이해를 돕기 위해 옮긴이가 첨언한 부분은 다음과 같이 표시했다.

  - 옮긴이 주: ●
  - 내용 삽입: 〔 〕
  - 앞말 보충: 가운데 첨자

머리말

아인슈타인은 언젠가 이렇게 말했다. "모든 것은 더 단순하게가 아니라 가능한 한 단순하게 해야 한다." 근대 독일 철학을 설명하는 일과 관련해서 한 말은 아니지만, 아마 같은 원리가 적용될 수 있을 것이다. 이 책은 최근 인문학 이론 작업의 상당한 배경을 이루면서도 자주 도외시되었던 칸트에서 현재까지의 독일 철학을 설명한다. 나의 목표는 이 만만찮은 영역에서 첫 방향을 잡아 줄 책이 필요한 인문학 학생들과 교사들에게 쉽게 이해할 수 있으면서도 환원적이지 않은 개론의 형태로 독일 철학 전통의 주요 관심사를 제시하는 것이다. 또한 이 책은 도널드 데이비슨, 넬슨 굿맨, 힐러리 퍼트넘, 리처드 로티, 윌프리드 셀라스 등의 논의에 비추어서, 영미 철학의 관심사와 유럽 전통의 관심사 사이에 굳건한 경계가 허물어지고 있음을 인식한 영미 '분석' 철학 전통에서 연구하는 이들을 염두에 두고 쓴 것이다.[1]

이러한 기획에는 상당한 어려움이 따르게 된다. 다루어야 할 범위가 넓을 뿐만 아니라, 이 전통을 형성하는 텍스트들은 대개 비전문가 독자들이 이해하기 어려운 방식으로 쓰였고 텍스트 해석에도 논란의 여지가 있기 때문이다. 극단적인 예를 들면, 어떤 이들(어떤 면에서는 나도 포함된다)은 니체를 나중에 나치 이데올로기에 영향을 미친 위험한 사회 진화론자로 간주하는 반면, 어떤 이들(이를테면 자크 데리다 같은 사람)은 니체를 페미니스트 사유의 귀중한 원천으로 간주한다. 첫 번째 문제와 관련하여 나는 대체로 텍스트를 길게 인용하지 않으려 했는데, 해당 텍스트를 설명하기 위해 긴 해설이 필요할 수 있기 때문이다. 하지만 때에 따라 핵심 구절을 어느 정도 자세히 다뤘다. 두 번째 문제와 관련하여 나는 내 의제를 제한하려고 노력했다. 즉, 오늘날 인문학 분야에서 일하는 사람들이 관심을 두는 문제나, 자연 과학자 중 자신의 과학 연구에서 철학적 문제를 성찰하고자 하는 사람들이 관심을 두는 그런 문제들로 말이다. 이러한 접근을 통해 해석적 쟁점들과 관련된 문헌을 광범위하게 다루지 않을 수 있었다. 그래서 분명 독자들은 내가 해당 사상가들이 했던 작업의 복잡성을 공정하게 다루고 있지 않다는 느낌을 지우지 못할 것이다. 하지만 그렇게 느꼈다면 내가 목표한 바를 오해해서일 수도

1   이 사상가들은 다음과 같은 생각을 포기해야 한다는 확신을 공유한다. 즉, 세계에 '이미 만들어져 있는' 어떤 본래적 구조가 있고, 이 구조는 믿을 만한 지식을 제공하며, 또한 이 구조에 오류 없이 접근하는 방식이 있다는 생각이다. 이러한 생각이 어떤 것인지는 책을 읽는 과정에서 철학에 익숙하지 않은 독자들에게도 점점 분명해질 것이다. 이러한 생각의 예로 다음을 보라. Davidson (1984), Goodman (1978), Putnam (1983), Rorty (1980), Sellars (1997).

있다. 이 책의 핵심은 독자들이 전반적으로 어려워 보이는 일차 자료에 다른 안내서의 도움 없이도 다가갈 수 있게 하는 것이다. 이러한 목표가 이루어진다면, 독자들이 나중에 일차 자료를 붙들고 나의 판단 중 미심쩍어 보이는 것들을 수정해 나갈 수 있을 것이다.

여기서 하나 더 언급하고 싶은 방법론적인 점은 내가 하는 이야기의 성격에 관한 것이다. 영미 철학 전통에서 하는 철학사 이야기 중 일부는 앞선 논증을 무효화하면서 계속 대체되는 일련의 철학적 주장을 설명하는 것으로 이루어진다. 그런 접근법은 몇몇 목적에 유효하다. 하지만 철학적 입장들이 더 일반적인 공동체에서 대체로 받아들여지게 된 이유는 거의 보여 주지 못한다. 그런 접근법은 또한 철학 논증이 역사적, 정치적 논쟁 속에 위치하는 방식을 다루지 못한다. 논증이 자리한 위치는 논증 자체의 성격에 영향을 미칠 수 있고, 당연히 그 역도 마찬가지다. 철학 논증이 철학 이론의 성공을 항상 결정하는 게 아니라는 것은 단순한 사실이다. 하지만 무엇이 실제로 철학 이론의 성공을 결정하는지에 관한 그럴듯한 일반 이론이 대안으로 나올 수 있는 것은 아니다. 실제 상황에서 이론의 성공은 수많은 요인에 따라 달라지므로 해당 영역에 대한 구체적인 연구를 통해서만 보다 적절한 판단에 도달할 수 있다. 나의 주 관심사는 독일 전통의 주요 저작들이 오늘날 인문학의 이론적 접근과 철학에서 수행하는 역할에 관한 것이다. 마지막으로 언급하고 싶은 점은, 이 책은 순서대로 읽는 것이 가장 좋다는 것이다. 앞 장에서 살핀 논증과 개념이 이어지는 장들에 나오는 사상을 이해하는 데 필요한 경우가 많기 때문이다. 나는 생소한 철학 개념이 처음 나올 때 기본적인 설명을 제시하려고 노력했다(또한 용어 설명도 부록으로 실었다). 다시 등장한 개념이 이해가 되지 않는다면, 색인이나(설명이 나오는 면수를 굵은 글씨로 표시했다) 부록의 용어 설명을 찾아보아야 할 것이다. 각 장 끝에는 저자나 주제에 대해 더 읽을거리를 선별하고 간략한 논평을 덧붙인 목록이 있다. 목록에 있는 작품(모두 영역본*)은 해당 철학자의 작업과 그가 속한 운동을 탐구할 기회를 어느 정도 제공한다. 또한 관련 철학자의 보다 전문적인 측면에 대한 서지 정보를 제공하며, 이는 이 책에서 둘 이상의 장과 관련될 수도 있다. 참고 문헌 목록에 있는 책 중에서도 큰 그림을 보여 주는 유용한 책은 더 읽을거리에 포함했다.

이 책을 완성하는 데 인문학 연구위원회Arts and Humanities Research Board의 연구 휴가 제도가 도움이 되었다.

● 　옮긴이 주: 우리말 번역본이 있는 경우 함께 표기했다.

서론

왜 독일 철학은 우리의 철학 문화와 이론 문화에서 핵심을 이루면서도 동시에 사상과 역사적 현실이 잘못된 방식으로 만날 때 발생할 수 있는 일에 대한 경고인가? 이 물음에 대한 답들은 이론적 성찰이 전례 없이 널리 퍼져 있는 인문학의 현대적 상황에서 중요한 역할을 할 수 있을 것이다. '문학 이론' 및 '대륙' 내지 '유럽' 철학이라는 제목하에 진행되는 이론의 발전은 대부분의 인문학 주제에서 언어, 주체성, 과학 및 예술 개념을 재고하게 했다. 그러나 인문학에서 거의 모든 새로운 방향이 1780년대 임마누엘 칸트의 작업에서 시작하여 독일 낭만주의, 독일 관념론, 역사적 유물론, 현상학, 해석학 및 비판 이론을[1] 거쳐 오늘날까지 이어지는 독일 철학 전통에 얼

---

1   나는 철학의 종류에 대한 전문 명칭이나 내 논증에 필요한 전문 용어가 처음 나올 때 대부분 본문이나 각주에서 설명할 것이다. 이런 용어 중 상당수는 부록의 용어 설명에도 있다. 여기는 본론이 아니므로 언급된 용어의 내용은 나중에 설명할 예정이다.

마나 많이 의존하고 있는지는 거의 알려지지 않았다. 예를 들어, 권력과 지식이 어떻게 해서 뗄 수 없는 관계인지 관한 미셸 푸코의 성찰은 19세기 말 프리드리히 니체의 사상에서부터 18세기 말과 19세기 초 아르투어 쇼펜하우어, F. W. J. 셸링, J. G. 피히테의 작업, 심지어 18세기 초반 고트프리트 라이프니츠의 작업까지 거슬러 올라가는 사상에 의존한다. 요즘에는 영미의 분석 철학 전통뿐만 아니라 모든 '이론' 영역에서 몇 가지 버전의 '언어적 전환'을 추종하는 경향이 거의 보편적이다.[2] 언어적 전환은 철학의 초점을 정신의 작용에서 언어의 역할로 옮겼는데, 이 역시 칸트 및 칸트 이후의 독일 전통에서 그 기원을 추적할 수 있다.[3] 사회 이론 같은 다른 몇몇 인문학 영역에서는 독일 철학 전통의 영향이 널리 인정되고 있다. 하지만 그렇다고 해서 여기에서 제시하는 식으로 이 전통에 대한 더 폭넓은 철학적 검토로 이어지지는 않았다.

근대 문화의 거의 모든 영역에 독일이 미치는 지배적 역할을 고려해 볼 때, 최근 이론에서 독일 전통에 폭넓게 관심을 기울이지 않는 것은 특히 의아하다. 칸트, G. W. F. 헤겔, 카를 마르크스, 니체, 마르틴 하이데거의 철학 저술과 모차르트, 베토벤, 바그너, 쇤베르크

---

2   하지만 언어적 전환이 의미와 정신에 관한 모든 문제를 해결하지 못할 수 있다는 의심이 분석 철학과 유럽 철학에서 공통으로 나타나고 있다.

3   이러한 점이 직접적으로 해당하지 않는 이론의 명백한 예는 페미니스트 이론과 젠더 이론으로, 이 이론들은 진정으로 새로운 지평을 열었다고 할 수 있다. 하지만 여기서도, 그러한 이론들에서 현재 사용되는 여러 개념적 자원은 헤겔, 니체, 하이데거 및 낭만주의와 후기 낭만주의 전통의 인물들에게서 발견될 수 있다. 그런데 니체와 하이데거 같은 이 전통의 특정 사상가에 대해서는 관심을 기울이고 있지만, 더 큰 그림과 그 함의에 관해서는 관심이 부족했다.

의 음악 작품은 다른 문화 전통과 비교할 수 없는 방식으로 근대 세계의 관심사를 다루었다고 흔히 여겨진다. 하지만 이렇게 뛰어난 독일의 지적 성취가 근대 독일의 악행과도 연결된다는 느낌을 지울 수 없다. 이것이 수많은 현대 이론에서 독일 철학의 역할이 소극적으로 다루어지는 이유 중 하나다.[4] 18세기 후반부터 독일에서 철학 활동과 음악적 창의성이 강렬해진 것은 독일 사회가 다른 유럽 국가들과 달리 정치적, 사회적, 경제적으로 변혁하지 못한 것과 관련된다. 역사가들은 대개 이 초기 실패를 독일이 19세기 후반에 뒤늦게 근대화를 시작했다는 점과 연결한다. 이 시기에는 전통적 형태의 봉건 사회 및 정치 구조가 새로운 형태의 생산 및 교역과 나란히 공존했다. 이 새로운 형태를 독일 문화의 한 부분으로 만들기 위해 필요한 사회정치적 변화는 전혀 일어나지 않았거나 너무 늦게 일어나서 사회적으로 통합하고 안정화하는 효과를 내지 못했다. 이러한 괴리는 사회의 여러 측면이 때때로 매우 다른 속도로 발전하는 근대 독일의 특징이다. 독일 철학에 대한 무비판적 추종자라고 할 수 없는 작가 하인리히 하이네는 1834년 작품인 《독일의 종교와 철학의 역사에 대하여》에서 일찍이 "독일 철학은 인류 전체와 관련된 중요한 문제이며, 우리가 혁명보다 철학을 먼저 이룬 것에 대해 비난을 받아야 할지 칭찬을 받아야 할지는 아득히 먼 후손들만이 판단할 수 있을 것이다"라고 말했다(Heine n.d. 615-16). 그 순서가 반대였다면, 유럽이 사회적, 정치적, 역사적으로 분명 득을 보았을 것이다. 그

---

4   이에 대한 좀 더 우연적인 이유는 미국과 유럽의 독일 연구 중 상당수가 의제를 협소하게 설정했다는 점이다. 이제 의제가 확대되고 있다.

러나 이러한 점이 독일의 철학적 혁명이 우리의 세계 이해에 제공한 것을 무시할 이유는 아니다.[5] 그렇다면 근대 철학이 독일에서 가장 두드러지게 발전한 이유는 무엇일까?

카를 마르크스가 1848년에 〈공산당 선언〉에서 했던, 자본주의에서 "굳어진 것은 모두 사라진다"는 말이 여기서 실마리를 제공한다. 마르크스가 의미한 바는 새로운 시장 경제가 전통에 의해 주어진 고정된 세계 질서 관념을 약화했다는 것이다. 특정한 용도에 있는 대상의 가치를 화폐 가치에 종속시킴으로써 그렇게 했다는 것이다. 시장 경제로 인해 그 어느 때보다 사물의 가치가 사물 자체의 본유적 가치나 사물의 전통적, 신학적 가치보다 사물이 직면한 상황에 좌우된다. 이러한 변화는 근대성의 다른 측면에도 반영되어 있으며, 독일은 이러한 변화에 적응하는 데 계속 큰 어려움을 겪었다. 따라서 독일이 이러한 변화에 대해 더욱 정교하게 이론적으로 대응할 가능성이 커졌다. 대략적으로 말하면, 근대성에는 이전에 확립된 질서를 붕괴시킬 만한 다섯 가지 서로 연관된 차원이 있다.

1. 옛 사회적, 정치적, 경제적 **위계질서**는 변천하는 새로운 위계질서로 대체되고, 이러한 새로운 위계질서에서는 더 이상 기존 전통이나 신학에서 곧바로 가치들이 도출되지 않는다.

2. 사회에서 주어진 위치와 신이 부여한 타고난 본성으로 인해 사람

5　내가 볼 때, 근대 과학 기술이 지배하는 세계에서 현대 이슬람 세계의 발전은 독일의 발전과 우려할 만한 유사점이 있다. 두 경우 모두 에른스트 블로흐가 "비동시성"이라고 부른 것, 즉 근대 기술과 전근대 신념의 공존이 종종 파괴적인 영향을 미친다.

들이 안정적인 **정체성**을 갖는다는 생각은 상반되는 두 가지 새로운 생각으로 대체된다. 첫째, 더 높은 권위가 나를 규정하는 게 아니라 내가 자율적으로 나 자신을 **만들어 갈** 수 있다. 둘째, 역사적으로 변하는 새로운 사회적·경제적 압력, 나를 사회화한 언어, 그리고 어린 시절 양육, 무의식, 계급 구조에서 내 위치와 같은 다른 요인들로부터 내가 **만들어지는데**, 이 모든 것이 궁극적으로 내 통제를 벗어난 것이다.

3. 신학에 기초한 **지식**과 대를 이어 내려오며 확립된 권위는 자연 과학과 인문학에서 경험적 연구를 통해 점점 더 놀라운 속도로 변하고 있는 지식으로 대체된다.

4. 주로 권력자를 위한 유희나 종교 의식과 관련된다고 여겨졌던 **예술**은 오로지 예술 자체의 변화하는 규칙과 예술가의 자유에만 종속되는 '자율적인' 것으로 여겨지게 된다. 그러나 동시에 예술 자체도 다른 상품과 마찬가지로 사고팔 수 있는 상품이 된다.

5. 이전에는 **언어**가 신으로부터 유래했다고 생각했고 따라서 사물의 선재적 질서를 반영하는 상징 매체라고 생각했으나, 이제는 세계에 존재하는 것을 어떤 식으로 '구성'하는 것으로 여기게 되었다. 언어는 사물에 그 사물이게끔 하는 이름을 부여함으로써 사물을 드러낸다. 따라서 시와 음악의 언어에 더 큰 중요성이 부여되고, 서로 다른 민족의 언어가 세계에 대한 새로운 시각을 제공할 수 있는 방식에 새로운 관심이 생긴다.

이 다섯 가지 차원은 앞으로 나올 장에서 중요한 역할을 할 것이다.

여기서 논의하는 변화는 모두 어떤 불가결한 긴장의 측면을 포함하며, 그 긴장은 특히 근대 세계에 독일이 보인 반응의 특징으로 나타난다. 한편으로 전통적 질서의 붕괴로 인해 기술적, 창의적 잠재력이 해방돼서 이전에는 생각지 못했던 새로운 가능성이 생겼다. 다른 한편으로 전통적 질서가―대개 억압적이긴 했으나―제공했던 안정성을 상실했다. 따라서 사람들이 자신을 위치시킬 새로운 준거점을 애타게 찾거나, 새로운 질서의 파괴적인 힘에 대항하여 옛 질서를 유지하고자 하는 경우도 많았다. 기존 질서의 파괴와 새로운 질서 수립 사이의 이러한 긴장은 근대 독일의 역사와 철학 모두를 이해하는 데 매우 중요하다. 이러한 긴장이 오늘날까지 독일에서 얼마나 큰 역할을 하는지는 1989년 독일 민주 공화국*독 붕괴의 영향에 대한 다음의 관찰이 보여 준다. 독일 민주 공화국 "사람들에겐 그 어떤 결정도 허락되지 않았다. 그들이 결정할 것이 남아 있지 않았기 때문이며, 역사가 '저 위에서' 이미 모든 것을 결정했기 때문이다." 장벽이 무너진 다음에는 이 긴장의 이면이 전면에 등장했다. "이제 사람들은 자유 속에서 스스로 결정할 수 있고 결정해야 한다. 기존의 모든 제도가 붕괴했고, 예전에 확실했던 것들이 모두 사라졌다. … 자유는 기쁨인 동시에 공허함에 빠지는 것이기도 하다. 이제 모두가 스스로 자신을 돌보도록 하라. 무엇이 규칙인가? 누가 책임자인가?"(프리드리히 쇼를렘머, Elliott 1999: 156-57에서 재인용). 독일 민주 공화국 최악의 측면은 근대성과 뗄 수 없는 자유를 통제할 방법을 찾으려 한 데서 비롯된 결과였으며, 이는 근대 독일 철학 전반에 걸친 주요 쟁점이기도 했다.[6]

근대 독일 철학 전통의 주요 요소들이 어떻게 생기게 되었는지 이해하기 위해, 질서의 파괴와 창조 사이에서 본질적인 긴장의 조짐을 살펴보면 유용하다. 이는 우리가 살펴볼 독일 사상가들에 대한 빈번한 참조점이 된다. 근대 세계의 기반이 되는 두 개의 텍스트인 1638년의 《방법서설》과 1641년의 《제일철학에 관한 성찰》에서, 르네 데카르트는 중세 세계상과의 작별을 고한다. 그는 전통에서 파생된 모든 과학적 진리—자신과 다른 이들이 수행한 과학적 연구에 비추어 보니 검증 불가능해 보였다—와 모든 지각 경험의 진실성—자신이 꿈을 꾸고 있지 않으며 환각 상태에 있지 않다는 것을 전적으로 확신할 수 없었다—을 의심하기로 결정함으로써 중세 세계에 작별을 고한 것이다. 그에게 남은 유일한 확신은 자신이 생각하는 존재로서 실존한다는 점이며, 의심 가능성 자체는 남아 있더라도 이 점을 의심할 수는 없었다. 의심할 수 있는 존재가 없으면 의심하는 일 자체도 없다. 그는 경험의 다른 측면은 모두 잠재적으로 기만의 여지가 있다고 주장한다. 데카르트는 자기가 생각하기에 의심 불가능하다고 확정 지을 수 있는 것에서 출발하여, 기존에 받아들여진 지혜가 아닌 엄격한 방법론에 기초하여 진리를 제공하는 새로운 세계상 구축을 목표로 삼았다.[7] 이후의 역사는 이 기획의 긍정적 목표

---

6 그러한 방식 중 상당수는 과거 권위주의적 시대에서 단순히 가져온 것이다. 독일 민주 공화국을 아는 사람이라면 누구나 그것이 항상 얼마나 '프로이센적'이었는지를 감지할 것이다.

7 데카르트가 이루고자 했던 것은 이보다 훨씬 더 복잡하며, 실제로는 신학적인 논증에 의존하고 있다. 여기서 중요한 것은 그가 "나는 생각한다, 나는 존재한다"라고 한 것과 주로 관련하여 데카르트가 이해되어 왔다는 점이다.

를 확인하기 위해 나올 것이다. 자연 과학은 신화적인 설명에 의존하지 않고 우리의 목적에 맞게 실제로 자연 세계를 통제할 수 있게 해 주는 이론을 점점 더 많이 제공하고 있다. 그러나 동시에, 데카르트 이후 철학의 역사는 과학이 신뢰할 만한 예측을 제공하는 데 그토록 성공한 **이유**를 설명하지 못한 실패의 역사였다. 과학은 뉴턴, 다윈, 아인슈타인 등의 작업을 통해 예측 법칙을 바탕으로 자연과 우리 자신을 점점 통제할 수 있는 새로운 개념을 제공한다. 이러한 개념이 예측과 설명에 성공한 것을 **해명**하는 일은 여전히 난제로 남아 있다. 어떤 사람들의 바람과는 달리, 철학은 '과학의 과학'이 되지 않는다. 훨씬 더 중요한 점은, 설명과 예측 능력의 성장이 이러한 능력의 결과로 무엇을 해야 하는지에 관한 합리적 의사 결정 능력을 동반하지는 않는다는 것이다.

이러한 문제에 관한 성찰은 근대 사회에 영향을 미칠 뿐만 아니라, 철학이 여러 과학 분야나 인간 문화 전반과 맺는 관계에도 영향을 미친다. 예를 들어, 과학은 '있는 그대로'의 세계에 대한 참된 그림이 아니라, 자연에서 일어나는 사건의 추이를 예측하는 인간 활동에 **불과할** 수도 있다. 과학을 실용적 통제로 보는 이러한 관점은 우리의 사유에 과학을 위한 확고한 토대가 있어서 우리가 "자연의 주인이자 지배자"가 될 수 있게 해 줄 것이라는 데카르트의 주장과 자주 관련된다. 근대 과학을 응용한 것이 때때로 파멸적인 결과를 초래했다는 맥락에서 볼 때, 과학의 실상이 무엇인지에 대해 심각한 문제가 제기된다. 우리 대부분은 일상에서 무슨 일이 일어나고 있는지에 대해 과학적 설명의 측면에서는 거의 생각하지 않지만, 이러한 문제는 과학이 제시한 세계상이 우리가 거주하는 일상 세계와 관련되는 방식에 영향을 미친다. 보통 이러한 문제에 대한 반응은 서로 반대되는 두 가지 방향으로 나왔다.

1. 과학이 실제로 자연을 통제하는 인간의 방법에 불과하다면, 원자 폭탄에서부터 지구 곳곳에서 심해지는 생태계 파괴에 이르기까지, 인간의 활동이 이토록 자연을 파괴할 수 있게 된 것이 근대 세계의 인간과 관련하여 어떤 점 때문인지 더 폭넓게 조사해야 하는데, 과학은 그러한 조사의 대상이 될 수 있다. 인간의 정신 자체는 자연적인 생물학적 과정에 의존하는데, 왜 자연에 그토록 해를 끼치는 행동으로 이어지는가?
2. 과학이 존재하는 것을 진정으로 표상한다는 생각을 포기하고 나머지 인간 문화와 관련하여 과학의 특권적 지위를 상대화하면, 인간이 자기 자신 및 세계에 무엇을 하고 싶은지에 대해 더 나은 결정을 내릴 기회를 얻을 수 있다. 이러한 결정은 과학적 기준에 호소하는 것에 의존하지 않는다. 과학적 기준은 우리의 필요, 욕망, 윤리적 충동의 복잡성을 다루기에는 필연적으로 불충분하다.

(1)에 표현된 견해는 대체로 20세기 전반기 독일의 비극적 역사에 연루된 독일 사상가들이 지지한 것이지만, 이러한 견해로 이어지는 시발점은 우리가 앞으로 살펴볼 1790년대 셸링의 작품에 나타난다. (2)에 표현된 견해는 독일을 비롯한 유럽 지역에서 일어난 것과 같은 폐허를 보지 못한 나라에 사는 현대 미국 실용주의자들이 흔

히 보이는 견해다. 과학 이해에 대해 이렇게 갈리는 반응에서 이미 이 문제가 근대성 인식에 영향을 미치는 방식을 엿볼 수 있다. 봉건적 권위주의의 쇠퇴로부터 발전하여 더 낫고 더 인간적인 존재 형태로 간다고 보는 새로운 계몽주의적 희망이 산산조각 나는 것이 근대성의 주된 특징인가? 아니면 근대성은 필연적으로 파괴적이지는 않은 중요한 새로운 가능성을 인류에게 열어 줄 잠재력을 여전히 제공하고 있는가?

독일 철학자들은 근대 사회의 자연 과학 중심성에 다양한 방식으로 반응한다. 철학 자체를 잘 자리 잡은 과학 이론들과 같은 수준으로 엄격한 증명을 요구하는 과학의 한 종류로 만들려는 시도에서부터, 비트겐슈타인이 1930년대에 말했듯이 "과학적 지식과 관련하여 좋거나 바람직한 것은 없다"는 주장, 그리고 만일 그렇다면 "그것을 좇는 인류는 함정에 빠진다"(Wittgenstein 1980: 56)는 주장에 이르기까지 다양하다.[8] 이러한 생각의 차이는 이 영역이 얼마나 문제가 될 수 있는지를 나타낸다. 그렇다면 같은 문화적 환경에서 어떻게 이렇게 상충하는 생각이 나타난 것일까? 이런 물음에 결정적인 답 같은 것을 제시한다면 어리석은 일일 것이다. 하지만 사물의 새로운 질서를 받아들여야 할 필요와 새로운 질서가 꼭 필요한 문화적 자원을 파괴할 수도 있다는 느낌 사이에서 우리가 관찰한 긴장은 분명 이러한 상반된 견해의 공존과 관련된다.

이러한 대립은 '낭만주의'와 '실증주의' 사이의 대립으로 특징지어

8　8장에서 살펴보겠지만, 초기 비트겐슈타인의 철학관에는 과학에 대한 의심이 덜하다.

지기도 한다. 이러한 대립은 이어지는 장들에서 몇몇 복잡한 쟁점을 명확히 하기 위해 사용할 틀이 될 수 있다. 이는 인간 경험의 주관적^{주체적}이고 표현적인 차원에 집중하는 사고와 우리가 세계와 우리 자신에 대해 알아낼 수 있는 객관적^{대상적} 방법에 집중하는 사고 사이의 대립으로 보통 이해된다. 1950년대에 C. P. 스노우는 이 대립이 예술과 과학이라는 '두 문화'와 관련된다고 보았으며, 영어권 세계에서는 이 대립이 이런 모양으로 가장 잘 알려져 있다. 그 결과로 발생한 논쟁은 영국 문화의 주요 측면에 영향을 미쳤고 계속해서 미치고 있다. 이 문제가 너무 추상적으로 보인다면, 예술이 자동차 산업보다 영국에 돈을 더 많이 벌어 준다는 사실에 관한 논쟁을 생각해 보거나, 예술대학과 과학대학의 상대적 지출을 살펴보라. 이 문제를 다른 식으로도 살펴볼 수 있다. 인간이 환경에 적응해야 할 필요와 유전자에 의해 결정된다는 측면에서 인간을 보는 진화 생물학자의 인간 묘사와, 자기 결정 능력이 있으면서도 더 원초적인 충동에 굴복하기 쉽다는 측면에서 인간을 보는 소설가의 인간 묘사를 대조하는 것이다. 사람이 어떻게 동시에 두 종류의 설명에 따라 존재할 수 있을까? 자신을 여느 인간과 마찬가지로 인과적으로 결정된 자연의 한 부분이자 동시에 타인과 세계를 배려할 수 있는 존재로 생각하려다 발생하는 부조화 자체가 '실증주의' 철학과 '낭만주의' 철학의 구분이 낳은 식의 문제를 내비칠 수도 있다.

사회에서 이루어지는 일에 대한 결정은 이 점에서 어떤 가정을 채택하느냐에 따라 달라지므로 분명 이러한 구분은 그저 추상적인 철학 문제가 아니다. 예를 들어, 범죄자들의 범죄가 유전자에 달려 있다고 생각하는지 아니면 그들이 자기 행동을 선택할 수 있다고 생각하는지에 따라 범죄자들에 대한 인식이 매우 달라진다.[9] 독일 전통이 중요한 이유 하나는 이론적 차원에서도, 실제 역사적 사건의 차원에서도 이러한 문제의 결과에 대해 극단적인 예를 제공한다는 점이다. 인간의 자기 결정이라는 계몽주의적 발상과 주로 인종에 따라 미리 결정된 자아라는 나치적 발상 사이의 차이는 어떤 이론이 옳은지에 관한 견해차로만 끝나지 않는다. 계몽주의 사상가와 나치는 모두 그러한 설명으로 자신들이 **하는** 일을 정당화하기 위해 과학을 끌어들이는 경향이 있다.

여기서 결정적인 점은 과학의 범위를 어디까지로 생각하느냐다. 19세기까지는 자연 과학으로 불리는 것이 철학이라는 더 포괄적인 범위에 포함되어 있었다. 아이작 뉴턴 이전과 그 이후로도 과학은 '자연 철학'으로 불렸다. 그러나 19세기 후반부터 철학은, 신학과 함께 중세와 근대 초기에 그랬던 것처럼 모든 것을 아우르는 학문이 더 이상 아니었다. 철학에 할당되었던 많은 과제를 자연 과학이 인수했기 때문에, 이제 철학에 종사하는 이들이 철학이 종말에 이른 것은 아닌지 고민하는 데 시간을 보내는 지점에 도달했다. 이러한 상황은 철학 직업 자체의 범위와 더불어 일자리를 얻을 기회도 줄어들기 때문에 전문 철학인들만의 걱정처럼 보일 수 있다. 이런 일은 실제로 특히 20세기 후반에 전문 철학 분야에서 이미 일어났다. 과학이 점점 더 산업화되고 부를 창출하는 큰 원천이 되었고, 이에

---

9   흥미롭게도 이는 주로 유전학의 측면에서 사고하는 사람들이 범죄자의 결점에 대해 더 관대함을 의미하는 것 같지 않다. 오히려 그 반대인 것 같다.

따라 과학에 투입되는 자원이 증가함에 따라 철학과는 점점 위축되었다. 그러나 이러한 '실증주의'의 발전은 철학이 새로운 명확한 역할을 맡을 수 있게 했다. 이 역할은 과학으로는 오히려 가려질 수 있는 것, 따라서 예술 작품 통해서라든지 다른 식으로만 접근할 수 있는 것에 관한 '낭만적' 관심과의 연관성을 바탕으로 한다. 과학의 성공은 과학의 이름으로 철학을 폐지하는 방향으로, 또는 과학과 관련하여 잠재적으로 비판적인 역할을 하는 방향으로, 철학의 역할에 대한 인식을 바꾸어 놓았다.

영미권에서는 매우 최근까지 전자의 견해가 점점 주를 이루게 되었다. 최고의 현대 미국 철학자들 사이에서 독일 전통에 대한 새로운 관심이 현재 분명하게 나타나는데, 이는 특히 '과학주의'에 대한 반작용의 결과다. 즉, "자연 과학이 다른 문화 영역보다 특권을 갖는다는 교설, 자연 과학의 어떤 점 때문에 자연 과학이 인간의 다른 어떤 활동보다 현실과 더 밀접하다—적어도 더 신뢰할 만하다—는 교설"(Rorty 1998: 294)에 대한 반작용의 결과다. 주요 철학자들의 이러한 학문적 초점의 변화는 과학적 해결책을 찾아냄으로써 철학적 문제를 처리할 수 있다는 갖가지 주장에 심각한 결함이 드러났기 때문만은 아니다.

특히 단단히 자리 잡은 것으로 입증된 독일 철학의 한 측면은 사물을 '총체적으로' 보는 것에 대한 관심이다. 전체론holism은 어떤 개별 현상도 외따로는 적절히 이해될 수 없으므로 그 현상이 일어난 맥락의 측면에서 봐야 한다는 생각이다. 철학 내에서 과학주의에 관하여 제기되는 현대적 의문은 모든 인간 문제가 자연 과학의 방법과 가정을 통해서만 접근하는 것이 최선이라는 가정에 대해 폭넓게 **문화적**으로 의심하는 것과 분명 관련된다. 하지만 이러한 의심은 최악의 경우 비합리적인 방향으로 흘러갈 수 있다. 이는 자연 과학이 적어도 그 고유의 영역에서는 인간 생활의 다른 영역에는 없는 정확성과 신뢰성을 가질 수 있다는 점조차 말도 안 되게 거부하는 결과를 낳기도 한다. 하지만 과학이 과학의 대상과 같은 식으로 분석될 수 **없는** 사회적·문화적 맥락에까지 그 영향력을 행사하고 있는 것은 사실이며, 바로 그래서 과학이 근대 세계에 영향을 미치는 방식에 더 나은 철학적 대응이 요청된 것이다. 오늘날에도 주로 과학적 방법을 지향하는 철학이 학계의 많은 부분을 지배하고 있다. 그래서 이제 영미 철학에서는 독일 전통이 자연 과학에 더 비판적으로 반응한 것에 대한 재평가가 일어나고 있으며, 이는 근대 세계의 방향에 관한 광범위한 관심의 표출이다. 물론 이 점에서 문제는 독일 철학의 야누스적 성격인데, 이는 한편으로 일부 영미 철학에 부족한 비판적 자원을 제공하는 것으로 보이고, 다른 한편으로 실제로 매우 불편한 역사와 관련된다. 생태적 사고방식을 진지하게 발전시킨 20세기 독일의 두 사상가, 하이데거와 루트비히 클라게스가 각각 나치 당원, 반유대주의자였다는 사실은 이 영역이 얼마나 어려울 수 있는지를 분명하게 보여 준다.

이 전통에 대한 어떤 평가도, 이 사상가들의 주장을 공정히 다루고 그들의 주장이 등장한 역사적 발전을 적절히 고려할 초점을 찾는 것과 관련하여 방법론적 어려움을 모두 극복하지 못할 것이다. 근대 철학은 (1) 현재의 철학적 논증의 일환으로 철학사의 논증들을 평가

하는 것과 (2) 철학적 논증들을 더 넓은 역사적 연구 분야의 한 부분으로 보는 것으로 나뉜다. 전자의 예를 들면, 칸트는 오늘날 과학적 지식의 본성에 관한 논쟁에 여전히 영향을 미치는 지식 이론에서 핵심 아이디어의 원천이다. 후자의 예를 들면, 칸트의 지식 이론은 기존의 권위에서 벗어나 인간 사고의 새로운 자율성을 향하는 광범위한 역사적 전환의 일부로, 그러한 사고방식은 프랑스 혁명, 베토벤 음악, 근대성의 수많은 새로운 현상과 관련된다. 이러한 접근 방식들이 양립할 수 없어야만 하는 필연적 이유는 없다. 칸트에 대한 올바른 역사적 해석이 어쩌면 과학적 지식이 타당한 이유에 관한 진리로 밝혀질 수도 있으며, 어쩌면 칸트가 그의 사유 방식에 영향을 준 특정한 역사적, 지적 상황에서 자신의 견해에 이르렀다는 사실과 무관할 수도 있다. 그러나 이 가능성이 그럴듯해 보이지 않는다는 사실은 철학적 해석의 본성에 관하여 중요한 점을 시사해 준다. 칸트에 대한 역사적 해석은 종결될 필요가 없는데, 왜냐하면 새로운 연구를 통해 발견되는 관련 맥락과 정보가 계속 늘어나고 있고 철학과 역사에 대한 우리의 생각이 변하면서 타당한 증거로 여겨지는 것도 변하기 때문이다. 이러한 맥락과 정보 중 얼마나 많은 것이 현대 철학 토론에서 중요한지는 논쟁의 초점에 따라 달라질 것이며, 논쟁의 초점도 거의 모든 철학 영역에서 계속 바뀌고 있다.

이러한 명백한 사실에도 불구하고, 이러한 접근 방식 간의 긴장은 현대 철학에서 두루 나타난다. 예컨대, 영미 분석 철학 전통의 몇몇 철학자는 '자신들이 칸트라고 부르는 철학자'에 대해 이야기한다. 그들도 본인들이 단순히 현대적 목적을 위해 칸트의 논증에 대한 매우 제한적인 해석을 채택하고 있음을 인지하고 있다. 이 철학자들은 역사적 접근과 관련된 사람들이 하는 일을 그저 '관념의 역사'로 부르는 경향이 있다. '유럽' 전통의 다른 철학자들은 그런 철학자들이 대개 칸트의 책을 한두 권만 읽었고, 따라서 칸트의 더 광대한 기획의 복잡성을 이해하고자 하는 열의가 없으며, 그 대신 칸트의 사상을 그들이 경험론의 문제로 생각한 것과 싸우는 또 하나의 수단으로 축소하는 길을 택했다는 점에 경악한다.[10] 이러한 접근 방식 중 어떤 것도 만족스럽지 않지만 둘 다 현대 철학에서 빼놓을 수 없는 부분이다. 나는 이 긴장이 이 책에서 말하고자 하는 이야기 중 일부이므로 여기서 그것을 해결하려 하지 않을 것이다. 철학자들은 자신이 보기에 자기 이론이 핵심 문제를 더 효과적으로 다루므로 경쟁 이론보다 진리를 더 잘 설명한다고 확신할 것이다. 이는 철학 논증의 설득력과 엄밀함에 대한 정당한 관심의 방향으로 철학자들을 이끈다. 반면 철학의 역사는 가장 널리 받아들여진 이론조차도 결국 무효화된다는 점을 보여 준다. 나중에 어떤 새로운 모습으로 다시 등장하기는 하지만 말이다. 그 이론들은 종종 부적절하게 해석되었다고 생각되어서 다시 등장한다. 따라서 역사적 틀 안에서 작업하는 철학자들은 이론이 참인지 거짓인지만큼이나 '참으로 여겨진' 이유에도 초점을 맞춰야 한다—물론 이런 부류의 철학자들은 그 이론이 그렇게 자세히 검토할 가치가 있는지를 묻지 않는 경향이 있을 수도 있다. 독일 철학은 역사적으로도 철학적으로도 가르침을 주는

---

10   이에 대한 이유는 1장에서 살펴볼 것이다.

이러한 긴장에 대해 여러 반응을 보여 준다. 따라서 '논증 기반' 접근법과 '역사적' 접근법 사이의 긴장을 보다 성찰적인 방식으로 탐구할 수 있게 해 준다.

물론 방금 설명한 긴장은 '실증주의적' 사고와 '낭만주의적' 사고 사이의 긴장을 또 다른 형태로 제시한 것이며, 이제 점점 널리 논의되고 있는 '분석' 철학과 '대륙' 내지 '유럽' 철학 사이의 분열과도 연결된다. 이 분열에 다리를 놓을 수 없다고 보는 철학자가 최근까지 많았다. 한 전통은 문제를 분리하여 세부적으로 연구함으로써 최대한 논리적으로 엄밀하게 논증하려 한다고 여겨졌고, 다른 전통은 연구하는 텍스트에서 논증의 타당성만큼이나 철학의 텍스트성과 철학의 역사를 탐구하려 한다고 여겨졌다. 그러나 이러한 두 접근 방식의 경계가 확고부동하지 않다는 점이 분명해짐에 따라 양쪽을 나누기가 훨씬 더 어려워졌다. 일부 '대륙' 철학자들의 논증 스타일은 반대편에 있는 일부 분석 철학자들과 다를 수 있지만, 현재 헤겔에 관심 있는 사람이 예컨대 한편에서 헤겔을 연구한 것에만 골몰한다면 좋을 게 없을 것이다. 이렇게 철저히 다른 접근 방식이 현대 사상에 제기하는 도전은 현재 상황에서 불가피해 보인다. 이어지는 내용에서 나의 목표는 전통들 사이의 보다 창조적이고 미래적인 대화를 세워 나가는 데 기여할 만한 쟁점이 무엇인지 이해하는 길을 제시하는 것이다.

더 읽을거리

Bubner, R. (1981) *Modern German Philosophy* (Cambridge: Cambridge University Press). 읽는 데 노력이 필요하지만, 이 분야에 대한 일반적 설명으로 좋은 책.

Habermas, J. (1987) *The Philosophical Discourse of Modernity* (Cambridge: Polity). 이진우 옮김, 《현대성의 철학적 담론》(서울: 문예출판사, 1994). 독일을 대표하는 현대 철학자이자 사회 이론가가 쓴 근대 철학에 대한 고전적 개관.

O'Hear, A. (ed.) (1999) *German Philosophy After Kant* (Cambridge: Cambridge University Press). 독일 철학의 중심 주제와 개별 철학자에 대한 유용한 논문 모음.

Roberts, J. (1988) *German Philosophy* (Cambridge: Polity). 별나지만, 몇몇 핵심 사상가들에 관한 가독성 높은 설명.

Schnädelbach, H. (1984) *Philosophy in Germany 1831-1933* (Cambridge: Cambridge University Press). 학술적으로도 철학적으로도 예리하게 설명하며, 덜 유명한 학문적 철학자들에 대한 중요한 자료가 많이 포함됨.

1. 칸트의 혁명

근대 독일 철학사에 대한 설명은 일반적으로 임마누엘 칸트(1724-
1804)에서 시작한다. 하지만 오로지 칸트의 역할에만 관심을 두면
근대 독일 철학에서 중요한 것이 무엇이었는지를 왜곡할 수 있다.
어쨌든 칸트에 집중하면 근대 철학의 초기 발전에 관한 하나의 그
림이 그려지는데, 이 그림에서 지배적인 요소는 정신의 구조에 대한
분석으로, 이는 지식과 윤리의 새로운 탈신학적 기반이 된다. 이 그
림은 20세기 철학에 결정적 공헌이 '언어적 전환'—정신의 문제보
다 언어의 문제를 우선시하는 쪽으로 전환—이라는 주장으로 이어
진다. 어떤 철학자들은 이 언어적 전환이 칸트가 시도한 많은 것을
무효화한다고 생각한다. 하지만 이런 식으로 설명하면 언어적 전환
의 한 버전은 그 자체가 18세기와 19세기 초 독일 철학의 일부라는
점을 보여 주지 못한다. 1760년대 이후 J. G. 헤르더와 J. G. 하만의
언어 연구에서는 언어가 사고에서 필수적인 역할을 한다고 여겼고,

이러한 연구를 18세기 말 낭만주의자들이 받아들였으며, 언어학자 빌헬름 판 훔볼트와 철학자이자 신학자인 F. D. E. 슐라이어마허가 발전시켰다. '언어적 전환'이 상정하고 있는 여러 가정은 일반적으로 생각하는 것보다 훨씬 이른 시기에 제시되었다. 근대 독일 철학은 언제나 정신과 언어 모두에 관심을 기울여 왔다. 칸트의 가장 영향력 있는 작품이 나오기 9년 전인 1772년에 이미 헤르더가《언어의 기원에 대하여》를 출간하긴 했지만, 그럼에도 불구하고 칸트에서 이야기를 시작하는 것이 가장 좋다. 칸트의 혁신이 이후 모든 철학자에게 영향을 미쳤기 때문에, 우리는 다른 많은 철학자보다 칸트를 더 자세히 살펴볼 것이다.

칸트에게 다가가기

현대 인문학 이론에서 수많은 접근법은 분명히 칸트에서 파생된 자아의 본성에 관한 문제들을 포함하고 있다. 그러나 칸트를 이해하기란 쉽지 않다. 칸트 사상이 악명 높게 어려운 이유는 대체로 그가 사용한 언어 때문이다. 그의 어휘는 대개 지금은 쉽게 접근할 수도 널리 읽히지도 않는 그 당시 철학 텍스트에서 유래한 것이다. 게다가 그는 철학을 독일어로 저술한 전례가 없던 시기에 글을 썼다. 이전에 대부분의 철학 텍스트는 라틴어로 쓰였다. 이러한 걸림돌이 있긴 하지만, 알려진 만큼 어렵지는 않다. 예를 하나 들어 보자. 칸트가 자신의 글을 "초월적 철학"transcendental philosophy 으로• 부른다는 사실만으로, 사람들은 그가 일상 세계 너머에 있는 파악 불가능한 것에 관심을 두고 있다고 생각할 것이다. 하지만 그가 '초월적'이라는 말로 의미하는 바는 저세상의 것과 아무런 관련이 없다. 칸트의 표현을 빌리자면, 무언가가 어떤 것이 "가능하기 위한 조건"이라면, 그 무언가는 초월적이다. 따라서 적어도 체외수정이 등장하기 전까지는 섹스가 임신과 관련하여 초월적이었다고 할 수 있다. 다른 예를 들어 보자. 칸트의 첫 번째 주요 저술인 1781년작 《순수 이성 비판》(제1비판서)의 제1부는 〈초월적 감성학〉Transcendental Aesthetic 으로 불린다. 그리스어 '아이스테시스'Aisthesis 는 감각에 의한 지각을 뜻하며, 이 섹션은 단순히 지각이 발생하는 조건에 관한 것이다. 지각은 어떤 특정한 시점에 공간을 점유하고 있는 무언가에 대한 것이어야 한다. 칸트가 주장하는 바는 지각의 조건이 정신의 기능이라는 것이다. 공간과 시간은 우리가 대상을 지각할 때 우리가 이미 갖추고 있는 지각의 틀―칸트가 "직관의 형식"이라고 부른 것―이므로, 대상 자체에 속한 속성이 아니다. 이것이 왜 그렇게 중요한가?

공간과 시간이 정신의 기능이라는 발상은 가장 논란이 많은 칸트의 학설 중 하나다. 그런데 이 발상은 근대 철학에 혁명을 일으킨 지식의 본성에 관한 일련의 논쟁에 속한 것이다. 혁명을 이해하려면 점진적 변화가 아닌 급격한 변화가 일어났어야만 했던 그 이전의 상황을 이해해야 한다. 칸트가 문제시했던 생각이 있는데, 이는 현대 미국 철학자 힐러리 퍼트넘이 사용한 문구로 요약될 수 있다. 퍼

●　　옮긴이 주: 'transcendental'은 전부 '초월적'(超越的)으로, 'transcendent'는 전부 '초월한'으로 옮겼다.

트넘은 "이미 만들어진 세계" 관념을 폐기해야 한다고 말한다. 이 관념은 신학적 의미로 해석될 수 있으며, 따라서 신이 세계를 만들었다는 관념을 칸트가 약화했다고 생각하게 될 수도 있다. 하지만 이 관념의 진짜 핵심은 이렇다. 즉, '이미 만들어진' 세계에서는 사태에 관한 진리가 세계 자체의 일부로서 이미 '저기 어딘가' 존재한다는 점에 의심의 여지가 없다. 따라서 지식은 우리가 하는 일과 완전히 독립적인 방식으로 있는 무언가를 규명한다는 함의가 있다. 칸트의 논지는 우리가 그런 관점에 도달할 수 있다는 주장이 더 이상 정당하지 않다는 것이다. 우리의 앎은 불가피한 특정 조건하에 있기 때문이다. 이는 칸트가 잘 확인된 과학 이론의 타당성을 부정한다거나, 혹은 우리가 정당하게 알고 있는 것이 정말로 '이미 만들어진' 세계에 해당**할 수도 있다**는 점을 칸트가 부정하고 있다는 말이 **아니다**. 칸트는 그저 신뢰성에 관한 이전의 가정들이 더 이상 유지될 수 없는 것으로 드러난 상황에서, 이론을 신뢰하게 만드는 것이 무엇인지를 묻고 있을 뿐이다.

칸트의 새로운 주장 이전에는 흔들릴 수 없는 선재적이고 신적인 토대를 바탕으로 세계가 단단하게 묶여 있다는 생각이 영향력 있었다. 세계가 실제로 존재하는 어떤 방식이 있었는데, 왜냐하면 세계가 그런 식으로 **만들어졌기** 때문이다. 르네 데카르트(1596-1650)는 감각이 얼마나 신뢰할 수 없는 것이며 고대인의 과학이 얼마나 많이 잘못된 것으로 밝혀졌는지를 지적하면서, 이미 이러한 토대에 대한 믿음을 흔들기 시작했다. 하지만 데카르트는 생각하는 존재인 자신의 실존이 확실하다는 주장과 더불어 신이 실존함을 증명할 수 있다는 주장에도 의존했다.

칸트는 제1비판서에서 데카르트의 신 실존 증명이 타당치 않음을 보여 줄 뿐만 아니라, 스코틀랜드 계몽주의 철학자 데이비드 흄 (1711-1776)이 이성적 구조가 내재된 실재 개념을 매우 강하게 공격 했던 측면을 수용한다. 흄의 논증은 우주가 말하자면 신학적 접착 제로 단단하게 묶여 있다는 취지의 모든 주장을 위태롭게 만들었다. 이 접착제는 자연법칙에 명백히 드러난다고들 한다. 자연법칙은 우 리가 피하거나 무시할 수 없는 규칙성과 필연성을 드러낸다. 흄의 논증은 간단하다. 그는 우리가 자연의 작동을 지배하는 법칙을 실제 로 어떻게 알 수 있는지 묻고, 이를 알려면 현상에 대한 관찰이 필요 하다고 주장한다. 현상은 감각을 통해 우리에게 온다. 우리가 무언 가를 알 수 있는 때는 그것의 현상이 감각을 통해 우리에게 온 또 다른 현상과 관련될 때뿐이다. 무언가에 의해 다른 무언가가 야기되 었다고 생각한다면, 그것은 같은 종류의 사건들을 연결 짓는 우리의 **습관** 때문이다. 하지만 감각을 통해 우리에게 온 것에 관한 중요한 사실은 그것이 우연적이라는 점이다. 우리는 다음에 무엇을 인식하 게 될지 절대적으로 알 수 없으며, 우리가 안다고 확신하는 순간에 도 착각일 수 있다. 따라서 우리가 아는 모든 것에는 우연성이 내장 되어 있다. 이는 우리 자신과 독립적인 질서에 속한 '저기 어딘가'에 있는 것에 의존하는 게 아니라, 우리가 과거에 우연히 지각했던 것 에 의존하기 때문이다. 이 '경험론' 관점은 세계를 매우 불안정한 곳 으로 느끼게 만들었다.

하지만 그렇다면 우연에 좌우되지 않는 식의 지식이 존재하는 것처럼 보인다는 사실은 어찌 된 것인가? 즉, 경험에 따라 변하지 않는 수학의 선험적 진리가 존재하는 것처럼 보인다는 사실은 어떻게 된 일인가? 바뤼흐 스피노자와 고트프리트 라이프니츠 같은 17세기와 18세기의 '합리론' 철학자들은 이러한 사실을 사물의 선재적 구조가 반드시 존재해야 하는 증거로 내세웠다. 뉴턴의 새로운 물리 법칙의 성공에 비추어 볼 때 수학에 기반한 견해는 매우 그럴듯해 보였지만, 실제 과학 연구에서는 경험론적으로 우연적 관찰에 항상 의존하게 된다. 따라서 경험론의 입장과 합리론의 입장을 결합할 방법이 필요했고, 칸트가 확립하고자 한 것이 이것이다.

칸트는 자신이 착수한 것을 "코페르니쿠스적 전환"이라고 부른다. 16세기 전반기에 코페르니쿠스는 지구가 우주의 중심이라는 견해를 수학에 근거한 논거로 반대한 최초의 근대 사상가였다. 코페르니쿠스의 뒤를 이어 1630년대에 데카르트가 중세 세계관을 바꾸기 시작한 것과 거의 동시에, 갈릴레오는 코페르니쿠스가 제안한 내용에 더 결정적인 증거를 제시했고, 이로 인해 가톨릭교회로부터 화형의 위협을 받았다. 여기서 중세의 종교적 권위에 도전하는 일이 왜 '위태로운지' 쉽게 알 수 있다. 다른 사람들은 그렇게 했다는 이유로 이미 화형당해 죽었다.[1] 칸트의 전환에는 이상한 점이 있는데, 코페르니쿠스의 전환과 **반대되는** 내용을 담고 있다고도 볼 수 있다. 그

---

[1] 이러한 도전에 대한 몇몇 반론에는 근거라 할 만한 것들이 좀 있는데, 갈릴레오에 관한 베르톨트 브레히트의 희곡에 잘 나타나 있다. 이 희곡에서 어린 수도사는 갈릴레오가 제안하는 것이 농부인 그의 부모가 삶의 가혹함을 납득할 수 있게 해 주는 견고한 세계상(世界像)을 뒤흔들기 때문에 부모를 매우 불행하게 만들 수 있다고 말한다. 과학에 대한 이런 식의 양가 가치는 근대 독일 철학에서 매우 중요하다.

러나 칸트의 전환도 마찬가지로 혁명적이다. 코페르니쿠스는 인간을 우주의 중심에서 **멀어지게** 함으로써 인간이 살고 있는 우주에 대한 과학적 이미지를 발전시키는 데 일조했다. 이런 우주에서 인간의 자리는 매우 사소하다. 반면 칸트는 우리의 생각을 우주 이해의 원리로 삼았다. 인간의 마음을 모든 것의 중심에 둔 것이다.

이제 칸트의 제안에서 무언가 극적인 일이 벌어지고 있음이 분명해졌다. 여기서 칸트를 어떻게 해석할 것인가가 큰 문제다. 한편으로, 신뢰할 수 있는 지식이 특정한 정신 규칙들을 사용하는 우리의 능력에 달려 있음을 칸트가 입증했다고 볼 수 있다. 이 특정한 정신 규칙들은 인간이 이미 갖추고 있는 것이지, 세계를 관찰함으로써 도출할 수 있는 것이 아니다. 다른 한편으로, 칸트가 사유 활동 없이는 그 어떤 것도 이해할 수 없다고 제안하는 것으로 보인다. 사유 활동은 사유의 빛이 없을 때 암흑이었던 우주를 비추는 '빛'이 된다. 영어권 세계에서는 칸트를 일반적으로 지식 이론가나 윤리 이론가로 읽어 왔지만, 칸트가 궁극적으로 이루어 내고자 한 것은 우리가 알고 행하는 것에 더 이상 신학적 근거를 상정할 수 없을 때 세계 속에서 인간이 차지하는 위치 지도를 그리는 것이었다.

칸트 본인은 종교적 믿음을 위한 공간을 마련하기 위해 지식의 한계를 긋고 있는 것이라고 말하지만, 근대 세계가 그 공간을 종교로 채우지 않았다는 점은 이제 꽤 분명한 사실이다. 1790년대에 시작된 '독일 관념론'으로 알려진 J. G. 피히테, F. W. J. 셸링, G. W. F. 헤겔의 철학에서 대개 그 공간은 칸트가 제안한 측면들로 채워졌으며, 이는 칸트 자신이 가능하다고 생각했던 것보다 더 강한 지위를 부여받았다. 예를 들어 피히테는 칸트가 거부한 방식으로, '나'의 활동을 세계를 이해할 수 있는 원천으로 삼았다.[2] 이러한 사상가들의 발상 중 일부가 발전하면서 쇼펜하우어, 루트비히 포이어바흐, 마르크스, 니체와 밀접한 관련이 생기게 된다. 물론 이들이 독일 관념론의 핵심에 있는 철학적 주장 중 상당수를 거부하긴 하지만 말이다. 하지만 이 사상가들이 말한 내용의 상당 부분에 영향을 미친 구조들은, 처음 접했을 때 칸트 철학에서 다소 전문적인 측면으로 보일 만한 것들에 여전히 의존하고 있다. 이어지는 내용에서 나는 《순수 이성 비판》, 《도덕 형이상학 정초》(1785),[3] 《판단력 비판》(1790)의 요소들을 주로 고찰할 것이며, 제1비판서에 중점을 둘 것이다.

제1비판서

《순수 이성 비판》은 근대 과학이 급속도로 발전하고 있다는 사실을 받아들이고 이 사실과 조화를 이루기 위한 길을 마련하고자 한다. 그 배경에는 경험 관찰이 새롭게 중요해졌다는 점과 과학이 수학의 확실성에 기대고 있다는 점이 있다. 문제는 경험 관찰과 수학이라는 이 두 가지 지식의 원천 중 전자는 변화하고 우연적인 반면, 후자는

---

2 하지만 칸트는 자신의 마지막 작품이자 미완성작인 《유작》에서 피히테에 가까워진 듯하다.

3 제2비판서인 《실천 이성 비판》보다 이 작품을 우선하여 선택한 이유는 더 접근하기 쉽고 아마 영향력도 더 크기 때문이다.

불변하고 필연적이라고 여겨진다는 것이다. 이 문제는 서양 철학에서 적어도 플라톤 이후로 계속된 것이라서, 칸트가 준 충격은 이 고질적인 딜레마를 다루는 데 그가 기여한 것 자체만으로는 설명될 수 없는 엄청난 것이다. 어쨌든 칸트가 관찰된 경험적 자료와 선험적 지식이라는 명백히 양립 불가능한 두 차원을 어떻게 조화시키려 했는지 살펴보자. 이전의 철학에서 선험적 지식의 영역, 곧 '순수 이성'의 영역은 신과 존재의 본성과 같이 경험적 증거에 의존하지 않는 것에 관한 논쟁이 벌어지는 장소였다. 《순수 이성 비판》이라는 제목은 그러한 논쟁의 기반에 의문을 제기하고자 했던 칸트의 바람을 나타낸다. 제1비판서에서 핵심 요소는 현상을 분류하기 위해 필요한 일련의 필연적—선험적—사유 규칙을 규명하고, 더불어 이러한 규칙이 정신의 '자발적' 본성에 기초한다는 생각을 확립하는 것이다. 칸트에게, 무언가가 다른 무언가에 의해 야기되는 게 아니라 '그 스스로' 일어날 때 자발적인 것이다. 무언가를 인지할 때 **자발성**이 필연적 규칙으로 기능한다는 것이 이상해 보일 수도 있지만, 이는 칸트의 기획에서 핵심이다. 이는 자연적 필연성에 관한 지식이 그 자체로는 필연적이지 않은 무언가에 기초해서만 가능하다는 생각이다. 결정론적 자연과 인간의 자발성 사이의 경계선은 근대성의 가장 근본적인 논쟁, 곧 인간이 자신을 어떻게 기술해야 하는지에 관한 논쟁이 위치한 자리다. 칸트의 세 '비판서'는 다음과 같은 것에 관련된다고 볼 수 있다. 첫째, 우리는 어떻게 자연법칙에 도달하며, 그것이 우주에서 우리의 위치를 기술하는 데 어떤 의미가 있는지. 둘째, 우리는 인간의 자유를 어떻게 이해하는지. 셋째, 우리가 자연을 아름다운 것으로 파악할 수 있으며 예술을 통해 우리 스스로 아름다움을 창조할 수 있다는 사실을 통해, 우리는 자연적 필연의 영역과 자유의 영역을 어떻게 연결하는지.[4] 칸트는 이 세 가지 구분을 통해 근대 이전 문화에서는 분리되지 않았던 자연 과학 영역, 법과 도덕의 영역, 예술적 표현의 영역이 근대에 이르러 분리되는 방식을 조망한다(〈결론〉을 보라).

칸트는 지식에 두 가지 원천이 있어야 한다고 주장한다. 즉, 세계에 대한 구체적인 지각 경험으로 '우리에게 주어지는' 것인 '직관'과, 우리가 우리의 정신을 통해 직관과 판단을 연결하는 규칙인 '범주' 및 '개념'이다. 첫 번째 원천은 '수용성'과 관련되는데, 이는 세계가 우리에게 영향을 미치는 방식에 따라 좌우된다. 두 번째 원천은 자발적인데, 이는 정신의 활동과 관련된다. 이것이 어떤 점에서 설득력이 있는지를 이해하는 방법은 우리가 세계 안의 대상을 파악하는 방식을 숙고해 보는 것이다. 우리에게는 이렇게 수용성과 자발성을 통해 파악하는 것 말고 다른 방식이 없다. 이런 방식으로 하면 우리가 파악하는 것에 관하여 오류를 범할 수도 있지만 말이다. 어떤 면에서 세계가 우리에게 미치는 영향은 오로지 인과적이다. 우리가 사물을 지각할 때 뇌를 비롯한 유기체에 생리적 반응이 일어난다. 하지만 이는 우리가 동일한 대상이라고 가정할 수 있는 대상이 어떻게 매우 다양한 방식으로 파악될 수 있는지를 설명해 주지 못한다. 이러한 차원에서는 판단에 어떤 능동적 요소가 작동하고 있음이 분

4　세 비판서 모두 자유와 필연의 관계를 논하지만, 세 비판서의 주된 초점은 여기에서 제시한 것이다.

명해 보인다. 어떤 대상을 다른 식으로 기술할 가능성은 대상이 유기체에 영향을 미치는 방식에만 있지 않다. 대상을 다른 식으로 기술한 것은 우리의 잘못된 판단 때문일 수도 있다. 어떤 야채를 과일로 분류한 경우처럼, 대상을 잘못된 맥락에 놓았기 때문일지도 모른다. 또한 대상이 속한 범위로 생각했던 것이 사실이 아닌 것으로 밝혀졌기 때문일 수도 있다. 이런 식의 혼동은 화학 원소의 역사에 분명하게 나타난다. 지금은 다른 것으로 보이는 사물이 전에는 같은 것으로 보이기도 했고, 그 반대의 경우도 있다. 따라서 직접적인 지각은 판단과 같지 않다. 전자는 수동적이므로 정신이 최소한의 능동적 기여만 해도 일어날 수 있지만, 후자는 정신의 활동을 필요로 한다. 여기서 칸트의 발상의 근원은 장 자크 루소의 《에밀》에 나오는 〈사부아 보좌신부의 신앙 고백〉이다. 칸트가 의미한 바는 "감각은 판단하지 않는다"라는 그의 주장에 분명히 나타나 있다. 판단하지 않는다면 잘못된 판단도 할 수 없다. 잘못된 판단은 감각이 제공한 것을 개념으로 판단할 때 발생한다.

지각 가능한 대상을 기술하기 위해 개념을 사용하는 것은 지각된 것을 재기술할 가능성을 본질적으로 포함한다. 그러나 칸트가 제1비판서에서 처음에 가장 관심을 두었던 것은 과학 법칙이 어떻게 일정불변하게 타당할 수 있는가다. 흄의 회의론은 이미 이와 관련된 강력한 반론을 제기했었다. 칸트는 필연적인 종류의 판단이 있어야 한다고 주장한다. 여기에는 그가 "범주" 또는 "지성의 순수 개념"이라고 부른 것이 포함되는데, 이는 세계를 바라보는 데서 도출할 수 없는 사유 형태를 의미한다. 경험적 판단과 순수한 판단의 차이는 그의 구상에서 매우 중요하다. 만일 내가 당구대 위에 빨간 당구공이 있다고 주장한다면, 지금 보고 있는 것과 같거나 비슷한 속성을 가진 빨간 사물을 보고 '빨간'이라는 개념 사용법을 배웠기 때문에 그 당구공이 빨갛다는 것을 이해한 것이다. 우리는 서로 관련된 사물들을 반복해서 보면서 개념을 익힌다. 그렇다면 모든 단일 개체에 보편적으로 적용되는 개념이자 수학적 사고에 필요한 '하나임' 개념의 경우, 우리는 이를 어떻게 배우는가? 혹은 '같음' 개념을 어떻게 배우는가? 단일 사물을 수없이 봄으로써 하나임 개념을 배울 수는 없는데, 왜냐하면 거기에는 우리가 배우고자 하는 개념이 이미 **전제되어** 있기 때문이다. 하나임과 다수임이라는 범주는 칸트가 "선험적 종합 판단"synthetic judgements a priori이라고 부르는 것의 기반이다. 2+2=4라는 판단은 보통 선험적이면서(경험에서 도출하지 않으면서) 분석적이라고('모든 총각은 결혼하지 않은 남성이다'라는 분석 판단과 같은 식으로) 여겨지는데, 칸트는 이것이 실제로는 '종합적'이라고(즉, 우리의 지식에 추가되는 것이라고) 주장한다.[5] 왜냐하면 4가 3+1이나 4+0을 비롯하여 무한히 다양한 조합으로 이루어질 수 있기 때문이다. 이를테면 순환소수 $3.\dot{3}+0.\dot{7}$의 조합도 있다. 그러므로 감각의 입력 없이 얻는 순수 지식도 있을 수 있으며, 따라서 이러한 지식 또한 '종합적'이다.

순수 개념의 또 다른 예는 원인 개념이다. 만일 내가 멈춰 있는 빨간 당구공이 움직이는 하얀 당구공과 부딪혀 움직이는 것을 본다면, 나는 빨간 당구공의 움직임이 하얀 당구공에 의한 것임을 안다. 하

---

5   8장에서 이─의심스러운─구분을 다시 다룰 것이다.

지만 내가 실제로 본 것은 특정한 식으로 움직이는 두 공뿐이다. 한 공이 다른 공을 움직인 원인이라는 점을 **볼** 수는 없다. 원인임을 보기 위해서는, 한 사건과 다른 사건이 **필연적으로** 시간상 뒤이어 발생한다면 하나가 다른 것의 원인이라는 개념을 **이미** 가지고 있어야 한다. 흄의 대안은 한 사건이 다른 사건 뒤에 연이어짐을 본다는 사실 외에는 두 사건이 전혀 연결되지 않더라도, **어떤** 사건이든 다른 사건에 뒤따른다면 아마도 앞선 사건에 의해 나중 사건이 발생한 것이라고 보아야 한다는 것이다. 그렇다면 무언가가 실제로 인과적이라고 말하는 것은 **사유 안에** 필연성이라는 요소를 추가한다는 의미다. 이 필연성이 세계 안에 있다고는 말할 수 없는데, 세계에서 우리가 얻은 정보는 모두 흄이 강조했던 우연성에 달려 있기 때문이다.

칸트 사상의 또 다른 요소를 통해 그의 주장을 진지하게 여겨야 할 이유를 엿볼 수 있다. 칸트에게 인식의 핵심 요소는 무언가가 다른 무언가와 같다고 말할 수 있는 능력이다. 여기서 문제는 라이프니츠가 '구별 불가능한 것의 동일성'Identity of Indiscernibles이라는 원리로 보여 주었듯이, 한 사물이 다른 사물과 실제로 같은 경우가 전혀 없을 수도 있다는 점이다. 어떤 두 대상이 모든 면에서 같아 보일 수는 있지만, 미시적 혹은 그보다 더 작은 차원에서만큼은 항상 차이가 있을 것이다(지금은 양자 영역에서는 이것이 해당하지 않을 수 있다는 주장도 있지만). 라이프니츠의 생각을 엄격하게 적용하면, 유일하게 진정한 형태의 동일성은 자기 자신과의 동일성이라는 뜻이 된다. 결과적으로 모든 참된 진술은 동어 반복이어야 하는데, 왜냐하면 참된 진술은 개별 사물에 이미 존재하는 본유적 속성을 설명하는 것에 불과하기 때문이다. 각 사물은 그 사물일 뿐, 결코 다른 무엇과도 같지 않을 것이다. 라이프니츠에게 이 점은 사물의 궁극적인 참된 본성에 대한 신적 통찰이라는 개념으로 이어진다. 신적인 관점에서 볼 때 모든 사물은 본유적으로 특수하다.

그러나 라이프니츠의 동일성 개념은 자칫하면 관찰에 기반한 모든 과학적 지식에 대한 회의를 불러올 수 있다. 즉, 사물들이 실제로는 결코 동일하지 않으므로 법칙을 따른다고 할 수 없다는 것이다. 이것이 바로 칸트가 피하고자 했던 바다. 그래서 사물들이 결코 정확히 같지 않을 수 **있다**는 사실을 다룰 방법이 필요하게 되었다. 물론 사물들이 그것들을 지배하는 법칙과 관련해서는 동일하더라도 완전히 다르게 **보일** 수도 있다. 그러나 더 문제가 되는 것은 주관적 **경험**은 우연적이며 결코 동일하지도 않다는 사실이다. 왜냐하면 우리가 삶의 두 순간에 감각을 통해 얻은 것들이 정확히 같은 형태일 수 없기 때문이다. 결과적으로 칸트는 정보를 제공하는 지식에 필요한 동일성은 우리의 사고에 내장된 기능이어야 한다고 주장한다. 하지만 우리의 사고가 이런 식으로 기능하기 위해서는 지식의 원천들이 서로 다른 질서로 되어 있다는 사실을 받아들일 방법이 있어야 한다. 한 가지 원천은 끝없는 특수성을 받아들이고, 다른 한 가지 원천은 이 특수성을 동일성 형식에 능동적으로 포함시킨다. 여기서 중요한 요소는 이러한 형식으로 파악하는 주체가 지닌 시간을 가로지르는 동일성이다. 주체의 동일성이 없다면 경험은 그저 무작위적 특수성으로 와해될 것이다.

제1비판서는 크게 세 부분으로 나뉜다. 첫 부분은 '직관의 형식'으로서의 공간과 시간 이론인 〈초월적 감성학〉이다. 두 번째 부분은 사고에 필수적인 형식에 관한 설명인 〈초월적 논리학〉이다. 셋째 부분은 경험 세계에만 적용되어야 하는 개념이 경험의 본래 한계를 넘어서는 것에 적용될 때 어떤 일이 일어나는지에 관한 설명인 〈초월적 변증학〉이다. 이 한계란 다음과 같다. (1) 경험은 구체적인 시간과 장소에서 일어나야 한다. (2) 경험이 이해될 수 있으려면 특정한 선험적 관념이 필요하다. 이 부분에서 칸트는, 예컨대 자연에서 규칙적으로 발생하는 특수한 현상을 경험적 증거에 기초하여 설명하기 위해 인과성 개념을 사용한 다음 자연 전체가 인과적으로 결정되어 있다고 주장하는 데까지 나아갈 때의 문제에 대해 언급하고 있다. 인과적으로 결정되어 있다는 두 번째 판단은 무한한 확인이 요구되는데, 왜냐하면 실험과 관찰을 통해 현상의 법칙에 도달할 때에만 그 증거를 얻을 수 있기 때문이다. 하지만 동시에 자연 세계 전체가 결정론적으로 작동한다는 **가정**이 없다면, 우리는 회의주의에 직면하게 될 것이다. 왜냐하면 조사 중인 자연의 특정 부분이 실제로는 인과성이라는 철칙에서 예외일 수 있기 때문이다. 이러한 상황을 다루는 칸트의 시도는 그의 후계자들에게 광범위한 영향을 미쳤다. 제1비판서는 사고에 필수적인 틀에 관한 설명에서 시작하여, 이러한 틀이 부과하는 제약에 비추어 보면 신, 세계, 자유에 관한 형이상학의 전통적 문제들에 어떤 일이 발생하는지를 고찰하는 쪽으로 진행된다.

초월적 주체

제1비판서의 앞 두 부분에서 결정적 측면은 '코페르니쿠스적 전환'
으로도 알려진 주체에게 주어진 역할이며, 이는 이후 많은 철학에
영향을 미쳤다. 〈초월적 감성학〉에서 다루는 주체의 첫 번째 측면은
주체가 어떤 틀 안에서만 대상을 지각할 수 있다는 사실이다. 공간
과 시간이라는 '직관의 형식'에 관한 설명은 칸트가 우리의 지식에
단계적 정교화가 필요함을 보이기 위한 일환이다. 지식에 단계적 정
교화가 필요한 까닭은 우리가 대상을 전체적으로 한 번에 파악할
수 없기 때문이다. 무언가를 전체적으로 한 번에 알 수 있는 능력은
그 대상을 실제로 존재하게 하는 신께만 있을 것이다. 공간과 시간
을 사물 자체가 아니라 우리가 사물을 인식하는 방식에 속하는 것
으로 보아야 한다는 점을 인정하면, 우리는 사물이 우리에게 나타나
는 방식에 의해 정해진 한계 안에서 확실성을 얻을 수 있다. 우리는
우리가 대상을 인식하는 형식을 떠나서 대상이 어떻게 존재하는지
알 수 없다. 따라서 '사물 자체'에 관한 지식은 불가능하다.

　〈초월적 논리학〉은 칸트 자신이 "지성"understanding이라고 부르는
것, 즉 법칙에 매인 우리의 인식 능력에 관한 설명이다. 경험에 환원
불가능한 우연적 요소가 있다면, 지식에는 우연성을 극복하는 요소
가 있어야 한다. 경험은 시간 안에서 일어나고, 경험을 판단하려면
우연적으로 발생하는 사건들을 **필연적** 관계로 연결시켜야 한다. 지
각은 **틀림없이** 각기 다르고(다르지 않다면 또렷하게 표현할 수 없는 하나
의 전체로 합쳐질 것이다), 인식 주체는 지각을 '직관'으로 수용하므로

능동적으로 생산하지 않는다. 따라서 지각들을 서로 연결시키는 것은 그 자체가 동일하게 유지되는 것이어야 한다. 인식은 기억에 의존하고, 기억은 서로 다른 경험들 사이에서 자기 동일성이 유지되면서 그 경험들을 같은 것으로 **파악할** 수 있는 주체에 의존한다. 게다가 주체는 기억된 지각의 순간을 **자신**에게 속한 것으로 파악할 수도 있어야 한다. 그 순간들은 그것들이 내 경험 전체의 일부로 재식별될 수 있음을 의미하는 '내 것임'이 있어야 한다.

　이 필수 요건을 칸트는 "통각의 종합적 통일"synthetic unity of apperception 이라고 불렀다. '통각'은 라이프니츠가 사용한 용어로, 자신이 세계에서 무언가를 지각하고 있음을 의식하는 '반성적' 자각을 뜻한다. 나는 내 파트너를 생각하고, 그런 다음 내가 내 파트너를 생각하는 방식에 대해 '통각적으로' 생각한다. 이런 종류의 자기의식은 예컨대 무언가를 잘못 판단한 것은 아닌지 숙고하는 데 필수적이다. 칸트는 특정 시점에 내가 나의 의식을 반성할 때 발생하는 '경험적 통각'을 넘어 '통각의 종합적 통일'로 이 용어를 확장하여 사용하는데, 이는 그의 인식론 전체에서 매우 중요하다. '통각의 종합적 통일'을 다음과 같이 고찰해 보자. 내가 아침에 본 것을 오후에 기억한다면, 지금과 아침 사이에 일련의 지각과 경험과 생각이 있었을 것이다. 이러한 경험은 대부분 나에게 '통각적' 방식으로 발생하지 않았을 것이다. 나는 그 경험들과 내 의식의 관계를 성찰하지 않고 그냥 경험했을 것이다. 그렇다면 과거에 있었던 의식의 순간들이 내 경험의 일부가 되도록 연결하는 나 자신의 통일성unity이 없다면, 어떻게 그 의식의 순간들이 내 경험의 일부가 되도록 연결할 수 있겠는가? 나는 나의 일반적인 경험에서는 이러한 통일성을 의식하지 않는데, 왜냐하면 경험적 통각은 내가 지각하고 있음을 반성할 때만 발생하고 그런 경우는 드물기 때문이다. 그러나 내가 경험을, 특히 규칙에 따라 올바르게 지각한다는 칸트식의 강한 의미에서의 '경험'을 이해하려면 통일성이 존재해야 할 것 같다. 칸트가 말했듯이 "'**나는 생각한다**'는 나의 모든 표상에 수반할 수밖에 없다"(1968a: B 132).[6] 나아가 과학적 법칙이 가능하려면, 내 경험에 수반하는 '나는 생각한다'가 경험의 순간들 사이에 필요한 연결을 만들 수밖에 없다. 비록 이 연결 자체는 판단에서 나의 '자발성'을 통해 이루어져야 하겠지만, 이 경험의 순간들은 나의 의지에 종속되어 있지 않는다.

경험을 조직화하기 위한 선험적 규칙인 연결의 종류들을 "범주" categories 내지 "지성의 순수 형식"이라고 한다. 칸트는 이것들을 **양, 질, 관계, 양태**라는 네 가지 항 아래 열두 가지로 나열한다. 이러한 형식들은 세계를 관찰하는 데서 도출될 수 없는 사유 방법의 측면에서 사물의 존재 방식을 구분한다. 이 형식들은 이후로도 계속 논의되고 있는데, 우리가 이러한 논의의 세부 사항에 얽매일 필요는 없다. 하지만 두 가지 점에는 주목해야 한다. 이후 철학에서 중요한 쟁점 하나는 이러한 사고의 형식들이 자연 언어와 어떻게 관련되는지다. 다시 말해, 칸트가 구분한 형식들이 없는 언어에서도 이 형식들이 동일하게 유지되는가? 또 다른 쟁점은 인간의 사고에서 이러

---

6   칸트 작품의 면수 표기는 현재 표준으로 자리 잡아서 칸트 작품을 출간할 때 일반적으로 사용하는 학술원판(the Academy edition)의 A판과 B판을 가리킨다.《순수 이성 비판》A판은 1781년의 초판이고, B판은 1787년의 확장판이다.

한 구분이 어떻게 등장하게 되었는지에 관한 것이다. 칸트는 제1비판서에서 범주의 기원에 관심을 두지 않지만, 독일 관념론의 중요한 부분과 하이데거의 작품 등에서는 사고 형식의 기원에 관심을 둘 것이다.

이 비판의 다음 단계인 〈범주의 초월적 연역〉은 세계에서 마주하는 대상과 관련하여 이러한 사고의 선험적 형식을 사용하는 것의 정당성을 다룬다. '연역'deduction은 옛 독일의 법적 의미, 곧 '정당화' legitimation라는 의미로 사용된다. 제1비판서의 이 부분은 독일 관념론과 낭만주의 철학의 몇 가지 주요 물음을 낳을 것이다. 우리는 이미 '통각의 종합적 통일'을 설명하는 주된 논거를 접했다. 칸트는 이 통일성이 "지성 사용 전체가, 심지어 논리학 전체가, 따라서 초월적 철학이" 귀속되어야 하는 "최고 지점"(같은 책, B 134)이라고 주장한다. 여기서 기본 쟁점은 어떻게 '사고의 조건이 주관적인데 객관적 타당성을 가질 수 있는가'이다. 이는 참된 판단을 가능하게 하는 필연적이고 선험적인 종합의 규칙이 존재하고 또한 그것이 사유 주체에게 내재되어 있는 경우에만 가능하다. 이미 살펴봤듯이, **이것이** 가능하려면, 주체의 경험의 우연성과 독립적이며 또한 주체가 존재하는 각기 다른 순간들과도 독립적이면서도 밑바탕이 되는 통일성이 주체 안에 있어야 한다.

피히테와 같이 칸트 바로 다음에 나오는 사상가들에게 중요한 문제는 '초월적 주체'에 관한 주장들이 어떻게 입증될 수 있느냐다. 지식이 이러한 주체의 통일성에 기초하여 나온다면, 주체는 어떻게 **자신**에 관한 지식에 도달할 수 있는가? 인간은 언제나 공간과 시간과 범주라는 조건하에서 지식에 이르게 되고, 이러한 조건들은 바로 주체에게 의존하는 것이다. 따라서 주체는 분열된다. 한편으로 주체는 세계 안에 있는 경험의 대상, 즉 자기 몸이다. 다른 한편으로 주체의 몸이 따르는 법칙은 다른 무언가에 의존하지 않고 오로지 **그 자체로** 가능한 법칙이다. 왜냐하면 주체는 세계 안에 있지 **않고 그 이상으로** 존재하기 때문이다. 즉, 판단의 자발적 원천으로 존재하기 때문이다. 이 문제로 인해 칸트에 대한 해석이 근본적으로 달라진다. 이러한 해석 중 일부는 극단적으로 관념론적인 방향으로 가서, '나'의 자발성을 자연 자체를 이해하는 궁극의 열쇠로 삼는다. 다른 해석은 사유 주체에게 이렇게 자신에 대한 확연하고 필연적인 불투명성이 있다고 해서 지식에 관한 칸트의 주장을 무효로 할 필요는 없다고 주장한다. 여기서 또 다른 중대한 분열이 나타난다. 쇼펜하우어나 프로이트 같은 몇몇 사상가는 자기 인식의 문제가 주체의 이성적 측면의 비이성적 기반을 드러낸다고 주장한다. 이러한 기반은 주체의 자발성의 원천이다. 이는 철학적 설명으로는 접근할 수 없고 예술이나 정신분석 같은 다른 수단으로 탐구해야 한다. 우리는 이 문제들을 다음 장들에서 다시 다룰 것이다.

판단

칸트는 '삼중 종합'의 측면에서 지식을 기술한다. 즉, 무언가가 먼저 정신에 영향을 미치면서 '파악'되고, 그런 다음 상상력으로 '재생'되고, 마지막으로 이를 분류하는 개념을 통해 '인식'된다. 이 모든 것은 다수성으로부터 동일성을 '종합'해 내는 자기의식의 능력에 의존한다. 우리는 '판단 능력'으로 현상을 정리한다. 판단은 지성의 규칙(범주들과 경험적 개념들)이 직관에 적용될 때 발생한다. 지성이 규칙의 원천이더라도, 세계에서 접하는 사물에 적용되는 판단 **자체**는 규칙에 얽매일 수 없다. 어떤 현상이 특정한 규칙 아래 속하는지 아닌지를 규칙의 측면에서 판단하려면―이를테면 내 앞에 보이는 대상이 개로 분류되는지 말로 분류되는지 판단하려면, 이 대상을 다른 것이 아닌 개와 말 중에서 결정하기로 정하기 위한 규칙, 개와 말 둘 중에서 하나로 결정하기 위한 규칙, 이 결정을 적용하기 위한 규칙 등등 여러 규칙이 필요할 것이다. 따라서 칸트는 판단력 자체는 규칙으로 획득할 수 없는 '재능'이라고 주장한다. 우리는 하나의 현상에 무수한 규칙이 적용될 수 있는 상황에 항상 처하게 될 것이고, 따라서 규칙을 위한 규칙으로의 퇴행이 어느 지점에나 있을 것이다. 따라서 판단력이 떨어지는 사람이 그저 더 많은 규칙을 배워서 판단력을 향상시킬 수 있는 방법은 없다. 판단은 제거할 수 없는 우연성의 요소를 포함하지만, 그럼에도 **모든** 구체적인 지식 주장에 필요하다. 이에 대한 예외는 범주다. 필연적으로 범주는 대상에 선험적으로 적용된다. 내가 x라는 대상(그것이 개든 말이든)이 얼마나 많은지 판단하고자 할 때, 아직 하나임과 다수임을 내 생각의 선험적 부분으로 가지고 있지 않다면, 나는 판단을 시작할 수조차 없다. 내가 x의 수를 판단하면서 실수할 수도 있지만, 실수하는 것조차도 지적인 방식으로 셈하는 능력이 있어야 가능한 것이다.

판단에 관한 칸트의 설명에는 중요한 단계가 하나 더 있는데, 이로 인해 훨씬 더 복잡해진다. 바로 순수 개념이 어떻게 해서 감각 세계에 적용될 수 있는가 하는 문제다. 칸트는 이 딜레마에서 '도식작용'schematism 개념을 구상하게 된다. 칸트는 "그 누구도 이것이, 예컨대 인과성이, 감각을 통해 직관될 수 있으며 현상에 포함되어 있다고 말하지는 않을 것이다"(같은 책, B 176-77, A 137-38)라고 하면서 이 문제를 보여 준다. 당신은 "저기 저 원인을 봐!"라고 말하면서 원인을 가리킬 수 없고, 이를 이해해 주기를 바랄 수도 없다. 당신이 할 수 있는 것은 그저 두 사건을 가리키며 둘이 서로 인과관계로 연결되어 있다고 주장하는 것뿐이다. 서로 완전히 분리된 영역 간의 이분법은 언제나 철학적 어려움을 가져온다. 선험적인 것과 경험적인 것을 분리하려는 시도도 예외는 아니다. 칸트는 범주와 현상을 연결하는 제3의 용어가 있어야 하며 그것은 순수하면서도 경험적이어야 한다고 주장한다. 그는 다섯 개의 점 ······이 숫자 5의 "이미지"image, 도상라고 말한다. 그렇다면 점 천 개는 무엇인가? 이것의 이미지는 천각형 이미지처럼 표상하기는 매우 쉽다―큰 어려움 없이 그릴 수 있다. 하지만 보통 사람이 보면 **바로 딱** 인식되지는 않을 것이다. 따라서 천의 '도식'은 천의 이미지 자체라기보다, 천을 이미지로 표상하는 "방법의 관념"(같은 책 B 180, A 140)이다. 도식은 경험적인 것과 선험적인 것 사이에 부유하는 것처럼 보인다. 그럼에도 도식은 삼각형을 완전히 정확하게 수학적으로 계산한 것이 우리가 그림에서 인지하는 엉성한 경험적 대상과 어떻게 연결될 수 있는지를 어느 정도 이해하게 해 준다.

도식 개념이 함의하는 바는 언뜻 보기보다 훨씬 광범위하다. 도식은 이를테면 개와 같은 세계 안의 구체적인 사물에 일반적인 개념을 적용할 수 있게 해 주는 것이기도 하다. 개는 쥐 같은 동물로 보일 수도 있고, 작은 말에 더 가까운 것으로 보일 수도 있다. 도식이 없으면 전에 한 번도 마주한 적 없는, '개'라는 종에 속한 새로운 구성원을 개로 인식할 수 없다. 경험적 도식은 우리가 이전에 한 번도 마주한 적 없는 형태의 '무언가를 무언가로 볼' 수 있게 해 주는 것이다. 이러한 능력은 동일한 대상이 매우 다양한 사물로 보일 수 있다는 점, 혹은 무한한 방식으로 설명될 수 있다는 점을 고려할 때 매우 중요하다. 셸링은 칸트가 도식을 통해 이르고자 한 것과 언어의 작동 사이에 연관이 있다는 점을 곧(1800년에) 깨닫게 될 것이다. 서로 다른 사물에 동일한 단어를 사용하려면 사물들의 특수성에서 사물의 유형에 적용되는 일반 규칙을 추상할 수 있는 능력이 필요하며, 일반 규칙은 그 단어가 올바르게 적용될 수 있는지를 결정한다. 도식작용과 언어를 연결하는 것은 낭만주의를 비롯하여 근대 '해석학', 곧 '해석 기술'의 발전에 핵심이 될 것이다.

칸트는 범주와 관련하여 도식의 역할을 논한다. 세계 안의 대상에 대해 이런 식으로 생각하는 방식은 모두 선험적 범주가 우연적 직관에 어떻게 적용되는지에 달려 있다. 이러한 적용에는 언제나 어떤 형태의 시간적 질서가 필요하다. "이러한 이유로 도식들은 규칙에 따른 선험적인 **시간 규정들**과 다름없다"(같은 책, B 184, A 145). 그래서 예를 들면 '실재'에 대한 도식은 지각에 주어진 대상의 '특정 시점에서의 실존'이다. 칸트에게 무언가가 실재한다는 것은 그것이 지각에 주어질 수 있음을 의미하며, 이는 이미 봤듯이 특정 시점, 특정 장소에만 존재할 수 있다. 도식들과 시간성의 연결은 하이데거의 사유에서 중요한 구성 요소가 될 것이다. 하이데거는 시간이 사물들을 **다르게** 드러내는 세계의 앞질러 '열림'이 없으면 주체가 이러한 동일성의 형식들을 세계에 적용할 수 있는 위치에 있지 않을 것이라고 주장한다.

칸트는 정신과 세계의 관계와 관련하여 한 가지 구별을 추가한다. 그는 우리가 지식의 대상을 두 가지 측면에서 생각해야 한다고 주장한다. 즉, 대상이 우리에게 나타나는 바인 '현상'phenomena의 측면에서, 그리고 우리의 생각과 독립적으로 대상이 존재하는 바인 '예지체'noumena의 측면에서 생각해야 한다. 전자는 직관의 종합을 통해 대상에 대한 개념을 형성할 수 있게 해 준다. 반면 후자는 사물 자체가 갖는 지식 형태, 곧 사물에 관하여 감각으로 파악할 수 있는 것 너머의 지식을 요구하는 것으로 보일 수 있다. 칸트는 예지체를 두 가지 개념으로 구분한다. '소극적' 의미에서, 예지체 관념은 우리가 지각 대상인 대상을 추상화함으로써 도달하게 되는 것이다. 우리는 그 대상이 존재한다고 가정하지만, 모든 확정을 지각 입력에 의존하기 때문에 그 대상에 대해 구체적으로 말할 수는 없다. '적극적' 의미에서, 우리는 '직관'에 주어진 것에 의존하지 않는 대상에 대한 특별한 종류의 접근을 가정한다. 물론 이러한 접근은 바로 칸트가 불가능하다고 간주한 것이다. 사물에 대한 이러한 개념 중 첫 번째는 사물의 측면들 전체에 관한 사유라는 관점에서 그럴듯하게 이해될 수 있다. 우리는 대상을 단편적으로만 파악할 수 있지만, 대상에 대해 우리가 부여할 수 있는 온갖 다양한 기술하에 대상이 존재한다고 가정해도 모순되지는 않는다. 하지만 어떤 대상이 새로운 기술로 인해 다른 기술하에 있는 대상과 서로 동일한 대상이 아님을 의미하게 되는 문제가 여기서 발생할 수 있다. 두 번째 개념은 이제 그 사물이 우리가 그것에 관해 생각할 수 있는 모든 구체적인 내용과 아주 분리된 완전한 미지의 것임을 암시한다. 칸트는 예지체에 관한 적극적인 의미를 거부한다고 주장한 것이지만, 그의 사상에서 다른 측면들은 칸트가 세계의 '실제 존재' 방식과 우리 사이에 완전한 장벽을 세워 놓았구나 하고 생각하도록 부추길 것이다. 우리는 나중에 이 점을 살펴볼 것이다.

이성

이제 우리는 지식에 내재한 한계가 가져오는 결과에 관하여 칸트가 〈초월적 변증학〉에서 한 응답을 고찰해 보아야 한다. 지성은 경험 자료만 판단할 수 있으며, 바로 이러한 접근 대상의 한계가 지성의 특징이다. 하지만 사유에는 세계 안의 구체적인 사물을 지배하는 법칙에 대한 판단 이상의 것이 포함되어 있음이 분명하다. 지성이 그러한 판단에 국한되는 것으로 **기술될** 수 있다고 주장한다면, 여기에는 사유가 지성만으로 할 수 있는 것을 넘어설 수 있어야 한다는 의미가 있다. 경험적 판단을 넘어서는 것을 가능하게 하는 사유의 추가적인 능력을 칸트는 "이성"이라고 부른다. 지성이 경험 자료들 사이의 통일성을 창조하는 반면, 이성은 지성의 규칙들 사이의 통일성을 창조한다. 전자는 어떤 것이 지각에 주어진다는 칸트식 의미에서 현실에 의존할 수 있다. 후자는 제1비판서 전체가 피하고자 하는 것, 즉 현실을 가리킬 수 없는 개념에 기초한 사물의 궁극적 본질에 관한 사변에 빠질 위험을 안고 있다. 문제는 우리가 다음과 같은 물음을 생각해 볼 때, 이렇게 뒷받침 불가능한 사변과 관련되는 개념들을 사실상 피해 갈 수 없다는 것이다. '자연의 모든 것이 인과적으로 결정되어 있는가? 그렇다면 인간의 자유로운 행동은 존재하지 않는다는 뜻인가?'

칸트는 지각에 주어지는 자연이 전적으로 법칙에 의해 결정된다는 점을 의심하지 않았다. 하지만 또한 그는 이성적 존재가 단순히 자극과 반응의 측면에서 행동하는 것이 아니라, 자신에게 부과된 규칙의 측면에서 **행위**하기로 결정할 때 '자유를 통해 원인 작용'을 행사할 수 있어야 한다고 보았다. 이 모순을 어떻게 해결할 수 있을까? 사람들이 자신의 행위에 책임이 있는지 없는지, 혹은 사람의 행위가 자연과 사회의 인과적 과정의 결과일 뿐인지에 관한 문제는 근대성에서 피해 갈 수 없다. 칸트는 도덕적 책임의 근거를 뒷받침하는 적절한 해답에 도달하고자 했다. 근저에 놓인 문제는 그가 "변증법"이라고 부르는 것과 관련된다. 이는 현상계를 다루는 데만 유효한 사유 형식을 사용하여 예지계의 사물 자체에 관하여 이야기하는 것이다. 우리는 세계에 관한 우리 지식의 전반적 성격을 이해하기 위해 필연적으로 형이상학적 개념들을 사용한다. 하지만 이러한 개념들은 지성이 개별 자료들과 관련하여 수행한 것을 체계화하는

'규제적' 기능만 행사해야 하며, 실재의 궁극적 본성에 관하여 우리에게 말해 주는 '구성적' 기능을 수행해서는 안 된다. 후자를 수행하려는 시도는 '변증법적' 모순을 초래한다.

칸트의 논증은 두 가지 용어의 관계, 즉 '조건적인 것'과 '무조건적인 것' 내지 '절대적인 것'의 관계에 대한 탐구에서 분명해지는데, 이는 향후 50년 동안 독일 철학에서 중요한 부분들을 지배할 것이다. 모든 인지적 설명은 무언가의 조건을 찾는 데 의존한다. 예를 들어 몸이 땅에 떨어지는 조건은 몸보다 땅의 질량이 더 크다는 점이다. 이러한 각각의 조건들 자체는 또 다른 무언가에 의해 조건 지어질 것이다. 다시 말해, 모든 개별 사물은 그것의 실존을 가능하게 하는 것에 관련된다. 또는 의존한다. 칸트는 "주어진 조건적인 것에 대한 **조건들 전체**"를 "초월적 이성 개념"(같은 책, B 380, A 323)이라고 부른다. 비록 우리가 그러한 개념에 도달했음을 인식하는 지점까지는 이를 수 없더라도, 이론적으로는 그러한 개념을 생각해 볼 수 있다. 그러나 이 전체는 "모든 면에서 무조건적인"(같은 책, B 383, A 326) 것이 아니다. 그것은 단지 **한** 사물에 대한 일련의 조건들을 가리킬 뿐이며, 이 조건들은 차례대로 조건 지어져 있다. 지성의 대상이 될 수 있는 모든 것의 통일성, 모든 가능한 조건들의 통일성은 보다 절대적인 개념이다. 이 통일성은 하나의 '관념'으로 '이성의 필연적 개념'이다. 따라서 어떤 관념은 지성이 한 일을 일반화하는 것을 포함하더라도, 지성의 측면에서는 파악될 수 없다. 또한 이 관념은 단지 막연한 사변을 통해 도달하는 것이 아니다. 이는 이성이 우리가 알 수 있는 것에서 출발하여 우리가 알 수 있는 것의 완전한 통일성을 알려고 노력할 때 이성이 작동하는 방식의 **필연적** 결과다. '초월적 관념'에는 세 가지 종류가 있다. (1) 사유 주체의 절대적 통일성 (2) 현상이 갖는 일련의 조건의 절대적 통일성 (3) 모든 사유 대상의 조건의 절대적 통일성. 칸트식으로는 이중 어떤 것도 대상이라고 부를 수 없고, 따라서 이것들은 사유의 주관적 필연성의 결과다. 이 세 종류는 세 가지 형태의 '이성의 변증법적 결론들'로 이어진다. 첫째는 '오류추리', 둘째는 '이율배반', 셋째는 '순수 이성의 이상'이다. 이 중 처음 두 형태는 논증의 의미를 명확하게 해 준다.

첫 번째 형태인 오류추리paralogisms에서, 칸트는 주체의 초월적 통일성을 논한다. 주체를 통일된 것으로 생각하기 위한 논리적이고 **형식적인** 필연성이 있다. 주체가 통일적이지 않다면, 이미 봤듯이 지식을 설명할 수 없게 된다. 하지만 이러한 필연성은 종종 실체로, 즉 현상에 대한 나의 의식의 기초가 되는 예지체로 적극적으로 **알려질** 수 있다는 주장에 잘못 사용된다. 칸트는 주체란 통각의 특수한 순간에만 접근할 수 있는 것이지, 주체 전체를 파악하는 무시간적 방식으로 접근할 수 있는 것은 아니라고 주장한다. 우리는 지성의 조건하에서만 앎이 가능하다는 사실을 거스르지 않고서는 우리의 예지적 자아를 **안다**고 주장할 수 없다. 칸트의 논증에도 불구하고, 주체가 무조건적인 방식으로 실존한다고 말할 수 있는지 여부는 칸트를 따르는 철학자들, 특히 피히테의 핵심 문제 중 하나를 형성할 것이다.

이율배반antinomies('상반되는 법칙'을 의미)은 무조건적인 것을 다른 것들과 마찬가지로 마치 사유의 대상인 것처럼 적극적으로 생각하려고 할 때 발생한다. 그 결과, 정립과 반정립으로서 서로 모순되지만 둘 다 타당해 보이는 주장이 생겨난다. 칸트의 요지는 우리가 현상계에 사용하는 사유 방식을 세계 그 자체에 관해 생각하는 데 사용하지 않아야 한다는 것이다. 이를 이해하기 가장 쉬운 방법은 '자연'과 '자유' 사이의 셋째 이율배반과 관련하여 이해하는 것이다. 셋째 이율배반의 정립은 자연에 결정론만 있을 수는 없다는 주장이다. 모든 경험적 원인은 다른 무언가의 결과이기도 하지만, 이는 원인들의 완전한 순서가 있을 수 없다는 의미이기도 하다. 첫 번째 원인으로 추정되는 것 역시 다른 무언가에 의한 결과여야 하므로 무한퇴행으로 이어진다. 이 논증은 우주에 첫 번째 원인, 곧 신이 있어야 한다고 주장할 때 사용하는 논증과 비슷하다. 따라서 자연에는 다른 종류의 원인 작용, 즉 다른 무언가에 의한 결과가 아닌 '절대적 자발성'이 있어야 한다. 본능의 촉발과 같은 선행 원인에 의해 결정되지 않는 방식으로 행동할 때 우리가 자유로운 까닭도 **같은** 종류의 원인 작용 때문이다. 반면, 이율배반은 자연에 그러한 자유가 있다고 가정한다면 우리로 하여금 첫 번째 원인을 찾도록 이끌었던 인과 사슬 자체가 더 이상 설명의 근거가 될 수 없다고 주장한다. 우리는 인과 법칙의 보편적 적용을 가정할 수 없게 된다. 따라서 그러한 자유가 있다면 그것은 자연 자체의 **바깥에** 있어야 한다. 그러나 이에 대한 증거는 있을 수 없는데, 왜냐하면 무언가의 실재성에 대한 모든 증거는 자연 **안**에서 관찰될 수 있는 것을 원천으로 하기 때문이다.

이 이율배반은 우리가 현상으로서는 자연의 다른 것들과 마찬가지로 결정되어 있지만 예지체로서는 자유롭다는 논증으로 해결된다. 우리는 사물이 존재하는 방식이 아니라 존재**해야 하는** 방식에 대한 관념에 의존하는 '당위'의 측면에서 행동할 수 있기 때문에 자유롭다. 사물이 존재해야 하는 방식은 우리가 세계에 관하여 이미 알고 있는 것에서 도출할 수 없다. 이 문제를 다음과 같은 식으로 생각해 보자. 우리는 세계에서 인과적으로 결정된 사건으로 보이는 행동을 수행할 수 있다. 이러한 행동은 물리학, 화학 등의 측면에서 기술될 수 있다. 하지만 이러한 측면에서는 이 행동의 **동기**가 하나도 명백하지 않다. 이 행동은 실제로 나의 쾌락이나 이기심, 즉 자연적 원인성에 기초한 성향에서 촉발될 수 있지만, 어떤 행동은 나에게 상당한 어려움을 초래하고 아무런 기쁨을 주지 않을 수도 있다. 후자의 행동은 나에게 발생할 어떤 이익을 위해서 하는 게 아니라 자기 보존과 쾌락의 증대보다 삶에 더 많은 것이 있다고 생각하기 때문에 **해야 한다**는 나의 자각의 측면에서 해석될 수 있다. 이 사실은 칸트 도덕 철학의 핵심 요소로 이어질 것이다. 제1비판서의 나머지 부분은 이전의 형이상학의 논증들이 신의 실존에 대한 증거의 측면이나 실재 전체의 본성의 측면에서 약속했던 것들을 제공하지 못한다는 점을 증명하는 것과 관련된다. 이러한 논증들은 칸트가 이율배반에 대한 설명에서 피하고자 했던 혼동을 반복하는 것이기 때문이다. 이 부분은 무한한 것에 관한 정당화될 수 없는 적극적인 주장을 하지 않으면서도 유한한 것을 넘어서는 것을 생각해야 하는 사유의 요구를 어떻게 해결할 것인가 하는 문제에 대해 풍부한 통찰을 담고 있긴 하지만, 그 복잡한 내용을 여기서 적절하게 다룰 수는 없다.

도덕과 토대

세 번째 이율배반에 대한 칸트의 해법은 도덕 사상의 구조에 영향을 미친다. 그리고 이 해법으로 인해 그의 후계자들이 그가 성취한 것을 넘어서려는 시도들이 생겨난다. 이러한 시도는 무엇보다도 칸트가 경험 세계와 '예지' 세계를 구분한 방식에서 비롯된다. 여기서 문제는 '자유를 통한 원인 작용'에 기초한 행위가 현상적이고 결정론적인 자연의 영역과 완전히 분리된 영역에서 이루어져야 한다는 점이다. 따라서 자유로운 결정은 공간이나 시간에 위치하지 않는다. 칸트가 논증하는 바는 실천 이성, 즉 이성적 존재의 자기 결정 능력이 현상 세계의 다른 모든 것처럼 자신을 결정하는 다른 무언가에 종속되는 상황을 피하는 것이다. 만일 실천 이성이 이런 식으로 의존하게 된다면, 무엇이 실천 이성을 결정하며 그 무엇을 결정하는 것은 또 무엇인가 등을 물어야 한다. 그래서 다음과 같은 대안이 나온다. 신과 신의 대리자인 군주에 기반한 전통적 권위가 절대적인 것으로 여겨지듯이 실천 이성이 의존하는 것 자체가 절대적이어야 하거나, 아니면 실천 이성 자체가 절대적이어야 한다―세계 안의 다른 어떤 것에 상대적이지 않다는 의미에서 말이다. 칸트는 어떤 영역에서든 신적 권위에 호소하려면 우리가 정당화할 수 있는 것보다 더 많은 것을 알아야 한다는 요구가 수반되기 때문에 신적 권위에 호소하는 것을 거부한다. 그러면서도 동시에 이성이 주어진 세계를 초월해야 한다고 주장한다. 사물이 어떤 식으로 존재**해야** 하는지의 측면에서 행동하라는 요구는 이미 존재하는 사실의 측면에서 할 수 있는 것이 아니다. 칸트가 실천 철학에서 해결하고자 했던 난점들은 전통적 권위에 기반한 사회에서 근대성으로 이행하는 과정에서 발생하는 난점들과 같은 종류다.

칸트는 《도덕 형이상학 정초》 서두에서 선의지善意志만이 조건 없이 선하다고 간주될 수 있으며 행복, 안녕 등은 무조건적으로 선하다고 간주될 수 없다는 놀라운 주장을 펼친다. 그는 건강과 같은 특정 속성을 무조건적 선으로 간주할 때 건강한 대량 학살자가 지극히 바람직하지 않다는 사실과 부딪힌다고 주장한다. 여기서 그의 관심사는 "**도덕성의 최고 원리**"(1974: BA xv)를 확립하는 것이다. 도덕 철학자들은 '결과론적' 이론과 '의무론적' 이론을 구분한다. 전자는 이를테면 공리주의 이론 같은 것들인데 행위의 결과가 도덕적 가치를 결정한다고 간주한다. 반면 후자는 행위의 도덕적 가치가 행위 자체에 본유적이라고 간주하므로, 어떤 행위들은 다수에게 선한 결과를 가져올 수 있더라도 명백히 잘못된 것일 뿐이다. 칸트는 후자의 진영에 속한다.

칸트가 '최고 원리'를 추구하고 있다는 사실은 초월한 권위에 호소할 수 없는 근대 세계에서 그가 자신의 도덕관이 얼마나 중요하다고 생각하는지를 분명하게 보여 준다. 도덕성은 자연적 원인성이 지배하는 자연의 목적들보다 "훨씬 더 가치 있는 실존의 또 다른 목적에 관한 이념"(같은 책, BA 7)에 의존한다. 이때 그는 신적 보장 없이 이성에 따라 살아가는 삶의 목표에 대해 이야기하고 있는 것이다.[7] 선의지는 의무("**법칙에 대한 존경에서 나온 행위의 필연성**"[같은 책, BA 14])와 관련하여 가장 명백하게 나타나는데, 의무에서 개인의 관심과 욕망은 해야 한다고 알고 있는 것과 쉽게 충돌할 수 있다. 의무는 어떤 행동을 할 때 그 행동이 법의 제제를 피하는 데서 오는 이익까지도 포함하여 어떤 이익이 돌아오기 때문에 하는 것으로 이해될 수 없는 경우에만 존재한다. 핵심 요소는 준칙, 즉 행위를 수행할 때 따르는 일반 규칙이다. 준칙을 따르더라도 그 결과는 경험 세계에서 뒤따르는 인과적 사건들의 우연성에 좌우되므로 재앙이 될 수도 있다. 따라서 한 행위의 도덕적 가치는 행위의 결과가 아니라 그 동기가 최고 원리에서 나온 것인지에만 달려 있다.

따라서 칸트의 도덕성의 기초에는 경험적 내용이 없다. 칸트에게는 도덕적인 사람이 되기 위해 따라야 하는 십계명 대신, 하나의 완전히 추상적인 명령이 있다. 이는 정언 명령으로 다음과 같다. **"나는 나의 준칙이 보편적인 법칙이 되기를 의욕할 수 있는 방식이 아니라면 행동해서는 안 된다"**(같은 책, BA 17).[8] 이 명령은 아마도 칸트의 도덕 철학에서 가장 많이 비판받는 측면일 것이다. 그 이유는 다음과 같은 칸트의 언급과 관련해서 명백해진다. "다른 여러 측면에서 옳다고 여겨지는 행위의 준칙이 오로지 도덕적 근거들에만 기초하고 있는 경우를 단 하나라도 경험을 통해 완전히 확실하게 규명하는 것은 … 절대 불가능하다"(같은 책, BA 27). 한편으로 칸트는 도덕적 결정을 내리는 기준을 제시한다. 다른 한편으로 그는 우리가 그 기

---

7   칸트는 제1비판서와 제2비판서에서 선한 행동이 장기적으로 보상받을 줄로 생각하는 것이 합리적이라고 주장하지만, 나중에 이것이 도피이며 진지한 도덕적 논증은 인간의 자기 입법에 호소할 수밖에 없다고 생각하게 된다.

8   이 명령에 대한 다른 정형 문구들도 있지만, 주요 논지를 설명하는 데는 이것 하나로 충분할 것이다.

준을 실제로 따르고 있는지 알 수 있다는 점을 부정함으로써 그 기준을 다시 제거한다.

칸트의 입장을 다음과 같은 식으로 생각해 보자. 내가 만일 내가 한 일을 정당화해야 한다면 그것이 목적에 필요한 수단이라는 측면에서 정당화할 수 있을 것이다. 이를 칸트식으로 말하자면 나는 가언 명령을 따르는 것이다. 그렇다면 내가 추구하는 목적이 정당한 이유는 무엇일까? 내가 원하기 때문에 옳은 것이라고 정당화할 수는 없는데, 왜냐하면 내가 원하는 것이 언젠가는 다른 사람이 원하는 것과 불가피하게 충돌하게 되기 때문이다. 여기서 대안은 다른 사람보다 나에게 우선권이 있다고 주장하는 것과 다른 사람도 나와 같은 권리를 가지고 있음을 인정하는 것 사이에서 선택하는 것이다. 신이 부여한 사회적 위계 속 지위에 따라 도덕적 지위를 부여할 이유가 없는 탈봉건사회에서는 일종의 보편적 원리를 요구하는 것이 불가피하다. 물론 사람들이 재능, 건강 등에서 서로 동등하지 않다는 점은 경험상 분명하다. 그러나 서구를 비롯하여 다른 대부분의 세계에서도 이렇게 동등하지 않다는 점을 개인의 권리를 결정하는 근거로 삼는 도덕은 **이제** 거의 불가능하다. 이는 그러한 동등함이 실제로 존재한다는 의미는 아니지만, 그러한 동등성equality, 평등의 **이념**을 우리가 받아들인다는 의미일 수는 있다. 이중 잣대가 적용되어 부정적인 대우를 받을 때 사람들이 느끼는 감정을 생각해 보라. 그들이 느끼는 분노는 칸트가 의도한 것과 같은 것이 아니라면 무엇에 근거한 것인가?

칸트가 도덕성의 경험적 근거들을 거부한 또 다른 측면도 있다.

세계 안의 다른 사람들의 행동을 관찰한다고 해서 그들이 도덕적으로 행동하는지 안 하는지를 판단할 기준이 나오지는 않는다. 도덕적 행동을 수행한다는 것이 무엇인지에 대한 감각, 즉 관찰에서는 도출할 수 없는 어떤 감각을 내가 **이미** 가지고 있는 경우에만 같은 종류의 감각을 다른 사람에게 귀속시킬 수 있다. 만일 최고선이 있더라도, 최고선에 대한 우리의 인식은 세계를 바라보는 데서 도출될 수 없고 우리의 생각에서도, 예컨대 행복이 그러한 선이라고 생각하는 데서도 도출될 수 없다. 어떤 경험적인 선이든 그 선에 도달할 수 있는 방식과 관련해서는 혼란과 어려움을 수반할 가능성이 높고, 그것이 무엇으로 구성되어 있는지와 관련해서도 개인의 목표와 욕망에 따라 달라질 것이다.

따라서 정언 명령의 선험적 지위는 우리가 경험 세계에 대해 알고 있는 것이나 그러한 앎으로부터 타인에 관하여 도출한 정보를 도덕성의 기초로 삼는 것이 불가능하다는 데서 시작된다. 정언 명령은 이런 불가능성 대신, 우리가 자신에게 부여하는 자율적 지위를 타인에게도 부여한다는 데 기초한다. 물론 우리가 이러한 자율성을 갖고 있지 않을 수도 있다는 점을 칸트도 인정한다. 그러나 자율적이기를 추구한다는 **관념**은 이성적 존재로서 서로 공유하는 목표를 가질 가능성을 제공한다. 어떻게 우리가 타인에게 그런 지위를 부여하게 되었는지에 대한 문제에 칸트는 답하지 않는다. 이 점에 대해서는 그의 뒤를 잇는 피히테와 헤겔이 매우 중요한데, 그들이 탈신학적 도덕에 요구되는 상호 인정의 기원을 설명하려 했기 때문이다. 왜 인간은 서로에 대해 그저 적대적인 상태로 있지 않고, 타인의 권리를 인정하는 데 요구되는 것을 발전시켰을까? 이러한 인정이 단순히 자기 보존이라는 명목으로 이루어졌다는 주장이 흔히 제시된다. 타인을 끊임없이 공격한다는 것은 나보다 더 강하거나 더 교활한 적을 만나기 전까지만 내가 살아남을 수 있음을 의미한다. 하지만 이는 더 특수한 도덕 감정들이 어떻게 가능해지는지를 설명해 주지 못한다. 이러한 감정들은 단순히 생존이라는 실용적인 이유로 발생하는 감정을 넘어서는 것으로 보인다. 이 난제에 대해 어떻게 생각하든, 칸트의 논증 방향은 인권 영역과 같이 현대 세계와 여전히 관련된 문제에서 메아리로 남아 있다. 그의 논증에서 중요한 요소는 불순종의 결과에 대한 두려움과 같이 외부적인 이유로 법에 순종하는 타율성이 아닌, 자율성, 자기 입법이다. 자연 영역에서 모든 것은 조건에 종속되어 있지만, 우리로 하여금 이 상태를 넘어서게 하는 것은 우리가 행동을 수행할 때 무엇이 우리의 조건이 되게 할지를 결정하는 능력이다.

이 능력은 여전히 매우 일반적으로 사용되는 자유 개념을 약화하는 중대한 결과를 낳는다. 내가 면피할 수 있거나 합법적이라면 내가 원하는 것을 무엇이든 할 수 있는 자유^{liberty}를 칸트는 최고 형태의 자유^{freedom}로 보지 않는다. 그 대신, 우리가 **해야** 하는 것으로 받아들이기 때문에 우리가 자신에게 법을 부여한다면 우리는 자유로운 것이다. "따라서 자유 의지와 도덕법을 따르는 의지는 하나이며 동일하다"(같은 책, BA 99). 자유와 필연성을 조화시키려는 이러한 시도의 이유는 간단한데, 루소가 제시한 것이다. 단순히 자기 욕망을 따르는 것은 궁극적인 형태의 자유가 아닌데, 왜냐하면 자칫 자기 욕정의 노예가 될 수도 있기 때문이다. 그렇다면 똑같이 강렬해 보이는 두 가지 욕망 사이에서 어떻게 결정을 내려야 하는가? 무엇을 해야 할지를 결정하는 것은 정언 명령의 측면에서 이루어져야 한다. 나는 이 상황에서 내가 결정한 것과 같은 것을 결정할 권리가 모든 사람에게 있어야 한다고 생각하는가?[9] 이런 식으로 생각한다면 나는 타인을 내 목적을 위한 수단이 아니라 '그 자체로 목적'인, 자기 결정 능력을 공유하는 존재로 여겨야 한다. 이러한 생각의 귀결은 우리가 구성원이자 주체인 목적의 왕국이라는 '이상'이다. 칸트는 '값'을 지닌다는 것과 '존엄성'을 지닌다는 것을 예언자적으로 구분하는데, 이는 마르크스 사상에서 다시 등장한다. 값을 지닌 것은 그에 상응하는 다른 무언가로 대체될 수 있지만, 존엄성을 지닌 것은 본유적 가치를 지니고 있어서 대체될 수 없기에 모든 값보다 위에 있다. 자율적이고 이성적인 존재는 존엄성을 지닌 것으로 간주되어야 한다. 칸트에게, '그 자체로 목적'인 존재자들이 있음을 인정하는 것은 정의로운 사회의 기초가 된다.

칸트의 비전은 뜬구름 잡는 자유주의적 유토피아처럼 들릴 수 있다. 하지만 18세기 후반에 그의 도덕적 비전이 가진 힘은 특히 봉건주의와 노예제도가 현실 사회정치 세계의 상당 부분을 차지하고 있던 당시에 이것들이 합법적일 수 없게 만들었다는 데 있다. 여성이나 다른 인종에 대한 칸트의 태도는 그 자신의 우연적인, 역사적으

---

9   이 맥락에서 칸트가 실제로 다루지 않은 문제는, 도덕적으로 난감한 대부분의 상황에서 우리는 단 하나의 명령의 보편화에 관한 결정이 아니라 경쟁하는 여러 도덕 명령에 직면한다는 점이다.

로 결정된 오류였지만, 그럼에도 그의 도덕 이론은 철저한 민주주의의 추동력이 되었다. 이 이론의 약점은 그러한 비전이 어떻게 구체적인 정치로 번역되어야 하는지에 있으며, 우리가 살펴볼 여러 사상가가 바로 도덕 이론과 정치 및 법률 세계 사이의 격차에 관심을 두고 있다.

자연과 자유: 제3비판서

칸트의 도덕 철학 논증은 현상적인 자연 세계와 예지적인 인간 자유의 세계 간 분리를 강화하는 역할을 한다. 칸트는 나중에 이러한 구분이 지금까지 우리가 고찰했던 저술에 나와 있는 것처럼 절대적인지를 묻게 된다. 그럼으로써 칸트는 우리 지식의 수용적 원천과 자발적 원천 사이의 엄격한 구분을 위태롭게 한다. 칸트가 직면한 문제는 칸트 이후 많은 철학에서 다시 나타날 것이다. 자유의 영역과 완전히 결정론적인 자연을 분리해 버리면, 어떻게 우리가 법칙에 매인 자연에 대한 객관적 관점을 얻을 수 있으면서 동시에 자기 입법을 할 수 있는지를 이해할 길이 없다. 게다가 자발성이 자연과 **전적으로** 다른 영역에 존재한다면, 지식과 행동의 기초가 되는 자발성이 어떻게 자연에 영향을 미칠 것인가? 예를 들어, 1790년대에 셸링은 정신과 자연 사이의 그럴싸하지 않은 분리를 피하려면, 자연 자체를 본래부터 주관적이고 자발적인 것으로 이해해야 한다는 점을 받아들이는 방법밖에 없다고 주장한다. 그렇지 않으면, 전적으로 객관적이라고 여겨지는 것이 어떻게 자기 결정적인 주관성을 낳을 수 있는지를 설명할 수 없게 된다.

칸트의 제3비판서인 《판단력 비판》은 자연을, 그리고 인간과 자연의 관계를 지식의 측면이 아니라 쾌감의 측면에서 고찰한다. 자연의 몇몇 양상들에 대한 우리의 쾌감은 어떤 면에서 주관적이지만 지식이나 도덕을 판단할 때와 같은 방식으로 판단을 수반한다. 나는 다른 누군가의 꽃을 훔치는 것이 잘못이라고 판단할 수 있듯이, 이 특정 꽃이 다른 꽃이 주지 않는 방식으로 나에게 쾌감을 준다고 판단할 수 있다. 꽃이 나에게 주는 쾌감은 꽃을 이루는 부분들이 통일된 전체를 형성하는 방식에서 비롯된다. 이는 단지 꽃을 이루는 부분들의 총합으로는 이해될 수 없는 것이다. 부분과 전체의 관계, 그리고 특수와 일반의 관계는 제3비판서의 초점이다. 칸트가 제1비판서에서 해결하고자 했던 문제 중 하나는 어떤 현상이 개별 현상에서 일반 개념에 따른 분류로 어떻게 이행하느냐였다. 귀납의 문제는 개별 현상에서 일반 법칙으로 옮길 때 항상 개별 현상을 일반 법칙에 포괄해야 하는데 무엇이 실제로 개별 현상들에서 공통적인지를 특징짓지 못할 수도 있다는 점이다. 게다가 법칙을 확인하는 데 사용되는 자료의 우연성을 고려할 때 언제 일반화하는 것이 옳은지를 최종적으로 결정할 방법이 없어 보인다. 천체 운동에 대한 교회의 설명과 갈릴레오가 제시한 설명을 생각해 보라. 두 경우 모두 이론과 자료가 서로 들어맞는 것으로 여겨졌다. 실제로 천체에 관한 교회의 설명은 갈릴레오가 새로운 이론에서 처음 시도했던 것보다 겉보기에 더 정확했다. 게다가 칸트의 관점에서, 자연을 개별 법칙들이 서로 들어맞는 통일체로 가정해야 할 인지적 이유는 없다. 이와 동시에 칸트의 주장에 따르면, 개별에서 일반으로의 이행이 타당하기 위해서는 조사 대상이 단순히 "다양하게 가능한 특수한 법칙들의 미로"(1968b: 26)가 아니라는 가정이 지식에 요구된다. 따라서 칸트는 "마치 지성이 자연에 대한 다수의 경험적 법칙의 통일성의 토대를 담고 있는 것처럼"(같은 책, B xviii, A xxvi) 자연을 보는 것이 이성적이라고 주장한다. 일견 신학적인 이 주장은―문제가 되는 지성은 자연법칙의 정합성을 보장하는 신적 존재의 지성으로 보인다―우리가 자연이 **마치** 그런 것처럼 자연을 봐야 한다는 칸트의 말로 규제되고, 자연에서 부분과 전체의 관계에 관한 논증으로 뒷받침된다. 제3비판서의 핵심 측면은 칸트가 반성적 판단이라고 부른 것이다. 반성적 판단에서 우리는 칸트식 의미로 지식의 지위를 갖지 않는, 사물들의 체계적 정합성에 대한 가정을 통해 개별에서 일반으로 이동한다. 반성적 판단이 인지 법칙을 확립하는 과제에서 해방되면 더 이상 지시받지 않고 자유롭게 부분을 전체에 결합할 수 있다. 이는 칸트가 처음에 다양한 현상에 대한 인지적 종합에 덧붙어 있다고 생각한 쾌감을 불러일으킨다. 이 동일한 쾌감은 또한 우리로 하여금 예술 작품의 부분들이 서로 연관될 수 있는 다양한 방식을 즐길 수 있게 해 준다. 칸트는 자연의 체계적 구성에 대한 관념을 심미적 향유 능력과 연결한다.

실제로 자연의 온갖 측면은 개별 법칙들을 따르지만, 이러한 법칙의 맹목적 상호 작용의 결과로만 설명될 수는 없다. 유기체는 자연이 '목적'의 측면에서 기능하고 있음을 보여 주는 것 같다. "**자연의 유기**

적으로 구성된 산물은 모든 것을 목적으로 하면서 또한 수단으로 하는 산물이다. 유기체 안에는 헛되거나 무의미하거나 자연의 맹목적 매커니즘에 기인하는 것이 없다"(같은 책, B 296, A 292). 식물은 단순히 화학 물질로 구성된 정해진 형태가 없는 반죽 같은 것이 아니라, 그 형상을 부여하는 '이데아'의 측면에서 기능하는 것처럼 보인다. 우리는 이제 DNA의 측면에서 이 형상의 전달을 설명할 수 있다. 하지만 왜 자연이 혼돈의 상태에 머무르지 않고 오히려 유기적인organized 형태를 낳는지는 설명할 수는 없다. 칸트는 현상을 정합적인 체계화된 형식으로 조직하는organize 정신의 능력이 자연의 사실, 즉 자연 스스로 자연의 요소들을 단지 특정 법칙의 결과가 아닌 방식으로 조직한다는 사실과 어떻게 연결되어 있는지를 이해해야 한다고 생각했다. 그는 미적 판단에서 자연이 우리에게 주는 쾌감과, 인지적 판단으로 접근할 수 없는 목표의 측면에서 자연이 기능하는 것으로 보이는 방식을 연결하고자 한다. 미적 판단은 자연이 스스로 우리의 인식에 부합함을 **목표로** 하고 있다는 듯이 자연을 바라본다. 칸트는 "판단 능력을 위한 자연의 주관적 목적성"(같은 책, B 237, A 234)에 관해 말한다. 핵심어는 '주관적'이다. 여기서 개관한 자연 관념은 본유적으로 자연의 일부라고 할 수 있는 것에 의존하는 관념이 아니라 주체 안에서 일어나는 일에 의존하는 관념이다. 물론 우리의 쾌감의 토대는 분명 **우리의** 본성nature의 한 부분이며 이는 자연nature의 나머지 부분과 분리되지 않는다고 주장할 수도 있다. 하지만 칸트는《판단력 비판》에서 시종일관 감각적인 것과 지적인 것 사이의 경계를 넘을 권리가 우리에게 없다고 주장한다. 그러나 동시에 그는 자연이 우리에게 줄 수 있는 비인지적 쾌감을 통해 우리가 알 수 있는 것 너머로 우리를 데려가는 식으로 우리가 자연에 접근할 수 있는 것처럼 생각하는 것이 옳다고 제안한다.

자연이 인지의 한계를 넘어서 우리와 소통할 수도 있다는 발상의 의미는 칸트가 예술 창작과 감상에 관한 문제를 숙고할 때 분명해진다. 여기서는 두 가지 요소가 중요하다. 하나는 미적 판단이 마구잡이로 주관적이지 않다는 주장이다. 어떤 것이 아름답다고 말하는 것은 단지 그것이 나에게 쾌감을 준다는 말과는 다른데(칸트는 이를 '쾌적함'agreeable이라고 불렀다), 왜냐하면 전자는 다른 사람도 동의할 것이라고 보는 타당성 주장을 수반하기 때문이다. 따라서 칸트는 이성적 존재들 간에 취미 문제에 대한 경험적 차이가 있음에도 불구하고 그들을 하나로 묶을 수 있는 공통된 감정의 능력인 '상식'common sense의 가능성에 대해 고민한다. 그는 또한 "취미 판단에서 순수하고 사심 없는 쾌감"(같은 책, B 7, A 7)과 감각적 욕구로 생성되는 이면의 목적에 대한 '사심'에 기초한 판단을 대조한다. 상식은 실제로 존재한다고 말할 수 있는 것은 아니지만, 아름다움에 대해 다른 사람과 논할 가치가 있다고 생각할 때 우리의 사유 방향을 정하는 또 하나의 규제적 관념이다. 또 다른 중요한 요소는 칸트가 중요한 예술가, 곧 천재에 대해 말하는 방식이다. 그는 "**천재란** 자연이 **이를 통해** 예술에 규칙을 부여하는 타고난 소질ingenium"(같은 책, B 181, A 178-79)이라는 인상적인 문구로 말한다. 특정한 형태의 규칙에 따라 무언가를 만드는 것만으로는 예술을 생산할 수 없다. 예술은 기존 규칙을 뛰어넘는 것을 포함한다. 새로운 규칙의 원천은 또 다른 식의 자발성이어야 한다. 그렇지 않으면 그 규칙은 이미 행해진 것을 재현할 뿐이다. 이러한 자발성은 자연 자체에서 비롯되는 것 같다. 처음 두 비판에서 칸트는 **우리가** 지식에 있어서는 자연에, 윤리적 자기 결정에 있어서는 우리 자신에게 법칙을 부여한다고 주장했다. 하지만 심미적 '법칙'은 실제로 주체에 작용하는 **자연**의 결과로 나타난다.

논증에서 이러한 점의 중요성은 칸트가 "생각할 거리를 많이 주지만 어떤 결정적 사유, 즉 그것에 잘 들어맞을 수 있는 **개념**이 없고 따라서 어떤 언어도 완전히 도달하거나 파악할 수 없는 상상력의 저 표상"(같은 책, B 193, A 190)이라는 유명한 말로 미감적 관념을 특징지을 때 분명해진다. 그는 그러한 관념의 예로 "보이지 않는 존재, 복받은 자의 영역, 지옥, 영원, 창조"(같은 책, B 194, A 191)를 제시한다. 미감적 관념들은 이성의 '예지적' 관심사들을 경험적 형식으로 이용할 수 있게 하려는 수단이다. 그렇지 않으면 그 관심사들이 순전히 추상적이어서 우리가 그것들을 감각 세계에서 살아가는 우리 삶의 현실과 연결할 수 없는 위험이 생긴다. 따라서 이성의 예지적 영역과 경험적인 자연 세계는 비록 상징적 형태로만 드러나는 식이더라도 잠재적으로 연결되어 있는 것으로 보인다.

칸트는 《판단력 비판》을 집필하던 당시의 메모에서, 아름다움에서 느껴지는 "쾌감의 일반적 타당성은 개념을 통해서가 아니라 직관으로 이루어지기에 어렵다"(1996: 137)라고 말한다. 이 어려움은 그의 프로젝트의 핵심과 바로 연결된다. 처음 두 비판은 수용적 직관의 영역과 예지적인 자발성의 영역을 엄격히 분리한다. 제3비판서에서 칸트는 우리가 두 영역이 완전히 분리되지 않은 것처럼 세계를 볼 수 있다는 허구적 개념을 가지고 작업한다. 반성적 판단은 자연을 "개별 법칙들의 미로"가 아니라 하나의 예술 작품으로 간주한다. 결과적으로 통일된 체계라는 자연에 대한 관념을 단념하지 않은 것이고, 과학은 과학이 도달한 법칙이 정합적임을 가정할 수 있다는 것이다. 마찬가지로 도덕성이 경험 세계와 완전히 분리되지 않으려면 그 세계에 나타난 사물들 안에 현시되어야 한다. 칸트의 궁극적 목표는 자기 결정적 자유를 통해 자연을 초월할 수 있는 이성적 존재들의 실존이 어떻게 창조의 최종 목적인지를 보일 방법을 찾는 것이다. 이를 보일 수 있다면, 자연의 체계적 일관성이라는 규제적 관념과 이성적 존재가 공유하는 통일적 상식이라는 규제적 관념이 구성적 관념이 될 수 있을 것이다. 앞으로 독일 관념론 철학은 규제적 관념에서 구성적 관념으로의 전환을 시도하지만, 칸트는 이러한 전환을 경계했다.

칸트는 근대 철학에 근본 문제를 남겼다. 우리가 세계로부터 수용한 자료에 의해 결정되는 세계는 어디까지이며, 인간 정신의 행위에 의한 산물은 어디까지인가? 누구나 이 문제에 답하다 보면 세계나 주체 어느 한쪽으로 쏠리게 지식의 토대를 두기 쉽다. 이는 18세기 말에 '실재론'과 '관념론' 사이의 대립으로 묘사되기도 한다.[10] 이런 식이 분리는 항상 우리의 지식과 경험에 관한 기본 사실들이 파악 불가능해지지 않으려면 이를 극복할 방법을 찾아야 한다는 문제

---

10 '실재론'의 정의에 관한 문제들을 고려하면, 18세기 말 독일에서 대개 실재론은 관념론과 대조를 이루며 유물론에 가까운 의미로 사용된다는 점을 기억하는 것이 중요하다. 종종 실재론은 스피노자와 관련되고 관념론은 버클리와 관련된다. 물론 칸트의 초월적 관념론은 이러한 분리를 넘어서려는 시도였다.

가 있다. 칸트의 경우, 어떻게 결정론적 자연에서 주체의 자발성이 나오는지를 설명해야 한다는 문제가 있다. 어떤 의미에서든 주체 자체가 자연 세계의 일부라면, 주체가 세계가 존재하는 방식에서 전적으로 독립적일 수 없다. 그렇다면 주체가 궁극적으로 세계의 나머지 부분과 동일하게 객관적이고 과학적인 방식으로 설명되어야 한다는 의미인가? 칸트의 논증들은 현대의 계산주의 마음 이론처럼, 주체를 완전히 객관적인 측면에서 기술될 수 있는 무언가로 바꿀 수 있다는 믿음을 의심할 강력한 근거를 제시한다. 이는 그의 도덕 철학에서 가장 분명하게 나타난다. 즉, 사물이 어떠**해야** 하는지에 관한 관념은 우리가 사물이 어떠한지를 규명하는 방식에서 도출될 수 없다. 우리가 자신을 이해하는 방식의 근본 측면들이 여기에 달려 있으며, 이는 근대 시대가 사회적으로나 정치적으로 발전하는 방식에 중요한 역할을 한다. 어쨌든 이 시기는 프랑스 혁명기였고, 이 시기의 상당히 많은 일들이 인간의 삶에서 이성 중심적인 새로운 구상이라는 기치 아래서 일어났다. 하지만 이 시기에 이성의 지위를 이해하려는 시도에는 복잡한 요소가 있고, 이는 다음 장의 주제가 될 것이다. 그 요소는 언어다.

더 읽을거리

Allison, H. E. (1983) *Kant's Transcendental Idealism* (New Haven, CT: Yale University Press). 《순수 이성 비판》에서 칸트가 한 주장에

대한 중요한 변호.

Allison, H. E. (2001) *Kant's Theory of Taste: A Reading of the Critique of Aesthetic Judgement* (Cambridge: Cambridge University Press). 칸트의《판단력 비판》의 주요 측면에 대한 공감적이고 자세한 독해.

Ameriks, K. (2000) *Kant and the Fate of Autonomy* (Cambridge: Cambridge University Press). 독일 관념론을 비롯한 이후의 반대에 맞서, 칸트를 탁월하게 변호한다.

Beck, L. W. (1965) *Studies in the Philosophy of Kant* (Indianapolis: Bobbs-Merrill). 중요한 쟁점들에 대한 주요 칸트 학자의 명쾌한 접근.

Beck, L. W. (1969) *Early German Philosophy: Kant and his Predecessors* (Cambridge, MA: Harvard University Press). 칸트와 칸트 이전 인물들의 관계에 대한 다가가기 쉬운 설명.

Cassirer, E. (1982) *Kant's Life and Thought* (New Haven, CT: Yale University Press). 주요 신칸트주의 철학자의 고전적인 전기적·철학적 설명.

Chadwick, R. (ed.) (1992) *Immanuel Kant: Critical Assessments*, 4 vols (London: Routledge). 칸트에 관한 주요 논문 모음으로, 매우 광범위하며 유용한 연구 도구.

Gardner, Sebastian (1999) *Routledge Philosophy Guidebook to Kant and the Critique of Pure Reason* (London: Routledge). 제1비판서에 대한 상세하고 쉬운 설명.

Guyer, P. (ed.) (1992) *The Cambridge Companion to Kant* (Cambridge: Cambridge University Press). 칸트 작품의 다양한 측면에 관

한 엄선된 논문 모음.

Henrich, D. (1994) *The Unity of Reason: Essays on Kant's Philosophy* (Cambridge, MA: Harvard University Press). 칸트와 헤겔 연구에 큰 영향을 끼친 작품을 쓴 주요 현대 독일 철학자의 부담스럽지만 통찰력 있는 일련의 논문 모음.

Höffe, O. (1994) *Immanuel Kant* (Albany: SUNY Press). 칸트에 대한 좋은 입문서.

Kemp Smith, N. (1923) *A Commentary to Kant's Critique of Pure Reason* (London: Macmillan). 주요 칸트 학자이자 번역자가 쓴 제1 비판서에 대한 고전적 해설.

Scruton, R. (2001) *Kant: A Very Short Introduction* (Oxford: Oxford University Press). 생생한 일반 입문서.

Strawson, P. F. (1966) *The Bounds of Sense: An Essay on Kant's Critique of Pure Reason* (London: Routledge). 칸트에 대한 영향력 있는 분석적 설명이지만, 몇몇 주요 쟁점에 관한 해석은 신뢰할 수 없음.

Walker, Ralph (1998) *Kant* (London: Weidenfeld & Nicolson). 칸트 철학에 대한 좋은 개관.

2. 언어의 발견: 하만과 헤르더

언어의 기원들

1781년 칸트가 제1비판서를 출간하기 전부터 독일의 몇몇 사상가는 철학에서 언어의 중요성이 충분히 인식되지 않았다고 생각했다. 우선 이 문제는 철학적 관점보다는 문화 및 인류학적 관점에서 접근하는 것이 가장 좋다. 오늘날 언어는 너무 명백하게 정치적인 문제여서, 이러한 정치적 위상에 특정한 근대 역사가 있다는 점을 잊기 쉽다. 예를 들어 현재 튀르키에 정부가 쿠르드인의 쿠르드어 사용을 금지하려는 것은 쿠르드족다움의 본질에 대한 부당한 공격으로 여겨지는 게 당연하다. 그렇다면 이러한 언어와 문화적 정체성에 대한 감각은 어떻게 형성되는가? 질서가 내재된 상태로 세계가 만들어졌기 때문에 세계에 질서가 내재되어 있다고 생각한다면, 언어는 단지 그 질서를 반영하거나 표상하는 수단에 불과하다고 볼 수 있다. 이 경우 언어의 기원에 관한 물음은 신학적인 측면에서 답할 수 있다. 즉, 언어는 신으로부터 비롯된 것이다. 사물의 본질적 질서는 언어들 간의 차이를 넘어서기 때문에 언어 간 차이에 반드시 깊은 철학적 의미가 있는 것은 아니다. 그러나 세계가 이미 만들어져 있는 상태라는 생각에 의문이 생기면서, 언어의 위상도 변하고 언어 간 차이도 중요한 문제가 되었다. 이 지점에서 언어가 어디에서 왔는지에 관한 물음을 던질 수밖에 없게 된다. 사실 이 물음을 던지는 것은 계몽주의나 계몽주의를 비판하는 사상가 모두의 중요한 특징이다. 계몽주의 자체에 들어 있는 대답은 다음과 같은 두 가지 새로운 발상 중 하나에 기반하는 경향이 있는데, 두 발상 모두 언어를 이성의 산물로 여긴다. 즉, 언어는 의식이 동물의 소리를 의미 있는 신호로 만들게 된 결과이거나, 인류의 사회적 본성이 특정 신호에 합의된 의미를 부여하는 사회적 관습의 확립으로 이어진 것이다. 이 두 가지 입장 중 어느 쪽도 주요 문제들에 대해 완전히 그럴듯한 대답을 줄 수 없는데, 그 이유는 계몽주의에 대한 폭넓은 비판과 관련된다.

놀랍게도, 사물에 내재된 수학적 구조를 믿는 합리론 철학자들이 생각한 언어의 역할은 그들이 신학적 가정들과 이별했는데도 신학적으로 영감받은 틀 안에 머물러 있었다. 합리론적 관점에서 볼 때 언어 간 차이는 보편타당한 과학적 지식으로 극복될 성질의 것이다. 물론 그러한 지식이 언어 자체에도 적용될 수 있다. 따라서 인간 이성의 통일성이 세계의 내재적 질서를 반영한다는 가정에 따르면 언어도 세계의 나머지 부분과 마찬가지로 인과적으로 설명된다고 여겨진다. 현대 언어학의 시초 중 일부는 이러한 합리론적 사유의 결과다. 인간이 발화를 이해하고 생산할 때 하는 일을 원리상 컴퓨터도 할 수 있다고 가정하는 접근 방식에도 이러한 사상이 깔려 있다. 이러한 접근 방식에서 자연 언어의—더 나아가 서로 다른 언어 간의—복잡성과 혼란은 수학과 유사하다고 여겨지는 '보편 언어'를 확립함으로써 극복되어야 하는 것이다. 이는 '표상적'representational, 재현적 언어관이다. 이 관점은 언어가 이미 저기에 존재하는 것을 '재-현전시키는're-presenting 것이라고 간주한다—따라서 신이 세계의 질서를 보장한다고 보는 신학과 연결된다. 이러한 생각은 계몽주의의 과학 지향적 측면과 자주 연관되고, 이후 20세기 영미 철학의 상당 부분을 지배하는 방식으로 나타난다.[1] 또한 이러한 생각은 근대 과학의 성공과 연관된다는 점에서 영향력을 지니고, 근대 과학의 성공은 어떤 자연 언어로든 전달될 수 있다는 사실로 입증되는 것 같다. 그렇다면 이러한 언어관은 왜 나란히 가던 과학이 점점 신뢰를 쌓던 바로 그 시점에 의심을 받게 되었을까?

근대 독일에서 언어 개념의 주요 혁신은 두 인물의 작품에서 이루어진다. 둘 다 칸트와 아는 사이였고 칸트에게 영향을 받았으며 친구이기도 했고 또한 둘 다 (적어도 한동안) 쾨니히스베르크(현 칼리닌그라드)에 살았다. 바로 요한 게오르크 하만(1730-1788)과 요한 고트프리트 헤르더(1744-1803)다. 하만과 헤르더가 제기했고, 슐라이어마허에서 하이데거에 이르는 후계자들이 발전시킨 물음은 근대

---

1   그러나 계몽주의는 이러한 모델로 환원하기에는 너무 다양한 용도로 사용되는 용어다. 앞으로 살펴보겠지만, 당대의 계몽주의 사상가들에게 비판적이었던 하만과 헤르더 같은 사상가들도 넓은 의미에서 계몽주의적 사유와 관련된 많은 것들을 거부하지 않았다.

철학에서 가장 근본적인 분열, 특히 '대륙' 철학과 '분석' 철학으로 알려진 분열과 밀접하게 관련된다. 이 전통의 아이디어 중 일부가 최근 영미 철학에서의 발전으로 인해 현대 사상의 주류로 다시 등장했기에, 이 아이디어가 왜 그렇게 중요한지를 분명하게 할 필요가 있다. 하만은 1758년 런던 출장 중 영적 위기를 겪은 후 매우 헌신적인 그리스도인이 되었기 때문에, 이러한 맥락의 중심인물로 삼으면 이상해 보일 수도 있다. 그가 지지한 신학은 과학 지향적 언어관에 상응할 수 있는 일종의 계몽주의 이성 신학과 정반대다. 하만이 중요한 이유는 그가 많은 동시대인에게 영향을 미친 것 외에도 그의 **텍스트들**이 근대 철학에서 자주 과소 평가된 문제를 제기한다는 사실 때문이다. 이 문제는 데리다의 작품과 데리다에게 영향받은 사람들 덕분에 이제 친숙해졌지만, 그 역사를 적절하게 추적한 경우는 거의 없다.

하만의 텍스트가 항상 명확히 자신이 옹호하는 입장에 대해 논증하고 거부하는 입장에 대해 논박하는 방식으로 구성되지는 않는다. 오히려 그의 텍스트의 핵심 측면은 그가 전달하고자 하는 언어와 세계에 관한 생각을 텍스트가 자기의식적으로 **구현한다**는 점이다. 이는 하만의 텍스트가 논증의 타당성 여부의 측면에서만 평가될 수 없다는 의미다. 하만은 '수행적인' 작가다. 그는 자기 텍스트의 명제적 내용을 전달하는 것뿐만 아니라 글쓰기 방식을 통해 독자들에게 영향을 미치고자 한다. 수행적 글쓰기에 관한 문제는 나중에 니체와 관련하여 다룰 것이다. 그렇다면 하만의 텍스트가 오늘날에도 지배적인 철학 수행 방식이 가정하고 있는 여러 사항에 대해 이렇게 저항하는 이유는 무엇일까?

비이성주의

요제프 나들러가 편집한 하만 작품 표준판(Hamann 1949-1957)은 편집에 30년이 걸렸다. 편집자는 텍스트에 담긴 수많은 암시적 인용allusions을 추적하여 텍스트의 '열쇠'를 제공하는데, 열쇠 자체가 상당한 분량을 차지하지만, 하만이 다작가는 아니다. 나들러가 이 엄청난 작업을 수행한 이유는 하만이 종종 의도적으로 비의적인esoteric 글을 썼기 때문이다. 또한 그는 흔히 계몽주의의 적으로 제시되기 때문에 종종 '비이성주의'irrationalism, 비합리론라는 두루뭉술한 제목으로 묶이는 독일 사상의 의문스러운 전통들과도 연결된다. 이 집단의 구성원들은 이후 독일 나치즘의 발전과 여러 사상가의 관계를 보여주는 시금석이 되었는데, 헝가리 마르크스주의자 게오르크 루카치의 저서《이성의 파괴》의 부제목인 "셸링에서 히틀러까지"가 이러한 점을 내비친다. 하지만 루카치는 하만을 이 전통의 일부로 보지 않는다(앞으로 보겠지만 셸링도 여기에 속하지 않는다).

그렇다면 비이성주의란 무엇인가? 이성이 보편적으로 합의된 것이라면, 비이성적이라는 딱지는 단순히 다른 것을 명분으로 이성을 거부하는 사람들에게 적용될 것이다. 물론 특정한 이성 개념을 거부하는 사례는 근대 독일 철학에 수없이 많다. 예를 들어, 1920년대에 루트비히 클라게스는 '혼'soul을 '정신'/'마음'과 대비시켜서, 개념적·

과학적으로 사물을 분석하는 것과 관련된 후자보다 비개념적·직관적으로 세계와 접촉하는 것과 관련된 전자를 우선시했다. 당시의 여러 작가가 비슷한 방식으로 이성보다 '삶'을 우선시했다. 클라게스가 의존하는 구조는 우리가 낭만주의 철학(이는 하만이 이미 어렴풋이 제시했고 아마도 낭만주의 사상가 프리드리히 슐레겔이 처음으로 확립했을 것이다)에서 만나게 될 '디오니소스적'인 것과 '아폴론적'인 것 사이의 대립에서 파생된 것이다. 전자는 창조와 파괴의 힘이고, 후자는 형식과 질서를 가능하게 하는 힘이다. 문제는 디오니소스적인 것을 특징지으려면 아폴론적인 것에 의존해야 한다는 점이다. 창조와 파괴의 힘에 대한 개념적 설명은 언어에 의존해야 하며, 언어는 형식적인 규칙과 구조에 의존하여 의미를 만든다. 따라서 디오니소스적인 것에 관해 무언가를 **말**하려는 시도에는 본유적 모순이 내재한다. 즉, 디오니소스적인 것을 언어 안에 고정시키면 그 본질적인 성격을 놓치게 된다. 따라서 디오니소스적인 것을 불러일으키려면 '직관'에 호소해야 한다. 이는 비개념적 사유 방식으로만 접근할 수 있다. 이는 니체가 디오니소스적인 것을 개념적 용어로는 완전히 설명될 수 없는 음악과 연결시키는 이유가 될 것이다. 이러한 의미의 직관(칸트의 직관 개념과는 분명 매우 다르다)과 개념적 사고의 긴장에 관한 문제는 근대 독일 철학사에서 시종일관 매우 중요하다.

여기서 더 중요한 점은 프로이트의 이성적 자아가 이드의 비이성적 힘에서 에너지를 얻는 것처럼, 아폴론적인 것 자체가 일반적으로 디오니소스적인 것에서 그 형성력을 얻는다고 간주된다는 점이다. 질서를 향한 인간의 욕망이 경직적으로, 파괴적으로 변할 수 있는 잠재성은 프로이트가 리비도 에너지의 억압에서 비롯된 신경증의 측면에서 본 것이기도 하지만, 이미 에우리피데스의 희곡《박카이》에 나타나 있다. 디오니소스적인 것이라는 개념도 여기서 유래했다. 이 희곡에서 디오니소스 신을 통제 또는 배제하려 한 결과가 사회 질서를 파괴하는 끔찍한 복수, 곧 '억압된 것의 귀환'으로 나타난다. 인간 사회에 대한 디오니소스의 파괴적인 영향은 사회가 세상을 다루는 방식에 디오니소스적인 것의 힘을 통합시켜야 할 필요성을 분명히 보여 준다. 왜냐하면 디오니소스를 배제하면 결국 모든 형태의 인간 질서가 자멸할 것이기 때문이다.[2] 이와 같이 우리가 세상과 우리 자신을 질서 있게 하는 방식에 동기를 부여하는 근원을 조사하는 것에 관해서든, 과학적 지식이나 다른 상징적 형태로 질서를 부여할 수 있는 것에 우리의 관심을 국한할 위험에 주목하는 것에 관해서든 그 자체로 비이성적인 것은 없다는 점을 분명히 해야 한다. 그리고 예컨대 과학적으로 규명될 수 있는 것에 국한된 이성 개념 자체도 그리 이성적이지 않을 수 있다. 디오니소스적인 것과 아폴론적인 것을 통합하려는 생각을 단념하고 인간의 개념적 사고 형태를 디오니소스적으로 소멸시켜야만 비이성주의적이라고 정당하게 불릴 수 있다.

---

2   디오니소스적인 것은 지배적인 질서를 무시하는 축제(carnival)와 밀접하게 관련된다. 예를 들어 축제 날에는 거지가 왕위에 오른다. 따라서 어떤 의미에서 축제는 기존 질서를 전복하는 동시에 안정화하는 수단이기도 하다.

하만: 언어와 이성

그래서 하만은 비이성주의라는 제목 아래 들어가지 않는다. 이는 그가 계몽주의의 적이라는 생각을 복잡하게 만든다. 그는 자신의 과제가 자신의 매우 특수한 언어 개념을 통해 협소한 계몽주의 이성 개념의 한계를 드러내는 것이라고 보았다. 그의 입장을 이해하기 위해 가장 쉽게 시작하는 방법은 디오니소스와 아폴론의 은유를 언어와 연결시키는 것이다. 합리론적 사고는 세계에 내재된 이성적 질서라는 '아폴론적' 관념에 의존하며, 참된 언어란 이러한 질서를 반영하는 것이다. 그러나 하만은 우리가 애초에 이성이라는 개념에 어떻게 도달하는지를 고찰함으로써 이러한 사고에 이의를 제기한다. 그는 이를 언어 습득과 분리할 수 없다고 본다. 언어는 본질적으로 **창조적**이며, 우리가 종종 예술과 연관시키는 실존의 새로운 측면을 드러내는 능력과 분리될 수 없다. 따라서 사물의 질서를 언어에 고정시키려는 시도는 세계가 우리에게 드러나는 방식을 언어가 끊임없이 재구성할 수 있는 언어의 '디오니소스적' 측면을 제대로 인식하지 못한 것이다. 이 관점은 언어에 철저하게 역사적인 차원을 도입한다. 하만이 고대에서 당대에 이르는 텍스트를 암시적으로, 명시적으로 인용하는 것은 그가 사용하는 자료에 새로운 맥락과 의미를 확립하는 동시에 사유의 맥락성에 대한 감각을 창조한다. 이러한 접근 방식의 철학적 동기는 그가 영국 경험론을 독특하게 전유한 데서 비롯된다.

하만의 인식론적인 주장은 우리가 세계와 일차적으로 접촉하는 일이 관념이 아니라 '느낌'/'감각'Empfindung의 측면에서 이루어진다는 것이다. 이것이 그가 계몽주의적 사고에 반대한 핵심 내용이다. 즉, 칸트와 같은 계몽주의적 사고는 우리가 어떻게 이성 능력을 얻게 되었는지에 대한 설명 없이 그냥 이성 능력을 지니고 있다고 가정한다. 하만에 따르면, 우리는 사물의 실재에 대한 기본적인 믿음 내지 확신이 있고, 이는 실재의 본성을 확립하려는 추상적인 철학적 시도에 앞서 있는 것이다. 이러한 믿음은 이성으로 뒷받침되지 않으며, 다른 사유와의 관계에 의존하지 않고 '비추론적'이라는 의미에서 '직접적'인 것이다. "**믿음**은 **맛보기**나 **냄새 맡기**처럼 이성의 측면에서는 거의 발생하지 않는다"(1949-1957: ii[1950], 74). 하만은 경험론에 빚지고 있긴 하지만, 상당수의 근대 철학을 지배하게 될 경험론의 발상에 관심을 두고 있지는 않다. 이는 이러한 경험론의 발상이 대체로 거부되고 있는 현대의 논의에서 그의 통찰이 다시 관심받는 이유 중 하나다. 문제가 된 경험론의 발상은, 우리가 세계와 접촉하는 유일한 방식이 유기체의 감각 자료를 통한 관념 형성이라면 사물은 항상 '관념의 베일' 뒤에 숨겨지기 때문에 우리가 사물과 실제로 접촉한다고 말할 수 없다는 것이다. 반면 다음과 같이 하만은 이미 세계가 항상 알 수 있는 것으로 우리에게 드러난다는 사실에 관심을 갖는다. "창조의 첫 발생과 창조 역사가의 첫인상—자연의 첫 나타남과 첫 향유는 이 말 안에서 결합된다. 빛이 있으라! 이 말과 더불어 사물들의 현전에 대한 감각이 스스로 시작된다"(같은 책, 197).[3] 그

---

3   "스스로 시작된다"(begins itself)라는 재귀적 표현에 주목하라. 이는 창조와 창조됨 사이에 분리가 없음을 의미한다.

렇다면 하만의 계몽주의는 합리론의 계몽주의가 하지 않았던 방식으로 사물에 대한 우리의 감각적 관계의 중요성을 존속시키려는 의도가 있다. 카발라의 비정통 유대교 전통을 따라(이러한 언급이 나온 1764년의 에세이 《미학의 진수》에는 "카발라 산문의 랩소디"라는 부제가 붙어 있다) 하만은 창조를 말씀의 생성적-현시a becoming-manifest로 간주한다.

사물에 대한 인식 가능성과 언어에 대한 인식 가능성은 불가분한데, 왜냐하면 사물은 신의 말씀으로 창조되며 인간이 사용하는 다양한 종류의 표현에 반영되기 때문이다. 언어를 통해 사물을 일차적으로 식별하는 것은 아닌데, 그렇게 하면 사물의 가능성을 제한할 수 있기 때문이다. 그 대신 말은 끊임없이 새로운 방식으로 사물을 사물로 창조하는 것이다. 신의 말씀은 그 말씀한 것을 구체적으로 존재하게 하지만, 인간의 말은 신의 말씀이 끝없이 새로운 형태로 번역될 수 있음을 보여 준다.[4] "제가 당신을 보도록 말씀하십시오—이 소원은 창조로 성취되었으니, 창조는 창조된 것을 통해 살아 있는 창조물에게 하는 말하기다"(같은 책, 198). 우리가 자연과 끊임없이 교류한다고 보는 하만의 신학은 사물과의 직접적인 감각적 접촉의 우선성을 강조한다. "자연이 인간에게 남기는 모든 인상은 기본 진리, 즉 야웨가 누구인지를 단지 상기시키는 것이 아니라 확실하게 보증하는 것이다. 반대로 인간이 창조에 미치는 모든 작용은 우리가 신적 본성에 참여한다는 편지이자 인장이다"(같은 책, 107). 다른 글에서 하만은 인간 언어의 기원에 대한 헤르더의 설명에 반대하며

---

4   11장에서 살펴보겠지만, 이러한 생각을 발터 벤야민이 채택하고 응용할 것이다.

"인류가 태초에 듣고, 눈으로 보고, 손으로 살피고 만진 모든 것이 살아 있는 말인데, 신이 그 말이기 때문이다"(같은 전집, iii[1951], 32)라고 주장한다. 우리가 이해 가능한 세계an intelligible world와의 이러한 연결성을 망각한다면―그는 계몽주의 철학이 그렇게 망각했다고 생각한다―"추상 개념의 부자연스러운 사용"(같은 전집, ii[1950], 107)에 이를 것이다. 이는 사물을 죽은 사물로, 부동물로 만듦으로써 우리의 사물 이해에 '손상'을 입힐 것이다. 이것의 위험성은 사물이 우리에게 중요한 것의 다양성과 특수성을 드러내는 계시가 아니라 그저 일반화의 예시가 된다는 점이다. 따라서 하만은 20세기 초에 사회학자 막스 베버가 근대 세계의 특징인 이성화로 야기된 "탈주술화"라고 부를 흐름에 대항하려 했다고 볼 수 있다.

하만이 제기했던 문제, 애초에 왜 세계가 이해 가능한 세계인지, 왜 인류는 세계의 이해 가능성을 표현할 수단으로 언어를 가지고 있는지 하는 문제에 아직까지도 확실한 답을 얻었다고 할 수 없다. 수많은 열렬한 무신론자에게조차 신화적인 '언어 유전자'보다 신이 언어의 기원에 대한 더 나은 설명으로 보일지도 모른다. 하만은 언어에 대한 명확한 설명을 제시하는 것이 철학에서 근본적 어려움임을 보여 주었다. 언어에 대한 설명은 이성이 요구하는 기준을 충족하는지에 따라 달라진다. 그런데 이성 자체가 언어를 필요로 한다. 모든 자연 언어의 특성은 그 언어를 사용하는 사람들이 세계와 상호 작용한 역사와 큰 관련이 있다. 비록 이제는 우리가 신학적인 창조 이야기를 받아들일 수 없더라도, 언어의 역사에서 실천적인 어휘가 추상 개념에 앞선다는 점이 시사하듯이, 인간이 사물에 직접적으로 접근한다는 점과 언어의 발전은 밀접하게 관련된다. 이러한 역사적 근거를 고려하지 않고 언어에 대해 일반화하려는 모든 시도는 추상적인 이성 개념이 앞서는 언어관으로 이어질 것이다. 그러한 입장에 반대하는 하만의 비판은 종종 성적인 용어로 표현된다. 계시는 신체가 우주의 다른 부분과 리비도적으로 연결되는 것을 통해 발생할 때 가장 강력하다. 따라서 때때로 언어가 젠더에 따라 세계를 나눈다는 사실 자체가 언어가 세계와 어떻게 연결되어 있는지를 이해하는 열쇠 중 하나다.

하만의 견해는 칸트에 대한 그의 비판인 1784년 작품 〈이성 순수주의 메타비판〉에 날카롭게 드러나는데, 이 글은 하만이 직접 출간하지는 않았으나 당대 지성계에 알려지게 된다. 1781년에 출간된 칸트의 제1비판서에 대한 논평에서 이미 하만의 후기 비판의 방향이 분명하게 나타났다. 하만은 칸트가 지식의 원천을 두 가지로, 곧 수용적 감각과 자발적 지성으로 나눈 것을 공격했다. "자연에서 하나인 것을 왜 그렇게 폭력적으로 자기 마음대로 나누는가?"(같은 전집, iii[1951], 278). 하만은 그 두 가지가 공통의 뿌리를 가져야 한다고 주장한다. 이후의 논문에서 칸트의 측면에서 언어를 고찰함으로써 이러한 분리에 대한 반대가 분명해진다. 신학에 대한 그의 애착을 고려하면, 그의 논증의 상당 부분이 그토록 반反형이상학적이라는 점이 의외일 수 있다. 먼저 그는, 마치 이성이 구체적인 역사에서 비롯된 모든 요소를 걸러 내어 그런 것들의 영향에서 벗어날 수 있다는 듯이, 이성에서 전통에 대한 의존을 전부 제거하려는 계몽주의의 시도를 비판한다. 그런 다음 칸트가 이성 문제를 해결했다는 주장,

즉 "이성이 2000년 이상 찾아 헤맨 결과, 인간은 경험 **너머의** 것을 알 수 없다?"(같은 책, 284)는 데 대해 의문을 제기한다. 이는 그의 핵심 논증으로 이어지는데, 그것은 '처음부터 끝까지 이성의 유일한 기관이자 기준'은 언어라는 주장을 바탕으로 한다. 또한 그는 이러한 언어가 전통과 사용에만 그 근거가 있을 뿐이라고 본다. 언어는 인간이 현실적·감각적·역사적 세계를 실제적이고 리비도적으로 경험한 것과 관련하여 사용되고 발전되어 왔는데, 언어의 핵심을 무시간적 논리 구조로 만들려는 시도는 이와는 전적으로 다른 방식이며 이 점을 무시한 것이다.

선험적 종합 판단을 정당한 과학 지식의 근거로 삼으려는 칸트의 시도는 하만이 다음과 같이 수사를 동원하도록 북돋았고, 이는 그의 접근법을 잘 보여 준다. "그런데 결국, 수학이 보편적이고 필연적인 신뢰성을 갖기 때문에 귀족적 특권을 가져간다면 인간 이성 자체도 곤충의 한결같고 틀림없는 **본능**보다 열등한 것이 분명하다"(같은 책, 285). 나중에 하이데거도 1920년대 후반에, 수학이 그 한정된 주제로 인해 신뢰할 수 있다고 해서 수학을 사용하는 것이 세계를 다루는 다른 방법보다 본유적으로 우월하다는 의미는 아니라고 주장할 것이다. 하만이 주장했듯이, 만일 그렇다면 자극과 반응이라는 단순한 메커니즘이 인간의 사고─그리고 사고가 수반하는 자유─가 다양한 방식으로 세계와 관계 맺음으로써 이를 수 있는 것보다 우월할 것이다.

하만이 칸트에게 던진 주된 질문은 범주의 지위에 관한 것이다. "말들은 순수하면서도 경험적인 **직관**일 뿐만 아니라 순수하면서도 경험적인 **개념**이다. **경험적**인 까닭은 시각이나 청각이 말에 영향받기 때문이며, **순수하다**는 것은 말의 의미가 그러한 감각에 속한 어떤 것에 의해서도 결정되지 않는다는 점에서 그렇다"(같은 책, 286-88). 언어는 감각적으로 나타나면서도 논리적 구조에 의존하기 때문에 칸트가 지식의 원천을 수용성과 자발성으로 나눈 것을 '해체'한다. 이러한 분리는 두 원천이 어떻게 서로 연결될 수 있는지 알기 어렵기 때문에 종종 칸트의 논증에 회의를 품고 공격하는 이유가 되곤 한다. 하만에 따르면, 우리는 경험 세계에서 반복되는 소음과 표시를 받아들임으로써만 **수용적** 사고의 수단을 **얻을** 수 있다. 그러한 소음과 표시가 의미를 담게 하는 것은 사고의 **자발성**이다. 따라서 두 원천은 분리될 수 없는데, 왜냐하면 둘이 기능상 서로 의존하기 때문이다.

세계에 의존하는 것과 정신에 의존하는 것 사이의 철학적 이분법을 극복하려는 하만의 시도는 독일 관념론과 초기 낭만주의에서 매우 중요해진다. 여기서 하만의 글쓰기 방식도 논증의 일부다. 위에서 보았듯이 수사적 측면을 빼 버리면 '저 논증'에 이를 수 없다. 수사적 기교를 통해 하만은 철학적 언어를 추상적 토대로 환원시키는 것에 의혹을 제기한다. 단지 수사법을 사용했다는 이유로 하만의 입장이 의심스러운 것으로 간주될 수 없음은 명백하다. 다른 사람이 어떻게 생각하든 그의 입장은 내적 일관성을 갖추고 있다. 철학에서 수사를 없애려는 시도는 모든 자연 언어가 실제 역사 세계에서 발생하면서 수사와 관련된 것을 그 안에 포함하고 있다는 사실 때문에 무산된다.

물론 이러한 입장의 극단적 형태는 언어들이 각기 다른 기원 때문에 서로 '비교할 수 없다'는 옹호 불가능한 문화적 상대주의로 이어질 수 있다. 그러나 하만의 비판이 이런 방향으로 흘러가지는 않는다. 언어가 역사적 상황성으로 인해 다양하다는 점에 호소한다고 해서 상호 번역 가능하다는 점이나 공유된 진리에 도달할 수 있다는 점을 부인할 필요는 없다. 오히려 이러한 다양성은 한 언어가 드러내지 못하지만 다른 언어가 드러낼 수 있는 것의 가치를 보일 수 있다. 물론 상대주의에 대해 하만 본인이 펼친 반론은 신이다. 신의 창조 세계는 자연 언어의 다양성을 반영하고 있다. 게다가 이런 식의 가정은 신학을 필요로 하지 않는 다양한 방식으로도 뒷받침될 수 있다. 우리는 우리가 서로 다르다는 사실에 대한 **이해**를 공유하고 있으므로 언어의 차이 때문에 객관성에 관한 '규제적 관념'을 추구하게 되는데, 이러한 규제적 관념도 같은 종류의 가정에 의존한다. 여기서 이상적인 것은 개인의 다양성의 중요성을 인식하면서 객관성이라는 보편화하는 개념을 유지하는 것이다.

　하만의 칸트 비판은 타당한 인식의 근간으로 상정되어야 하는 초월적 논증을 수립하려는 시도와, 우리의 모든 인식이 자연 언어 안에서 이루어지므로 궁극적으로 그러한 수립이 불가능하다는 주장 사이에서 전형이 되는 대안을 제시한다. 자연 언어와 관련된 구조와 관행은 우리가 모든 언어에 타당하다고 **인식하는** 일반 규칙으로 전부 환원될 수 없다. 이러한 대안은 자연 과학 모델을 지향하는 철학자들과, 이러한 지향이 과학적 설명으로 환원될 수 없는 존재의 전체적 차원을 놓친다고 의심하는 철학자들 사이의 갈등에서 나타날 것이다. 자연 과학에 기반한 접근 방식의 불충분함은 우리가 어릴 때 습득한 최초의 자연 언어(들)로 세계를 이미 이해하고 있는 경우에만 과학적 탐구를 시작할 수 있다는 사실에서 명백해 보인다. 이러한 언어는 제거할 수 없는 배경을 형성하는데, 이 배경 없이는 과학적 판단 자체를 이해할 수 없다. 언어에 대한 과학적 설명은 언어로 설명해야 하는 선%이해를 항상 사용해야 한다. 우리는 다음 장들에 나오는 여러 지점에서 이 문제와 마주하게 될 것이다. 하만은 하이데거와 가다머처럼 이 문제를 자기 사유의 핵심으로 삼은 사람들에게 중대한 영향을 미쳤다.

헤르더

헤르더의 작업은 근대 문학 연구, 해석학, 인류학, 언어학, 역사 철학 등 수많은 분야를 수립하는 데 이바지했다. 당대의 지적 지평에 급진적인 영향을 끼친 그의 작업 뒤에 놓인 근본 동기는 편협한 계몽주의 세계관이 가져오는 위축 효과와 관련된 의구심이었다. 헤르더가 우리 시대와 관련되는 까닭은 그가 문화 간 차이와 그 차이에 어떻게 대응해야 하는지에 관한 물음을 제기했기 때문이다. 이러한 물음에 대한 그의 중요한 탐구 중 많은 부분은 언어에 대한 성찰을 통해 도달한 것이다. 여기서 문제가 복잡해지는데, 왜냐하면 헤르더가 언어에 대한 자신의 견해를 하나의 명확한 텍스트로 분명하게 표현하지 않고, 자신의 성찰을 자기 작품 여기저기에서 펼쳤으며, 항상 일관된 주장을 펴지도 않았기 때문이다. 동시에 헤르더는 이미 많은 통찰에 도달했기 때문에, 아마도 하만—하만은 헤르더의 사유에 결정적 영향을 미쳤다고 인정된다—보다 근대 철학에서 '언어적 전환'의 더 영향력 있는 창시자로 여겨져야 할 것이다.

헤르더는《최근 독일 문학에 관한 단편들》(1766-1768)에서 "우리가 생각 없이는 사고할 수 없고 말을 통해 생각하는 법을 배운다는 게 사실이라면, 언어는 인간의 지식 전체에 한계와 윤곽을 부여한다"(1985: 373)라는 말로, 신기원을 이룬 그의 첫 가설을 명확히 한다. 칸트는 인간 지식의 한계가 지식 생성에 필수적인 정신의 형식들로 결정된다고 생각했다. 칸트가 주요 사상을 공식화하기도 전에 헤르더는 이러한 한계가 언어의 측면에서 어떻게 해석될 수 있는지를, 소통할 수 있는 지식이 가능하기 위한 조건으로 이미 제시했다. 물론 이제는 이러한 아이디어가 현대 철학의 상당 부분을 지배하고 있다. 헤르더에게 "생각한다는 것은 말한다는 것과 거의 다름 없다"(같은 책, 375). 그는 언어의 문화적 발전을 강조하며, 이를 한 문화의 문학과 연결한다. 그는 "문학은 언어 속에서 성장했고, 언어는 문학 속에서 성장했다"(같은 곳)라는 말로, 언어를 단순히 기존 관념들의 표상으로 간주하는 계몽주의 관점과 확실하게 거리를 두었다. 오히려 언어는 "인간 사고의 도구이자 내용이며 형식"(같은 책, 380)이다.

그런 다음 헤르더는 특정한 사람들(민족Volk)에게 언어가 "**그들** 기관의 도구이고, **그들** 사유 세계의 내용이며, **그들의** 지칭 방식의 형식"이라는 사실이 언어에 미치는 영향에 관해 물으면서 중요한 긴장을 도입한다. 요컨대 그는 한 언어가 "민족의 국어가 될"(같은 책, 381) 때 어떤 일이 발생하는지 고민한다. 이러한 생각의 양면적 성격이 중요하다. 한편으로 언어는 한 문화의 정체성을 상징하는 수단으로 사회 구성원들을 서로 결속하는 역할을 한다. 반면 그 언어를 사용하지 않는 사람들은 배제되는데, 왜냐하면 그 언어로 말할 수 없기 때문이기도 하고 그 언어로 자신들의 세계를 표현하지 못하기 때문이기도 하다. 하만의 언어관을 가지고 이 문제를 긍정적으로 본다면, 헤르더의 생각은 사람들이 다른 언어를 습득함으로써 다른 세계를 탐험할 수 있다는 의미가 된다. 부정적으로 보면, 자신의 언어가 그 언어를 공유하지 않는 '타자'를 민족주의적으로 배제하는 요인이 될 수 있다. 물론 헤르더는 독일이라 불리는 정치적 실체가 존재하지 않았던 시절에 글을 쓴 것이므로, 그가 그때까지 거의 무시되었던 언어가 문화와 정체성을 구축할 수 있는 방식에 초점을 맞춘 것은 이해할 만한 일이다. 당시 독일어 자체는 결코 고도로 발달하지 않았으며, 헤르더는 독일이 근대적 형태로 발달하는 데 기여한 사람 중 하나다. 그러나 헤르더 본인의 관심은 언어적 다양성에 대한 범민족적인 관심이긴 했지만, 언어를 이유로 타자를 배제한다는 발상은 19세기 민족주의의 부상에 중요한 역할을 하게 될 것이다. 이와 동시에, 억압받는 사람들이 자기 존재를 나타내고자 하는 언어적 민족주의와, 나치즘이 외래어를 없애서 독일어 순수화에 한몫했던 식의 언어적 민족주의 사이에는 본질적 차이가 있다. 헤르더 본인은 철저히 자유주의적이고 진보적이었는데, 이는 언어와 민족 정체성의 관계가 얼마나 복잡한 문제일 수 있는지를 시사한다. 한 맥락에서는 철저하게 진보적인 사상이 다른 역사적 맥락에서는 전혀 진보적이지 않을 수 있다.

또한 헤르더는 새로운 방식으로 언어를 역사화하는데, 이 역시 긍정적 측면과 부정적 측면이 있다. 그는 언어가 자연의 방식으로 기능한다고 주장한다. 과학과 예술은 "발아하고, 싹을 틔우고, 꽃을 피우고, 시드는데"(1964: 116), 언어도 마찬가지다. 그는 이 텍스트의 다른 형태에서는 이러한 은유를 생략하고, 그 대신 언어가 '사람의 일생'을 겪는 인간과 같다는 발상에 집중한다. 어린이 단계의 언어는 환경에 대한 정서적 반응으로 결정되고, '어조와 몸짓'으로 구성되며, 사고보다는 느낌과 본능에 기반한다. 따라서 우리는 이 단계가 어떠했는지를 완전히 이해할 수는 없다. 왜냐하면 우리가 사고와 글쓰기라는 더 발달된 단계로 넘어갔기 때문이다. 그다음 단계에서는 자연이 덜 위협적으로 느껴지고 더 친숙해지면서 첫 번째 단계의 통제되지 않은 소리를 조절하여 언어가 '노래'가 된다. 그 후에 언어는 추상적인 개념을 더 잘 다룰 수 있게 되지만, 구체적인 감각 경험을 바탕으로 그렇게 되는 것이다. "이런 이유로 언어는 틀림없이 이미지로 가득하고 은유가 풍부했을 것이다"(1985: 440). 이 단계에 이어서 언어가 청년기에 도달하는 시기, 곧 언어의 '시적' 시대가 이어진다. 헤르더는 이에 대한 예로 그리스 시를 인용한다. 그러나 언어는 더 많은 규칙을 개발하면서 "더 완전해"지지만, 또한 "자연이라는 순수한 시를 상실한다"(같은 책, 441). 이는 '산문'과 '철학'의 시대, 곧 언어의 성숙기다.

이 같은 이야기는 때때로 유럽 사상에서 혼란스러운 역할을 하지만, 헤르더식 이야기는 이후에 나오는 이야기들보다 의문의 여지가 적다. 인간의 사회적 특성의 발달을 자연적 과정과 동일시하는 것은 생물학에 기반한 개념으로 이어질 수 있는데, 이는 존재하지 않는 불가피성 내지 필연성을 가정하는 것이다. 예를 들어 오스발트 슈펭글러의 《서구의 몰락》(1917 그리고 1922)은 인간 문화가 생명력을 상실한 채 성장한 후 필연적으로 죽는 유기체라는 발상에 의존한다. 헤르더 본인의 발상은 낭만주의에서 중요한 역할을 하게 될 발상들과 더 많이 연결되는데, 낭만주의에서는 근대 시대가 언어와 세계의 더 순진한 관계를 상실했다고 특징짓는다. 이러한 발상도 양면성을 지닌다. 한편으로 이러한 발상은 특히 음악에서 근대적 표현 형태의 부적절함을 극복하고자 하는 새로운 종류의 표현들을 창출해 내는 데 도움이 되는 중요한 역할을 할 수 있다. 이러한 인식은 거의 확실히 신화적인 과거를 지향하고 있지만, 미래에 대한 새로운 가능성도 여전히 창출할 수 있다. 다른 한편으로 현재가 '타락'했다고 보면서 어떤 기원을 지향하는 것은 이전에 종교적 신화로 표현되었던 것을 의심스러운 세속적 형태로 번역한다. 어떤 근거로 이러한 평가를 하는 것일까?

헤르더는 "모든 시대에 문학Poesie이 무엇이든 간에 산문이 존재**해야 했기** 때문에 문학은 더 이상 자연을 노래하는 형태에만 머물러 있을 수 없었다"(같은 책, 470)라고 주장한다. 독일에서 근대성 해석을 둘러싼 논쟁은 근대 발전으로 변질된 기원, 즉 그 기원이 시든 자연이든 민족이든 아니면 다른 무엇이든 간에, 그러한 기원의 발단을 놓고 벌어질 것이다. 헤르더는 특정한 문화 형태가 그 안에 있는 사람들의 삶에 의미를 부여하기 때문에 이를 가치 있게 여겨야 한다는 점을 강조하고자 이 어려운 문제를 꺼내 놓았다. 근대성은 그러한 형태에서 의미를 흡수하고 형태를 파괴하는 방식으로 악명 높다. 자연 과학은 자연이 가져오는 수많은 위협을 실제로 통제할 수 없는 토속 신화보다 그러한 위협에 대해 더 잘 설명한다. 하지만 그런 신화는 사람들이 달리 통제할 수 없는 세계를 견디게끔 해 주는, 수많은 신념들로 이루어진 거대한 망의 일부일 수 있다. 과학 자체는 마법 주문에 걸린 의미를 대체할 새로운 의미 자원을 제공하지 않는다. 헤르더는 과학의 측면에서는 결코 특징지을 수 없는 한 사회 집단의 언어 역사에 누적된 문화적 의미의 차원을 옹호하는 것을 목표로 한다. 헤르더와 하만 둘 다 우리가 '일반적인 철학 언어'를 추구할 수 있다고, 혹은 추구해야 한다고 제안하는 계몽주의의 경향에 반대한다.

현대 캐나다 철학자 찰스 테일러는 언어가 주로 이미 만들어진 세계를 표상하는 수단이라는 발상이 왜 잘못일 수 있는지를 보여 주는 언어에 대한 사유 전통을 확립한 헤르더의 공로를 높이 평가했다(Taylor 1995). 헤르더의 핵심 통찰 중 하나는 언어가 그 사용을 통해 이해되어야 한다는 것이다. "어떤 표현이 어떻게 어원적으로 파생되고 분석적으로 결정되는지가 아니라 어떻게 사용되는지가 문제다. 기원과 사용이 매우 다른 경우가 많다"(Herder 1964: 153). 언어의 사용은 전통과 많은 관련이 있으며, 따라서 역사적으로나 사회적으로 이해되어야 하는 일련의 행동 및 반응 방식에 영향을 받는다. 여기서 언어가 세계의 사물을 표상한다는 제한적인 발상은, 언어가 매우 다양한 일을 할 수 있으며 그 다양한 일 중 일부만이 표상의 측면에서 고려될 수 있다는 발상으로 대체된다. 이러한 발상은 후기 비트겐슈타인, 가다머, 하버마스 등의 작품에서 중심을 이룰 것이다.

언어의 기원

그러나 지금까지 살펴본 어떤 논증도 언어가 어떻게 존재하게 되었는지를 설명하지 못한다. 헤르더는 자신의 작업의 여러 지점에서 이 문제로 돌아가지만 일관된 답을 제시하지는 않는다. 그럼에도 이 문제에 답하려는 그의 시도는 다른 새로운 통찰로 이어진다. 언어의 기원을 설명하는 것과 관련된 문제는 다음과 같다. 언어가 그저 소음이나 동물의 신호가 아닌 언어로 존재하려면, 소리를 의미로 만들기 위한 정합적 사유라는 의미에서 이성이 필요할 것 같다. 반면, 우리가 생각을 언어로만 할 수 있다면, 이성이 존재하기 위해서는 그 존재 가능성의 조건으로 언어가 필요할 것이다. 하지만 이 경우 언어를 언어로 만드는 게 무엇인지가 분명하지 않다. 이 지점에서 하만의 신학적 논증은 논리적 일관성을 보여 준다. 신적인 것과 같이 그 자체로 이미 의미가 있는 어떤 토대가 추가되지 않는다면, 언어도 이성도 그 기원이 설명될 수 없을 것 같다. 유명하지만 결함이 있는 《언어의 기원에 대하여》(1772)에서 헤르더는 자신이 이 문제를 이해하고 있음을 분명히 하면서도 섭리decree로 이 문제를 해결하려 한다. 《기원》에서 그가 반대하는 입장은 요한 페터 쥐스밀히의 신적 기원론, 동물의 울음소리에서 언어가 발달했다는 콩디야크의 주장, 감정과 욕구를 표현할 필요성에서 언어가 비롯되었다는 루소의 논증이다. 헤르더는 이성을 사용하기 위해 언어가 필요하다는 쥐스밀히의 발상에 반대하면서 진짜 문제의 핵심을 파고든다. 이성이 언어 없이 기능할 수 없다면, "언어의 발명에 이성이 필요하므로 그 누구도 자기 힘으로 언어를 발명할 수 없다"는 쥐스밀히의 주장은 옳지 않다. 이 주장은 "언어가 있기 전에 이미 언어가 있어야 한다"(Herder 1966: 36)로 귀결된다. 그 결과는 다음과 같이 순환적이다. "언어와 이성이 없으면 인류는 신의 가르침을 받을 수 없고, 신의 가르침이 없으면 인류에게 이성과 언어도 없다. … 인류에게 이성이 없다면 어떻게 신의 가르침으로 언어를 배울 수 있는가?"(같은 책, 37).

이 순환 논리에 대한 헤르더의 대답은 다음과 같다. "쥐스밀히 선생 본인이 인정했듯이, 인류는 신의 가르침의 최초의 음절을 이해하기 위해 인간, 곧 명확히 사고할 수 있는 존재여야 했고, 최초의 명확한 사고가 있기 위해 언어가 인간의 영혼에 이미 있었다. 따라서 언어는 신의 가르침에 의해서가 아니라 인간 자신의 수단으로 발명된 것이다"(같은 곳). 이러한 대답은 분명 충분한 대답이 될 수 없는데, 왜냐하면 어떤 것이 무언가를 발명할 수 있다는 관념은 이미 사고를 전제로 하지만 사고는 언어에 의존한다고 여겨지기 때문이다. 헤르더는 우리의 본성 자체가 본유적으로 언어적이라고 주장하고 싶은 것이다. 이러한 입장의 강점은 언어를 '발명'한다는 전제를 암묵적으로 거부하고 그 대신 언어를 우리 안에 본유적인 것으로 보는 방식에 있다. 하지만 다른 종에는 거의 없는 언어가 왜 우리 종의 일부인가 하는 의문이 여전히 남아 있다. 헤르더는 이 난점을 분명히 인식하고 있었는데, 왜냐하면 그가 1784-1785년에 인류의 모든 자연적 속성—"두뇌, 감각, 손"—은 "만일 창조주가 우리에게 이 모든 것을 움직이는 원동력을 주지 않았다면" 쓸모없었을 것이라고 주장했기 때문이다. "그 원동력은 바로 **언어라는 신의 선물**이었다. 언어에 의해서만, 잠자고 있었던 선물인 이성이 깨어난다"(Herder 1964: 163). 그는 자신이 《기원》에서 보인 순환 논리가 비신학적으로 해결될 수 없음을 인정함으로써, 친구인 하만의 입장을 사실상 채택하고 있다.

이러한 심각한 난점에도 불구하고, 헤르더가 《기원》에서 시도한 해결책은 콩디야크와 루소의 입장에 중요한 문제가 있음을 드러낸다. 즉, 그들이 언어와 언어에 앞서는 것 사이의 차이를 설명하지 못한다는 것이다. 헤르더는 '성찰'Besonnenheit이라는 개념을 도입한다. 이는 테일러가 말했듯이 환경의 자극에 본능적으로 반응하는 그저 동물의 방식으로 반응하는 게 아니라 "무언가를 본질로 파악하는" 능력이다(Taylor 1995: 103). 테일러는 헤르더의 언어 개념을 "표현적"이라 칭한다. 언어는 이미 거기 있는 사물을 그 자체로 표상하는 것이 아니라, 표현하지 않았다면 드러나지 않았을 측면을 드러나게 한다. 성찰은 무언가의 '특성'을 취하는 능력이다. 대상을 특수한 것으로 골라내는 것이다. 따라서 하만이 제안한 것처럼, 세계는 서로 다른 언어의 자원에 따라 무한히 많은 방식으로 표현될 수 있다. 하이데거(10장 참조)는 우리의 본질적인 '세계 내 존재'를 특징짓는 '이해의 ~로서-구조as-structure'를 언급할 것이다. 우리가 실질적인 필요와 욕망으로 인해 사물을 그러한 필요와 욕망의 수단이나 장애물로서 보게 된다는 것이다. 이러한 구조를 헤르더는 '성찰'이라는 개념으로 기술한 것이다. 성찰을 통해 인류는 나무가 영혼의 보고인 세계, 떠나간 연인과 헛되지만 소통하려고 자신의 서명을 나무에 남기는 세계, 나무가 오염된 대기에 산소를 생산하는 수단인 세계 등 매우 다양한 세계를 형성할 수 있다.

이것이 수반하는 언어 이미지는 '전체론적'이다. 사물은 고립적으로 존재하는 것이 아니라 인간의 실천의 망 안에 존재하여, 우리가 한 사물이라고 부르는 것이 우리가 다른 사물들이라고 부르는 것에 영향을 미친다. 따라서 언어는 조각조각 이해될 수 없다. 각 조각은 다른 조각들과 관련해서만 파악될 수 있기 때문이다. 헤르더는 어떤 표현이 의미하는 바를 '분석적으로' 결정해야 한다는 발상에 반대하는데, 이는 그가 언어의 사용을 세계 내 존재의 한 부분으로 본다는 사실을 바탕으로 한다. 이러한 존재 방식은 주어진 언어의 의미를 분석한 결과보다 앞서는 것이다. 따라서 테일러가 제안했듯이 헤르더는 20세기에 상당 기간 영어권 철학을 지배하게 된 언어 모델과 상충하는 언어 모델을 확립했다. 영어권에서 지배적이었던 모델은 마치 이론으로 식별할 수 있는 의미라는 별도의 대상이 어딘가에 존재하는 것처럼 발화의 의미를 단편적으로 확립하려는 시도와 정확히 관련 된다(8장 참조).

이 두 가지 방식, 즉 전체론적 방식과 분석적 방식 사이의 긴장은 근대 독일 철학의 역사에 다양한 방식으로 영향을 미쳤다. 근대 과학이 문제 해결에 성공한 것은 하만과 헤르더가 자신들의 계몽주의 비판과 결부시켜 비판했던 분석적 방법과 확실히 많은 관련이 있다. 따라서 이 장에서 살펴본 미학적 의미에서 세계를 구성하는 것이라는 언어 개념만을 오로지 강조한다면 분명 위험할 것이다. 개별 자연 언어를 초월하는 사고의 분석적 차원을 주장하는 칸트가 마련한 사고방식이 없었다면 근대성에서 가장 중요한 진전 중 상당수는 생각해 볼 수도 없었을 것이다. 하지만 동시에 자연 과학은 인간의 생존에 필요하지만 충분하지는 않다. 가다머의 말에는 하만과 헤르더의 핵심 통찰이 반영되어 있다. "인류 문명의 기초는 수학이 아니라 인간의 언어적 본성임이 분명하다"(Gadamer 1993: 342). 과학적 형태에 앞서 세계를 드러내는 방식과 과학적 측면에서 세계를 개념화하는 방식 사이의 긴장은 다음 장들에서 다시 나타날 것이다.

더 읽을거리

Berlin, I. (1976) *Vico and Herder: Two Studies in the History of Ideas* (London: Hogarth Press). 언어와 관련된 두 명의 주요 사상가에 관한 다소 얄팍하지만 생생한 설명.

Berlin, I. (1993) *The Magus of the North: I. G. Hamann and the Origins of Modern Irrationalism* (London: John Murray). 하만에 관한 몇 안 되는 영어 연구 중 하나지만, 부정확한 부분도 있고 비이성주의

에 관한 의심스러운 생각도 담고 있다.

Clark, R. C. (1955) *Herder: His Life and Thought* (Berkeley: University of California Press). 헤르더의 전기와 철학에 관한 표준 설명.

German, T. (1981) *Hamann on Language and Religion* (Oxford: Oxford University Press). 하만 학자의 설명.

Norton, R. E. (1991) *Herder's Aesthetics and the European Enlightenment* (Ithaca: Cornell University Press). 헤르더 및 동시대인들과 헤르더의 관계에 관한 쉬운 설명.

Zammito, J. H. (2001) *Kant, Herder, and the Birth of Anthropology* (Chicago: Chicago University Press). 헤르더와 칸트의 사상을 흥미롭게 맥락화했다.

3. 독일 관념론: 피히테에서 초기 셸링까지

자기 결정의 한계들

이 장과 다음 두 장에서 고려할 칸트에 대한 두 가지 방향의 반응은 오늘날에 이르기까지 사회적, 정치적, 미학적 영향을 상당히 미쳤으며, 이는 여전히 철학적으로 중요한 대안 모델을 제시한다. 이러한 방향 중 첫 번째인 독일 관념론은 칸트가 가능하다고 생각했던 것의 한계를 넘어서려 한다.[1] 칸트 사상에 기반을 두고, 칸트가 설정한 한계를 성공적으로 넘어선다면 근대성에 확고한 철학적 토대를 구축할 것이라 본 것이다. 독일 관념론은 인간의 사고가 자연과 관련 있다는 점, 즉 인간의 사고 구조처럼 자연도 지성으로 이해할 수 있

---

[1] 나는 독일 관념론(German Idealism)을 지칭할 때는 단어 첫 글자를 대문자로 표기하겠지만, 일반적으로 관념론(idealism)을 언급할 때는 소문자로만 표기할 것이다(옮긴이 주: 한국어판에서는 'German Idealism'은 별다른 구분 없이 '독일 관념론'으로 표기하고, 'Idealism'은 고딕체 '관념론'으로 표기했다).

는 구조라는 점을 입증하고, 이를 통해 칸트가 현상으로서의 자연과 사물 자체를 나눴던 것을 극복하는 것을 목표로 한다. 다른 한편에서 초기 독일 낭만주의 철학은 헤겔의 작품에서 독일 관념론이 완전히 발전되기도 전에, 독일 관념론이 달성하고자 하는 것 중 일부에 의문을 제기한다. 이러한 맥락에서 주요한 인물은 요한 고틀리프 피히테(1762-1814)로, 칸트에 대한 그의 반응은 독일 관념론과 낭만주의 모두에 결정적 영향을 미쳤다.[2]

칸트는 주체의 능력, 곧 세계에 관한 지식을 얻는 능력과 스스로 결정할 수 있는 능력에 관심을 두었다. 문제는 이러한 인식 능력 및 자기 결정 능력이 어디까지 확장되느냐 하는 것이다. 칸트는 주체의 자발성을 자기 철학의 핵심으로 삼았지만, 동시에 예지계에 관한 긍정적인, '교조적인' 주장을 허용하지 않음으로써 주체 능력의 한계를 설정했다. 여기서 두 가지 대략적인 대안이 나타날 만하다. 하나는 주체의 활동 없이는 아무것도 인식할 수 없기 때문에 칸트가 주체의 사고에 설정한 제한은 옹호될 수 없다는 것이다. 다른 하나는 객관적으로 알 수 있는 세계의 법칙이 우리의 앎과 행위를 결정한다는 것이다. 후자의 대안은 세계에 관한 모든 참된 설명을 최종 분석할 때 자연 과학이 결정적이라고 간주하는 이론들, 이를테면 '물리주의'에 여전히 영향을 미친다. 전자의 대안은 독일 관념론의 기원에 영향을 미친 것이다. 독일 관념론은 당시의 물리주의에 해당하는 일부 계몽주의의 유물론 철학에 대항했다.

2   칸트가 1804년까지 살았으므로 여기서 쟁점이 되는 철학적 혁신의 상당수는 칸트 생전에 일어났다는 점을 기억해야 한다.

철학적 '관념론'은 버클리 주교(1685-1753)의 "존재한다는 것은 지각한다는 것"이라는 주장으로 요약될 수 있다. 버클리의 발상은 사물이 오로지 지각으로서만 실존한다는 것이다─지각하지 않고서는 우리가 사물이 실존한다는 것을 어떻게 **알**겠는가? 그러나 독일 관념론을 버클리 관념론의 또 다른 버전으로 간주해서는 안 된다. 독일 관념론의 주요 주창자들은 자신들의 원천을 칸트로 보는데, 칸트는 버클리의 관념론을 수용하지 않았다. 하지만 관념론에 대한 칸트의 논박이 설득력 있지는 않다. 독일 관념론의 기본 쟁점은 주체의 생각이 주체 자신이 활동한 결과인지 아니면 세계가 주체에게 미친 영향의 결과인지와 관련된다. 전자의 관점을 강조하는 것은 주체와 세계의 관계에서 대상의 측면이 과연 우리의 인식에 결정적인가 하는 의구심에서 비롯된다. 결국 데카르트가 발견한 바와 같이, 고대인의 과학은 당시까지 그 타당성에 대해 거의 의문의 여지가 없었음에도 불구하고 당대의 새로운 과학적 수단으로 테스트했을 때 대체로 신뢰할 수 없는 것으로 판명되었다.* 오늘날, 리처드 로티는 우리가 세계에 인과적으로 묶여 있지만 우리가 생각하기에 참인 것을 인과적 측면에서 이해할 수는 없다고 주장한다(Rorty 1998). 이는 다양한 어휘가 어떻게 세계를 나누는지에 따라 좌우되는 무한한 방식으로 인과가 이야기될 수 있기 때문이다. 봉건 세계에서는 객관성의 본성에 대한 가정들이 신의 초월한 권위와 연결되어 있었다. 봉건주

---

* 옮긴이 주: 대상의 측면이 우리 인식에 결정적이지 않다는 사례다. 즉, 과학이 대상에 의해서만 결정되지 않고 주체가 활동한(해석한, 구성한) 결과이기 때문에 신뢰성에 변화가 생긴 것이다.

의가 정당성을 잃자 **모든** 종류의 권위에 의문이 제기될 만했고, 권위에 대해 질문할 수 있는 능력이 엄청난 양의 지적 에너지를 해방했다. 물론 대체되기 이전의 세계상이 그러했던 것처럼, 이 새로운 자유가 새로운 세계상을 강요하는 것도 자의적일 위험이 있으며, 이러한 결과에 대한 두려움은 독일에서 상당한 문화적 영향을 미쳤다. 따라서 독일 관념론이 직면한 문제는 주체의 입법적 역할의 **범위**를 설정하는 것이다. 주체와 대상의 역할량이 더 이상 고정되어 있지 않다면 주체와 대상의 관계를 어떻게 구상해야 할 것인가?

프랑스에서 이러한 문제의 근간은 근대성에서 정당성 물음을 제기한 현실에서, 즉 1789년 혁명에서 나왔다고 할 수 있다. 이러한 문제는 바로 지식과 행동에 가정된 근거들이 쉽게 자의적인 것으로 변할 수 있기 때문에 발생한다. 테러도 결국은 이성의 이름으로 수행된다. 독일에서는 이러한 쟁점이 거의 사상과 예술 분야에서만 나왔다. (새롭게 발견한 자유를 영웅적으로 표현한 베토벤 음악이 후기로 갈수곡 더욱 성찰적인 작품으로 변한 것을 생각해 보라.) 프랑스에서 혁명이 더욱 과격해짐에 따라, 독일에서는 주체의 입법적 역할을 묻는 물음에 관한 반응들이 달라졌다. 그 반응들은 궁극적으로 주체가 결정적이라는 확신에서, 주체가 스스로에게 완전히 투명하지 않을 수 있으며 따라서 새로운 철학을 위한 확실한 토대가 될 수 없다는 인식으로 옮겨갔다.

토대론과 주체

피히테는 프랑스 혁명의 열렬한 지지자로 1793년과 1794년에 혁명을 옹호하는 글을 썼으며, 같은 시기에 자신의 주요 철학 사상을 발전시켰다. 하지만 그는 이후 1806년에 쓴 〈독일 민족에게 고함〉으로도 유명한데, 어떤 사람들은 이 연설을 나치로 이어지는 독일 민족주의 사상 발전의 한 부분으로 보기도 한다. 그의 작품은 독일 관념론이 주체 활동의 우선적 역할에 집중한 것을 평가함에 있어 난점들을 보여 준다. 어떤 관점에서 보면 피히테가 주체를 철학의 중심에 놓은 것은 봉건적 사상으로부터의 근대적 해방의 일부다. 다른 관점에서 보면 민족주의가 낳은, 그리고 어떤 특정한 인간의 생각이 절대적 권위를 가질 수 있다는 확신이 낳은 재앙에 이르게 되는 근대적 오만함의 일부다.

피히테는 1794년에 처음 출간한 자신의 주요한 이론 철학 저서인 《지식론》에서 자신이 칸트주의자라고 주장한다. 칸트를 읽은 것은 의심할 여지 없이 그의 지적 발전에 결정적 사건이었다.[3] 실제로 그를 처음 유명하게 만든 작품인 《모든 계시에 대한 비판 시도》는 어떤 이유에서인지 그의 이름이 표기되지 않은 채 출간되었고, 사람들이 처음에는 칸트의 작품으로 추정하였다. 하지만 피히테가 칸트의

---

3   피히테는 자신의 이론 철학 후속판들에 대해서도 "지식론"(*Wissenschaftslehre*)이라는 이름을 사용하지만, 사상적으로는 첫 책에서 개괄한 것과 중요한 측면에서 달라진다. 이 작품의 결정판은 없으며, 나는 피히테 당대에 가장 영향력 있던 초기판들을 주로 언급할 것이다. 최근에 와서야 그의 후기 작품에 관심의 초점이 맞춰지기 시작했다.

특정 측면은 강조하고 특정 측면은 배제했기 때문에 칸트가 직접 나서서 피히테의 해석을 지지할 수 없다고 거부했다.[4] 피히테가 탐구한 문제들은 칸트가 주체의 인지적, 도덕적 활동의 자발적 본성과 사물 자체의 접근 불가능성을 동시에 주장한 데서 비롯된다. 칸트에게 인간의 자유는 '예지적인' 사물 자체의 영역에 위치하며, 따라서 인식적으로 접근할 수 없다. 그러나 철학적 설명이 이론 이성에도, 실천 이성에도 접근할 수 없다면, 이것들의 본성 자체가 매우 의심스러워 보일 것이다.[5] 지식과 행동의 **목적**은 무엇인가? 즉, 지식과 행동을 그저 하나의 특수한 종種이 자의적으로 하는 행위를 넘어 도덕적으로 의미 있게 만드는 것은 무엇인가? 칸트는 이러한 물음에 대한 답을 추구했지만, 그의 후계자들은 칸트의 대답이 만족스럽지 않았다.

피히테는 이론 이성과 실천 이성의 공통 원천이 주체의 자발성에 있다고 주장한다. 피히테의 텍스트는 무척 난해하지만 그의 핵심 사상은 사실 매우 간단하다. 그의 핵심 사상은 칸트의 주장을 발생적 측면에서 탐구한 결과다. 자연이 법칙에 기반한 기계적인 객관성의 영역에 불과하다면, 그러한 법칙을 알고 있으면서도 자연적 본능에 반하는 행동을 할 수 있는 존재는 어떻게 생겨난 것일까? 자연을 결정론적 체계로 간주하는 것조차도 결정론이 아닌 다른 무언가를 전

---

4   그러나 칸트는 자신의 마지막이자 미완성 작품인 《유작》에서 피히테가 주장한 바에 매우 가까워진 것으로 보인다.

5   칸트가 제3비판서에서 아름다움을 도덕성의 가시적 상징으로 해석한 이유 중 하나는 바로 이런 식의 의심 때문이었다.

제한 것이다. 그렇지 않고서는 결정론 개념을 이해할 방도가 완전히 불분명하다. 세계가 단지 임의적인 인과 사슬에 불과하다면, 세계는 무엇이 자신을 생산하는지에 대해 **알고자** 하는 존재를 왜 생산하는 것일까? 우리는 생각하는 존재가 있기 전에 객관적이고 물질적인 세계가 존재한다고 가정한다. 또한 종들의 진화 역사에서 발달한 물질적 뇌가 우리에게 없었다면 우리는 생각이라는 것을 할 수 없었을 것이다. 하지만 문제는 왜 뇌에 자기의식과 자기 결정 능력이 포함되어 있는가 하는 점이다. 이러한 것들은 뇌의 작동 방식으로 환원될 수 없을 것 같은데 말이다. 생명 없는 객관적인 물질은 유기체가 되지 않고 '마음 없는' 상태로 남아 있었을 수도 있다. **왜** 그렇게 남아 있지 않은지를 설명할 만한 것이 물리학, 화학, 생물학의 법칙에는 없는 것 같다. 일단 자연에 유기체가 있고 난 다음에야 이러한 법칙들로 사물이 발달하는 방식이 설명될 수 있다. 물론 순전히 물질이었던 존재에서 유기적 존재가 되어 **스스로에게** 지식의 대상이 될 수 있는 조건이 자연 자체에 담겨 있다고 볼 수도 있겠지만, 저 법칙들은 이렇게 볼 수 있다는 사실에 대한 설명이 되지 못한다. 자연에 대해 알게 된 존재자들 자체가 자연의 일부다. 여기서 선택은 '주관적' 측면을 제거하려 하거나, 아니면 근대 과학에 관한 정당한 설명과 잘 들어맞을 수 있는 주관성에 대한 설명을 제시하는 것인데, 이것이 독일 관념론의 목표 중 하나다.

피히테는 순전히 객관적인 측면만으로는 이해될 수 없는 '절대적 나'absolute I가 세계의 궁극적 토대라고 주장한다. 앞으로 살펴보겠지만 이 개념이 실제로 이해될 수 있는 것인지는 의문의 여지가 있다.

그러나 이 용어의 목적만큼은 분명하다. 그 요지는 존재의 우선적 측면이 객관적이고 법칙 지배적인 기능이라는 생각에 반박하는 것이다. 그렇다고 해서 피히테가 어떤 유사–신학적 의미에서 '정신'이 물질세계를 창조한다고 봤다는 의미는 아니다. 피히테가 정립한 표현 중 일부는 이런 식으로 이해될 수도 있겠지만, 그의 주장을 다음과 같이 해석하는 것이 더 타당하다. 즉, **객관적** 세계가 존재한다는 사실에는 세계가 조금이라도 객관적인^{대상적인} 것<u>으로</u> 나타나기 위해 세계에 앞선 무언가가 필요하다는 말이다. 이러한 측면에서 보면, 'Gegen-stand'^{대상}라는 독일어를 이루는 두 부분이 내비치듯이, 무언가가 대상이 되려면 그것이 아닌 것, 즉 주체인 '나'^{the I}와 '맞서'^{stands against} 있어야만 한다. 문제는 **나의** 개인적인 주관적 사유가 이 본질적인 '주관적' 원리와 어떻게 연결되는가 하는 것이다. 세계에서 개인이 자리한 특수하고 주관적인 위치와 '주관성'^{주체성}이라는 일반 원리 사이의 관계에 관한 상당한 어려움이 여기서 발생한다. 이후 슐라이어마허와 그 뒤를 이어 키에르케고어는 개인을 그러한 일반 원리로 환원하는 것을 반대한다.

피히테가 직면한 문제는 토대론의 한 형태다. 즉, 철학이 세계에 관한 참된 그림을 구성하기 위한 출발점이 될 수 있는 절대적 확실성의 지점을 찾는 것이다. 신학에서는 신의 실존에 대한 확실성과 신이 속이는 자일 수 없다는 불가능성이 이러한 토대다. 데카르트에게 이 지점은 "나는 생각한다, 나는 존재한다"로, 회의적 의심을 멈추게 하는 단 하나의 확실성이다. 피히테의 입장은 다음과 같은 성찰에서 나온다. 객관적 세계의 모든 것은 다른 무언가에 의해 야기되고, 다시 이 다른 무언가가 또 다른 무언가에 의해 야기된다면, 세계의 각 사물은 그것을 야기하는 것에 의존하는 식으로 계속된다. 이는 모든 것이 상대적이며 절대적인 것은 없다는 의미로 보인다. 그러나 칸트의 경우, '자유를 통한 원인 작용'이라는 개념에서 자유가 다른 어떤 선행 원인에 의존하지 **않는다**고 주장했다. 이는 자유에 일종의 절대적 지위를 부여하는데, 이 지위를 해석하는 것이 독일 관념론의 주요 문제 중 하나다.

칸트의 저술을 더 많은 사람이 쉽게 이해할 수 있게 한 첫 인물인 카를 레온하르트 라인홀트(1758-1823)는 칸트 입장의 토대가 그가 "의식의 사실"이라고 부른 것에 있다고 제안하고자 했다. 라인홀트는 다음과 같이 매우 명확한 형태의 토대론을 제시한다. "**오직 다른 명제들에 의해서만** 완전히 결정되어서 오해로부터 안전할 수 있는 명제는 철학에서 **절대적으로 첫 번째인 토대 명제**로 받아들여질 수 없다." 그러한 토대 명제는 "다른 명제를 통해서 그 의미를 얻을 수 있거나 얻게 되어서는 안 된다"(Reinhold 1978: 353). 라인홀트에게 그러한 명제는 다음과 같은 "의식에 관한 명제"다. "**의식 안의 표상**[즉, 의식되는 모든 관념]**은 주체에 의해 대상 및 주체와 구별되며, 둘 모두와 관련된다**"(같은 책, 78). 이러한 명제는 칸트가 말한 "통각의 초월적 통일"의 한 형태다. 의식이 있으려면 의식할 대상을 가지고 있어야 한다. 그러나 무언가가 사유**로** 여겨지려면 대상이 아니어야 하고(대상의 표상이어야 하므로), 사유하는 주체와 연결되어 있어야 한다. 그리고 동시에 주체는 대상이 자신이 아님을 인지해야 한다. 그렇지 않으면 주체와 '맞서' 있는 것으로서의 **대상**에 대한 의식이 존재할 수 없기 때문이다. 라인홀트는 모든 정의는 정의된 것이 다른 무언가와 관련되어야 하기 때문에 이렇게 근간을 이루는 의식의 사실에 대해서는 어떤 정의도 주어질 수 없다고 주장한다.

고틀로프 에른스트 슐체(1761-1833)는 영향력 있는 텍스트인 《아이네시데모스》(1792)에서 지적하기를, 이렇게 직접적으로 확실한 '사실'이라고들 하는 것이 실제로는 우리가 우리 경험의 성격으로부터 당연한 사실로 여기는 것을 추론하는 데 의존한다. 이에 대해 피히테는 라인홀트의 구상에서 잘못된 것은 '의식의 사실'이 있다는 발상 자체라고 주장한다. 사실들은 대상의 세계에 존재하는 것으로, 다른 사실에 의해 제한된다는 의미에서 필연적으로 '유한'하다. 반면 의식은 '행위-행동', 즉 '사행'事行, Tathandlung이라고 피히테는 주장한다. 의식의 본질은 사실처럼 객관적인 것이 **아니라**, 능동적임으로써 그리고 그 자체 외에 다른 것에 의해 결정되지 않음으로써 객관화에 저항하는 것이다. 따라서 자기의식은 결정론적인 자연 세계에 적용되는 종류의 설명으로 환원될 수 없다.

철학의 토대가 되는 '나'가 '자기-정립'이라는 피히테의 주장은 이러한 측면에서 이해할 수 있다. 칸트에게 '실재'는 지각하는 주체와의 관계에서 대상이 되는 것의 '위치'다. 사물의 본성은 주체의 개념 활동에 달려 있고, 주체 자체는 통각의 초월적 통일에 달려 있다. 주체 자신의 실재는 주체가 아는 것, 즉 항상 상대적인 것, 또는 독일 관념론에서 말하는 '매개된' 것의 실재와 같을 수 없다. 주체가 아는 것은, 사물들을 같거나 상이한 다른 사물들과 연결하는 능력에 따라 그 이해가 달라진다. 따라서 주체는 지식의 기반이 되려면 직접적^{비매개적}이어야 한다. 그렇지 않으면 주체는 다른 것과의 '매개적' 관계에 따라 그 동일성이 달라진다. 피히테는 주체가 직접적이려면 주체가 스스로를 발생시켜야 한다고 생각한다. 그렇지 않으면 주체가 대상들의 세계와 같이 다른 사물들에 의한 끝없는 연쇄 결정의 일부가 되기 때문이다. 따라서 그의 논증은 칸트가 말한 주체의 자발성을 확장한 것이다. 게다가 이 논증은 언뜻 들었을 때와 달리 설득력 없는 주장도 아니다. 객관적 세계의 저항이 비록 우선적인 실재처럼 느껴질지라도, 그것을 저항**으로** 느낄 수 있게 하는 우선적인 주관적 원리가 없이는 그러한 저항도 존재할 수 없다. 따라서 철학의 과제는 '나'가 **어떻게** '나'와 대립하는 세계를 이해할 수 있는 원천인지를 설명하는 것이다. 그러나 이 대립의 성격은 '사물 자체'라는 중요한 문제를 추가한다.

독일 관념론은 칸트가 정신과 자연 '자체'로 나눈 것을 극복하려고 시도한다. 이 시도가 타당해 보이는 것은 저 두 측면을 완전히 분리하면 두 측면이 어떻게 관련되는지를 보여 주기 어렵다는 사실 때문이다. 앞 장에서 우리는 칸트가 선험적인 것과 경험적인 것을 분리한 것을 하만이 어떻게 비판했는지 살펴보았다. 당시 사상가들이 칸트의 결정적 문제 중 하나를 자각하게 만든 사람은 하만의 친구이자 작가이며 철학자인 F. H. 야코비(1743-1819)다. 야코비의 지적은 간단하다. 야코비는 〈초월적 관념론에 관하여〉(1787)라는 글에서, 어떻게 주체 안에서 현상이 발생하는지를 묻는다. 칸트는 현상의 원인이 사물 자체라고, 곧 그가 "초월적 X"라고 부른 것이라고 주장한다. 문제는 칸트가 원인성 개념을 일관성 있게 사용하지 않는다는 점이라고 야코비는 지적한다. 원인성은 초월적 주체의 범주다. 원인성은 사고의 형식 중 하나로, 이것이 없으면, 직관이 범주와 개념의 측면에서 판단된다는 칸트식 의미에서의 '경험'은 불가능하다. 원인적 연결은 시간상 분리된 두 **현상** 사이의 연결이며, 그중 하나는 필연적으로 다른 하나에 뒤따르는데, 이러한 원인적 연결은 주체의 능동적 판단에 의해 생긴다. 그래서 원인적 연결은 예지계와 경험 세계 사이의 연결은 말할 것도 없고, 현상으로 나타나지 않은 것과 현상으로 나타난 것 사이의 연결일 수도 없다. 시간은 **주체가** 사물을 현상으로 파악하기 위한 형식이므로, 현상의 영역은 시간적이지만, 〔주체가 파악할 수 없는〕 사물 자체의 영역은 시간적일 수 없다. 따라서 주체와 별개인 것에서 현상의 원천을 설명할 만한 어떤 연결 고리가 없다면, 현상은 오로지 주체에 의해서만 생성되어야 하는 것으로 보일 것이다. 따라서 강력한 형태의 관념론으로 가는 길이 열려 있는 것으로 보인다.

관념론의 주장

우리가 방금 접한, 칸트에 대한 또 다른 형태의 반론은 피히테에게 결정적이었다. 야코비가 전적으로 접근 불가능한 사물 자체에서 문제로 남는 부분을 피하고자 실재론의 이름으로 칸트에 대한 반대를 정립했다면, 또 다른 반대는 그 **반대** 입장, 즉 사물 자체를 완전히 없애고자 하는 철저한 관념론의 이름으로 이루어진다. 서로 반대되는 입장이 이렇게 한 점에 수렴하는 것은 독일 관념론에서 중요하다. 각각의 지지자들은 실재론과 관념론 사이의 분열을 극복하려고 노력하지만, 그러한 노력과는 반대로 결국 한쪽 방향으로 가는 경향이 있다.

칸트는 제1비판서를 1787년의 새로운 판으로 개정하면서 〈관념론 반박〉 부분을 추가했는데, 왜냐하면 칸트의 주장을 버클리식으로 실재가 지각으로만 구성될 수 있다고 해석하는 사람이 너무 많았기 때문이다. 여기서 칸트가 '실재'라는 말로 의미하는 바와 '존재'라는 말로 의미하는 바를 구분할 필요가 있다. 칸트에게 무언가가 '실재'로 있다는 것은 그것이 지각에 주어지는 데 달려 있으며, 이는 그 사물이 **무엇**이라 판단되는지를 결정한다. '이 x는 탁자다'라고 말할 때는 지각된 대상에 어떤 술어를 귀속시키는데, 다른 식으로 '이 x는 일련의 나무 조각이고, 갈색 물체고, 30파운드이며 등등'이라고 말할 수도 있다. 반면 '이 탁자는 존재한다'라고 말할 때는 무언가의 존재를 상정하는 것인데, 심지어 그것이 탁자가 아닌 다른 것으로 밝혀지더라도 여전히 무언가의 존재를 계속 그대로 상정한다. 칸트는 일찍부터 'x가 존재한다'라고 말하는 것은 '탁자', '갈색 물체' 등을 x에 귀속시키는 것처럼 '존재'라는 술어를 x에 귀속시키는 것이 아니라고 주장했다. 어떤 것이 있**다는 것**은 그것을 탁자로든 나무로든 다른 무엇으로든, 기술 가능한 **무언가**로 서술할 수 있는 가능성의 조건이다. 만일 그 사물이 아예 존재하지 않는다면, 그 사물에 대해 아무런 실제적인 서술도 할 수 없다. 이 논증은 칸트가 '존재론적' 신 증명, 즉 존재 없는 신은 필수 술어가 없기에 신이 아니라는 주장을 거부한 근거가 된다. 신을 정의하는 필수적인 술어들이 있다고 주장할 수는 있다. 하지만 존재가 없으면 술어도 있을 수 없으므로 존재를 술어로 간주할 수 없다면, 존재라는 개념은 '신이 존재하지 않는다고 한다면 필수적인 술어가 빠진 것이므로 신은 반드시 존재해야 한다'는 주장에 사용될 수 없다.

관념론 문제와 관련하여 칸트에게 어려웠던 점은, 무언가가 실재로 있는지가 지각 가능한지에 달려 있다면 "존재한다는 것은 지각한다는 것"이라는 버클리의 주장을 받아들이지 않을 이유가 없어 보인다는 것이다. 그러나 칸트는 지각과 독립적으로 존재하는 사물 자체가 지각의 원인이라는 주장을 통해 이러한 입장을 거부한다. 사물이 우리의 생각과 독립적인 방식으로 존재한다는 실재론적 직관이 옳다고 생각했기 때문이다. 칸트가 실제로 관념론에 반대하는 논증은, 칸트 본인도 인지하고 있는 것으로 보이는데, 이를 규명하는 데 사용하기에는 아무리 잘해도 한계가 있다. 그리고 이러한 점은 피히테와 그의 후계자들에게 문을 열어 준 부분이다.

살로몬 마이몬(1753?-1800)은 가장 첨예하게 관념론의 입장에서 칸트에 대한 반대 의견을 최초로 정립했다. 그는 매우 흥미로운 폴란드계 유대인인데, 그의 비극적 삶의 이야기는 칸트를 비롯한 당대의 위대한 사상가들에게 깊은 인상을 남기지 않을 수 없었다. 칸트는 〔관념론에 대한 반박으로〕 나의 시간적인 '내적 감각'은 사물이 존재를 지속하는 외부의 공간 세계에 의존한다고 주장한다. 하지만 그는 이 외부 세계의 독립적 실재라는 것이 그 외부 사물을 **지각하는 일**에 의존한다는 사실을 고려하지 않는다. 따라서 칸트의 주장은 지각이 주체와 관련되고 공간 자체는 대상이 주체에게 나타나는 형식이기 때문에 관념론을 조금도 반박하고 있지 않다. 이제 관념론자에게 필요한 것은 **주체**가 사물을 느끼는 방식인 두 가지 종류의 의식이 있다고 가정하는 것이다. 하나는 생각하는 자인 자기 존재에 대한 의식('통각적' 의식)이고 다른 하나는 사물에 대한 의식이다. 이 둘 중 어느 것도 독립적인 사물 자체의 존재에 대한 증명을 제시하지는 못한다. 칸트는 전자의 의식이 후자에 의존한다고 주장하지만, 초월적 연역의 측면에서 보면 **사물**이 연속적으로 존재하는 것은 사물이 아니라 **자아**의 연속성에 의존하는 것으로 보일 것이다. 이러한 발상이 마이몬식 관념론으로 이어진다. 마이몬은 사물의 독립적 존재를 확고하게 확신하는 것 같은 사람에게도 강한 관념론을 주장하는 것이 더 타당할 수 있다는 이유를 보여 주려 한다. 그의 논증 전반이 끝끝내 설득력을 얻지 못하더라도 그 논증이 가정하는 바는 이후 많은 철학자에게 반향을 불러올 것이다.

칸트가 주체를 전적으로 수동적인 수용적 측면과 능동적이고 자발적인 측면으로 나누었다는 것이 칸트에 대한 이해였다. 그러나 지각의 수동적 측면으로 보이는 것이 비록 우리가 무언가를 능동적으로 판단할 때보다는 덜 능동적이더라도 사실은 능동적이라고 주장할 수 있다. 만일 그렇다면 우리는 외부 사물로 보이는 것을 설명하기 위한 해결책을 주체의 본성에서 찾아야 한다고 마이몬은 주장한다. 사물 자체가 현상을 야기한다고 주장하려 한 칸트의 의도는 실제로 이 논증을 강화한다. 칸트는 사물 자체의 존재를 추론하기 위해 (주관적인) 원인성 **범주**를 사용한다. 그리고 이 추론은 사물 자체가 유발한 것으로 추정되는 감각에 기반하여 수행되는데, 감각 **또한** 본유적으로 주관적이다. 그런데 왜 대상의 세계는 우리와 완전히 독립적인 것으로 느껴질까? 대상의 세계가 실제로도 우리와 독립적이기 때문에 그렇게 느껴진다고 설득력 있게 주장할 수 없다면—주체와 세계라는 분리된 영역이 어떻게 연결될 수 있는지 설명하는 것을 불가능하게 하는 마이몬의 관점에서는—객관적으로 보이는 세계는 주체가 의식하지 못하더라도 주체에 의해 생산된 것임이 분명하다.

이것은 마이몬의 핵심 주장으로, 피히테가 알아보고 발전시켰다. 그 결과 외부 세계로 나타나는 것은 '나'의 활동이 **무의식적으로** 생산한 산물로 여겨진다. 대상의 저항을 느끼는 의식적이고 수용적인 부분은 덜 능동적인 주체의 행동 방식일 뿐이다. 만일 객관적 세계가 '나'의 산물이 아니라면, 사물 자체의 원인성 문제가 반복될 뿐이다. 외부 사물을 그 사물에서 비롯된 원인성을 사용하여 설명할 수 없다면, 나는 어떻게 지각을 갖게 되는 것일까? 사물의 원천이 지성과 완전히 이질적인 것이라면, 어떻게 지성의 활동이 사물을 지성의 능력에 끌어들일 수 있을까? 칸트는 경험적인 것과 선험적인 것 사이에 다리를 놓는 '도식작용'을 도입함으로써 이 문제를 해결하려 했지만, 이는 정신과 세계 사이의 어떤 실제적인 이원론이 있다는 생각을 아예 버리면 더 잘 건너가게 될지도 모르는 간극을 자의적으로 건너려는 시도에 불과하다. 그렇지만 마이몬이 계획하고 피히테가 발전시킨 해결책의 경우는 마치 우리가 각자 자신의 무의식적 사고 활동으로 세계를 창조한 것처럼 괴상해 보일 수도 있다.

어떻게 우리가 마이몬과 피히테의 주장에 대한 그럴듯한 해석에 도달할 수 있는지에 대한 설명으로 넘어가기 전에, 주체 안에서 수동적인 것과 능동적인 것을 나눈 칸트의 생각을 그들이 받아들이지 않았다는 점에 주목하는 것이 중요하다. 칸트는 정신의 자발적 기여와 외부 세계가 주체의 수용성에 미치는 효과가 엄격하게 구분된다고 주장했다. 하지만은 언어가 사고를 가능하게 하는 조건이라면, 그리고 언어가 수용적으로 습득되지만 정신의 활동을 통해서만 의미 **있을** 수 있다면, 이러한 엄격한 구분이 유지될 수 없다는 점을 깨달았다. 칸트의 생각에 대한 대안들은 주관적인 것과 객관적인 것, 능동적인 것과 수동적인 것 사이의 모든 근본적 분단을 허물고자 하는 것이다.[6] 이러한 분단을 토대론이라는 이름으로 피하고자 한다면, 그 결과는 우리가 검토하기 시작한 관념론류가 될 가능성이 크다. 다른 가능성은 양쪽의 경계선이 어디인지를 명확히 규명하는 것이 불가능함을 인정하는 낭만주의의 반反토대론적 입장일 것이다. 이 입장은 주체를 절대적 주체의 지위로 끌어올리는 쪽을 택하는 대신, 문제를 주관적 측면이나 객관적 측면으로 특징짓는 것을 때때로 피하고자 할 것이다. 그렇다면 마이몬과 피히테의 관념론적 입장은 어떻게 이치에 닿을 수 있으며, 그런 입장이 오늘날까지도 철학에 큰 영향을 미치는 독일 관념론의 발전으로 이어진 이유는 무엇일까?

---

[6] 칸트는 지식에는 수용적인 것과 자발적인 것이 항상 모두 필요하다고 주장한다. 그런데 이는 우리가 수용적인 것과 자발적인 것을 분리할 수 있음을 가정하고 있는 것인데, 진짜 문제가 이러한 점에 있다.

피히테의 관념론

오로지 객관적이고 인과적으로 결정된 세계가 신비하게도 자발적인 주관성을 낳는다는 비정합적인 생각을 피하려면, 어떻게든 세계가 본유적으로 주관적이며 세계의 객관적 측면은 부차적이고 파생적이라는 가정이 있어야 한다. 이러한 관점에서 우리 개인의 사유는 매우 강한 의미에서 '주관성'의 일부, 즉 '절대적 주체'의 일부다. 이 주체는 다른 어떤 것에 상대적이거나 의존하지 않는다. 그렇지 않으면 **그것의** 근거가 무엇인지 의문이 생길 것이고, 그래서 그 근거가 절대적인 게 되기 때문이다. 유물론자라면 예컨대 그 근거가 실제로 물리적 자연이며 물리적 자연이 없이는 정신도 불가능하다고 주장할 수도 있는데, 그렇다면 관념론자는 다음과 같이 되물을 수 있다. '그렇다면 어떻게 인과적으로 묶여 있는 자연이 인과적으로 묶여 있지 않은 주관성을 낳을 수 있는가?' 여기서 우리가 가진 것은 결정적인 독일 관념론적 사고다. 즉, 개인 주체의 사고 구조가 적절히 이해되고 표현되면 나머지 세계를 구성하는 것과 같은 구조라는 것이다.

　살아 있는 유기체를 고찰해 보자. 유기체를 구성하는 물질은 유기체의 생활 주기에 따라 교체되므로, 일정 시간이 지나면 유기체가 처음 지녔던 것과 같은 물질이 유기체에 남아 있지 않을 수 있다. 따라서 유기체의 '관념'은 유기체가 물질적으로 나타나는 것보다 우선한다. 우리를 구성하는 물질이 평생 교체되더라도 우리는 자기 자신을 동일한 사람으로 간주하지 않는가? 끝없는 인과 법칙의 사실에 의해서만 지배된다는 의미에서 순전히 물질적인 세계에는 유기적 생명의 원리가 없을 것이다. 게다가 세계를 인식할 수 있는 것을 낳는 단계에 이르지 못할 것이다. 피히테, 셸링, 헤겔이 직면한 문제는 어떻게 사물 자체의 저항을 극복하고 칸트 모델을 넘어설 수 있는지다.

피히테의 대답은 주관적 원리에 절대적인 토대적 우선성이 있다고 주장하는 것이다. 그러나 우리는 객관적 세계의 독립성을 바랄 수 있고, 그는 그런 식의 독립성을 마법으로 사라지게 하지 않으면서도 객관적 세계의 저항을 설명해 줄 방법을 찾아야 한다. 피히테가 모든 것이 주체에게 종속될 수 있다고 생각한 것은 아니다. 그는 사물의 저항과 자연법칙의 객관성을 인지하지만, 또한 주관성의 원리가 없다면 이러한 저항은 전혀 저항**으로** 존재하지 않을 것이므로 사물을 알려고 노력할 이유도 없다고 주장하고 싶어 한다. 매우 영향력 있는 그의 발상은 주체가 자기 자신에 대해 분열하게 된다는 것이다. 즉, 절대적 '나'는 '나'(의식)와 비아非我(객관적 세계)로 나뉘는데, 이것들은 서로 상대적이다. 그 결과 '나'는 '자신에 관하여 하는 행동'으로 이해되는데, 이는 우리의 사유와 행동을 반성하는 능력을 통해 이해될 수 있는 것이다. 절대적 '나'가 '무한'하다는 점을 고려하면, 이 자기-제한은 제한을 극복하기 위한 끊임없는 요구를 만들어 낸다.

피히테는 우리의 주관성의 핵심은 인과적으로 결정된 유한한 사물의 세계를 초월할 수 있는 도덕적 존재로서의 자유라고 주장한다. 우리는 그러한 사물을 인식함으로써, 그리고 사물이 이미 존재하는 방식을 받아들이기보다 **마땅한** 방식으로 존재하도록 행동함으로써,

사물의 세계를 초월한다. **왜** 이러한 자기-제한이 일어나는지는 여전히 불분명하며, 피히테가 '나'의 '무한한 활동'이 '저지'되고 '나 자신에게로 돌아오게' 된다는 발상을 도입하면서 사물들은 훨씬 더 불분명해진다. 그의 목표는 유물론에 내재한 문제에 빠지지 않으면서 객관적 세계가 주체에게 저항한다는 생각을 뒷받침하는 것이다. 요점은 그가 말한 주체의 '무한한 활동'에 대한 '저지'Anstoß가 대상에 대한 점점 더 분명한 의식을 가져온다는 것이다. 이는 가장 낮은 형태의 의식인 무언가에 대한 맨 '느낌'에서 시작하여 더 구체적인 '감각'으로, 더 판명한 종류의 지각인 '직관'으로, 그리고 최종적으로 '개념'으로 발전한다.

이 모든 것은 그 자체로는 궁극적으로 나뉘지 않는 것, 즉 절대적 '나' 안에서 일어난다. 그런데 이러한 '나'를 이해하려는 모든 시도는 철학하는 주체인 '나'의 관점에서 이루어진다. 이 주체는 한계가 있는 동시에 그 한계를 넘어설 수 있는 것, 즉 스스로 결정하고 철학적으로 반성할 수 있는 자유를 부여받았다. 확장과 제한의 끊임없는 상호 작용이라는 측면에서 사물의 본성을 이해해야 한다는 생각은 의심스러울 수도 있지만, 그냥 일축해서는 안 된다. 문제는 무시간적이고 객관적인 자연으로 여겨지는 세계 이해가 아니라 오히려 끊임없이 변하고 발전하는 것으로 여겨지는 세계 이해다. 자기의식이 확장되고 자유로울 가능성과 객관적 세계가 부과한 제약 사이의 관계에 대한 서로 다른 이해는 칸트와 낭만주의자가 독일 관념론자와 구분되는 점이다. 궁극적으로 같은 존재의 두 측면이 서로 갈등하는 모델은 피히테, 셸링, 헤겔, 쇼펜하우어, 니체 등을 연결할 것이다.

토대 철학이라는 명목으로 유한성을 극복하려 하는 관념론자들, 유한성이 불가피함을 받아들인다는 명목으로 관념론에서 벗어나는 사람들, 이들 모두가 유한한 존재의 갈등하는 본성을 이해하고 싶어하기 때문에 연결고리가 생긴다.

여전히 철학적 논쟁과 관련 있는 것은, 객관적인 측면에서 주체에 관하여 말할 수 있는 것으로 주체를 환원할 수 없다는 피히테의 주장이다. 하지만 계속 진행하기 전에 피히테의 작업에서 더 중요한 측면을 매우 간략하게라도 살펴볼 필요가 있다. 지금까지 우리는 절대적 '나'라는 전체 구조 안에 위치한 주체-대상의 관계를 살펴보았다. 그렇다면 나의 주관성과 다른 **주체들**의 주관성 사이의 관계는 무엇일까? 피히테의 관점에서 상호주관성이 어떻게 가능한가? 도덕적 사고라는 이름에 걸맞은 도덕적 사고는 타인이 단순히 나의 목적을 위한 대상이 아니라 그 자체로 주체라는 인식에서 출발해야 한다. 독일 관념론은 내가 다른 사유 존재를 나와 같은 존재로 여기게 될 수 있다는 사실을 설명할 방법을 모색한다. 사유는 내가 사유한다는 점만 확신할 수 있는 것으로 보인다. 내가 다른 사람의 의식에 직접적으로 접근할 방법이 없기 때문이다. 따라서 어떻게 타자를 나 자신과 동일하게 여기게 될 수 있을까 하는 문제는 쉽게 풀리지 않는다.

피히테는《지식론 원리에 따른 자연법의 토대》(1796-1797)에서, 나 아닌 주체가 나라는 주체에게 할 수 있는 자유로운 행동 '요구' 내지 '요청'Aufforderung의 측면에서 이 문제를 검토한다. 이것이 주체와 순전히 이질적인 대상의 관계가 아닌 이유는, 자연에서 필연적인 것에 관한 지식을 불러오는 객관적 세계로 인해 야기된 제한에 대한 느낌과는 달리, '요구'가 '나'로 하여금 행동할 방식을 **스스로** 결정하게 만들기 때문이다. '나'는 요구의 원천인 '대상'—즉, 다른 주체—도 "이성과 자유 개념"(1971: iii. 36)을 가지고 있다는 이해를 바탕으로 그렇게 한다. 이 과정은 상호적이어야 한다. 각 주체는 **자기** 자유에 대한 인식의 조건으로서 다른 주체를 의존한다. 여기에 관련되는 구조, 즉 반성 구조는 독일 관념론에서 매우 중요하다. 그 구조 안에서 다른 무언가에 의해 자신에게 자신이 비추어지는 반성^{반영}을 통해서만 자신이 무엇인지를 깨달을 수 있다. 나는 다른 사람의 요구를 통해 나의 자유를 이해하며, 이를 통해 나의 자유와 타인의 자유를 모두 깨닫게 된다. 반성은 무언가가 자기 자신과, 자기와 관련된 타자로 나누어짐을 통해 일어난다. 당신이 거울을 볼 때, 거울을 바라보는 당신과 바라봄을 당하는 당신이 있다. 분리가 없으면 반성도 없지만, 여기서 문제는 다음과 같다. 어째서 저 타자도 어떤 의미에서는 당신인 것인가?

피히테의 구상은 자기와 타자가 서로 동등함을 어떻게 상호 간에 인식할 수 있는지에 대한 형이상학적 답변으로 분명 매력 있다. 그리고 이는 헤겔에게 매우 중요한 개념이 될 것이다. 그러나 셸링이 1800년에《초월적 관념론 체계》에서 **이미** 보여 주었듯이, 이 구조의 문제점은 그것이 작동하기 위해서는 요구에 **앞서** 이미 내가 내 자유를 행사하는 것이 무엇인지 인지하고 있어야 한다는 점이다. 그렇지 않으면 다른 주체의 요구와 관련하여 내 자유를 행사하라는 다른 주체의 요구를 **이해할** 방법이 없을 것이다. 자유가 다른 존재의 행동을 관찰함으로써 자유에 관한 이해를 습득할 수 있는 그런 것이 아니라는 점을 고려할 때, 나는 그들이 말하고 있는 것을 어떻게 이해할 수 있는가? 그러한 존재들은 내가 그들의 요구를 인정한 경우에만 나에게 주체가 된다. 하지만 바로 이것이 문제다. 무엇이 그들의 요구를 피히테가 생각하는 그런 것이 되게 하는가?

이는 사소한 반론이 아니다. (1) 이러한 상호적, 반영적 관계는 자기 의식적 존재가 보편적으로 공유된 구조에 참여하고 있음을 드러낸다는 주장과 (2) 그러한 구조를 기술하려는 모든 시도가 그 구조 **바깥에** 있는 존재 방식이나 인식에 의존한다는 주장 사이에는 결정적 차이가 있다. 후자의 경우 상호주관적 관계로 녹아들 수 없는 어떤 인식이 존재하기 때문에 그 구조가 상호주관성에 관한 주장의 토대로 기능할 수 없다. 이러한 인식은 모든 반성적 관계가 가능하기 전에 존재해야 하므로, 반성의 **결과**로 형성될 수 없다. 이러한 점을 당신이 거울에 반영되는 측면에서 생각해 보라. 그것이 당신 **자신**에 대한 반영임을 알려면 거울이 전달할 수 없는 것도 알아야 한다. 저 사람이 당신인지 당신이 아닌지를 어떻게 판단할 수 있을까? 거울에 비친 대상이 당신 자신임을 알기 위해서는 당신의 실제 얼굴과 거울에 비친 얼굴 사이의 관계를 넘어서는 지식이 필요하다. 이는 다소 어렵지만 이것이 함의하는 바를 과소평가해서는 안 된다. 이후 철학자들이 피히테의 상호주관성 개념을 사용하는 한 가지 방식은 **언어**를 내가 누구이며 무엇인지를 깨닫게 하는 공유된 구조 내지 '거울'로 간주하는 것이다. 반성의 구조에 관하여 방금 제기한 물음은 실제로 관념론 체계에 도달하려는 모든 시도의 핵심을 건드

린다. 그러한 체계는 그 무엇도 체계 바깥에 존재하게 허용할 수 없다. 왜냐하면 이것이 다른 옷을 입고 사물 자체에 관한 문제를 가져올 것이기 때문이다.

자연과 정신: 셸링

피히테는《자연법의 토대》에서 우리가 '지성과 자유'를 자연에 귀속시키더라도 자연 자체가 '목적 개념'을 파악할 수 있는 존재로 간주될 수는 없다고 말한다. 개념을 바탕으로 무언가를 한 상태에서 다른 상태로 바꾸려면 목적이 있어야 하는데, 이를테면 나무를 식사용탁자로 바꿀 때가 그렇다. 이성을 부여받은 존재가 외부의 객관적 자연 세계에서 목적을 실현하려 할 수 있는 것과 달리, 자연 "외부에는 [자연에] 작용할 수 있는 것이 없다." "작용받을 수 있는 것은 모두 자연"(Fichte 1971: iii. 38)이나, 자연이 목적을 가지고 자연 자체에 작용할 수는 없다. 칸트식으로 자연을 필연적 법칙이 지배하는 대상들의 영역으로 간주한다면 이 논증은 타당하다. 그러나 자연을 비아로 보는 이 관점은 이원론적 가정을 수반하는 것으로 보인다. 두 측면이 서로 다른 질서를 가진 것으로 여겨진다면 어떻게 연결될 수 있을까가 항상 어려운 문제다. 자연이 순전히 객관적이고 결정론적일 뿐이라면, 자연과 주관성의 관계가 문제가 된다. 이 문제에 대한 피히테의 해결책은 개인의 의식과 자연, 곧 상대적 '나'와 비아를 모두 '나' 안에 포함하는 절대적 '나' 개념인데, 여기에는 몇 가지 어려운 문제가 발생한다. 세계가 객관적이면서도 어떤 식으로는 주관적이라는 발상은 다른 방식들로도 탐구될 수 있는데, F. W. J. 셸링(1775-1854)의 철학이 그러한 탐구를 바탕으로 한다.

셸링의 대안적 개념이 중요한 이유는 훗날 하이데거와 아도르노에게서 다시 피어날 다음과 같은 사유 패턴에서 분명하게 나타난다. 만일 자연을 단지 작용받을 수 있는 자연으로만 간주한다면, 이러한 자연은 주체의 힘에 완전히 종속된 것이다. 실제로 피히테는 실천 이성의 목표를 자연을 자연답게 하는 것으로 보았다. 하지만 이성이 스스로에게 완전히 투명해서 스스로 설정한 목적이 의심의 여지 없이 타당하다고 주장할 수 있는 게 아니라면, 실제로 이성이 필연적으로 '이성적인' 것이 아닌 다른 무언가에 근거할 가능성을 배제할 수 없다. 피히테가 "나는 직관된 것을 생산하는 활동을", 즉 사물을 인지하게 되는 활동을 "의식할 수 없다"(같은 전집, i. 230)고 주장할 때, 그는 객관적 세계를 일으키는 활동이 모든 이성적 분석을 넘어서는 것이어서 다른 식으로만 접근할 수 있는 가능성을 열어 두고 있다. 한 가지 가능성은 이러한 사유 동기가 되는 밑바탕이 실제로 주체의 존재를 위협하는 모든 것을 극복하려는 추진력일 수 있다는 것이다. 이 경우 '이성'은 실상은 주체의 자기 보존인 것을 가리기 위한 무화과나무 잎일 수 있다. 훗날 하이데거는 이러한 입장을 근대 철학 전체에 대한 판단으로 표현하는데, 이는 추정컨대 모두 지배 원리로서의 주체에 근거한 것이다(10장을 보라).

셸링의 초기 작업은 여기서 제기된 문제들과 관련하여 양면성이 있는 것이 특징이다. 한편으로 그는 주체가 객관적 설명으로 환원

불가능하다는 피히테의 주장에 매력을 느꼈고, 다른 한편으로는 자연을 순전히 객관적인대상적인 것으로 간주해서는 안 된다고 확신했다. 셸링은 자기 철학의 한 형태에서, 칸트가 현상과 사물 자체로 분리한 데서 수반된 이원론을 극복하면서도 절대적 '나'라는 가정으로 이어지지는 않게 자연을 설명하고자 한다. 이 발상은 다음과 같다. 만일 자연의 본질이 주관성을 낳는 것이라면 자연 자체를 본유적으로 주관적인 것으로 이해할 수 있다. 이러한 생각은 피히테가 제안한 것의 한 형태로 읽을 수도 있고, 또는 18세기 후반 독일에서 가장 논란이 많았던 철학인 17세기 네덜란드 합리론자 바뤼흐 스피노자(1632-1677) 철학의 한 형태로 읽을 수도 있다. 그 이유를 이해하기 위해서는 야코비의 영향력 있는 사상을 살펴봐야 한다.

1783년에 야코비는 베를린의 계몽주의 철학자인 모제스 멘델스존과의 '범신론 논쟁'(Beiser 1987을 보라)으로 알려진 쟁론에 휘말리게 된다. 이 논쟁은 G. E. 레싱(1729-1781)이 스피노자주의자임을 인정했다는 주장에 관한 것이었는데, 이는 당시에 무신론자임을 인정하는 것과 마찬가지였기에 정치적 결과를 비롯한 여러 위험한 결과를 수반하게 된다. 야코비는 《모제스 멘델스존 씨에게 보내는 편지에서 스피노자에 관한 교설》(1785, 2판 1789)에서 한 가지 문제를 드러냈는데, 이는 셸링의 저술 전반에서 다양한 방식으로 반복된다. 이는 또한 독일 관념론 전체를 괴롭힌 문제이기도 하다. 야코비는 그가 "무조건적인 것"과 "조건적인 것"이라 부른 것, 거칠게 말하면 절대적인 것과 상대적인 것의 관계에 관심을 둔다. 스피노자의 신은 다른 무엇에 상대적이지 않으며, 이러한 신으로부터 자연법칙이 비롯된다.[7] 자연법칙들은 모두 서로 상대적이다. 즉, 자연법칙들은 서로에게 '조건'이다. 오직 전체, 곧 신만이 '무조건적'이다. 그리고 어떤 현상에 대한 인지적 설명은 칸트가 주장한 것처럼 사물의 '조건'을 찾는 데 의존한다. 스피노자의 핵심 사상은, 무엇이 어떻다고 말하는 것은 그것이 어떻지 않은지를 말하는 데 달려 있다는 것이다. 그는 모든 규정은 부정이라는 생각으로 이를 요약한다. 이러한 생각은 언어에는 긍정적인 용어가 없으며 각 용어는 '고양이'는 '박쥐'가 아니고 '모자'가 아니라는 식으로 그것이 아닌 것과의 관계에 의해 그 구별성을 얻는다는 구조주의 언어학의 주장으로 설명될 수 있다.

야코비는 사물의 조건을 찾는 것이 어떻게 결국 사물을 설명하는 근거가 될 수 있는지를 묻는다. 모든 설명은 한 조건이 다른 조건에 의존하는 퇴행으로 무한히 이어진다. 따라서 자연의 어떤 부분이든 이를 설명하는 근거가 되는 철학 체계는 "필연적으로 **무조건적인 것**의 **조건들**을 발견함으로써 끝나"(Scholz 1916: 51)는데, 이는 명백히 모순이다. 야코비에게 이 문제는 신학적 방식으로 신앙으로 도약할 필요성으로 이어지는데, 그렇지 않으면 세계를 인식할 가능성이 순전히 환상으로 전락할 위험이 있기 때문이다. 이 딜레마에 대한 칸트의 '해결책'은 현상으로서의 세계와 사물 자체로서의 세계를 구분하는 데 있다. 우리는 사물 자체의 조건들의 총체가 있다고 가정해야 하는데, 그렇지 않으면 어떤 식으로도 세계가 통일된 전체가 될

---

7   스피노자나 그의 사상을 채택한 사람을 향해 무신론자라는 비난이 쏟아지는 이유는 그들의 신이 어떤 의미에서는 자연적 우주와 불가분하며 세계에 자유롭게 개입할 수 있는 존재가 아니기 때문이다.

수 없기 때문이다. 하지만 지식은 특정 시간 특정 장소에서 주체에게 주어진 현상들에 관한 것일 뿐이다. 그런데 이론의 여지야 있겠지만 이 모든 주장은 무조건적인 것의 자리를 세계 자체에서 주체로 옮기는 것인데, 이는 마이몬의 관념론과 피히테의 관념론으로 직행하는 것이다. 물론 칸트는 초월적 주체가 절대적 지위를 갖기를 바라지는 않았지만, 주체가 자발적으로 판단(하고 행동)할 수 있는 절대적이고 비조건적인 능력이 있을 때만 조건의 연쇄적 퇴행이 멈출 수 있을 것 같다. 따라서 이러한 생각은 논리상 절대적 '나'로 이어지게 될 것이라고 볼 수 있다.[8]

셸링이 피히테에게서 본 문제는 그의 친구이자 시인이며 철학자인 프리드리히 횔덜린(1770-1843)에 의해 처음으로 식별되었다. 야코비가 정형화한 '무조건적인 것'의 문제에 비추어서 말이다. 횔덜린의 생각은 같은 시기의 초기 낭만주의 철학의 여러 측면에서, 특히 노발리스의 피히테 비판에서 다시 반복된다. 무언가가 인식 가능한 의미의 '나'가 되려면 타자에 대한 의식이 있어야 하고, 따라서 그 타자와의 관계 안에 있어야 한다. 어떤 것과의 관계 안에 있다는 것은 바로 절대적이지 않음을 의미한다. 그러니까 이러한 관계의 전체적 구조는 이 관계에 있는 것 중 어느 한쪽을 바탕으로 한 관점에서만 특징지을 수 없다. 횔덜린은 결과적으로 주체와 대상의 관계 구조를 "주체와 대상을 부분으로 하는 전체"(Hölderlin 1963: 490-91)에 근거하여 이해해야 한다고 주장했는데, 그는 이를 '존재'라 불렀다. 이러

8   이러한 해석에 반대하며 칸트를 가장 잘 옹호한 것으로는 Ameriks (2000)를 보라.

한 발상은 셸링 철학에서 여러 번 중요하게 등장하지만, 그는 이 발상의 의의에 대해 항상 명확한 태도를 보이지는 않았다. 이러한 발상은, 주체의 사고 구조를 통해 세계가 파악될 수 있다는 점을 입증하여 그 위에 철학을 세우려는 독일 관념론의 시도 전체를 약화시키는 것으로 볼 수 있는 무언가를 함의하고 있다.

1790년대 셸링의 철학은 피히테에 대한 애착과 스피노자에 대한 애착 사이에서 흔들린다. 후자에 대한 애착은 그의 《자연 철학》으로 이어진다. 그는 1790년대 후반에 집필한 이 책으로 유명해졌으며 괴테 등 당대 사상가들에게 큰 영향을 미쳤다. 《자연 철학》에서는 칸트식으로 현상적 자연과 자연 자체를 구분한 것이 자연을 앞서 기술한 의미의 대상으로, 곧 'Gegenstand'로 간주한 사실에서 비롯된다고 본다. 이러한 대상화^{객관화}는 우리 유기체를 포함하는 자연의 살아 있는 역동적인 힘을 설명하지 못하는데, 이는 칸트가 제3비판서와 후기 작품에서 관심을 둔 부분이기도 하고 이미 라이프니츠의 자연 설명에서 중요한 역할을 한 부분이기도 하다. 따라서 셸링은 자연 자체가 '생산성'이라고 생각했다. "대상은 결코 절대적/무조건적unbedingt이지 않으므로 자연에는 그 자체로 비대상적인^{비객관적인} 것이 상정되어 있어야 하며, 이 절대적으로 비대상적인 것으로 상정되는 것이 바로 자연의 본래적 생산성이다"(1856-1861: I/ii. 284). 사물 자체와 현상 사이의 이원론은 생산성이 그 자체로는 나타날 수 없고 생산성 자체를 '억제하는' 생산성인 '생산물'—칸트가 현상이라고 부른 것—의 형태로만 나타날 수 있기 때문에 발생한 결과다. 생산물은 결코 그 자체로는 완전하지 않다. 생산물은 마치 물속의 소용돌이 같은데, 소용돌이는 그것을 일으키는 유체의 움직임 자체에 대한 저항을 통해 일시적으로 그 형태를 유지한다.

생산성으로서의 자연은, 일시적이고 대상적인 자연을 이루는 '소용돌이'라는 의미에서의 모든 가능한 '술어들'의 주체이므로 대상으로 생각될 수 없다. 당신의 몸을 자연의 물 흐름 가운데 있는 일종의 소용돌이로 생각해 보라. 몸을 이루고 있는 물질은 끊임없이 교체되고 결국에는 물 흐름 속으로 완전히 사라질 것이다. 그러나 자연이 무한한 속도로 자신을 소멸시키는 것이 아니라 무언가가 되기 위해 스스로를 '억제한다'는 것은 '자연에 대한 모든 설명의 원리'가 '보편적 이중성'을 띤다는 의미다. 이 이중성은 자연이 결국에 완성된 대상인 정지 상태에 이르지 못하게 막는 주체와 대상의 내재적 차이다. 각 대상은 그것을 그것이게끔 하는 동일성^{정체성}이 있지만, 생산성은 끊임없이 그 동일성을 극복하게 이끈다. 동시에, 이러한 주체와 대상의 차이는 서로를 연결하는 동일성에 기반해야 하며, 그렇지 않으면 이원론의 모든 문제가 다시 나타나게 된다. 셸링은 독일 관념론을 향한 결정적 움직임에서 자연과 정신 사이에 다음과 같은 유사점을 설정한다. 자연은 절대적 생산 주체이며, 그 술어들은 자연 세계에서 종합된 대상들이다. 자발적인 사유 주체는 객관성을 생산하는 데 필요한 종합의 조건이며, 이는 'X는 이러저러하다'라는 말에, 즉 판단하는 서술에 의존한다. 문제는 이 두 주체들과 주체들의 술어들이 어떻게 서로 연관되는지를 설명하는 것이다.[9]

9   또 다른 문제는 셸링이 자연의 형이상학—자연에 존재하는 것을 발생시키는 근본 원리에 관한 설명—을 세우려 한 시도의 기본 원리들을 자연의 경험적 측면

한편으로, 셸링은 자연이 우리가 자연에 관해 생각하는 방식과 상대적으로 독립적이라는 감각을 유지하고 싶어 한다. 그러나 이는 초월적 철학의 핵심 통찰을 포기할 위험이 있다. 자연이 사유에 내재한 조건 아래에서만 알려질 수 있다면, 어떤 권리로 자연 자체에 접근할 수 있다고 제안할 수 있는가? 자연을 생산적인 것으로 생각하는 것이 가능할지도 모르지만, 이것이 어떻게 자연에 대한 지식을 가능하게 하는 주관성을 생산할 수 있는지를 설명해 주지는 않는다. 다른 한편으로, 1800년에 《초월적 관념론 체계》에서 셸링이 피히테의 용어를 사용하여 이러한 문제에 접근하려 한 시도는 절대적 '나'에 관해 이야기하는 것이 어떻게 가능한가 하는 문제를 제기한다. 또한 피히테식 접근은 자연을 주체의 대상으로만 환원할 위험이 있다. 셸링은 이미 1801년에 자연을 바로 '우리를 위해' 있는 것으로 간주하는 피히테를 공격하며, 이것이 단지 추상적인 철학 문제에 그치는 것이 아님을 원시생태학적 방식으로 분명히 한 예언자적 모습을 보였다. 그는 《체계》에서, '절대적 나'가 '자기의식의 역사' 속에서 자신을 소급적으로 알게 된다는 측면으로 자연에서 사유 주체가 생겨난 것을 설명하려 한다. 자신을 인식하는 지점에 도달하면 사유는 이러한 자기 인식 이전의 무의식의 역사를 추척할 수 있다. 이러한 모델은 '나'를 기술하는 피히테의 발생론적 방식에 역사적 요소를 도입한 것으로, 헤겔의 1807년작 《정신 현상학》에 영향을 미칠 것이다.

에 관해 사변하는 데 사용하는 경향이 있다는 점이다. 실제로 그의 사변 중 일부는 경험적으로 보장될 수 있는 이론들로 이어지기도 했지만, 일반적으로는 이러한 결과로 나온 이론들은 경험 기반의 이론에 직면했을 때 명백히 틀린 것으로 판명되었다.

《체계》는 역사를 이야기하는데, 초월적 주체가 그 역사의 결과다.

《체계》에서 우리의 지식과 행동에 대한 자연의 저항은 자연의 생산성이 '무의식적'이라는 사실의 결과다. 따라서 현실은 '의식적인 것'과 '무의식적인 것'의 상호 작용으로 구성된다. 그래서 셸링은 무의식의 역할을 파악하려면 개념적이고 규칙에 얽매인 측면만으로는 이해할 수 없는 무언가로 철학을 보완해야 한다고 주장한다. 예술이 철학을 보완해야 한다는 것이다.[10] 이러한 발상은 당시 예술에 비슷한 역할을 부여한 노발리스와 슐레겔과 접촉하면서 영향받은 것이다. 이들은 5장에서 살펴볼 것이다. 이들은 프리드리히 실러(1758-1805)의 영향을 받았다. 칸트와 피히테의 사상을 발전시킨 실러는 《인간의 미적 교육에 관한 서간》(1795-1798)에서 미적 활동이 인간의 이론적 측면과 실천적 측면을 통합할 수 있다고 주장했다. 예술은 기존의 규칙을 적용한다고 해서 생기는 게 아니다. 특정 기술 내지 기법을 배우는 것만으로는 배울 수 없는 무언가가 요구된다. 예술을 창조하는 주체의 이러한 또 다른 측면은 '무의식적'이며 따라서 철학적 개념으로는 결코 파악할 수 없는 차원을 포함한다고 셸링은 주장한다. 그의 주장은 칸트의 천재에 관한 주장과 유사하다(1장을 보라). 하지만 셸링은 현실을 이해하는 데 있어 예술에 훨씬 중요한 역할을 부여한다. 셸링의 초기 작업은 자연과 주체의 관계를 이해하는 방식 문제에 최종적인 답을 제시하지 못했지만, 자연이기도 한 우리가 자연과 관계 맺는 방식을 설명해 줄 만한 근대성에 대

---

10   칸트에게 경험적 개념은 대상을 식별하기 위한 규칙임을 기억하라. 문제가 되는 것을 대상으로 간주할 수 없으므로 그것에 대한 접근은 비개념적이어야 한다.

한 투명한 토대를 **철학**이 결국 제공하지 못할 수도 있다는 생각을
보여 준다.

셸링이 1801년부터 대략 1807년 사이에 쓴 철학, 즉 '동일성 철
학'으로 불리는 철학에서 그는 피히테보다는 스피노자의 방향으로
더 쏠린다. 이제 그는 피히테 철학과 달리 '나'를 나타난 세계의 출
발 원리로 생각할 수 없다고 본다. 실제로 셸링은 피히테가 데카르
트에게서 물려받은 종류의 관념론적 가정들에 반대하는 논증으로
향하기 시작한다. "**나**는 생각한다, **나**는 존재한다는 데카르트 이래
로 모든 지식의 근본 오류다. 모든 것이 신 내지 전체에 속한 것이므
로, 생각한다는 것은 내가 생각한다는 것이 아니며, 존재한다는 것
은 내가 존재한다는 것이 아니다"(1856-1861: I/vii. 148). 그가 생각한
내용의 구조는 다음과 같이 시간에 관한 언급에 요약되어 있다. "시
간 자체는 **사물들의 개별적 삶에 대비되어 나타나는** 전체성일 뿐이
다"(같은 전집, I/vi. 220). 시간은 끝없이 다양하여 각 순간은 다른 순
간과 같지 않지만, 그 순간들이 조금이라도 '시간'이기 위해서는 어
떤 의미에서는 서로 같아야 한다. 우리가 절대적인 것 내지 무조건
적인 것을 의식하는 까닭은 우리 자신을 포함한 세계의 모든 개별
자가 상대적이고 일시적이기 때문이다. 셸링은 무조건적인 것, 곧
실체가 조건 세계에 자신을 드러내야 하는 이유를 설명하는 데 어
려움을 겪으면서 자신의 후기 사상으로 넘어간다. 왜 절대적인 것
은, 일시적인 대상의 세계에 제한되어 있으면서도 그 세계의 일시성
을 넘어서는 것을 파악하고자 하는 주관성을 낳는가? 라이프니츠가
던진 물음—"왜 아무것도 없지 않고 무언가가 있는가?"—은 스피

노자식으로 무한자에 대한 유한자의 논리적이고 이성적인 의존성으로 답할 수 있는 것이 아니라고 셸링은 생각했다. 셸링은 이후 작업의 대부분을 우리가 나타난 세계의 존재 이유를 전혀 제시할 수 없을 가능성의 결과를 탐구하는 동시에 그러한 세계가 존재하는 이유를 이해하려고 시도하는 데 할애한다. 이러한 후기 작업은 이어지는 장들에서 살펴보겠지만, 지금은 먼저 이제까지 고려한 발상들과 헤겔의 관계를 고찰해 보아야 한다. 그렇게 함으로써 우리는 역사적 순서에서 벗어나게 되는데, 역사적 순서대로라면 초기 낭만주의 철학을 검토해야 한다. 하지만 이렇게 하는 이유는 낭만주의를 종종 독일 관념론 전통과 연관 짓기도 하지만 낭만주의가 독일 관념론 전통에 속하기보다는 5장부터 고찰하게 될 관념론 비판 전통에 속하기 때문이다.

더 읽을거리

Ameriks, K. (ed.) (2000) *The Cambridge Companion to German Idealism* (Cambridge: Cambridge University Press). 최신 연구에 기반한 독일 관념론의 주요 주제 및 인물에 관한 좋은 논문 모음집.

Beiser, F. C. (1987) *The Fate of Reason: German Philosophy from Kant to Fichte* (Cambridge, MA: Harvard University Press). 이신철 옮김, 《이성의 운명: 칸트에서 피히테까지의 독일 철학》(서울: 도서출판b, 2018). 칸트에 대해 즉각적으로 나왔던 반응들에 관한 주요 역사

및 철학 연구로, 부당하게 무시되어 온 여러 철학자를 다룬다.

Bowie, A. (1993) *Schelling and Modern European Philosophy* (London: Routledge). 셸링을 오늘날 철학 쟁점과 연관시킨, 셸링의 발전에 관한 상세한 연구.

Breazeale, Daniel and Rockmore, Tom (eds.) (1996) *New Perspectives on Fichte* (Atlantic Highlands: Humanities Press). 피히테에 관한 최근 연구 성과를 바탕으로 한 논문 모음.

Martin, W. M. (1997) *Idealism and Objectivity: Understanding Fichte's Jena Project* (Stanford: Stanford University Press). 피히테 연구에 변화를 불러온 최근의 새로운 연구 물결의 일부.

Marx, W. (1984) *The Philosophy of F. W. J. Schelling: History, System, Freedom* (Bloomington: Indiana University Press). 셸링 철학의 쟁점을 신뢰할 수 있게 제시하는 작품.

Neuhauser, F. (1989) *Fichte's Theory of Subjectivity* (Cambridge: Cambridge University Press). 심리 철학과 관련된 피히테의 최고의 논증들에 관한 명쾌한 분석적 설명.

Snow, D. (1996) *Schelling and the End of Idealism* (Albany: SUNY Press). 셸링의 초기 및 중기 철학에서의 쟁점들을 역사적으로 잘 제시하는 작품.

White, A. (1983) *Schelling: Introduction to the System of Freedom* (New Haven and London: Yale University Press). 헤겔적 관점에서 본 셸링에 관한 설명. 명료하지만 셸링의 가장 독창적인 주장 중 핵심을 일부 놓쳤다.

Zoller, G. (1999) *Fichte's Transcendental Philosophy* (Cambridge: Cambridge University Press). 독자적인 철학적 관점은 별로 없지만 피히테의 핵심 텍스트 중 일부에 관한 상세한 연구.

4. 독일 관념론: 헤겔

보편적 매개

우리가 지난 장에서 살펴본 존재의 주관적 측면이나 객관적 측면에 철학의 기초를 두려는 시도에는 두 측면을 연결하고 둘 중 우선순위를 설정해야 하는 어려움이 항상 있다. 이 어려움은 근대 물리 과학들이 우리를 물리적 본성의 일부로 보는 방식과 우리의 존재를 이해하는 또 다른 방식들 사이의 긴장을 표현한 것으로 볼 수 있고, 철학사에서 유물론과 관념론 사이의 지속적인 대립을 표현한 것으로도 볼 수 있다. 헤겔은 근대 철학에서 가장 인상적인 시도를 통해, 사물들 안에서 우리의 자리에 대해 체계적으로 완전한 포괄적인 설명을 구상한다. 이는 철학적으로 옹호할 수 있는 방식으로 주관적 관점과 객관적 관점을 통합하는 설명이다. 나중에 살펴보겠지만, 헤겔의 철학이 낭만주의 사상과 후기 낭만주의 사상의 견지에서 문제가 제기되고 19세기 후반부터는 헤겔의 영향력이 약해지지만, 그의 저술에 대한 새로운 해석들로 인해 헤겔은 현대 철학의 중심이 되었다. 이렇게 관심이 부활한 이유는 헤겔이 토대론의 문제를 다룬 것과 관련된다.

헤겔은 1802년에 쓴 《피히테와 셸링의 철학 체계 차이》에서 피히테와 셸링의 관계에 대한 자신의 견해를 다음과 같이 요약한다. 피히테는 '주관적 주체-대상'을 제안했다. 즉, 그 안에서 주체와 대상이 관련되어 있는 전체로서의 절대적 '나' 개념이다. 반면 셸링은 '객관적 주체-대상'을 제안했다. 즉, 《자연 철학》이 주체와 대상을 전체의 부분으로서 관련시키지만, 이 전체는 '자연'이다. 이는 자연을 단순히 필연적 법칙에 묶인 대상들의 세계로 보는 칸트와 피히테의 생각을 넘어서는 의미의 자연이다. 헤겔은 여기서 문제를 지적한다. 이는 토대론 문제의 한 형태로, 토대 원리에 도달하려는 모든 시도는 자기 정당화가 필요한 측면을 수반하는 것으로 보인다는 것이다. 여기서 다음과 같은 딜레마가 발생한다. 토대 원리가 스스로 정당화되지 않으면 다른 무언가에 의해 정당화되어야 하므로 토대가 될 수 없다. 하지만 토대 원리가 다른 무언가에 의해 정당화되지 않는다면 자의적으로 주장된 것으로 보인다. 봉건주의의 특징인 정당성 없는 권위적인 방식으로 말이다. 이는 칸트가 자율적 이성의 이름으로 벗어나고자 했던 것이다. 헤겔은 셸링의 동일성 철학이 저 딜레마의 두 번째 가능성의 한 형태에 의존한다고 생각하게 된다. 왜냐하면 체계의 출발점에서 주체와 대상, 정신과 자연의 동일성을 이미 전제하고 있기 때문이다. 셸링은 자신이 이미 전제하고 있는 점을 설명할 뿐이다. 이 동일성이 정당화될 수 있음을 체계 자체로 입증하지 않는다. 헤겔이 피하고자 하는 식의 토대론은 그가 "직접성"이라고 부르는 것에 의존하는 토대론이다. 이는 어떤 것이 다른 것과의 관계와 무관하게 자기 자신일 수 있음을 가정하는 것이다. 헤겔은 전통 철학의 문제 중 상당수가 이 직접성에서 비롯되었음을 보이고자 한다. 이 기획의 성공 여부는 다른 것과 무관하게 존재하는 듯해 보이는 것조차도 실제로는 그렇지 않음을 밝혀냄으로써 온갖 직접성에 대한 필요성을 없애는 데 성공하느냐에 달려 있다.

피히테와 셸링 모두에게 영향을 받은 헤겔은 1807년에 예나에서 완성한 《정신 현상학》에서 자신만의 독특한 접근 방식을 발전시켜 발표한다. 때는 바로 나폴레옹 군대가 예나에 침입하던 때였다. 책 제목은 책이 목표한 바를 잘 나타낸다. 헤겔은 이 책이 역사에서 정신이 나타난 것에 관한 설명이라 여기고 있는데, 역사에 정신이 나타남으로써 텍스트 자체가 기술하고자 하는 것이 가능해진다. 이 책의 목표는 다소 이상하게 보일 수 있다. 칸트의 용어로 정신은 사물이 주체에게 나타나기 위한 조건이므로 그 자체로는 나타날 수 없는 것이다. 그러나 헤겔이 극복하고자 하는 것이 바로 이런 모델이다. 그는 칸트가 범주표로 제시한 것과 같은 사고 형식들에 관한 추상적인 설명이 실제로는 해결하고자 하는 문제를 생기게 하는 것임을 보임으로써 이 모델을 극복하고자 한다. 칸트는 사고 형식이 그 형식의 대상과―즉, 형식을 통해 우리가 인식하는 세계와―분리될 수 있다고 가정하고, 이런 식으로 둘 사이의 간극을 만들어 낸다. 이러한 가정은 우리가 현상을 인식하는 형식과 항상 분리되어 있는

'사물 자체'의 문제를 야기한다. 헤겔의 주장은 사고의 형식들이 자극에 대한 반응이라는 가장 원시적인 형식에서부터 정교한 과학 연구 및 철학에서 사용하는 발전된 개념에 이르기까지, 주체와 세계의 상호 작용을 통해 역사적으로 발생한다는 것이다. 따라서 사고와 사고의 내용을 분리해서 생각할 이유가 없다.

　이러한 접근으로 인해 헤겔은 근대에 그토록 중요한 사상가가 된다. 철학자는 근대의 생활 영역들을 구체적인 실천이자 그 실천에 내재한 일련의 개념으로 살펴보아야 하는데, 이 둘은 서로 분리될 수 없다. 원숙기에 이른 헤겔의 철학 텍스트에는 법과 국가, 미학, 역사, 종교, 자연 과학에 대한 논의가 포함되어 있다. 자신의 철학을 총체적으로 제시한 유일한 저술인 《철학 백과》에서는 철학을 논리학, 자연 철학, 정신 철학으로 나눈다. '논리학'은 사고 형식에 관한 설명이며, '자연 철학'은 객관적 세계에 사고 형식들이 나타나는 것인 자연 과학을 다루고, '정신 철학'은 자유가 가장 발전된 사회에 사고 형식들이 나타나는 것을 다룬다. 나는 그의 철학 체계에서 각 부분을 이루는 사상을 몇 마디 말로 압축하기보다는 《현상학》의 기본 발상 몇 가지를 보여 주려 한다. 이는 헤겔이 어떤 철학 영역을 탐구할 때든지 방법적 모델이 된다. 헤겔의 방법은 보다 '직접적인' 개념에서 점차 '매개된' 개념으로 개념이 발전하는 방식을 보여 주는 것에 기대고 있다. 이는 《현상학》에 나오는 한 가지 예로 설명할 수 있다. 이 예는 '요구'를 상호주관성의 원천으로 보는 피히테의 설명과 관련된다. 주체와 타자 관계가 미발달된 단계에서는 타자가 그저 내 존재에 대한 위협으로 간주되므로 파멸되어야 한다. 이 단계가 극복되면 타자는 나에게 유용한 것이 될 수 있다. 마침내 주체-대상 관계를 완전히 초월한 단계에서 타자는 권리를 갖는, 그리고 나도 타자에게 그러한 권리가 있어야 한다고 동의하는 사유 주체, 도덕 주체이므로 나와 같은 주체로 인정될 수 있다. 예를 들어,《법철학》(이는 정신Geist 철학의 일부다)에서는 법에서도 같은 종류의 움직임이 일어난다고 본다. 법은 가족처럼 사회의 더 특수한 측면에 우선권을 부여하는 형태에서, 가족을 비롯한 더 제한적인 사회 단위보다 공동체 전체에 우선권이 나타나는 형태로 이행한다.

《정신 현상학》

라인홀트는 체계를 지탱하는 토대를 요청했었다.《현상학》은 그러한 토대를 확립하려는 시도가 어떻게 처음부터 필연적으로 실패하는지를 보임으로써 철학 체계의 전제조건을 확립하고자 한다. 이 접근법의 한 가지 핵심 측면은 현대 철학자들에게 매우 중요한 것으로 입증되었다. 최근까지 상당수의 분석 철학을 지배했던, 로크에서 비롯된 경험론의 근본 가정은 감각에 직접 주어진 개념화되지 않은 자료가 우리가 아는 모든 것의 토대여야 한다는 것이다. 지금 이 순간 당신의 감각을 강타하고 있는 것보다 무엇이 더 확실할 수 있겠는가? 분명 우리의 모든 지식은 감각이라는 직접적인 증거로부터 그보다 일반적인 관념이 구축된 결과가 아닌가? 하지만 다음과 같은 어려운 문제가 있다. 예컨대 광자가 내 망막에 닿아 발생하는 우연적인 감각 자료 다발로부터 내가 인쇄된 종이를 보고 있구나 하는 확신은 어떻게 얻을 수 있는가? 헤겔은 눈앞에 있는 것에 대한 직접적인 '감각적 확신'이 전혀 직접적이지 않다고 주장한다. 내 앞에 종이가 있다고 확신하려면 개별 종이가 내 앞에 있어야 하고 내 앞에 있는 것을 종이로 지각해야 하는데, 이러한 지각에는 모든 종이에 적용될 수 있는 일반 개념이 요구된다. 따라서 직접적인 개별 사실이라 여겨지는 것은 철저히 보편자를 통해 매개된다. 내 앞에 있는 것의 **특수성**을 바라보는 행위의 구체성을 구체적**이라** 주장할 수 있는 이유는 단지 특수성을 가리키기 위해 '이것', '여기', '지금'과 같은 **보편적** 개념을 사용하기 때문이다. 이들 단어는 '문맥 의존 지시어'로, 구체적인 맥락에서 적용될 때만 의미가 생긴다. 이 단어들이 적용되는 대상은 대단히 불안정하다. 내가 이 글을 쓰고 있는 지금은 오전 12:18, 여기는 케임브리지다. 그리고 나는 내가 쓰는 것을 다른 날 오후 3시에 런던에서 수정할 수도 있다. 두 경우 모두, 내가 '이것', '여기', '지금'이라는 개념을 사용할 수 있지만 그 내용은 다를 것이다. 보편자가 없으면 개별자를 알 수 있는 방법이 없지만, 개별자가 없으면 보편자는 내용을 담을 수 없다. 직접적인 지각의 **사실성**은 우리가 그 지각에 대해 말하는 방식의 개념적 보편성에 있으며, 이러한 보편성이 없으면 개별자는 표현될 수 없으므로 사실성의 측면에서 이야기될 수 없다고 헤겔은 주장한다.

어떤 면에서 이 논증은 칸트가 제1비판서에서 했던 "개념 없는 직관은 맹목적이고, 직관 없는 개념은 공허하다"라는 주장을 그저 되울리는 것에 불과하지만, 헤겔이 이 문제를 특징짓는 구체적인 방식은 그의 방법론의 핵심으로 가는 길이다. 여기서 중요한 발상은 서로 반대되는 것으로 보이는 사물들이 **필연적으로** 서로 연결되어 있으며 따라서 특정한 의미에서는 '동일하다'는 설명이다. 셸링은 정신과 자연에 대해서 '절대적 동일성' 안에서 연결되어 있다는 비슷한 주장을 했다. 헤겔이 이 생각에 반대하는 것은 셸링이 '지적 직관'을 통해서 직접적인 방식으로 우리가 이 동일성에 접근한다고 주장했기 때문이다. 이는 18세기 후반 사상에서 중요한 역할을 하는 용어다. 칸트는 이 용어를 반대했는데, 왜냐하면 이것을 신의 생각 방식으로 보았기 때문이다. 이 용어의 핵심은 예지적인 것과 감각적인 것 사이의 경계를 넘나든다는 점이다. 이는 사물에 내재한 본성, 즉 예지계를 '직관'—직접 접근—할 수 있음을 암시한다. 칸트가 이를 신적인 생각 방식이라고 본 이유는 신은 사물을 생각함으로써 실제로 사물을 생산한다고 볼 수 있기 때문이다. 반면《체계》에서 셸링은 우리가 예술 작품을 통해서 예지계에 접근할 수 있다고 주장한다. 예술 작품은 직관이 접근할 수 있는 대상인 동시에, 의식적 생산성과 무의식적 생산성을 결합함으로써 예지적인 것을 나타낼 때만 예술일 수 있는 것이다. 지적 직관은 인식 주체와 대상 사이에 일종의 내재적 연결을 전제한다. 이는 주체의 인식적 근거와 실제적 근거를 연결하여, 개념을 형성하는 주체와 그러한 개념을 형성할 때 관계되는 세계의 일부로서 존재하는 주체를 연결한다.

헤겔도 사고와 실재 사이의 간극을 없애고 싶어 했지만, 지적 직관이라는 말이 지시하는 것만으로는 철학 체계를 가능하게 하는 데 충분하지 않다고 생각했다. 따라서《현상학》은 사고와 실재의 일치라는 직접적인 관념에 내포된 것이 무엇인지 설명하는 것을 과제로 삼는다. 만일 이 일치가 체계의 출발점에 실제로 존재한다고 가정하더라도, 이 일치에 대한 판단이 직접적^{비매개적}이라 여겨지는 것을 구분해 내기―매개하기―때문에, 이 일치에 대해 결정적으로 말해질 수 있는 바는 없다. 반면 헤겔은 이러한 일치로 인해, 체계가 사고와 실재가 관련되는 방식 설명을 그 **목표**로서 지향하게 된다고 간주한다. 처음에 직접적이었던 것을 매개함으로써만 이 일치의 **진리**가 보일 수 있다. 이 진리는 처음에 잠재적으로만 존재했던 것의 실현으로서 체계의 끝에 이르러야 나타날 수 있다. 따라서 절대적인 것은 "본질상 결과로 파악되어야 하는 것"(1970: 24)이다. 헤겔은 태아를 예로 든다. 태아는 잠재적으로 발달된 인간이고, 발달된 인간은 배아 단계 없이 존재할 수 없지만, 태아는 단지 '즉자적으로'^{in itself} 존재할 뿐이지, 자기 잠재력을 실현할 때 되는 것인 '대자적인'^{for itself} 존재가 아니다. 자연 과학은 미숙한 설명 이론들에서 시작하여 더 많은 결과가 나오고 더 많은 실험이 수행됨에 따라 더 신뢰할 수 있게 된다. 이러한 활동 없이는 세계에 관한 진리가 발전할 수 없다. 다른 방식은 아무런 증거도 제시하지 않은 채 기존의 어떤 신념 체계가 참이라고 그저 가정하는 것이다. 어떤 이들은 헤겔 철학이 바로 그렇게 하고 있지 않냐고 주장하지만, 사실 이것이 바로 헤겔이 반대하려는 바다.

어쨌든 헤겔은 마지막에 가서야 도달할 수 있다고 본인이 주장했던 것을 처음부터 은근슬쩍 전제했는데, 어떻게 토대에 의존하는 또 하나의 체계 제시를 피해 가는가? 방금 살펴본 것처럼, 우리가 라인홀트에게서 접한 식의 토대는 본질상 **긍정적**이므로 처음부터 그저 주장으로만 이루어진 것이라고 헤겔은 논증한다. 그는 이렇게 근거를 갖추지 못한 주장을 피하기 위해서는 단 하나의 대안만 있을 뿐이라고 본다. 즉, 체계가 완성될 때까지는 모든 긍정적인 것을 피하는 것이다. 체계가 완성된 지점에서는 진리를 파악했으므로 전체 체계 자체가 긍정적인 것이 되고, 따라서 체계는 이 완성 지점에 도달하는 데 필요한 모든 제한적 진리들을 통합한다. 그런데 이것이 정확히 어떤 의미인가?

그 답은 헤겔이 '변증법'이라는 말로 의미하는 바에 있다. 헤겔의 '변증법'은 흔히 정립, 반정립, 종합이라는 삼일체의 측면에서 특징지어진다. 그러나 이는 그가 제시하는 방식이 아니다. 오히려 변증법의 핵심은 헤겔이 "부정의 부정"이라고 부르는 것이다. 우리는 헤겔이 경험론을 반박하는 논증에서 이것의 예를 접했다. 감각 자료는 우연적이며 또 다른 감각 자료와 결코 동일하지 않고 모두 제각기 다르므로 우리에게 어떤 진리도 제공할 수 없다. 따라서 감각 자료는 '부정적'否定的이며, 감각 자료를 규정하기 위해서는 개념이 요구된다. '이것', '여기', '지금'과 같은 문맥 의존적 개념도 그 자체로는 부정적否定的이다. 이런 개념들이 보편자가 아닌 것, 즉 세계 안의 개별적인 것에 적용될 때만 진리를 산출할 수 있다. 게다가 이런 개념의 내용은 그것의 부정적 상태에 의존하여 규정된다. '이것'은 '저것'이 아니고, '여기'는 '저기'가 아니고, '지금'은 '그때'가 아니며 등등. '나는 새벽 1:19에 이 글을 쓰고 있다'와 같이 이런 개념들이 이바지하는 진리들조차도 그 자체로는 부정적이다. 이런 것들은 더 넓은 맥락 안에서만 진리로 기능한다. 내가 아닌 다른 사람들과의 관계로 내가 정의되고, 추가적인 맥락으로 내가 왜 잠을 자야 할 때 글을 쓰는지에 관한 설명이 주어지는 등 더 넓은 맥락 안에서만 말이다. 사실 이러한 발상은 규정은 부정이라는 스피노자의 발상, 즉 어떤 단일한 사물도 그것이 그것이기 위해서는 그것이 무엇이 아닌지에 항상 의존하기 때문에 '긍정적'일 수 없다는 점을 더 역동적으로 표현한 것이다.

프톨레마이오스 물리학은 태양이 지구 주위를 돈다고 주장하지만, 코페르니쿠스와 갈릴레오 이후 우리는 지구가 태양 주위를 돈다고 본다. 지식은 반박을 통해, 즉 이전에 사실로 여겨졌던 것을 부정함으로써 진전된다.[1] 이 과정에서 절대적인 시작은 있을 수 없는데, 왜냐하면 이는 우리가 조사를 아예 수행하기도 전에 진리를 가지고 있어야 한다는 의미이기 때문이다. 우리는, 사실로 여겨지는 것은 그 사실성이 다른 사실에 의존하기 때문에 부정에 열려 있다는 생각에서 시작할 수밖에 없다. 따라서 구체적인 주장은 모두 그것을 검증하기 위해 다른 주장에 의존하고, 모든 주장은 결국 새로운 주장과 관련되므로 수정에 열려 있다. 이러한 상황이 지식을 자의적인 것으로 만들지는 않는데, 왜냐하면 부정된 것은 그 자체가 지식으로 생각되었던 **구체적인** 것이기 때문이며, 새로운 설명을 통해 더 잘 이해되기 때문이다. 이렇게 새로운 설명으로 지속적으로 움직이는 것을 가리키기 위해 헤겔은 '규정적 부정'determinate negation이라는 용어

---

[1]   이런 의미에서, 과학이 할 수 있는 모든 것은 마침내 참된 이론을 확립하는 것이 아니라 이론을 반증하는 것이라는 칼 포퍼의 이론은 철저히 헤겔적이다.

를 사용하는데, 이는 이미 알려진 것을 부정하는 것으로, 더 나은 설명이 가능하기 위한 조건이다. 만일 번개를 제우스가 일으킨다고 생각한다면 우리는 동물도 위협으로 인지하는 위협적인 현상을 이미 매개한 것이며, 이로써 우리를 더 잘 보호할 수 있는 개선된 이론으로 이어질 수 있는 한층 더 나간 매개가 가능해진다. 헤겔은 이 과정을 "아우프헤붕"Aufhebung(보통 '지양'sublation으로 번역됨)이라 불렀다. '아우프헤붕'에는 '부정하다', '보존하다', '고양하다'라는 딱 보기에 모순되는 세 가지 의미가 있다. 번개에 대한 초기 지식은 새로운 설명으로 부정되는 동시에, 새로운 설명을 가능하게 한다는 측면에서 보존되고, 새로운 설명이 이전 설명보다 우수하므로 고양된다.

이러한 헤겔의 접근법이 어디로 이어지는지에 대한 두 가지 해석이 제시된다. (1) 이 접근법은 지식을 '바깥에' 있는 것에 대한 정확한 표상으로 보지 않고 더 효과적인 방식으로 세계에 대처하고 세계를 통제하는 수단으로 보는 실용주의로 가는 길을 열어 준다고 할 수 있다. (2) 그런데 모든 지식이 실제로 그저 부정적일 뿐이라면, 철저한 회의주의를 채택하지 않아야 할 이유가 있을까? 회의주의자는 어떤 것을 궁극적으로 참이라고 주장할 근거가 없다는 점을 받아들인다. 왜냐하면 각 신념은 다른 신념에 의존하며, 그 다른 신념은 또 다른 신념에 의존하기 때문이다. 이것이 바로 야코비가 '조건의 조건'으로 무한퇴행을 막고자 '무조건적인 것'의 필요성을 주장하게 된 이유다. 하지만 헤겔의 주장은 회의주의자의 가정을 채택하면서도 이를 회의주의의 **반대** 방향으로 바꿀 수 있다는 것이다. 이것을 성공시키기 위해서 그는 부정의 부정이 극복된다는 것을 보여야 한다. 개별 진리들의 부정 **자체**가 가장 일반적인 철학적 진리, 즉 모든 개별 진리는 유한하다는 점으로 나타남을 입증함으로써 말이다. 이것이 바로 그가 "참은 전체적인 것이다"(같은 책, 26)라는 유명한 주장을 한 이유다. 부분적인 것은 모두 '비진리'인데 그 특수성이 그것을 넘어 체계적 완성을 향해 나아갈 때만 이해될 수 있기 때문이다.

완전한 체계를 향한 이 마지막 움직임이 기본 방법에서 가능했던 실용주의적 함의들을 무효로 할까? 여기서 문제를 생각하는 한 가지 간단한 방법은 헤겔이 하는 일의 가치가 어디에 있는지 묻는 것이다. 즉, (1) 우리의 사고가 정말로 실재와 맞닿아 있는지에 관한 무익한 물음을 실용적으로 제거하는 데 있는지, 아니면 (2) 회의주의자에게 완전한 철학 체계로 귀결되는 확정적인 답을 제시하는 데 있는지 말이다. 전자에 후자가 필요한가? 대개 현대의 입장들은 어떤 (보통은 약화된) 절대적 입장을 고수하려 하는 측면, 아니면 그런 입장이 없어도 우리가 전자를 할 수 있다고 주장하는 측면에서 특징지어질 수 있다.

《현상학》에서 '절대지'에 관한 담론은 헤겔이 더 실용적인 접근보다 체계적 완전성에 확연히 관심을 두고 있음을 보여 준다. 하지만 최근 헤겔의 가치는 상호주관적 정당화라는 핵심 개념을 단념하지 않고 전통적 인식론의 함정에서 벗어나고자 하는 철학자들에게 그가 미친 영향력을 바탕으로 한다(예컨대 Brandom 2000을 보라). 《현상학》의 또 다른 관심사는 사회 사상 및 윤리 사상에 관한 함의에 있다. 이는 특정 형태의 상호주관적 인정의 출현에 대한 설명에서 비롯된다. 이를 통해 주체의 사고 형식이 **사회적**으로 발달하는 것에 관한 이해가 가능해진다.[2] 헤겔은 어떻게 사물에 관한 매우 기본적인 형태의 의식에도 어떤 개념적 내용이 필연적으로 이미 부여되어 있는지를 보이면서, 자기의식의 중요한 문제를 고찰한다. 그의 접근 방식을 이해하는 가장 좋은 방법은 '욕망'/'욕정'('Begierde'. 이는 '쾌감'에 더 가까운 의미인 '욕정'Lust보다 더 강한 의미를 지닌다)에 관한 그의 설명을 고찰하는 것이다.《현상학》의 이러한 측면은 자크 라캉 등 많은 이에게 영향을 미쳤다.

주체는 타자와 만나면서 둘로 나뉜다. 즉, 주체가 인식하는 외부 세계, 그리고 그 세계와 반대되는 무언가로 나뉜다.[3] 이 두 측면은 우리가 위에서 관찰한 특유의 부정적 관계를 갖는다. 하지만 초기 단계에서는 양쪽이 완전하게 명시할 수 있는 방식으로 분리되지 않는다. 아기가 의식을 가지고 있지만 자기 자신과 나머지 세계 사이의 경계에 대해 명확하게 인식하고 있지는 않은 방식을 생각해 보라. **자기**의식은 주체가 타자와 자신의 차이를 통해 **자기**를 인식하게 되고 동시에 타자가 자기의 통제하에 있지 않음을 깨닫게 될 때 발생한다. 자기의식이 정말로 자기 자신이 되기 위해서는 타자를 통제할 수 없기 때문에 생기는 결핍을 충족시켜야 한다. 하지만 결핍을 충족시키면 자신이 타자에 **의존**하고 있다는 것도 깨닫게 된다. 이 말이 너무 추상적으로 들린다면 먹고 싶은 욕구에 대해 생각해 보라.

---

2   테리 핀카드는《현상학》에 관한 자신의 책에 "이성의 사회성"이라는 부제를 붙였다.

3   라캉식 정신분석학이 헤겔에 관심을 두게 되는 것은 바로 이러한 나뉨의 본질에 대한 탐구 때문이다.

이 욕구는 당신을 불만족스럽게 만드는 동시에 당신이 세상에 의존하고 있음을 인식하게 하기 때문에 당신이 당신 자신을 떠올리게 한다. 타자에 대한 욕구는 자기 자신의 존재가 어떻게 타자와 완전히 독립적이지 않은지를 깨닫는 보다 일반적인 능력으로 발전하여, 사람이 배고파지는 것을 피하려고 미리 생각하기 시작하게 된다. 이것이 기억의 기원을 설명하는 한 가지 방법이다. 기억은 어떤 발전된 방식으로 '처음부터 거기' 있다고 가정하는 것으로 설명되지 않고, 어떤 결핍이 반복되어 사고에 각인되는 것으로 설명된다. 그러면 그 결핍은 극복되어야 할 필요성을 기억함으로써 통제할 수 있는 것이 된다.

이러한 발전의 다음 단계에서 헤겔은 '요구'에 대한 피히테의 설명에 가까워지고, 독립적인 타자가 자신과 동일할 수 있음을 인정하는 윤리적 능력이 출현한다. 칸트의 정언 명령은, 예지적 영역에 있으며 모든 이성적 존재에게 적용되는 보편적 원리의 부름에 의존한다. 헤겔은 이것을 타당하지 않은 추상화로 보고, 도덕에 대한 설명을 제시하려 한다. 이는 도덕을 방금 설명한 것과 같은 식의 과정을 통해 개별 공동체들 안에서 역사적으로 발전하는 것으로 보는 것이다. 이는 현재 우리가 국제법에서 추구하는 식으로 도덕이 보편 원리들에 근거해야 한다는 칸트의 감각을 상실하는 단점이 있지만, 도덕이 실제 상황에서 어떻게 작동하는지에 대한 더 구체적인 설명을 제공한다는 장점이 있다.

자기의식에 관한 헤겔의 설명에서 가장 유명한 부분은 '주인'과 '노예' 사이의 관계에 대한 분석이다. 한편으로 핵심 용어가 봉건주의의 권력관계, 즉 영국과 프랑스 혁명의 여파로 변화하는 관계를 설명하는 데 사용되는 것이기 때문에 《현상학》의 논증은 역사적인 것으로 보인다.[4] 다른 한편으로 헤겔은 권력이 불균등하게 분배된 주체들 간의 모든 관계에서 항상 작용할 수 있는 의식의 단계를 기술하는 중이다. 헤겔은 나의 욕망이 타자의 욕망과 충돌하기 때문에, 미발달된 사회관계의 결말이 만인에 대한 만인의 투쟁이 된다는 홉스의 생각을 취한다. 타자가 나보다 더 강할 수도 있다는 점을 고려하면, 나는 내 욕망을 충족시키기 위해 파멸의 위험을 감수하는 것이다. 노예는 생존을 위해 자신을 타자에게 종속시켜서 타자의 욕망에 공급하는 주체다. 노예는 그렇게 하면서 주인이 욕망하는 대상을 위해 일하고자 자신의 욕망을 억제함으로써 세계를 변화시킬 수 있는 능력을 계발한다. 시간이 지남에 따라 주인의 그저 소비적인 태도는 자신의 욕망을 충족시키지만, 거기에는 노예가 계발 중인 능력에 점차 의존하게 되는 대가가 따른다. 주인은 타자에 대한 완전한 지배력을 얻는 대신 실상 더 의존적인 관계로 들어가서 힘의 균형이 뒤바뀌기 시작한다. 이는 프랑스 혁명에서 일어났던 일을 함의한다. 프랑스 혁명 당시 이렇게 한 사람들이 부패한 귀족에게서 통제권을 뺏어 왔다. 이 구절은 매우 다양한 방식으로 읽혀 왔다. 이를테면 프롤레타리아트가 사회의 부를 생산하여 실질 권력을 쥐는 마르크스주의적 견지에서 읽히기도 했고, 가부장적 군림이 동일한 역전 관계로 나타날 수도 있는 젠더 관계의 견지에서 읽히기도 했다.

4　이 구절에 대한 여러 주석과 달리 헤겔은 '주인'과 '노예'를 언급하지 않는다.

이 구절의 강점은 특히 고정된 주체와 대상의 위치가 정반대로 바뀔 수 있음을 드러내는 방식에 있다. 《현상학》 서사의 나머지 부분은—주인됨과 노예됨은 더 긴 여정에서 한 단계에 불과하다—주체가 타자와 맺는 관계가 주체가 자기 자신과 관계 맺는 방식을 어떻게 변화시키는지 추적하고, 정신 발달 패턴 전체의 부분으로서 연관되는 구조들을 제시하면서 이러한 관계들이 역사적으로 나타나는 모습들과 엮는다. 이러한 정신 발달은 《현상학》이라는 텍스트를 쓸 수 있는 능력에서 절정에 달한다. 왜냐하면 사유가 자신 및 객관적 세계와 맺는 모든 관계들을 망라함으로써 나타난 것이 《현상학》이기 때문이다.

존재의 문제들

헤겔에 대한 역사적인 해석과, 그가 개괄한 구조가 주관성에 관한 진정한 철학적 기술을 구성한다고—따라서 초월적 철학의 한 형태라고—보는 해석 사이의 긴장은 그의 철학을 평가함에 있어 핵심 문제를 나타낸다. 쟁점이 되는 것은 근대성 속에서 **철학**에 대해 제기될 수 있는 주장의 종류다. 두 가지 주요 선택지가 제시된다.

1. 철학은 다른 어떤 과학으로는 얻을 수 없는 진리를 제공하는, 모든 것을 포괄하는 학문인가? 그렇다면 헤겔이 제공하는 것은 사물 자체의 문제를 피하고, 역사적 변화의 근저를 이루는 영원한 진리를

드러냄으로써 그 변화의 불가피성을 받아들이고자 하는 칸트식 지식 구조의 한 형태. 이런 의미에서 헤겔은 여전히 무시간적인 사물의 본질을 추구하는 형이상학 전통에 속할 것이다.

2. 아니면 헤겔은 《현상학》에서처럼 어떻게 이성이 특정 시점의 형태가 되었는지에 관한 철학적 고찰로만 이성의 권위가 검증될 수 있음을 증명하는 것인가? 이는 첫 번째 선택지에서 제안한 식으로 초시간적 권위의 존재에 호소하는 것을 배제할 것이다. 이는 현대의 '반형이상학적' 헤겔 옹호자들이[5] 선호하는 해석이다.

철학이 달성할 수 있는 것에 관하여 초시간적 관점의 측면에서 종종 기술되는, 헤겔이 구축해 나간 체계를 고려할 때 첫 번째 선택지를 뒷받침할 수 있는 것은 많다. 동시에, 두 번째 선택지에 대해서는 플라톤에 관한 칸트의 격언처럼 '헤겔이 자신을 이해한 것보다 헤겔을 더 잘 이해하는 것'이라고 주장할 수도 있고, 혹은 헤겔이 종종 자기 철학을 신학적 방식으로 표현했던 것은 종교적 문제에 관한 정치적 마찰을 피하기 위한 수단이었다고 주장하는 것도 가능하다.

이러한 어려움에 대한 한 가지 가능한 접근 방식은 헤겔이 '존재'를 설명한 골치 아픈 문제를 잠시 고찰해 보는 것이다. 철학은 사유와 실재의 관계에 대한 설명을 아무것도 설명 바깥에 두지 않은 채 제시할 수 있을까? 헤겔이 개념 바깥에는 아무것도 없다는 주장을 **어떤** 식으론가 했다는 점은 보편적으로 받아들여지지만, 문제는 이

---

5 클라우스 하르트만이 처음으로 이 말을 헤겔에 대해 사용했다(MacIntyre 1972를 보라).

러한 말로 의미한 바를 해석하는 일이다. 앞서 살펴본 것처럼 칸트는 지식이 가능하지만 우리가 알 수 있는 것에 한계가 있다고 생각한다. 칸트의 생각은 우리가 참이라고 생각하는 것과 무관한 방식으로 실재가 있다고 주장하는 실재론적 입장의 한 형태를 포함하고 있다.[6] 여기서 칸트의 예지체 개념이 해석될 수 있는 다음 두 가지 방식을 기억하라. 그것은 (1) 우리가 특정 시기에 특정 관점에서만 파악할 수 있는 사물의 가능한 모든 측면의 총체로 해석되거나 (2) 우리가 사물에 관해 알 수 있는 모든 것으로부터 완전히 독립적인 사물 관념으로 해석될 수 있다.

사물 자체라는 관념을 반대하는 헤겔의 논증은 기발한데, 예지체에 관한 두 번째 해석과 견주어 옹호될 수 있을 것이다. 그는 우리가 대상에 대해 아는 모든 것을 대상에서(즉, **우리에게 있는 대로의 대상에서**) 추상화함으로써 사물 자체에 관해 생각한다고 주장한다. 따라서 실제로는 '텅 빈 것'만 남게 될 뿐이다. 이러한 결과는 **사고** 행위에서 비롯된다. 사고가 본디 갈 수 없는 어딘가에 도달하는 대신, 사물 자체는 **사고에 의해** 사고와 대상의 관계가 특징지어지는 특정한 방식에서 비롯된 결과라는 깨달음이 바로 우리가 도달하게 되는 지점이다. 경험에서 인식된 대상은 그 대상과 다른 대상의 관계에 의존하며, 따라서 상대적이고 매개적이다. 반면 사물 자체라는 관념은 아무런 관계도 없는 것처럼 보이며, 따라서 절대적이다. 그 사물이 '동일한' 까닭은 어떤 식의 차이화differentiation(차이화에는 다른 것과의 관계가

---

6   실재론에 관한 논쟁은 이제 너무 복잡해져서 여기서 설명하지 않을 것이다. 이후
     장들에서 다양한 측면으로 반복될 것이다.

필요하다)도 없기 때문이며, 따라서 경험적으로 알 수 있는 것을 지니고 있지 않다. 이것이 때때로 칸트가 사물 자체를 경험될 수 있는 것을 초월한다는 의미에서 하나의 '관념'으로 간주하는 이유다. 여기서 우리는 또 다른 형태로 **직접성**을 갖게 된다. 하지만 이 직접성은 사고 작용의 결과다. 따라서 우리는 정말로 직접적인 것에서 출발하는 것이 아니라 매개를 통해 직접적인 것에 이른다. 헤겔의 주장은 실제로 직접적인 것이 전혀 없다는 것인데, 왜냐하면 우리가 그런 것에 관해 생각하려 하는 시도 자체가 매개적이기 때문이다. 철학에 대한 헤겔의 주장들은 이것이 사고와 존재가 관계하는 방식에 대한 적절한 기술인지 여부에 달려 있다.

헤겔의 방법론에 관한 주저인 《논리학》(1812-1816)은 가장 직접적인 것으로 보이는, 그리고 철학이 출발해야 할 지점으로 여겨지는 존재 관념에 대한 검토로 시작한다. 그렇다면 어떻게 우리는 다른 개념과 연관시키지 않은 채, 즉 매개함 없이, **어떤** 관념을 이해할 수 있을까? 매개함이 없다면, 그 개념은 완전히 텅 비어 있고 규정되지 않아서 우리가 그것에 대해 아무것도 말할 수 없는 것은 아닌가? 우리는 어떻게 파란색을 특징지을 수 있을까? 단지 '녹색이 아닌, 노란색이 아닌' 등등으로만 특징지을 수 있는가? 이 문제에 접근하는 한 방법은 칸트에서 살펴보았던 존재가 술어인지 아닌지에 관한 쟁점을 통해 접근하는 것이다. 사물의 속성 중 하나가 그것의 존재라고 하는 말이 의미가 있을까? 칸트에게 존재는, 존재 자체가 개념을 실제로 사용하기 위해 항상 필요하기 때문에 다른 개념들과 같은 종류의 개념으로 간주될 수 없다. 헤겔의 논증은 어떤 개념이든 규정되기 위해서는 **모두** 다른 개념과의 관계에 의존한다는 주장을 필요로 하므로, 존재 개념조차도 예컨대 무 개념에 의존한다는 것이다. 이 둘 사이의 모순은 생성 개념으로 이어진다. 무언가가 처음 상태에 머물러 있지 않고 이후 다른 어떤 것으로 존재하기 때문에, 즉 자기 자신을 '부정'하기 때문에, 존재하면서 동시에 존재하지 않는다는 것이 생성 개념이다. 우리가 세계에 관해 사고하는 기본 방식들을 구축하는 과정도 이러한 패턴을 따른다. 어떤 개념이 한계를 지니고 있음이 드러나면, 그것의 본질을 바꿔서 한계를 보완할 다른 개념이 등장하고, 사고 구조의 한계에서 나올 수 있는 또 다른 사고 구조가 없을 때까지 이 과정이 계속된다. 철학에서 모순이 소진되는 지점은 헤겔이 말한 "절대 관념"이다. 이렇게 헤겔의 《논리학》은 논증에 필요한 형식을 분석하는, 아리스토텔레스에게서 파생된 의미의 논리학이 아니다. 실재가 사유되는 방식의 본성에 관한 주장, 즉 존재론에 관한 주장과 관련되기 때문이다. 따라서 《논리학》은 '존재'가 '무'와의 관계로 규정되는 것과 같이 각 개념이 다른 개념과의 관계로 규정되는 '개념들의 논리'로 설명되어 왔다.

이러한 접근 방식을 비판하는 사람들은 존재가 이런 종류의 개념일 수 없다고 주장한다. 따라서 모든 것을 아우르는 《논리학》 같은 기획은 직접적인 것조차도 필연적으로 매개되는 방식을 드러내고자 하는 그 목표를 달성할 수 없다. 오히려 존재는 사물들의 서술 근거가 되는 것, 즉 실재 자체다. 따라서 '실재' 또는 '존재'라는 단어로 표현되는 개념으로서의 실재는 다른 개념과의 관계로 규정되는 것이 아니다. 이 주장의 논리적 중요성은 우리가 비존재를 어떻게 생각하는지를 고려할 때 분명해진다. 핵심은 비존재를 존재와 정반대로만 볼 수는 없다는 것이다. 에른스트 투겐트하트(Tugendhat and Wolf 1986을 보라)는 만일 우리가 유니콘의 실존을 의심한다면 유니콘이 실존이라는 속성을 가지고 있는지 확인하고자 유니콘을 찾지 않을 것이라고 제안한다. 그 대신 세계 안의 사물들이 '유니콘'이라는 술어로 정당하게 특징지어질 수 있는지를 보기 위해 세계 안의 사물들을 살펴볼 것이다. 우리가 어떤 것을 실재하는 것으로 간주할 때, 그것에 관해 사유하는 구조는 그저 '어떤 것'의 구조가 아니라 '어떤 것으로서의 어떤 것'이라는 명제적 구조다. 세계는 다른 어떤 것이 아님으로써 정의되는 것들의 총체로서는 적절히 기술될 수 없다. 어떤 것은 항상 무한히 많은 방식으로 기술될 수 있으므로, 세계는 '상태들의' 총체로 기술되어야 한다('x는 어떤 것으로서 존재한다'). 예를 들어, 내 앞을 막고 있는 무언가는 탁자로 기술될 수 있고, 탁자는 나무로, 무게 30파운드의 물체로, 갈색으로, 지진이 났을 때 피할 곳 등으로 기술될 수 있다(이 문제는 8장에서 프레게를 논할 때 다시 나올 것이다).

  이런 식의 생각은 고대 그리스 철학자 파르메니데스에게서 유래한 존재와 비존재에 관한 사고 모델, 곧 사고와 지각이 같은 방식으로 작동한다고 가정하는 모델을 피한다. 투겐트하트는 헤겔이 이런 모델에 빠졌다고 주장한다(Tugendhat 1992). 어떤 대상을 지각할 때, 예컨대 무언가 들리거나 아무것도 들리지 않으므로hears nothing 실제로 무언가가 있거나 아무것도 없는 것인데, 이 둘은 정반대인 것으로 보인다. 하지만 이를 존재와 비존재에 관한 사고 모델로 삼으면, 'x가 존재하지 않는다고 생각하는 것'―'유니콘은 존재하지 않는다'

─과 '아무것도 생각하지 않는 것'thinking nothing이 잘못 동일시되는 결과를 낳는다. 이로 인한 명백한 결과는 '그렇다면 존재하지 않는 것은 **무엇인가?**'라는 대답할 수 없는 물음이다. 무언가(유니콘의 존재)를 가정하는 동시에 그것을 부정하는 것처럼 보인다. 이를테면 우리가 '인종은 존재하지 않는다'라고 주장하면 인종차별주의자는 우리가 부정하고자 하는 바를 전제하고 있다고 비난할 수 있으므로 이 쟁점의 중요성이 더 분명해진다.

단언과 부정을 동시에 하게 되는 결과를 피할 방법은 '존재' 진술을 다음과 같은 형식으로 표현하는 것이다. '유니콘인 x가 있다/없다.' 또는 '사람을 인종이라 불리는 근본적으로 다른 범주로 나누는 x가 있다/없다.' 헤겔에 반대하는 논증에서 이러한 접근 방식의 핵심은 존재는 우리가 존재에 관해 말할 수 있는 것을 초월한다는 사실이다. '…인 x가 있다'라는 형식에 붙인 모든 개별 술어는 사물이 변하거나, 우리가 술어를 잘못 적용했다고 판단하면서 부정될 수 있다. 그리고 x가 우리가 존재하는 것으로 생각했던 무언가가 더 이상 아니게 됨으로써 술어가 부정될 수도 있다. 하지만 **존재함**은 이런 식으로 바뀌지 않는다. 존재는 제거 불가능한 기반으로, 우리는 이 기반 위에서 저기에 있는 것에 관한 우리의 관념을 수정할 수 있다. 지각에 기반한 모델과 'y로서의 x'라는 명제 형식에 기반한 모델 사이의 차이는 하이데거가 나중에 '존재론적 차이'라고 명명하는 것의 한 형태다. 이는 존재하는 **것**('존재자들')과 존재해 **있음**이라는 항상 기저 있는 사실('존재함'이라는 사실)의 차이이며, 이는 어떤 것을 어떤 것으로 서술하기 위한 조건이다. 헤겔은 이러한 구분을 부정하고자 했다. 그는 존재가 개념으로, 즉 그것은 '무엇이다'whatness, 본질로 환원될 수 있다고 생각하는데, 왜냐하면 그것이 '저기 있음'thatness, 실존이란 우리가 아직까지 개념으로 결정하지 못한 것에 불과하기 때문이다. 이와 같이 《논리학》은 사물이 존재할 수 있는 모든 방식을 철저히 개관하려는 시도로 되어 있고, 그래서 하버마스가 말했듯이 "모든 맥락의 맥락"(Habermas 1999: 219)에 관한 설명을 제공하고자 시도한다. 이것이 헤겔이 "절대 관념"이라는 말로 의미한 바다. 문제는 이 관념이 어떻게 해석되어야 하는가다.

최근 헤겔 해석자인 로버트 피핀은 헤겔 사상의 본질적 측면은 그가 이성을 인간 공동체가 타당하다고 여길 수 있는 것에 완전히 내재된 것으로 만든다는 점이라고 제안한다(Pippin 1997). 따라서 절대 관념에 관한 설명은 우리가 우리의 개념을 발전시키는 것 바깥에는 개념을 정당화할 수 있는 것이 아무것도 없음을 입증하는 것이다. 즉, 그러한 개념에 대한 비판적 참여와 그러한 개념이 어떻게 정당하다고 간주되었는지에 대한 역사적 검토 외에는 정당화할 수 있는 것이 없다는 것이다. 따라서 사회가 이미 현실에 관해 생각하는 방식으로 생각하게 된 것을 넘어서는 현실에 호소할 수 없다. 하버마스는 "우리의 빛에 따라 합리적으로 받아들일 수 있는 것이 객관적 진실과 필연적으로 같지는 않다"(1999: 218-19)는 이유로 이러한 생각에 반대한다. 피핀의 주장에 따르면, 현실 사회가 존재에 관해 이야기하게 된 실제 방식 말고는 우리가 존재에 관해 이야기할 수 없다는 사실은 존재론적 차이에 관심을 둘 이유가 없음을 의미한다. 항상 우리는 실제 사회에서 스스로 정당화되는 것의 측면에서만 작업할 수 있다. 하버마스는 많은 부분에서 이러한 생각에 동의하겠지만, 이러한 생각이 철학 체계에서 존재의 우연성을 극복함으로써 '최종적 진술'을 하고자 **하는** 헤겔의 입장을 배제한다고 보고 있다. 하버마스는 헤겔 본인이 "객관적 정신"이라 표현한 것이, 곧 우연적·사회적으로 위치하게 된 우리의 개념 형성의 역사적 현시가 헤겔 본인에 의해 '절대정신'이 되었다고 주장한다. 헤겔은 진리를 절대적 타당성(존재는 우리가 존재에 관해 말할 수 있는 것을 항상 초월한다는 사실을 통해 우리는 이 타당성을 인식한다)의 규제적 관념이라고 생각하는 대신, 절대적 타당성 자체를 주장한다.

독일 관념론 사상가들의 목표는 칸트로부터 이어져 온 것으로 보이는 사고와 세계 사이의 분열을 극복하는 것이었다. 그들은 사고가 사고 **자체의** 구조를 완전히 파악하면 실재도 파악할 수 있다는 확신을 바탕으로 이 분열을 극복하고자 했다. 헤겔은 이것이 어떻게 이루어질 수 있는지를 보여 주고자 하는 가장 인상적인 시도를 한 것이다. 하지만 헤겔이 주요 저술을 집필하기 전부터도 초기 독일 낭만주의자들이 독일 관념론의 기획에 의문을 제기했다. 다음 장에서는 관념론에 대한 낭만주의의 비판과 쇼펜하우어와 포이어바흐의 비판을 모두 살펴볼 것이다.

더 읽을거리

Beiser, F. C. (ed.) (1993) *The Cambridge Companion to Hegel* (Cambridge: Cambridge University Press). 주요 주제에 관한 유용한 논문 모음집.

Houlgate, S. (1991) *Freedom, Truth and History: An Introduction to Hegel's Philosophy* (London: Routledge). 다소 비판적이지만 훌륭한 헤겔 입문서.

Inwood, M. (1983) *Hegel* (London: Routledge). 광범위하고도 주요한 헤겔 철학 연구.

MacIntyre, Alasdair (ed.) (1972) *Hegel: A Collection of Critical Essays* (Notre Dame: University of Notre Dame Press). 영어권에서 헤겔에 대한 관점을 바꾸는 데 기여한 획기적인 논문 모음집.

Pinkard, T. (2002) *German Philosophy 1760–1860: The Legacy of Idealism* (Cambridge: Cambridge University Press). 뛰어난 헤겔 학자의 박식하고 명쾌한 역사적 설명.

Pippin, R. B. (1997) *Idealism as Modernism: Hegelian Variations* (Cambridge: Cambridge University Press). 헤겔에 대한 가장 그럴듯한 현대적 해석을 사용하여 근대성의 쟁점들을 탐구하는 일련의 뛰어난 논문.

Singer, P. (1993) *Hegel* (Oxford: Oxford University Press). 노승영 옮김, 《헤겔》(파주: 교유서가, 2019). 헤겔 입문서.

Solomon, R. C. (1987) *From Hegel to Existentialism* (New York: Oxford University Press). 광범위하고 읽기 쉬운, 근대 철학의 측면에서의 일반적 설명.

Stern, R. (ed.) (1993) *G. W. F. Hegel: Critical Assessments*, 4 vols (London: Routledge). 헤겔에 관한 매우 광범위한 주요 논문 모음으로 좋은 연구 도구다.

Taylor, Charles (1975) *Hegel* (Cambridge: Cambridge University Press). 정대성 옮김, 《헤겔》(서울: 그린비, 2014). 다소 전통적이긴 하지만, 맥락을 고려한 헤겔 철학에 관한 좋은 설명.

Wood, A. (1990) *Hegel's Ethical Thought* (Cambridge: Cambridge University Press). 주요 헤겔 연구자가 쓴 중요한 저서.

5. 관념론 비판 I: 초기 낭만주의에서 포이어바흐까지

낭만주의와 관념론 비판

19세기 독일 철학의 역사는 흔히 철학 체계를 향한 독일 관념론의 희망이 솟아오르는 측면과 꺼지는 측면으로 이야기된다. 이러한 체계는 전통적 권위에 대항하는 이성의 요구가 정당함을 입증하는 동시에 근대 생활의 인지적, 도덕적, 미적 영역을 새로운 방식으로 통합하고자 한다. 헤겔의 체계는 진리의 위계를 정립함으로써 이러한 통합을 시도한다. 개별 예술 작품의 특수성에 담긴 예술의 직접적 진리나 여전히 이미지와 이야기에 의존하는 종교의 직접적 진리는 더 보편적인 윤리적·인지적 진리에 종속된다. 이러한 진리는 근대의 법, 과학, 철학에서 특수성 극복을 통해 등장한다. 종교의 쇠퇴가 어떤 결핍을 초래했고 사물의 질서에서 인류의 새로운 자리를 합리적으로 결정하기 위해서는 이 결핍이 극복되어야 한다는 인식에서 이러한 체계의 필요성이 생겼다. 관념론 철학의 희망이 사라지게 된 결정적 요인 하나는 경험에 기반한 자연 과학의 성공이다. 피히테, 셸링, 헤겔의 철학과는 달리, 경험 과학은 자연의 우연성을 선험적 원리에 굴복시켜서 극복하려 하지 않고 경험 관찰로 접근 가능한 규칙들을 찾으려 했다.[1] 그 결과 과학은 자연의 작용에 관한 여러 문제와 인간의 목적을 위해 자연을 통제하는 것과 관련된 여러 기술적 문제에 대한 해결책에 점점 도달하게 된다. 이를 통해 자연 과학은 이전에 철학적 문제로 간주되었던 많은 물음을 제거한다. 하지만 근대에 철학적 입장을 채택하고 거부하는 일이 자연 과학에서 일어나는 일에만 의존하지는 않는다. 이는 특히 근대 철학의 주요 과제 하나가 자연 과학이 인간 문화에서 차지하는 자리를 이해하는 것이기 때문이다.

19세기 후반에 관념론의 목표들이 내리막길에 접어들었다 해서 근대성의 다양한 측면을 통합하는 문제가 사라지지는 않는다. 이는 우리 자신에 대한 사유 방식과 자연 세계에 미치는 과학의 영향에 우리가 두려움을 느끼고 인간 행동의 어두운 면에 점점 집중하는 데서 분명해진다. 이러한 문제들은 아직도 사라지지 않았다. 진화론과 유전학이 인간 행동을 어디까지 설명할 수 있는지, 그리고 이것이 인간의 자기 결정 가능성에 대해 무엇을 말해 주는지에 관한 현대의 논쟁들을 생각해 보라. 이러한 자기 결정에 기반하여 자연 과학을 더 넓은 철학적 그림에 통합하려는 관념론의 열망은 이제 더

---

[1] 이 문제는 분명 내가 여기서 다룬 것보다 훨씬 더 복잡하지만, 헬름홀츠 같은 가장 중요한 과학자들 상당수에 의해 자연에 관한 독일 관념론적 사유가 설득력 없는 것으로 여겨지게 되었다는 점은 확실하다.

이상 그런 식의 체계적 통합은 불가능하다는, 관념론의 가정에 대한 비판과 대조된다. 이는 인간 본성 자체에서 비롯된 인간의 자기 결정의 한계 때문이거나, 과학 및 기술 활동에 필요한 이성의 종류와 일상적 사회생활에서 소통하고 행동하는 데 필요한 이성의 종류가 다르기 때문일 것이다. 이러한 상황에 대한 반관념론적 대응의 성격은 매우 다양한데, 이는 우리가 지금부터 고려할 사상가들의 매우 다른 정치적 성향에서 분명하게 드러난다.

　독일 철학에 관한 대부분의 설명은 매우 최근까지도 '관념론에 대한 비판'을, 주로 루트비히 포이어바흐와 카를 마르크스를 비롯한 1830년대와 1840년대 이후 이른바 '청년 헤겔주의자'들의 작품과 19세기 후반 유물론 철학자 및 과학자의 작품으로 제시해 왔다. 그런데 이 비판이 피히테, (부분적으로) 셸링, 헤겔에게만 적용되는 것인지, 아니면 칸트에게까지 적용되는 것인지가 분명치 않아서 문제가 복잡해진다. 칸트의 '초월적 관념론'은 앞서 살펴본 바와 같이 실재론적 측면이 있다. 더욱이, 18세기 마지막 10년간 관념론 철학과 거의 동시에 발생한 관념론에 대한 반대 풍조가 이미 독일 철학에 있었다는 점이 최근 몇 년 동안 분명해졌다. 흔히 '초기 독일 낭만주의'로 불리는 것 말이다. 이 사상 풍조는 관념론자와 이후 관념론 비판자들의 구상보다 어떤 면에서는 현대의 여러 철학적 관심사에 더 가까운 것으로 밝혀졌다.[2]

2　　이는 부분적으로는 낭만주의자들이 만프레드 프랑크가 철학의 "재칸트화"라고 칭한 것에 영향을 미쳤기 때문이다. 이것은 미국에서 칸트가 현대적으로 부흥한 측면을 반영한다.

관념론에 대한 낭만주의 비평에서 초기 주창자들의 이름은 철학보다는 문학에 공헌한 것으로 더 잘 알려져 있다. 노발리스(프리드리히 폰 하르덴베르크[1772-1800])와 프리드리히 슐레겔(1772-1829)이 그렇다. 신학자이자 철학자인 프리드리히 다니엘 에른스트 슐라이어마허(1768-1834)도 어떤 면에서는 프리드리히 횔덜린(1770-1843)과 마찬가지로 이 그룹에 속한다고 할 수 있는데, 왜냐하면 이들도 우리가 고려할 철학적 관심사 일부를 공유하고 있기 때문이다.[3] 낭만주의자들의 직접적인 철학적 공격 목표는 사실 피히테였지만, 그 공격의 이유는 헤겔에게도 면면이 해당될 수 있다. 헤겔의 철학 구상에서 반복되는 아이디어는 순환하여 출발점으로 돌아가는 것이다. 《현상학》에서 체계는 마지막에 이르러 애당초 '직접적'이었던 것으로 돌아가는데, 초기에는 암시적이었던 진리를 드러낸 후에 그렇게 되는 것이다. 예를 들어, 세상의 현실을 전혀 고려하지 않았던 어린 시절의 감성과 열망을 성인이 되어 현실 세계에 대해 배운 경험에 비추어서 되돌아보는 것을 생각해 보라. 헤겔식으로 말하자면, 환상에 불과했던 열망이 극복되고 이제 그 열망이 진정한 형태를 갖춘 것이다. 이 구조는 여러 방식으로 생각될 수 있다. 《논리학》에서는 존재의 복잡한 구조가 완전히 표현되고 이해되는데, 이는 무언가가 존재한다는 가장 기본적이고 막연한 생각에서 시작된 것이다. 끝은 시작을 반영하지만, 처음에는 이해할 수 없었던 것을 설명함으로써 반영하는 것이다. 이러한 구조는 때로 '종결'로 불리는 것, 즉 그 자

3　이 그룹에는 다른 중요한 인물들도 포함되어 있지만 낭만주의의 철학적 발전에 결정적인 역할을 한 것은 아니다.

체로 완비되어 있고 완전한 체계를 철학이 제공한다는 의미다. 따라서 철학의 여정은 익숙한 곳에 다시 도착하는 여정이다.

현대 독일 철학자 만프레드 프랑크는 헤겔과 낭만주의 철학의 차이를 "끝없는 여정"이라는 은유로 이해할 수 있다고 제안했다(Frank 1979). 물론 '고향 없음'이라는 은유는 근대 시기에 매우 흔한 표현이었다. 이 은유의 요점은 근대성에서 정신의 여정이 끝없다면 사실상 고향home에 도착할 수 없다는 것이다. 고향에 도착하려면 정신은 자신이 무엇이며 자신이 어디에서 왔는지를 이미 알고 있어야 한다. 헤겔의 구상에 대해 1830년대와 1840년대에 후기 셸링이 제기한 반론 하나(Bowie 1993: 6장; Schelling 1994를 보라)는 아무런 전제 없이 시작하여 '부정의 부정'에만 의존할 수 있다는 헤겔의 주장이 옹호될 수 없을 것으로 보인다는 것이다. 이러한 관점에서 헤겔은 체계의 시작점에 있는 존재와 '직관적'이고 직접적이면서도 여전히 인지적인 방식의 접촉을 전제해야 하기 때문이다. 그렇지 않고서는 마지막에 시작점으로 돌아갔는지 알아볼recognizing('다시 안다'는 의미로 '재-인지할're-cognizing) 만한 방법이 없을 것이다. 체계가 시작될 때의 직관은 개념화할 수 있는 방식으로 환원될 수 없으므로, 이러한 직관적 접촉은 잇따르는 개념적인 측면으로 온전히 설명할 수가 없다.

그래서 시작점으로 돌아왔는지 확신할 수 없다면? 실제로 어딘가로 간다는 보장이 없더라고 여행해야 할 이유가 있어 보이는 한 여행을 계속할 수밖에 없다면? 그렇다면 고향은 끊임없이 위태로운 훨씬 더 일시적인 장소가 될 수도 있고, 따라서 고향이 결코 진정한 고향이 아닐 수도 있다. 이러한 생각은 낭만주의 철학과 헤겔의 자기 종결적 체계 사이의 차이를 표현한다. 예를 들어, 노발리스는 철학이 "정말로 향수병, **어디에서든 고향에 있으려는 욕구**"(Novalis 1978: 675)라고 한다. 또한 음악은 정신이 "지상의 고향에서 잠시나마"(같은 책, 517) 지낼 수 있게 해 준다고 주장한다. 고향에 있으려는 욕구는 확실한 목표도 없고 성공의 확신도 없기 때문에, 어떤 예술 형태의 경우 비록 일시적이더라도 우리가 고향에 있게 해 줄 수 있지만, 철학은 그저 궁극의 고향이 없다는 점을 드러낼 뿐이다.

슐레겔과 노발리스가 피히테에 대한 초기의 열정이 식은 지 얼마 지나지 않아,[4] 1799년 야코비는 피히테가 무신론자로 몰려서 직장에서 쫓겨난 것과 관련해서 피히테에게 공개서한을 썼다. 이 편지에서 야코비는 당시 관념론 철학에 관한 흔한 우려를 담은 어떤 이미지를 사용했다. 야코비는 절대적 '나'의 자기 분열로 생성된 피히테의 체계가 실질적으로는 양말과 같다고 말한다. 절대적 '나'처럼, 양말도 하나의 사물, 곧 한 가닥 실로 구성된다. 그 실은 자신을 무언가로 형성하기 위해 복잡한 방식으로 자신에게 되돌아온다. 야코비는 경험 세계의 현실이 순전히 철학적인 원리에서 파생된 무언가로 만들어진다는 데 반대한다. 관념론 철학은 존재의 온전한 다양성이 우리가 그것을 파악하려는 시도를 항상 초월한다고 보지 않고, 그 고유의 근본 원리가 그것이 어떤 식으로 사유되어야 하는가에 관한 설명에 녹아들 수 있다고 본다. 야코비의 비유가 다소 불공평할 수도 있지만, 낭만주의 철학을 이해하기 위한 출발점으로 유용하다.

---

4 초기 낭만주의를 다루는 대부분의 문헌은 이들이 피히테주의자(Fichteans)였고 계속 피히테주의자로 남았다고 잘못 가정하고 있다(예컨대 Berlin 1999를 보라).

사물 자체의 문제를 피하고 근본 원리에 기초한 일원론 체계를 세우려는 시도는 현실의 우연성을 없애려 한다. 슐라이어마허는 친구 슐레겔의 권유로《종교론: 종교를 멸시하는 교양인을 위한 강연》을 썼고 이 역시 1799년에 출간되었는데, 이 책에서 그는 야코비와 결이 비슷한 물음을 던진다. "그렇다면 나는 여러분에게 묻는데, 여러분의 초월적 철학은 … 무엇을 하는가? 그것은 우주를 분류하고, 우주를 이런 종류의 존재와 저런 종류의 존재로 나누고, 거기 있는 것의 기초를 추구하고, 실재의 필연성을 추론하고, 철학 자체로부터 세계의 실재와 세계의 법칙들을 짜낸다"(Schleiermacher n.d. 47).

야코비와 슐라이어마허가 제안한, 철학과 실재 사이의 '나르시시즘적' 관계도 초기 낭만주의자들에게 공격받게 된다. 이제 야코비처럼 낭만주의자들도 거기 존재하는 것에 관한 사실이 우리의 인식과 독립적으로 있다고 보는 '실재론자'로 간주될 수 있다는 가정이 명백해졌다. 그러나 이 문제는 야코비와 관련해서도 이보다 더 복잡하다. 야코비는 칸트를 매우 진지하게 받아들였고 흄의 경험론에도 열광했기에, 우리가 실재에 접근하는 방법에 문제가 없다고 가정하지는 않았다. 그는 세계가 조금이라도 알 수 있게 드러난다는 사실을 세계가 신에게 토대를 둔다는 믿음의 근거로 삼고, 자신의 종교적 믿음에 기초하여 실재론을 취한다. 그는 철학에서는 사물이 조금이라도 인식 가능하게 되어 있는 이유를 설명할 수 없으며—거칠게 말하자면, 어떻게 나무는 우리가 나무를 나무로 보게끔 하는가?—따라서 인식 가능하다는 사실은 믿음/신앙 Glaube의 문제일 수밖에 없다고 본다. 만일 사실이 우리의 생각과 완전히 독립적이라면 우리의 생각이 현실과 맞닿아 있는지 결코 알 수 없으므로, 회의주의가 대안이 된다.

여기서 문제는 이 시기의 철학이 '절대적인 것' 내지 '무조건적인 것'이라고 불렀던 것을 어떤 식으로 이해해야 하는가다. 절대적인 것은 헤겔이 주장한대로 (1) 사물이 진정으로 존재할 수 있는 모든 상호 연관된 방식에 대해 철학이 최종적으로 표현해 낸 것인가? 아니면 (2) 구체적으로 현실화될 수는 없지만 우리의 사유가 진리를 향하게 하는 데 필요한 '규제적 관념'인가? 후자의 경우, 완전히 설명될 수 없는 방식으로 진리가 다른 진리와의 관계에 따라 달라지기 때문에 진리로 수용한 모든 것에 대해 일종의 회의주의를 취하게 된다. 이런 식의 회의주의는 관념론과 관념론을 거부하게 된 사람 중 일부의 견해 사이에서 그 차이를 이해하는 또 다른 방식을 제시하는 데 유용할 수 있다. 헤겔 또한 모든 구체적 진리를 부정적으로 간주했다. 그렇다면 두 입장 모두 어떤 진리 주장이든 주장되는 순간에 철회된다는 의미에서 '아이러니하다'고 할 수 있다. 하지만 차이는 분명하다. 헤겔의 경우 모든 부정이 결국 부정성을 소진하여 긍정적 인식에 이르기 때문에, 즉 부정성이 진리에 이르는 길이기 때문에, 체계의 종착지에서는 아이러니도 끝난다. 반면 낭만주의의 아이러니는 끝나지 않는다. 우리가 최종적 확실성을 가지고 안주할 수 없다는 감각은 우리의 존재에 관한 본질적 사실이 된다. 따라서 낭만주의의 아이러니는 긍정적인 철학적 결론에 도달하여 그 유한성을 초월하려 하기보다 모든 개인의 실존의 유한성을 받아들이는 법을 배우려 하는 마음의 태도다. 낭만주의적 아이러니와 관련된

회의주의는 우리의 모든 믿음이 거짓일지도 모른다고 걱정하는 회의주의가 아니라, 존재가 우리의 앎을 초월하기 때문에 언제나 새롭고 더 나은 방법을 찾을 수 있다고 가정하는 일종의 '오류가능주의'인 것이다.

이것이 바로 초기 낭만주의적 사유에서 예술이 중요한 역할을 하는 이유다. 예술 작품이 우리 존재의 본성을 이해하는 방법으로 가치가 있는 것은 바로 우리가 예술 작품의 의미를 다 알 수 없다는 사실 때문이다. 만일 우리가 정말로 예술 작품을 모든 면에서 다 파악한다면, 더 이상 예술 작품에 관계할 이유가 없다. 예술 수용의 역사는 예술을 완전히 파악한다는 생각이 왜 예술을 보는 잘못된 방식인지 보여 준다. 위대한 예술은 우리가 그 작품의 위대함을 전부 알기 때문에 위대한 게 아니라, 우리가 그 작품을 계속 다시 찾게 하기 때문에 위대한 것이다. 따라서 예술에는 '종결'이라는 것이 존재하지 않으며, 이는 결점이 아니다. 이런 점에서 낭만주의자들은 현대의 실용주의와 포스트구조주의의 몇몇 발상과 가깝다. 낭만주의자들의 사유 방식에서 또 주목할 만한 측면은 그들이 직설적인 담론이 아닌 글 쓰기 형식을 취했다는 점이다. 가장 잘 알려진 그들의 몇몇 작품은 짧은 단편과 아포리즘의 형식을 취하고 있는데, 이는 그들이 전달하고자 하는 불완전함의 감각을 **표출한다.**[5]

낭만주의적 접근은 바로 철학의 이러한 점에 관하여 새로운 문제들을 제기한다. 슐레겔은 "사실 당신이 요구하는 대로 전 세계가 한

---

5   낭만주의의 이러한 측면이 때때로 지나치게 강조되기도 한다. 슐레겔도 더 전통적인 방식으로 연속된 주요 철학 작품을 썼다.

번이라도 진지하게 완전히 파악될 수 있게 된다면 당신은 괴로울 것이다"(Schlegel 1988: ii. 240)라고 말한다. 다른 책에서는 이렇게 주장한다. "만일 절대 진리가 발견된다면 정신의 과업은 완료되고 정신은 더 이상 존재하지 않을 것이다. 왜냐하면 정신은 활동 중에만 존재하기 때문이다"(1991: 93). 노발리스는 1796-1797년에 피히테에 대한 비판적 논평에서, "우리에게 주어진 절대적인 것은 행동함으로써, 그리고 어떤 행동도 우리가 추구하는 것에 이를 수 없음을 발견함으로써 오로지 부정적으로만 인식될 수 있다"(Novalis 1978: 181)고 말한다. 만일 우리가 절대적인 것에 이를 수 있다면, 우리가 어떤 멋지고 새로운 위치에 있을 것이라는 생각은 사라질 것이다. 실제로 그러면 삶이 무의미하다고 느낄지도 모른다. 어쩌면 우리가 최종적인 해답에 도달할 것이라는 희망보다 질문을 멈출 수 없다는 사실이 우리의 존재에서 가치의 원천일지도 모른다. 노발리스에게 철학은 철학의 완성을 가능하게 할 만한 절대적 '기반'Grund을 생각해 내고자 '분투하는 것'이다. 그러나 "만일 이것이 주어지지 않는다면, 만일 이 개념이 불가능성을 내포하고 있다면─그렇다면 철학을 하고자 하는 충동은 끝없는 활동이 될 것이다"(같은 책, 180). 이 활동을 위한 최고의 매개체는 예술과 철학의 조합일 수도 있다. 이 문제는 8장에서 초기 비트겐슈타인과 관련하여 다시 다룰 것이다.

초기 낭만주의자들은 종종 도달할 수 없는 이상을 갈망하는 절망적인 신비주의자로, 혹은 (헤겔이 볼 때) 사물 가운데 우리의 위치를 진지하게 설명하려는 모든 시도를 훼손하는 냉소적인 빈정꾼으로 이해되어 왔다. 이러한 태도의 면면들이 그들의 작품 중 일부에 나타나지만, 방금 인용한 언급을 보면 현대의 실용주의에 훨씬 더 가깝다고 할 수 있다. 예컨대 슐레겔은 반토대론적인 방식으로 다음과 같이 주장한다. "진리에 보편적으로 적절한 반주자이자 지휘자가 될 수 있는 그런 기초 명제Grundsätze는 없다. 가장 위험한 것[기초 명제]조차도 특정 단계에서는 그리고 정신 발전을 위해서는 정당화될 수 있으며, 가장 안전하고 최선인 것조차도 오류의 심연에 빠질 수 있다"(1963: 518). 그렇다면 낭만주의자들은 우리의 생각이 참이게끔 하는 것에 관한 궁극의 철학적 설명을 어떻게 제시할지 고민하는 대신, 절대적인 것이라는 발상이 슐레겔의 표현을 빌리자면 "동일적 진부함"identical triviality에 지나지 않을 수 있는 세계에서 무엇을 **할** 것인가에 관심을 둔다. 관념론 체계들은 칸트의 이원론을 피하기 위해 '동일성 진술', 즉 'A = A'를 설명하고자 했다. 그 목표는 사유로서의 A와 존재로서의 A가 동일함을 보여 주는 것이었다. 하지만 문제는 우리가 부단히 진리를 추구하며 만들어 낸 지식은 결함이 있을 수도 있지만 이로써 이미 성취한 것들도 있는데, 이 이상의 어떤 가치가 저 궁극적 지식에 있겠는가 하는 점이다.

절대적인 것은 본질적으로 유한한 존재가 접근할 수 없으며 따라서 더 나은 사유 방식을 계속 추구하기 위한 동기에 불과하다는 낭만주의자의 생각이 옳다면, 그 결과는 무엇인가? 노발리스는 다음과 같이 주장한다. "**구체적인** 철학이란 없다. 철학은 철학자의 돌─원을 사각형으로 만들기 등─처럼 단지 과학자에게 필수적인 과제─**과학의** 절대 **이상**─이다"(1978: 623). 만프레드 프랑크는 낭만주의에서 절대적인 것이란 "우리의 이해 세계의 분열과 파편 속에서 통일성을 창조하는 것으로서 존재하며, 이 통일성이 없이는 모순과 차이를 그대로 보여 주지 못한다"(1989: 340)고 주장했다. 따라서 예술 작품—예컨대 베토벤의 음악을 생각해 보라—은 어떤 면에서 철학보다 우리의 상황을 받아들이는 법을 배우는 데 더 나은 자원일 수도 있다. 이런 음악은 모순과 차이에 의존하면서도, 동시에 우리가 끝끝내 그 이유를 말할 수 없더라도 세계가 일관적일 수 있는 방식에 관한 감각을 제공한다. 반면 지식은 끊임없이 개정되고 재맥락화되어야 하는 것으로 보이므로, 진정한 일관성에 관한 감각을 제공하지 못하고 그저 끝없는 여정의 또 다른 단계를 제공할 뿐이다. 여정에 끝이 없다면, 음악처럼 본질상 일시적이지만 단순한 일시성 이상의 것까지도 제공하는 일관성의 경험이 더 나을 수도 있다. 과학은 실질적 문제를 해결할 가능성이 크지만, 문화가 제공하는 것들 속에서 느끼는 안정된 공간감은 줄 수 없을 것이다.

   하지만 진리에 대한 규제적 관념으로서의 절대적인 것 개념이 우리의 투사에 불과하다면, 즉 우리의 사유가 최고로 발전하더라도 그 본성이 그저 우연적이고 유한할 뿐임을 숨기려는 시도가 그런 절대적인 것 개념이라면 어떠한가? 우리는 니체를 살펴볼 때 이러한 견해를 고찰할 것이다. 지금은 낭만주의의 관념론 거부에서 드러나는 긴장에 주목하는 것이 중요하다. 우리는 아마도 결코 접근할 수 없는 진리에 대한 정직한 추구자로서 공유해야 할 이상을 탐구하고자 철학에 매달려야 하는가? 이러한 생각은 철학이 추구하는 것이 어차피 실현될 수 없기 때문에, 또는 현실의 문제를 해결하는 데 소용없기 때문에, 근대 세계에서 철학이 아무런 실제적 의미가 없을 것이라는 생각에 부딪힐 수 있다. '철학의 종말'이라는 생각에 대해서는 이번 장에서는 물론 이어지는 장들에서도 다룰 것이다. 이러한 생각이 등장하게 된 이유는 매우 다양하다. 그중 하나는 프랑스 혁명 이후, 인류 번영의 가능성에 대한 긍정적 이미지에서 멀어지는 변화를 겪었기 때문이다. 이러한 변화는 19세기 전반기의 다양한 철학적 입장에 반영되어 있다.

이성과 의지

1820년 당시 독일 철학의 최고 권위자였던 헤겔이 베를린 대학에서 수많은 청중에게 강연하고 있을 때, 정확히 같은 시간 같은 건물에서 아르투어 쇼펜하우어(1788-1860)도 강연 예정이었으나 청중이 없어서 하지 못했다. 실제로 쇼펜하우어의 작품은 1850년대까지 거의 무시되었고, 그 이후 유럽 문화에 영향을 미치기 시작하여 지금까지도 그 영향이 계속되고 있다. 바그너는 1850년대에 〈트리스탄과 이졸데〉를 작곡하면서 1818년 처음 출간된 쇼펜하우어의 대표작 《의지와 표상으로서의 세계》를 읽었고, 이 책은 이후 바그너의 모든 작품에 영향을 미쳤다. 쇼펜하우어 작품의 운명이 바뀐 결정적 원인 중 하나는 1859년 다윈의 《종의 기원》 출간이다. 오늘날까지도 다윈의 연구 결과를 부정하려는 시도가 계속되고 있지만, 다윈의 책은 서구 세계에서 인류의 자아상을 되돌릴 수 없게 바꾸어 놓았다. 다윈은 자연의 구성원 중 인류만 선별된 존재로, 동물계와 완전히 다른 존재로 볼 수 없게 만들었다. 동물의 왕국은 본능이 지배한다. 인간의 본능도 인간 본성을 구성하므로, 인간 이성이 본능과 어떻게 관련되는지가 문제가 된다. 엄청난 동물 애호가(그리고 인류 혐오자)인 쇼펜하우어는 이미 다윈보다 앞서, 역사란 인간종에 관한 '동물학'에 불과하다는 주장으로 요약되는 인류상을 제시했다. 따라서 역사는 이성의 발달에 기반하여 어떤 더 높은 존재 방식으로 진보하는 게 아니다. 지금까지 살펴본 거의 모든 사상가와는 달리, 쇼펜하우어는 철저한 무신론자이기도 하다.[6]

프랑스 혁명에 수반된 지적 작업은 이성의 지배 측면에서, 미신에서 해방된 인류의 완전성 측면에서 표현되었다. 일부 사람들은 공포정치를 통해 결과적으로 그러한 발상 자체가 공포의 원천이 될 수 있음을 보았다. 헤겔의 《현상학》에도 이 문제를 다루는 부분이 있다. 공포정치와 같은 사건들에 대한 비판은 아마도 이성의 이름으로 행해져야 하지만, 문제의 근원이 이성 자체일 수도 있다는 것이 난점이다. 예를 들어, 전통의 모든 측면을 이성의 검열하에 두려는 시도는 결국 사회 통합에 도움이 되는 많은 것을 파괴하여 사회 붕괴로 이어질 수 있다. 근대 세계에서 세속화 과정의 어려움들은 이 문제가 얼마나 복잡한지를 시사한다. 일부 현대 이슬람 문화에서 근대의 세속화 세력이 낳은 왜곡은 이 과정을 이해하는 것이 얼마나 중요한지 분명히 보여 준다.

6   스피노자의 신 관념이 무신론과 마찬가지라는 가정을 고려한다면, 셸링과 헤겔 같은 사상가들이 특히 청년 시절에 정통적 의미에서 얼마나 종교적 신념이 있었는지는 말하기 어렵다. 나중에 셸링은 매우 비정통적인 요소도 있었지만 그럼에도 보다 정통 신학의 측면에 가까워졌다는 것은 분명하다.

신에 대한 믿음에 기반한 권위를 파괴하는 것은 모든 종류의 도덕적 권위를 대대적으로 파괴하는 것으로 이어진다고 볼 수 있다. 동시에, 근대에 자행된 끔찍한 일들을 신에 대한 믿음을 상실한 탓으로 돌린다면, 말할 수 없이 끔찍한 일들이 또한 신의 이름으로 자행된다는 명백한 사실에 대해서 그저 눈을 감은 것일 뿐이다. 그러나 권위와 전통이 아닌 이성의 이름으로 사회를 규제하는 것이 실패한 시도로 간주된다면, 신뢰받지 못하는 옛 질서로 돌아가는 것 말고 이 실패를 넘어설 수 있는 어떤 입장이 남아 있을까? 예컨대 19세기 이래로 독일의 정치적 논쟁은 우파가 민주적 개혁을 저지하기 위한 수단으로 전통 종교의 권위를 재확립하려는 시도에 종종 영향을 받았다. 이에 맞서는 데 필요한 것이 바로 관념론자들과 초기 낭만주의자들이 제시하고자 했던 것이다. 그들은 자연 과학의 기초가 되는 추상적 관념에 지나치게 의존하는 계몽주의적 구상의 한계를 인식하고, 이에 비추어 이성에 대한 보다 완전한 이해를 추구했다. 그 목표는 추상적 합리성으로는 접근할 수 없는 개별 인간의 삶의 도덕적, 정서적 차원에 중추적 역할을 부여하는 것이었다. 이러한 차원은 지금은 불법인 전통들을 옹호하는 사람들에 의해 달리 전용될 여지가 있었다.

초기 낭만주의자들은 예술이 개념적으로는 접근 불가한 것을 표현하는 방법을 제공할 수 있는 더 포괄적인 이성 개념을 가리킨다고 주장했다. 헤겔의 접근 방식은 '범汎논리주의'panlogism로 불리는 것, 곧 존재 자체가 본유적으로 이성적이라는 가정 때문에 위험하다. 이와 대조적으로 낭만주의자들이 이성을 이해하기 위한 수단으로 예술을 사용하는 것은 중요한데, 왜냐하면 전적으로 이성을 초월하거나 이성 바깥에 있는 것에 대한 신비주의적 접근에 의존하거나 무책임하고 아이러니하게 사회와 단절하는 것에 의존하지 않기 때문이다.[7] 그러나 이성의 한계를 고려하는 또 다른—관련된—방식은 쇼펜하우어, 니체, 하이데거 등에게 나타나는 측면인데, 이는 훨씬 더 큰 문제들을 불러온다. 이는 **철학적** 합리성에 한계가 있음을 제안하는 것에서 더 나아가, 다른 어떤 비이성적인 방식으로**만** 도달할 수 있는 또 다른 세계 이해 방식이 있다는 주장으로 가는 단계다.

우리는 2장에서 '직관'의 문제를 고려할 때 이러한 사유 방식의 몇 가지 측면을 다루었다. 여기에서는 쇼펜하우어의 핵심 사상으로 이어지는 직관의 문제를 이해하기 위한 한 가지 방법을 소개한다. 자발성은 칸트의 제안에서 근본 개념이었는데, 자발성에 관한 중요한 사실은 설명으로 환원될 수 없다는 점이다. 설명은 어떤 것이 어떠하다는 근거를 제시하는데, 이는 설명이 어떤 것이 다른 것에 의존하는 방식을 드러낸다는 의미다. 그러나 칸트는 이성이 "너무 순수한 자발성을 보여서 감각적인 것이 이성에 제공할 수 있는 모든 것을 훨씬 뛰어넘을 정도"(Kant 1974: BA 109)라고 주장했다. 따라서 우리가 도덕 행위에서 행사할 수 있는 의지는 피히테도 주장했듯이 감각에 주어진 모든 것과 달리 '무조건적'이므로, 설명될 수 없다. 피히테는 주체의 인지적 측면과 실천적 측면 모두에서 의지를 원천으로 삼았다. 그러나 문제는 설명할 수 없는 것이라면 그것에 대한 우

---

7   이는 초기 낭만주의에 관한 발터 벤야민의 1919년 박사학위 논문의 핵심이다. Bowie 1997: 8장을 보라.

리의 접근은 공적 논증 영역에서 배제되고, 그 대신 추정상 공유하고는 있지만 상호주관적으로 검증할 수는 없는 것에 호소해야 한다는 점이다. 이 지점에서 피히테는 당신이 당신의 도덕적 자기 결정 능력을 직관적으로 이해하지 못한다면 철학할 자격 내지 능력이 없다고 주장하는 쪽으로 기운다.

그렇다면 우리로 하여금 저것을 하지 않고 이것을 하게끔 하는 것은 정확히 무엇일까? 이는 보통 경험적으로 분명한데, 사회화, 거부할 수 없는 욕망의 선동 등으로 설명된다. 그러나 칸트는 도덕 행위의 진정한 의미가 이러한 경험적 동기를 초월하는 도덕 의지의 가능성에 있다고 생각했다. 이러한 가정에 따라 칸트와 피히테는 인간의 가장 높은 측면이 이익과 욕망을 따르는 결정을 초월하여 '순수한 자발성'을 통해 윤리적 목표에 따라 행동할 수 있는 능력이라고 생각하게 되었다. 그 후 초기 셸링은 이러한 자발성이 어떤 식으로든 자연 자체의 일부여야 한다고 제안하고자 했다. 내적 본성nature과 외적 자연의 추동력을 조화시키려는 이러한 시도는 관념론 사유의 특징이다.

그러나 셸링은 쇼펜하우어에게 분명한 영향을 미친 1809년의 저서 《인간 자유의 본질》에서 이러한 개념에서 벗어난다. 셸링은 이제 인간 의지의 자발성을 합리성의 핵심으로 간주하는 대신 실재 전체를 움직이는 원동력과 연결한다. "최종적이자 최고의 단계에는 의지 외에 다른 존재가 없다. 의지는 원초적 존재이며, 원초적 존재에 관한 모든 술어, 곧 근거를 두지 않음groundlessness, 영원성, 시간으로부터의 독립, 자기 긍정은 오직 의지에만 적합하다"(1856-1861: I/vii.

350). 의지에 관한 그의 기술은 다소 과장되게 들릴 수도 있지만, 칸트의 기술과 피히테의 전유에 부합한다. 시간은 인과적으로 결정된 세계가 우리에게 주어지기 위한 직관의 한 형식이기 때문에, 의지는 시간에서 독립적이다. 만일 의지가 시간적이라면, 의지도 현상 세계의 다른 모든 것과 마찬가지로 의지를 조건 짓는 무언가에 의존할 것이고, 따라서 전혀 자유롭지 않을 것이다. 마찬가지로 의지는 그 **자체**가 근거이므로 근거를 두지 않는데, 이것이 바로 자발성의 정의다. 칸트와 셸링의 차이는 셸링이 의지를 정언 명령에 따른 자기 결정 능력이 아니라 "선과 악을 향한 능력"(같은 책, 352)으로 간주한다는 점이다.[8] 여기서 중요한 점은 의지가 궁극적으로 합리성과 연결되어 있다는 생각에서 벗어났다는 것이다. 그 대신 이제 의지는, 나타나지만 일시적인 세계가 왜 존재하는지에 대한 물음에 답하게 하는 추동력이 된다.

이 시점까지 셸링은 나타난 세계의 본성에 관한 스피노자의 설명을 대체로 고수했다. 스피노자는 악행이나 자연재해 같은 세계의 명백히 부정적인 측면이 전체의 구성에 대한 통찰력 부족에 따른 결과라고 주장했다. 따라서 철학의 핵심은 사물이 왜 이런 식인지를 밝혀서 사람들이 세계의 이성적 패턴에 맞춰서 더 합리적으로 행동할 수 있게 하는 것이다. 이제 셸링은 세계에서 일어나는 일의 상당수가 아무런 이성적 근거도 없어 보인다는 생각을 훨씬 더 진지하게 받아들인다. 따라서 윤리적으로 행동하는 것은 단순히 통찰력 부

---

8 칸트 본인은 1794년 작품인 《이성의 한계 안에서의 종교》에서 이 문제에 관심을 두게 되었는데, 이 책은 셸링에게 영향을 미쳤다.

족 때문에 가치 있는 게 아니라, **실질적으로** 강력한 것—악—의 극복이 필요할 때만 가치가 있다. 그렇지 않다면 우리가 해야 할 일은 이제까지 이해하지 못했던 기존의 사물 질서에 적응하는 법을 배우는 일뿐이라고 셸링은 주장한다. 모든 것이 미리 결정되어 있다면 우리가 하는 일에 실제적 의미가 없을 것이다.

여기에는 상반되는 개념들 사이에서의 근본적 선택이 있다. (1) 자유가 실제로 존재하지 않는 것처럼 보이는 스피노자의 결정론적 존재관에 내재된 '허무주의'로 야코비가 언급했던 것을 받아들여야 하는가? 아니면 (2) 실제로 선이 무엇인지 제대로 인식하지 못해서 악을 행하는 것이 아니라, 우리의 의지에 드러나는 우리 자신의 현실이 악을 **능동적으로** 행하는 능력과 바로 관련된다는 좀 더 실존적인 의미를 채택할 것인가? 결정적으로 이러한 능력은 기존의 인간 활동 형태를 새로운 방식으로 뛰어넘게 해 주는 것이기도 하다. 따라서 예측할 수 없고 잠재적으로 위험하지만 또한 잠재적으로 창조적이기도 한 영역으로 우리를 이끄는 힘이다. (셸링은 나폴레옹 같이 스스로 완전히 이해하지 못한 무언가에 끌려 비범한 업적을 이룬 것으로 보이는 인물들을 떠올리고 있다.) 그의 입장에 내재한 합리성rationality의 한계는 다음과 같다. 어떤 **이유**reason로 악을 의도will할 수는 없는데, 그러면 근거reasons를 제시하는 영역으로 되돌아가게 되기 때문이다. 그리고 근거를 제시하는 영역으로 되돌아간다는 점이 바로 우리 의지의 궁극적 본질과 상충한다고 여겨진다. 셸링은 1810년대 초부터 쓴《세계의 시대》에서 이러한 입장이 가져올 놀라운 결과를 그렸다. 그는 주장하기를, 아무도 자신의 성격을 선택하지 않았지만, 그렇다고 해서 이 성격에서 비롯된 행동을 자신의 자유로운 행동으로 여기지 않게 되는 것은 아니다. … 그러므로 일반적인 윤리적 판단은 모든 사람 안에—그리고 그만큼 모든 것 안에—근거/이유Grund가 전혀 없고 오히려 절대적 자유가 있는 영역이 존재함을 인지한다. 영원이라는, 근거를 두지 않는 것Ungrund이 이처럼 모든 사람 안에 가까이 있으며, 그것을 사람들의 의식에 가져오면 사람들은 그것으로 인해 겁을 먹는다(1946: i. 93).

따라서 우리 행위의 궁극적 근거는 근본적으로 지금의 우리what we are의 일부이면서 동시에 이성적 설명으로 접근할 수 없는 부분이기도 하다.

  분명 이런 식의 사유는 사물의 궁극적 본성이 이를 설명하려는 철학적 시도에 저항한다는 확신에서 비롯된 '비이성주의'의 한 원천이다. 하지만 이성이 자신을 설명할 수 없다는 느낌에 대응하는 방법에는 여러 가지가 있다. 이러한 상황은 무서운 것이기도 하지만 또한 셸링이 탐구하고 있는 의미에서 보면 자유의 **지점**이기도 하다. 우리가 자유를 단순히 **이성으로**만 파악한다면, 그 결과는 그 자체로 완성된 것인 스피노자의 실재일 것이다. 그리고 사물의 실제 본성이 우리의 행위나 개입으로 변하지 않기 때문에 우리가 하는 것이 순전히 환상에 불과하게 될 것이다. 셸링의 대안적 자유 개념은, 나머지 존재에 근거가 없는 것과 같은 방식으로 우리의 실존에 궁극적으로 근거가 없다는 사실을 통해 우리가 정말로 존재와 연결되어 있다는 감각을 회복하는 것을 목표로 한다. 존재가 이성의 관점에서 설명될 수 있다면 우리는 다시 스피노자주의와 만나서, 왜 완전히 조화롭고 무의식적이며 변하지 않는 실체가 아니라 개별적이고 특수한 것이 존재하는지라는 답 없는 물음으로 돌아가게 될 것이다. 셸링이 보기에 신 자신은 완전히 조화로운 상태에서, 창조의 결과로 나온 현실인 분열의 세계로 갈 **이유**가 없다. 신은 신적 '이드'id와 같은 것의 자극 때문에 그렇게 한다. 즉, 프로이트가 자아의 이성적 측면에 비이성적으로 동기를 부여하는 기반이라고 보았던 자아의 저쪽 면 때문에 그렇게 한다. 우리 실존의 궁극적인 설명 불가능성에 기반한 자유는 자유에 수반되는 짐을 떠맡아야 하는 대가를 치르고 얻은 것이다. 그러나 동시에 자유로 인해 우리의 실존이 단지 결정론적 필연성의 결과에 그치는 사태가 발생하지 않는다. 바로 이런 사유 노선이 키에르케고어에서 "실존이 본질에 앞선다"라고 주장한 사르트르의 탐구에 이르는 실존주의에 일조할 것이다. 지금의 우리라는 것은 철학이 설명할 수 있는 미리 주어진 무언가가 아니라, 우리가 **하는** 것을 통해 된 것이다.

쇼펜하우어는 분명 《자유》를 잘 알고 있었고, 원동력으로서의 의지 모델의 윤곽이 이미 나타난 피히테의 강의에도 참석했다. 그는 독일 관념론자들의 아이디어 일부를 빌려왔으면서도 모든 독일 관념론자에 대해 무례하기로 악명 높았다. 독일 관념론자들과 쇼펜하우어의 명백한 차이는 쇼펜하우어가 목적론적 역사 개념을 거부했다는 데 있다. 그가 볼 때 인류는 더 이성적인 존재 방식으로 발전하는 게 아니라, 그저 이 방식에서 저 방식으로 대체될 뿐이다. 그는 깊은 염세주의에 기초하여 목적론적 역사 개념을 거부한 것인데, 그의 염세주의는 우리가 방금 살펴본 몇 가지 문제에 관한 그의 해석에 기반한 것이다. 쇼펜하우어의 기본 발상은 매우 간단하다. 그는 칸트가 사물 자체와 현상 사이에 설정한 이원론을 취해서 재해석한다. 이러한 그의 해석 방식은 그의 주저인 《의지와 표상으로서의 세계》라는 제목에 나타나 있다.

쇼펜하우어의 초기 가정은 칸트적이다. 즉, 우리는 세계가 우리에게 '표상'으로 나타난 형태로 세계를 안다는 것이다. 이러한 인식은 "모든 것에 이유/원인/근거가 있다"라는 충족이유율의 측면에서 합리적으로 평가할 수 있다.[9] 칸트와의 차이점은 쇼펜하우어의 경우 우리가 세계 자체에 '직관적'으로 접근할 수 있다고 주장한다. 그것이 과학에 있는 종류의 지식 형태는 아니지만 말이다. 우리가 세계에 접근하는 방식은 '의지'다.[10] 의지는 고통, 배고픔, 성욕처럼 최종적 통제가 우리의 의식적 의지로 이루어지지 않는 경험에 접근할 수 있다. 우리가 실제로 이러한 경험들에 직접적으로 접근할 수 있는 방식에 주목해 보라. 배고픔이라는 개념이 없더라도 우리는 여전히 배고픔의 본질, 즉 극복이 요구되는 고통스러운 결핍을 직접적으로 느낄 것이다. 우리의 존재에서 배고픔과 같은 측면들은 우리 몸의 형태로 나타나는 것에 대한 형이상학적 근거가 비현상적으로 현시된 것이다. 따라서 '의지'가 우선적인 실재다. 몸은 이 우선적 실재에 의해 생

---

9 쇼펜하우어는 이 원리에 대해 사중 본성이라는 복잡한 이론을 가지고 있지만, 여기서 관심 둘 필요는 없다.

10 나는 쇼펜하우어의 특수한 의미로 의지를 언급할 때 대문자를 사용할 것이다(옮긴이 주: 한국어판에서는 고딕체로 표시했다).

성된 욕망의 '가시적 표현'으로 부차적 실재다. "치아, 목구멍, 장은 대상화된 배고픔이고, 성기는 대상화된 성충동이다"(Schopenhauer 1986: i. 168).

쇼펜하우어는 이 원리를 가지고 왜 세계가 움직이지 않는, 분화되지 않은 하나의 사물이 아닌지에 대한 문제를 풀려고 했다. 존재가 **본유적으로** 자기 자신에게 맞서 분열되어 있다면, 왜 계속 변하고 있는지가 이해하기 쉬워진다. 의지가 바로 존재의 한 상태를 다른 상태로 바꾸려는 동기다. 쇼펜하우어는 이러한 동기가 더 높은 상태의 실현을 향한다고 제안하려는 모든 시도가 망상이라고 생각한다. 즉, 개인의 의지가 공동의 목표에 종속되는 더 높은 상태, 관념론자들이 꿈꾸듯이 개인의 욕망과 공동체 사이에 화해가 이루어진 더 높은 상태가 망상이라는 것이다. 앞서 살펴본 것처럼, 헤겔에게 욕망에 관한 진리는 자아와 타자 사이의 상호 인정을 통해 직접성이 극복되어 정신이 더 높은 형태로 발전할 수 있게 하는 데 있다. 이 과정에서 욕망은 폐지되는 게 아니라 더 전체를 아우르는 형태의 상호 작용으로 통합된다. 쇼펜하우어는 이런 생각에 반대한다. 그가 볼때 욕망에서 완전히 벗어나는 것 외에는 그 어떤 것도 욕망을 구원하지 못한다.

헤겔과 같은 식의 설명에 쇼펜하우어가 대립각을 세운 것은 그가 실존의 본성이 궁극적으로 무의미하다고 확신한 데서 비롯된다. 모든 개별 현상은 우리가 음식을 먹을 때처럼 다른 어떤 의지의 현상에 대한 종속으로 생겨나며, 결국 의지의 불가피한 승리에 굴복할 것이다. 이 과정이 장기적으로 덜 불쾌한 상태로 이어진다는 것을 암시할 만한 지표가 되는 합리성은 없다. 이미 홉스도《리바이어던》에서 비슷한 내용을 제시했는데, 인류와 자연에 관한 이러한 관점이 출현한 것과 과거에 더 전통적인 가치가 지배하던 사회에 인정사정 없는 자본주의의 경쟁이 침투한 것 사이에는 연관성이 있는 것 같다. 예컨대 마르크스는 다윈이 동물의 왕국에 19세기 영국 자본주의를 투영했다고 말한다. 쇼펜하우어의 견해를 형이상학적 입장에서 어떻게 평가하든지 간에, 실제로 그의 견해가 사물의 존재 방식을 가장 잘 설명하는 것이라면, 그의 견해에 어떻게 응답할 것인가 하는 문제는 숙고할 가치가 있다.

쇼펜하우어 본인도 자신의 주장이 수반하는 암울함에서 벗어날 길을 찾아야 한다고 느꼈다. 그래서 그는 관념론과 정반대되는 것으로 보이는 것과 관념론의 한 형태를 이상하게 조합하게 된다. 의지가 주도하는 욕망의 세계에 관여하면 끝없이 재개되는 좌절로 이어질 수밖에 없다. 하나의 욕망이 성취되면 그저 다른 욕망으로 넘어가게 되고, 결국 그 모든 것이 어쨌든 끝나게 된다. 따라서 최선의 해결책은 의지로부터 탈출할 방법을 찾는 것이다. 쇼펜하우어는 근대 유럽 철학에서 동양 사상에 관심을 보인 최초의 인물 중 하나다. 그는 의지가 주도하는 불만족스럽고 고통스러운 실존이라는 감옥에서 벗어나기 위한 수단으로 불교의 자기 초월 사상을 차용했다. 이와 관련된 그의 또 다른 반응은 예술, 특히 음악에 대한 특수한 이해와 관련된다.

예술은 의지의 꾸준한 압박에서 일시적으로 벗어나게 해 준다. 예술은 대상을 전유하려는 욕망에서 벗어나는 일종의 관조를 수반한다고 쇼펜하우어는 칸트의 전처를 따라 생각한다. 따라서 주체는 자신을 일시적 세계에 위치시키는 의지에 대한 의존을 넘어, 고통이나 결핍을 느끼지 않고 관조하는 무시간적인 본질 내지 '이데아들'ideas의 세계로 나아간다―여기가 이상한 부분이다. 쇼펜하우어는 플라톤주의의 반정립으로 보이는 철학에 플라톤적 측면을 도입한다. 쇼펜하우어는 칸트, 셸링, 헤겔과 달리 음악을 다른 예술보다 우선시하는 것으로 유명하다.[11] 그 이유 하나는 음악이 수학과 연결되기 때문인데, 쇼펜하우어는 수학을 순수 무시간적 형식의 영역으로 간주한다. 음악은 "사물에 대해 말하지 않고, **의지**의 유일한 현실인 안녕과 비통에 대해서만 말한다"(같은 책, v. 507). 이와 같이 음악은 "세계의 모든 물리적인 것에 대한 형이상학적인 것이며, 모든 현상에 대한 사물 자체다. 따라서 이 세계를 의지의 구현인 음악이 구현된 세계라 부를 수 있다"(같은 책, i. 366). 음악은 정확히 삶을 고통스럽게 만드는 것, 즉 의지의 본질인 시간적이며 결코 채워지지 않는 결핍을 상연한다. 쇼펜하우어의 '음악' 모델은 으뜸음에서 멀어져서 긴장을 조성했다가 다시 으뜸음으로 돌아와 긴장을 풀어 주는 멜로디다. 이렇게 함으로써 음악은 수학의 무시간적 질서에 기초하여 의지를 순수한 형태로 변화시킬 수 있는 것으로 보인다. 음악은 시간 속에서 발생하지만, 음악을 구성하는 구조는 시간적인 발생을 넘어 순수한 형태에 도달해야만 적절하게 파악될 수 있다.

쇼펜하우어는 극단적인 것들을 결합하려 했기 때문에 근대를 반

11　그가 처음으로 이렇게 했다는 주장이 종종 있지만, 이러한 발상은 이미 1790년대 낭만주의 사상의 일부였고, 그보다 훨씬 전에도 그런 조짐이 있었다.

영하는 사상가다. 의지로서의 세계 개념은 가만히 있지 못하고 그칠 줄 모르는 긴장과 변화라는 근대성의 특징에 부합한다. "굳어진 것은 모두 사라진다"라는 마르크스의 말처럼 말이다. 동시에 쇼펜하우어는 이 세계에서 벗어날 길을 모색한다. 따라서 그는 근대성에서 여전히 무시간적이며 안정적인 진리에 의존할 가능성이 있는 것으로 보이는 영역, 곧 예술과 수학에 주목한다. 이렇게 세계의 불안정에 대한 깊은 감각과 철학적 순수성을 결합하는 것은 비트겐슈타인과 같은 다른 사상가들에게서도 반복될 것이다.

헤겔도 비슷한 것을 이루고자 시도했다고 볼 수도 있다. 절대 관념이 일단 이루어지면 시간을 '폐지'하는 것으로도 이해된다는 점에서 말이다. 그러나 헤겔은 시간의 세계와 순수 관념의 세계를 엄밀하게 이원론적으로 병치하는 것을 피하려 했다. 후자의 측면에서 사유하는 능력은 역사적으로 전자의 측면에서 발전하는데, 왜냐하면 그렇지 않으면 관념이 현실의 복잡성을 표현하지 못하기 때문이다. 쇼펜하우어의 문제는 어떻게 시간적 세계의 본질이 본유적으로 비개념적이어서 직관적 접근을 요구하는지를 해명하면서, 이를 위해 개념적 주장을 사용한다는 것이다. 게다가 그의 논증에서 순수 형식의 세계가 왜 존재해야 하는지는 전혀 분명치 않으며, 순수 형식의 세계가 의지로서의 세계와 어떻게 연결되는지는 말할 것도 없다. 앞서 본 바와 같이 헤겔은 모든 형식의 '직접성'을 거부했고, 쇼펜하우어의 주장은 의지에 대한 직관적 접근의 직접성에 정확히 의존하고 있다. 헤겔은 우리가 실존의 직접적인 측면을 표현하는 데 개념을 사용하지만 그러한 개념으로 환원될 수 없는 실존의 직접적 측면이 있을 수 있다는 점을 간파하지 못했다. 그러나 존재의 궁극적 근거가 의지와 같은 형이상학적 원리라고 주장하는 것은 전혀 다른 사안이다. 동시에, 헤겔과 쇼펜하우어는 많은 부분에서 다르지만, 철학이 사물의 궁극적 본성에 관한 시간을 초월한 통찰의 장이어야 한다는 신념을 공유하고 있다. 반면 1830년대에 이미 일부 사상가들은 철학이 그러한 지위를 가질 수 있는지 또는 가져야 하는지를 의심하기 시작했다.

청년 헤겔주의자들과 철학의 종말

우리는 이미 다음 사안을 확정하는 것과 관련된 어려움에 직면해 있다. (1) 헤겔이 궁극의 형이상학 체계를 구축하고 있다고 이해해야 하는지, 아니면 (2) 우리가 사회에서 어떻게 개념을 정당화해야 하는지에 관한 실제로 실용적인 비전이 무엇인지를 헤겔이 형이상학적이고 신학적인 언어로 표현하고 있는 것인지. 아마 헤겔이 인정한 것보다 그에게 더 영향을 끼친 프리드리히 슐레겔의 뒤를 따라, 헤겔과 헤겔의 후계자들은 철학의 본성에 역사를 끌어들였다. 헤겔이 그렇게 한 것은 사유가 시간이 지나면서 변하는 방식을 철학 자체 속에서 이해하지 못하면 사유와 존재의 관계를 이해할 수 없다고 확신했기 때문이다. 하지만 그는 사유의 역동적 측면을 그 자체는 변하지 않는 체계에 통합하고자 했다. 따라서 이 작업과 관련하여 헤겔의 동시대인들과 후계자들 다수가 제기한 물음은 헤겔이

《논리학》에서 설명하는 구조들이 정말로 존재의 구조들인가 하는 점이다. 그 구조들은 그저 서로의 관계를 통해 결정성을 얻으며 역사적으로 발전해 온 일련의 자기 담지적 개념에 불과할 뿐, 실제로 존재의 참 본성을 파악한다는 보장은 없지 않은가? 새롭게 등장한 핵심 문제는 이러한 철학적 반대가 어떻게 명백한 사회적·정치적 차원을 획득하여 철학의 과제 개념 자체를 바꾸는가 하는 것이다.

이 새로운 차원은 당시 독일 철학의 몇 가지 세부 내용을 살펴보면 설명될 수 있다. 그러나 이 문제에 정치를 도입하면 사안이 매우 복잡해진다. 헤겔에 대한 주요 **철학적** 반론은 1820년대 이후 셸링이 제기한 것으로, 이 장의 앞부분에서 살펴본 그의 주장에 이미 내포되어 있으며, 이는 1830년대와 1840년대의 반관념론적 사유 패턴을 설정했다. 그러나 한때 좌파였던 셸링은 1820년대에 이르러 상당히 보수적인 사상가가 되었고, 1830년대 이후에는 좌파 사람들에게 자주 공격받았다. 셸링과 헤겔 모두 군주제를 지지했지만, 셸링의 경우 존재를 파악하는 이성 능력의 한계와, 순전히 인간적인 정당성을 넘어서는 왕권의 초월성을 연결 짓는다고 볼 수 있다. 반면 헤겔은 철학적 측면에서, 구체적으로는 근대 합리성 발전의 일환으로 왕의 역할을 정당화하려 했다. 셸링이 1841년 헤겔의 철학 교수 자리에 임명된 이유는 그가 헤겔 사상에서 위험한 자유주의적 요소에 반대한다고 여겨졌기 때문이다. 이 무렵에 좌파 사람 상당수는 철학적 이유와 정치적 이유로 헤겔을 반대하게 되었다. 게다가 이들의 **철학적** 비판은 셸링의 영향을 받은 부분이 많았다. 이들 무리는 신학의 본성에 대한 논쟁으로 더 복잡해진다.

루트비히 포이어바흐(1804-1872) 같은 소위 청년 헤겔주의자들의 목표는 점점 더 사회적·정치적인 방향으로 기울었고, 그들의 비판은 기존 신학을 **겨누고** 있었다. 반면 셸링의 헤겔 비판은 헤겔 사상에서 스피노자주의적인 것으로 감지된 가정들에 반대하며 철학적 신학을 정립하려는 의도로 수행되었다. 스피노자주의가 본질적으로 무신론이며 따라서 허무주의로 이어진다는 반론은 '인격'으로서의 신 개념을 재고함으로써 논박되어야 했다. 여기서 신은 세계를 합리적으로 이해할 수 있는 방법들인 '이신론'의 총체가 아니라, '유신론'적인 활동적이고 창조적인 신성이다. 이러한 신학적 개념들의 대조가 전개되는 방식은 복잡한데 여기서 우리 논의와는 관련이 없다(Breckmann 1999를 보라). 결정적인 문제는 헤겔 좌파와 우파의 사상적 목표가 실제로 서로 매우 다른데도 두 쪽이 어떻게 특정한 사유 구조들을 공유하는가다.

헤겔의 보편적 매개 개념은 사물과 사람이 위치하는 관계에 우선순위를 부여한다. 개별 사물에 관한 진리는 개별자들보다 선행하는 구조로 구성되고, 개별자들은 그러한 구조를 통해 파악된다. 이는 인간 개인에 관한 진리가 법적 관계와 재산 관계 같은 구조 속에서 그 개인이 차지하는 위치의 측면에서 이해되어야 한다는 의미다. 우리가 헤겔에게서 보았던 진리의 위계는 개인과 사회의 관계 개념으로 이어진다. 국가가 서로 다른 가족의 개별 이해관계를 중재_{매개}해야 하기 때문에, 사회 속에서 개인은 가족에게 종속되고 가족의 진리는 국가 안에서 구성된다. 당시 이러한 구상은 국가를 '주어'로, 개인과 가족을 주어의 '술어'로 보는 측면에서 정형화된다. 청년 헤겔주의가 관념론을 비판하는 기본 발상은 관념론으로 인해 주어와 술어가 뒤바뀌었기 때문에 올바른 관계로 회복되어야 한다는 것이다. 이는 존재론적인 것에서부터 정치적인 것에 이르기까지 일련의 문제 전체와 관련하여 일어날 수 있다. 이러한 주장의 한 가지 형태는 국가가 진정한 실재이며 그 주체들이 진정한 실재의 술어들이라기보다, 실제 살아 있는 개별 주체가 없이는 국가를 표현할 수 있는 것이 아무것도 없다는 것이다.[12] 동시에, 관념론에서 인식된 반전을 바로잡고자 하는 이러한 사상가 중 마르크스와 같은 몇몇 사상가는 개인이 주로 사회적 관계에 의해 구성된다는 헤겔 사상의 측면들도 취한다. 이 점에서 헤겔에 대한 반대는 왜곡된 사회적 맥락이 어떻게 개인을 왜곡시키는지를 헤겔이 인식하지 못했다는 점을 지적한다.

주어와 술어에 대한 반관념론 입장의 근저를 이루는 **논리**는 1833년경 헤겔에 대한 셸링의 발언에 이미 들어 있다.

사실 개념은 의식 외에는 어디에도 존재하지 않으며, 따라서 개념은 객관적으로 자연 **이전**이 아니라 자연 **이후**에 취해져 **존재한다.** … 추상적인 것은 추상화되기 전에 있을 수 없으며 현실을 위해 취해질 수 없다. 생성은 무언가가 생성되기 전에 있을 수 없고, 실존은 무언가가 실존하기 전에 있을 수 없다. (1994: 145)

관념론은 '술어'—개념—를 존재의 실제 주체로 삼는다. 개념이 존

---

12   루소의 용어에서 국가는 종종 '일반 의지'를 표현하는 것으로 간주된다.

재를 서술할 수 있는 것이 아니라, 개념 자체가 선행하는 실재가 된다. 관념론적 구상은 플라톤의 형상들로 거슬러 올라간다고 볼 수 있는데, 이는 일부 사상가에게 관념론과 철학이 사실상 동연개념이라는 점을 내비친다. 이 주제는 니체와 다음 세기의 하이데거 및 아도르노에게서 반복될 것이다. 더 나아가 관념론 비판은 '철학의 종말'이라는 방향을 가리키는 결과를 낳는다. 관념론이 극복되면 관념론적 의미에서 철학의 핵심도 극복된다. 무시간적인 궁극의 진리 구조가 있다는 주장에 의문이 제기되면, 철학의 본성에 관한 몇몇 구상들도 문제가 된다. 이는 무엇이 철학을 대체할 것인지에 관한 물음도 제기한다. 이는 셸링에게 실제 문제가 아닌데, 왜냐하면 셸링의 목표가 철학과 신학의 새로운 조합이기 때문이다. 그러나 그가 영향을 끼친 사람 중 일부는 철학이 세속화된 신학에 불과하며 따라서 자신들이 반대하는 신학과 동일한 결과를 낳기 때문에, 사회적·정치적 측면에서 철학이 대체되어야 한다고 본다.

1840년대부터의 후기 철학에서, 셸링은 관념론과 그가 이제 "긍정 철학"positive philosophy이라고 부르는 것 사이에서 다음과 같은 양자택일을 제시한다. "개념이 먼저고 존재가 개념의 결과여야 하거나 … 아니면 개념이 존재의 결과라면 우리는 개념 없이 존재에서 시작해야 한다"(1856-1861: II/iii. 164).[13] 그는 이것이 함의하는 바를 깨닫는다. 즉, 우리가 존재에 관해 결정적으로 말할 수 있는 것은 없으

---

13 긍정 철학은 '부정 철학'(negative philosophy)과 반대된다. 헤겔을 부정 철학의 예로 들 수 있는데, 이러한 철학은 '신과 세계의 순전히 논리적인 관계'를 가정하고 있다.

나, 칸트에게 그랬듯이 존재는 그 술어들의 필수적인 실제 전제여야 한다는 것이다. 헤겔주의자라면 이런 존재의 비결정성이 바로 핵심이라고, 즉 존재가 사회적 교류를 통해 무언가가 될 때만 개념적으로 의미가 있다고 주장할 것이다. 헤겔의 이해는 사회적·정치적 관점의 중심축에 관하여 본질적으로 좌파적인 이해와 양립할 수 있는 것으로 보인다. 그렇다면 포이어바흐를 비롯한 다른 청년 헤겔주의자들은 왜 헤겔을 반대하게 될까?

헤겔주의 사상에 대한 청년 헤겔주의자들의 반대는 중요하며 과소평가해서는 안 된다. 위르겐 하버마스는 "우리의 출발점이 헤겔의 제자 1세대들의 출발점과 본질적으로 다르지 않다"(Habermas 1988: 36)고 추정한다. 포이어바흐에서 니체, 하이데거, 하버마스 본인에 이르는 헤겔 이후 가장 중요한 독일 사상가들에게 근대에서의 철학의 과제에 대한 이해 자체가 문제가 된 것은 철학의 지위에 대한 헤겔의 단호한 생각이 소멸되었기 때문이다. 근대에 철학이 더 이상 결정적인 체계화를 해내는 역할을 할 수 없다면, 또는 해야 하는 게 아니라면, 이전에 철학적 문제로 여겼던 것들을 다루기 위한 대안은 무엇인가? 헤겔의 철학 접근법에서 인식된 위험들은 사회정치적 측면에서도 고려해 볼 수 있다. 즉, 헤겔 철학이 현실 인간을 추상적 개념에 종속시킨다고 생각해 볼 수 있다. 마르크스는 근대 자본주의도 그렇게 하고 있다고 생각한다. 사회에서 가치를 교환하는 추상적 매개인 돈을 사람보다 위에 둠으로써 말이다. 따라서 개별자보다 보편성을 우선시하는 철학 체계라는 사상과 자본주의가 개별 인간에게 미치는 부정적 영향 사이에 상동성이 있는 것으로 보인다. 그 결과, 철학 자체가 낳는 추상성을 비롯하여, 인간 현실의 측면을 가리는 역할을 할 수 있는 추상적 관념을 현실 세계에 가져오는 것에 반대하는 철학에 대한 요구가 생겼다. 이러한 요구는 어떤 면에서 계몽주의가 감각 세계를 중시하지 않았다는 하만과 헤르더의 비판을 되울린다. 차이점은 포이어바흐를 비롯한 이들이 신학을 대하는 방식에 있다.

포이어바흐를 비롯한 청년 헤겔주의자들이 직면한 주된 철학적 어려움은 우리가 현실에 관한 것을 이해할 때 사고 구조가 소거 불가능한 역할을 하는 방식에 관한 관념론자들의 확실한 통찰을 고려할 필요가 있다는 점이다. '유물론'의 이름으로 관념론을 거부하고 우리가 감각적 존재라는 사실에 더 관심을 기울이는 것은 순전히 객관적인 세계가 어떻게 주관성을 낳을 수 있는지를 묻는 피히테의 물음에 답하지 못한다. 청년 헤겔주의자들은 이 문제를 해결하지 않았고, 오늘날 철학도 여전히 더 관념론적인 관점과 더 유물론적인 관점 사이에서 비슷한 긴장을 보이고 있다. 포이어바흐의 아마도 가장 영향력 있는 발상은 《미래 철학의 토대》(1843)의 시작 부분에 다음과 같이 요약되어 있는 것이다. "근대의 과제는 신을 현실화하여 인간화하는 것―신학을 인류학으로 전환하여 해체시키는 것―이었다"(Feuerbach 1983: 35). 포이어바흐에게 유신론의 신은 훗날 프로이트가 《어느 환상의 미래》에서 말한 것처럼 인간의 속성을 외부의 비인간적 권위에 '투사'한 것이다. 포이어바흐가 보기에 자선과 같은 인간의 긍정적 속성은 실제로 이러한 권위에 원천을 두고 있지 않다. 유신론이 그렇게 주장하는 것은 인간의 가장 본질적 속성의

"소외"라고 포이어바흐는 말한다. 포이어바흐는 종교에서 소외되어 버린 인간의 긍정적 잠재력을 되찾는다면 실제 사회적·정치적 문제를 극복하는 방향으로 갈 수 있다고 생각한다.

종교를 투사로 보는 발상이 얼마나 중요한지는 19세기 민족주의의 부상을 예로 들어 설명할 수 있다. 근대성에서 이 새로운 요소를 설명하는 한 가지 방식은 더 높은 무언가에 대한 헌신을 통한 자기 초월의 욕구가 신에게 집중되었다가 국가라는 형태의 집단으로 그 초점이 이동했다는 것이다. 자기 초월의 욕망은 의심스러운 방식으로 행동을 정당화하는 데 사용될 수 있다. 예컨대 국가의 더 높은 필요를 위해 개인이 자신을 희생하도록 부추기는 것이 그렇다. 투사는 인간에 대해서 가장 좋은 것의 본질과 관련되지 않고 편집증의 형태로 나타날 수도 있다. 포이어바흐가 인간의 긍정적 속성이 신에게 투사되었다고 보는 방식과 유사하게, 불안감이 타자에게 투사될 수도 있다. 이러한 편집증적 투사는 자기 자신 안에 있는 싫은 것으로 인해 타인을 괴롭히는 일로 이어질 수 있으며, 이는 공격적인 민족주의의 기원에 한몫하기 쉽다. 잘못된 투사에 대한 해결책이 단순히 합리적 비판으로 망상을 파괴하는 것이라고 생각할 수도 있겠지만, 순전한 망상과 삶을 의미 있어 보이게 하는 것 사이의 경계는 전혀 간단명료하지 않다. 자신보다 더 큰 무언가의 일부라는 느낌이 없으면, 개인은 고립되었다고 느끼고 삶에 어떤 목적도 없다고 느낄 수 있다. 종교와 이데올로기의 관계가 이 시대와 이후 시대에도 매우 중요해진 것은 이런 이유 때문이다. 언젠가 마르크스는 이데올로기를 가리켜 "필요한 거짓 믿음"이라고 했다. 이 시기의 종교는 거짓 믿음의 대표적인 예로 여겨졌는데, 그렇다면 사람들이 그런 거짓 믿음을 간파할 수 있게 하는 것은 무엇인가? 게다가 사람들이 종교가 이데올로기임을 간파하도록 설득할 수 있다 하더라도 종교의 자리를 대신하여 무엇을 제공할 수 있을까?

포이어바흐의 발상은 종교에서 "형이상학적이고 존재론적인[=신의 실재와 관련된]" 측면들의 진리가 "심리적 혹은 더 정확하게는 인류학적" 요소들에 있다는 것이다. 인류의 본질은 사랑의 형태로 하는 감각적 실존이며, 이는 자기 자신을 넘어 세계에 실제로 참여하게 하는 것이다. 따라서 "그리스도교의 신 자체가 인간 사랑에서 추상해 낸 것일 뿐이다"(같은 책, 89). 여기서 주어와 술어가 다시 뒤바뀐다. 이러한 뒤바뀜은 포이어바흐의 주요 작품인 《그리스도교의 본질》(1841)의 주제다. "**신학의 비밀**은 **인류학**이며, 신적 존재의 비밀은 인간적 존재다"(1969: 400). 따라서 종교에 대한 비판은 "**환상을 파괴하는 것이다**—그러나 결코 무관한 환상이 아니라 오히려 인류에게 철저히 파괴적인 영향을 미치는 환상을 파괴하는 것이다"(같은 책, 406). 그러나 이러한 발상은 종교의 기초가 되는 감정을 뿌리 뽑자는 것이 아니라, 일상 세계를 이러한 고상한 감정의 장소로, 자연 세계에서 얻을 수 있는 즐거움과 같은 감각적 경험과 연결된 감정의 장소로 만들자는 것이다. 그런데 종교의 진리가 철학에 의해 밝혀질 수 있다는 생각은 헤겔의 사유에서도 핵심이다. 헤겔 역시 종교를 인간 사유의 소외 형태로 본다. 즉, 사유 활동의 실제 결과인 것을 사유와 분리된 것으로 보이는 무언가에 투사한다는 것이다. 철학의 핵심은 종교의 내용을 정말로 이성적인 형태로 근대 생활에 통합하는 것이다.

그래서 포이어바흐가 헤겔주의를 거부한 더 깊은 이유는 다른 요인들과 관련된다. 하나는 간단히 말해 헤겔의 관념론에 반대하여 포이어바흐가 유물론을 옹호했다는 점이다. 그는 관념론에서 주어와 술어 관계가 정신이 주어고 물질이 술어라고 보고, 이 관계를 뒤집는다. 포이어바흐는 정신의 발전이 자연에 대한 감각적 인식에 의존한다는 것은 헤겔의 보편적 매개 개념이 직접적인 무언가, 즉 '감각성'에 의존한다는 의미라고 주장한다. 따라서 감각성은 사유에 대해 이차적인 것이 아니다. 우리는 하만에게서 비슷한 것을 보았다. 그러나 헤겔의 경험론 비판에서 알 수 있듯이, 이 단순한 반전이 이런 형식에는 그럴듯하지 않다. 외부 세계의 감각 자료만으로 이해할 수 있고 알 수 있는 세계에 도달하는 것은 불가능하다. 헤겔과 낭만주의자들의 통찰 중 오래 남은 것 하나는 세계가 지식에 기여하는 것과 정신이 지식에 기여하는 것을 분리하는 일이 불가능한 작업이라는 점이다. 지각은 항상 어떤 식으로든 매개된 것이다. 근대 철학에서, 특히 물질세계를 올바르게 반영하는가 하는 관점에서 지식을 고찰하는 일부 마르크스주의 이론에서, '관념론'에 맞서는 '유물론'을 자주 불러내는 것은 이러한 통찰을 고려하지 못한 것이다. 헤겔의 실수는 그가 정신과 물질세계의 분리를 여전히 정신의 측면에서 비판하려 한다는 것이다. 이렇게 하는 것이 왜 실수인지를 자기 작품의 가장 그럴듯한 측면에서 보여 주었음에도 불구하고 말이다. 포이어바흐는 일관성 있게 그런 것은 아니지만 다른 측면에서 이러한 실수를 반복한다. "정신이 어떻게 물질에서 나올 수 있는가?" 하고 관념론자가 물으면, 포이어바흐는 "물질이 어떻게 정신에서 나올 수 있는가?"(1980: 32) 하고 간단히 문제를 뒤집는다. 《자연 철학》에서 셸링은 정신/물질 문제를 한쪽 측면에서 해결하고자 하는 시도에서 벗어나기 위한 방법으로 '실재-관념론'에 대해 이야기하면서 좀 더 옹호 가능한 견해에 가까워졌다. 자연의 자기-조직적 측면이 자연 본연의 일부라고 가정한다면, 자연은 항상 어떤 의미에서 이미 물질이자 정신이다.

그러나 포이어바흐의 헤겔 비판에서 가장 중요한 목표가 이 골치 아픈 철학 문제에 전적으로 좌우되는 것은 아니다. 감각 경험을 일반 개념에 의한 표현으로 환원하는 철학적 환원은 계몽주의 사상에 대한 하만의 비판에서 보았듯이 인간 존재의 근본적인 것을 억압하는 것으로도 볼 수 있다. 포이어바흐의 주된 바람은 인간종이 그 잠재력을 실현하는 것이며, 그중 상당수가 감각적인 향유와 영감의 가능성에 달려 있다. 포이어바흐가 볼 때 헤겔은 종교에 있는, 신과 자연의 도치를 존속시키려는 시도를 근대적으로 나타낸 마지막 중요 인물이다. 헤겔은 절대 관념에 창조자 신과 동일한 지위—둘 다 현실 세계를 술어로 갖는 주어다—를 부여함으로써 그렇게 한다. 따라서 신학으로부터의 해방에는 헤겔주의에 대한 극복도 포함되어야 한다. 그래야만 인류가 자신의 잠재력을 실현할 수 있게 된다. 하이데거와 포스트모던 사상가들에게 익숙한 '존재신론'ontotheology 극복이라는 개념은 이미 포이어바흐가 다소 비일관적이긴 하지만 개략적으로 그린 것이다. 이러한 형이상학 극복의 복잡성은 포이어바흐가 철학을 종교와 연결하는 대신 **"철학이 다시금 철학을 자연 과학**

과 연결하고, 자연 과학을 철학과 연결해야 한다"(같은 책, 190)고 주
장할 때 분명해지기 시작한다. 이러한 연결의 본성은 아마도 이 시
기부터 독일 철학의 주요 초점이 될 것이다. 이러한 연결에 대한 판
단은 철학이 자연 과학에 녹아들어야 한다는 생각에서부터, 철학이
과학을 비판하는 위치여야 한다는 생각에 이르기까지 다양할 것이
다. 다음 두 장에서는 먼저 마르크스를 통해, 그런 다음 니체를 통해
이 문제들을 더 자세히 살펴볼 것이다.

더 읽을거리

Behler, E. (1993) *German Romantic Literary Theory* (Cambridge:
Cambridge University Press). 초기 독일 낭만주의 연구에서 중요한
학자가 저술한 낭만주의 철학과 문학 사상 연구.

Beiser, F. C. (1992) *Enlightenment, Revolution, and Romanticism:
The Genesis of Modern German Political Thought, 1790-1800*
(Cambridge, MA: Harvard University Press). 심철민 옮김, 《계몽, 혁
명, 낭만주의 : 근대 독일 정치사상의 기원, 1790-1800》(서울: 도서출
판b, 2020). 독일 근대 정치사상의 기원에서 핵심 쟁점에 관한, 다소 편
향적이긴 하나 정보를 바탕으로 한 설명.

Bowie, A. (1997) *From Romanticism to Critical Theory: The Philoso-
phy of German Literary Theory* (London: Routledge). 문학과 진리
에 관한 사상의 발전을 칸트와 낭만주의에서 프랑크푸르트학파에 이르

기까지 폭넓게 제시하며, 낭만주의 사상이 하이데거와 아도르노 같은 사상가들에게 미친 영향을 보여 준다.

Breckman, W. (1999) *Marx, the Young Hegelians, and the Origins of Radical Social Theory* (Cambridge: Cambridge University Press). 19세기 독일 정치 문제의 맥락에서 청년 헤겔주의자들의 사상을 훌륭하게 재해석한 작품.

Löwith, K. (1964) *From Hegel to Nietzsche: The Revolution in Nineteenth Century Thought* (New York: Holt, Rinehart and Winston). 강학철 옮김,《헤겔에서 니체로: 마르크스와 키아케고어, 19세기 사상의 혁명적 결렬》(서울: 민음사, 2006). 주요 독일 철학자의 고전적 설명.

Wartofsky, M. W. (1977) *Ludwig Feuerbach* (Cambridge: Cambridge University Press). 포이어바흐 작품에 관한 일반적이면서도 좋은 설명.

Žižek, S. (1999) *The Indivisible Remainder* (London: Verso). 이재환 옮김,《나눌 수 없는 잔여: 셸링과 관련된 문제들에 대한 에세이》(서울: 도서출판b, 2010). 주요 문화 이론가가 현대 이론적 관심사에 비추어 셸링을 도발적으로 재해석한 작품.

6. 관념론 비판 II: 마르크스

철학의 종말

이 장과 다음 장에서 집중적으로 다룰 관념론 비판자들에 관한 두 가지 사실이 19세기 후반 독일 철학에서 더욱 대두된 몇 가지 새로운 쟁점을 시사한다. 첫째, 카를 마르크스(1818-1883)는 정치적 좌파에 속했지만, 프리드리히 니체(1844-1900)는 수많은 좌파 사상가들에게 영향을 미쳤음에도 불구하고 정치적으로 우파에 속했다. 둘째, 니체는 매우 젊을 때 교수 자리를 받았고, 그 자리를 떠난 다음에 주요 저작 상당수를 저술했으며, 다시는 교수직을 얻지 않았다. 마르크스는 한 번도 직업 학자인 적이 없었고, 그의 이론적 작품은 저널리스트, 정치 활동가, 독립 연구자로서 당시 정치에 관여하는 동안 나왔다.

첫 번째 사실은 우리가 고찰 중인 근대 철학에 내재한 긴장이 점점 사회정치적 세계에 구체적 문제들로 드러나면서, 철학과 사회적·정치적 문제의 관계가 더 다난해졌다는 점을 분명하게 보여 준다. 예를 들어, 과학의 결과들을 근대 기술에 적용한 것이 자연을 통제해야 하는 문제들에 더 많은 해결책을 제시하지만, 동시에 기술은 종종 기술을 사용하는 많은 사람의 삶을 비참하게 만든다. 그래서 지식과 행동의 관계는 훨씬 더 논쟁을 불러올 만한 쟁점이 되어 가고, 이에 대해 좌파와 우파는 매우 다른 답변을 내놓는다. 결과적으로 이전 장에서 살펴본 것처럼 철학의 과제에 대한 인식도 변한다. 예를 들어, 과학 이론이 작동하는 이유를 보여 주는 인식론적 과제는 과학의 성공으로 인해 순전히 학문적이기만 한 것으로 여겨질 수 있다. 그리고 철학의 과제는 과학이 제공하는 지식을 나머지 문화와 통합하는 것이 된다.

두 번째 사실은 그 당시 철학의 사회적 지위가 의문스러웠음을 나타낸다. 마르크스와 니체는 철학 자체가 문제일 수도 있다는 포이어바흐의 생각을 받아들인다. 적어도 기존 형태의 철학을 폐지하는 것이 해결책일 수 있다는 것이다. 헤겔과 셸링은 프랑스 혁명의 옹호자로, 학계의 제도적 형태에 맞지 않는 급진적 사상가로 출발했다. 게다가 이들은 종종 고대 그리스 철학에 필적할 만하다고도 여겨지는 새로운 철학 사상 시대의 일부이기도 했다. 하지만 이들은 훗날 기성 학문 철학의 대표자가 되어, 청년 헤겔주의자들에게 공격받았다. 헤겔과 셸링 자체가 문제의 일부로, 부당한 정치적 현상 유지를 옹호하는 추상적 체계 구축자로 여겨지게 된 것이다. 이는 공정한 판단일 수도 있고 아닐 수도 있다. 헤겔이 분석 전통에서 철학의 결함을 극복하는 데 중요한 자원을 제공했다는 현대적 의미에 비추어 볼 때, 철학, 정치, 역사의 관계를 살피는 게 얼마나 어려운지 짐작할 수 있다. 19세기 후반 가장 중요한 독일 사상가들이 기존 학술 기관 안에서 활동하지 않았다는 사실은 지적 풍토의 중대한 변화가 있었음을 시사한다. 동시에, 9장에서 살펴보겠지만, 학계 철학은 여전히 독자적인 의제를 추구하고 있었다는 점을 기억해야 한다.

마르크스와 니체는 19세기의 기존 철학이 세계를 바라보는 방식과 세계가 실제로 존재하는 방식이 점점 더 조화되지 못하고 있다는 확신을 공유했다. 이를 이해하는 방식에 대해서는 서로 근본적 차이가 있지만, 학계 철학에 관한 그들의 신념에서 비롯된 공통된 결과도 있다. 학계 철학은 철학에 대해 급진적으로 비판하더라도 기존의 제도적 틀 안에서 해야 한다고 본다. 그러나 철학이 현실 세계에 아무런 변화를 가져다주지 못하는 것이 중요하게 떠오르는 새로운 문제라면, 빈틈없는 형이상학적 논증에 이르는 것을 목표로 상정하는 종류의 철학 활동은 세계에 무엇을 **이루어** 내느냐가 결정적이라는 생각과 양립할 수 없는 것으로 보일 수 있다.[1] 낭만주의자들이 이미 다음과 같이 물었던 것처럼 말이다. 완전한 철학 체계에 도달한다고 해서 그것이 과연 사람들의 삶을 더 의미 있게 만들거나 사람들이 더 합리적으로 행동하게 만드는가? 오히려 애초부터 사태가 정해진 세계에서 사는 삶이 얼마나 허무한지 사람들이 직시하게 하는 것은 아닌가?

---

[1]   물론 세계에 무엇을 이루어 내느냐가 결정적이라는 생각의 기미들은 이미 피히테의 사상에도 있었고, 칸트에게도 암시적으로 있었다.

다른 한편으로, 철학이 근대성의 상충하는 측면을 통합하는 새롭고 체계적이며 탈신학적인 방법을 제공할 수 있다는 생각을 실제로 포기해 버리면 어떻게 될까? 그렇다면 방향 감각을 잃었다고 느껴서, 의미 있는 사물의 질서를 창조해 내기 위해 다른—어쩌면 위험한—방법을 모색하게 되지 않을까? 이러한 모색의 문제는, 전통적인 형태의 정당화 자체도 이성의 지위를 의심하며 의문을 던진다는 점을 고려할 때, 새롭게 모색한 결과가 어떻게 정당화될 수 있는가 하는 것이다. 이러한 모색은 철학과 별 관련이 없는 영역에서 매우 쉽게 할 수 있고, 더 이상 공유된 합리성을 목표로 하지 않는다. 따라서 철학을 없애는 것이 더 낫다는 생각과 철학을 다른 무언가로 대체하려는 유혹 사이에 긴장이 생긴다. 마르크스와 니체가 전형적으로 보여 주듯이 말이다. 이러한 긴장의 핵심 요인은 자연 과학이 성과를 이루었다는 점과 철학이 진리와 정당성의 원천이라는 생각 자체가 도전받는다는 점이다. 철학은 과학이 할 수 없는 일을 수행함으로써 철학을 건사해야 할 것인가, 아니면 점점 과학에 녹아들 것인가? 이제 이러한 문제들이 마르크스의 일부 작품에서 어떻게 나타나는지 살펴보자.

소외

마르크스 작품 전반에 반복되는 사회 변혁이라는 주제는 이미 1840년대에 그가 저술한 작품에서 '소외'alienation라는 개념에 내재해 있다.

포이어바흐에게 소외란 인간에게 속한 것을 신에게 잘못 귀속시킨다는 의미였다. 마르크스는 포이어바흐와 마찬가지로 종교를 단순히 망상으로 간주하지 말고 제대로 이해해야 한다는 점을 깨달았다. 따라서 종교는 "민중의 아편"이라는 그의 유명한 격언은 종교가 단순히 사람들이 자기 상황에 대해 비판적으로 사유하지 못하게 하는 것(물론 종교가 그런 것일 수도 있지만)이라는 의미로 이해되어서는 안 된다. 아편은 또한 고통을 멎게 하여 다른 방법으로는 견딜 수 없는 삶을 견딜 수 있게 하기 때문에, 마르크스는 아편에 대해 언급하기에 앞서 종교는 "심장 없는 세계의 심장이며 영혼 없는 상황의 영혼"이라고 말했다. 따라서 종교를 없앨 방법은 심장 없지 않은 세계, 영혼 없지 않은 상황을 만드는 것이다. 마르크스의 생각에 동의하지 않더라도, 사회 구성원에게 더 안정적이고 희망적이며 공정한 상황을 만들어 온 근대 사회에서, 조직화된 종교의 역할이 줄어드는 경향이 있다는 점을 기억할 필요가 있다. 덜 정의롭고 더 불평등해지는 사회에서는 그렇지 않을 것이다. 사회적 세계의 구체적인 측면과 사상의 수립·채택·거부 사이의 연관성은 마르크스의 모든 작품에서 주요 관심사 중 하나가 될 것이다.

종교 문제에는 애매성이 숨어 있는데, 이는 마르크스 철학에서 이데올로기라는 골치 아픈 문제를 설명하는 데 도움이 된다. 종교는 이 땅에서의 끔찍한 삶을 보상하는 죽음 이후의 삶을 약속함으로써, 혹은 불의와 고통이 신의 목적의 일부라고 제안함으로써, 사회에서 피지배 집단이 제자리에 머무르게 하려고 지배 집단이 의식적으로 개발한 발명품에 불과할 수는 없다(이 시기의 몇몇 급진적 사상가들은 그렇게 보려는 경향이 있긴 하지만). 종교가 그런 것일 뿐이라면, 애초에 종교가 그 많은 사람에게 큰 힘을 발휘할 수 있었는지 이해하기 어려울 것이다. 하지만 동시에 종교가 지배 도구로 기능하는 것도 **맞다**. 특정 형태의 그리스도교와 반동적reactionary, 보수적 정치 사이의 잠재적 연관성은 근대가 시작될 때부터 있었다. 유럽의 봉건 질서는 '존재의 사슬'이라는 신학적 개념으로 뒷받침되었는데, 이는 신이 가장 위에 있고 왕이 그다음이며 농민과 나머지 자연 순으로 내려가는 구조다. 봉건 질서가 압박받게 되자 종교의 기능도 억압적인 것으로 드러났는데, 특히 하류층의 관점에서 볼 때 그렇다. 따라서 사회 지배 집단의 이익을 위해 의식적으로 만들어 낸 속임수라는 의미에서 종교와 이데올로기를 동일시하는 것이 간단해 보일 수 있다. 그러나 종교의 의식적 측면과 무의식적 측면의 상호 작용은 억압적 사고와 행동의 뿌리를 이해하는 것이 매우 어려울 수 있음을 분명히 보여준다. 이데올로기는 의식적 속임수로 사용될 수 있지만, 또한 부지불식간에 권력자들이 자신에게 권력이 있는 것을 자연스러운 상태로 여기는 방식에서도 비롯될 수 있다. 억압이 반드시 의식적이고 의도적인 차원에서 작동하는 것은 아니다. 억압은 더 복잡한 구조적 요인의 결과일 수도 있고, 그러한 요인의 영향을 받은 사람이나 그러한 구조를 만드는 활동을 하는 당사자에게도 구조적 요인이 투명하게 드러나지 않을 수 있다. 사회적 압력, 양육 환경 등으로 인해 한때 진실이라 믿었던 생각이 나중에 자신이 알지 못했던 요인들로 자신의 생각이 왜곡된 결과로 밝혀질 수 있다는 점을 생각해 보라.

마르크스와 청년 헤겔주의자들이 볼 때 철학에 물어야 할 문제는 그러한 왜곡을 극복하고 더 정의로운 사회 상황에 도달하기 위해 철학이 어떤 역할을 할 수 있는가다. 이데올로기 개념과 관련된 난점들을 보는 또 다른 방식은 간단히 다음과 같이 묻는 것이다. 한 사회에 체계로 왜곡된 사고가 존재한다고 주장하는 이론 자체가 이데올로기는 아닌가? **모든** 사고방식 중 그것이 등장한 상황에 어떤 식으로도 영향받지 않은 것이 있는가? 만일 이데올로기에 대한 비판 자체에 왜곡이 없다면, 사물이 존재하는 참된 방식에 접근할 수 있는 어떤 방법이 있을 것이다. 하지만 그 방법은 무엇인가? 모든 사회 집단은 사회 질서에서 자신들이 차지하는 위치에 따라 편향될 법하지 않은가? 옳고 그름에 관한 결정처럼, 원래부터 객관적 판단이 어려운 관점도 있지 않은가?

마르크스는 법학을 공부하다 1838년 철학 공부로 바꿨고, 처음에는 종교를 이데올로기적 투사로 간주하는 포이어바흐와 비슷한 방식으로 사유했다. 마르크스가 일찍이 청년 헤겔주의 입장에서 벗어나게 된 것은 소외 개념을 재평가했기 때문이다. 그는 포이어바흐의 입장이 추상적인 방식으로 철학과 종교에 너무 관여하고 있다고 보게 되었다. 마치 주어와 술어의 뒤바뀜에 관한 널리 퍼진 **철학적** 통찰이 그가 유럽 자본주의에서 본 불의를 실제로 바꿀 수 있다는 듯이 말이다. 마르크스는 소외를, 즉 인간의 권력이 인간으로부터 분리되어 다른 무언가로 전이되는 것을 더 구체적으로 이해하게 된다. 그는 감각적 존재로서의 인간에 대한 포이어바흐의 관심을, 인간의 자연적 능력이 **사회**에서 전용되는 방식 때문에 인간에게서 소외된다는 생각으로 확장한다. 루소는 사회적 형태에 따른 인간 본성의 왜곡이라는 주제를 계몽주의에 도입했는데, 어떤 면에서 마르크스는 루소가 확립에 이바지한 전통에 속해 있다. 그러나 사회적인 것과 자연적인 것의 경계가 어디에 위치하는지를 설정하려는 시도는 근대 철학에서 가장 다루기 힘든 몇몇 문제의 원류다.

1840년대에 마르크스의 기여는 '정치 경제학'의 측면에서 소외 개념을 구체화한 것이다. 마르크스는 헤겔의 《법철학》에 대해 1843년에 비판했을 때처럼 철학적 문제 분석에서 시작하는 대신, 미완성작인 1844년의 《경제학 철학 수고》에서는 애덤 스미스와 데이비드 리카도 같은 자본주의 경제의 주요 이론가들의 가정을 연구하는 데서 시작한다. 중요한 것은 마르크스가 우리가 기본적으로 고향에 있지 않다는 느낌인 '낭만주의적인' 소외감을 거부한다는 점이다. 그는 박탈의 주요 원인을 제거하면 포이어바흐가 바랐던 대로 인간이 자연적으로 주어진 능력을 해를 끼치는 데 사용하지 않고 최대한 개발할 수 있을 것이라 주장하면서, 이 문제를 보다 실용적인 방식으로 바라본다.

여기서 핵심 요소는 노동 개념과 노동력 개념이다. 후자는 원래 자기 환경에서 사물을 변화시키는 인간종의 자연적 능력의 형태로 주어진다. 반면 전자는 사회에서 대상화된 형태로 취하는 것, 특히 돈이다. 따라서 둘 사이의 관계는 고정되어 있지 않다. 노동의 성격이 변함에 따라 노동력의 성격이 변할 수 있고, 그 역도 마찬가지다. 요지는 노동이 개인에게 고유한 무언가를 외화外化한다는 것이다. 주체는 자연적으로 주어진 자기 고유의 능력을 외화함으로써 대상적인 것을 만들어 낸다. 그리고 주체가 어떤 상황에서 어떻게 이를 수행하는지가 결정적 문제다. 종교에서 보았던 뒤바뀜은 여기서 새로운 형태를 띤다. 노동자가 생산 수단의 소유자에게 임금을 받는 대가로 노동하는 자본주의 경제에서, "노동자는 부를 더 많이 생산할수록, 생산력과 생산 범위가 커질수록 더 가난해진다. … 노동이 생산하는 대상, 즉 노동 생산물은 노동과 **이질적인**alien 존재로, 생산자로부터 **독립된 권력**으로 나타난다"(Marx 1970: 151). 노동은 인간종 생존에 필수이므로, 자연을 바꾸는 일을 많이 할수록 삶을 더 많이 통제할 수 있다는 말은 논리적으로 보일 수 있다. 그러나 자본주의에서는 생산물의 가치가 생산자에게 돌아가지 않으며, 훨씬 더 나쁜 점은 이 가치를 전용하는 형태가 역효과를 가져온다는 것이다. 즉, 노동자가 더 많이 생산할수록 노동자에게 더 많은 것을 **빼앗는다**. 오늘날에도 상당수의 자본주의 경제에서 박봉 수준인 임금이 드물지 않다. 마르크스의 후속 저작에서 상당 부분은 초기 저작에서 별로 명확하지 않은 이러한 현상이 어떻게 발생하는지를 **정확히** 설명하는 데 할애한다.

여기서 개관한 착상에서 문제는 소외 개념의 범위가 너무 넓다는 것이다. 다른 누군가의 사용이나 소유를 위해 생산하는 모든 것이 포함되는 것으로 보인다. 이 개념에 비판적 의미가 있으려면 진정한 생산 개념, 예컨대 예술가의 작품과 관련되는 식의 개념에 의존해야 한다. 마르크스는 사유 재산을 "**외화된 작업**의 필연적 결과, 즉 노동자가 자연 및 자기 자신과 맺는 외적 관계의 필연적 결과"(같은 책, 12)로 본다. 피히테와 헤겔에서 살펴보았던 타자에 대한 인정의 맥락에서 상호 필요를 위한 생산이 이에 대한 답인 것처럼 보인다. 그러나 이미 꽤 불분명하기도 한 이 개념은 많은 노동이 지겹지만 어쨌든 우리가 생존을 위해 해야 한다는 사실을 없애지 못한다. 일을 더 공정하게 분배하면 상황을 개선할 수는 있겠지만, 고된 노동이 노동자 자신의 핵심 잠재 능력을 실현하지 못하게 해도 필요하다는 사실을 없애지 못한다. 기술도 여기에 도움은 될 수 있지만, 고된 노동을 완전히 없앨 수는 없다. 게다가 어떤 사람에게는 참을 수 없는 일이 다른 사람에게는 즐거운 일일 수도 있는데, 이는 그가 어떤 삶을 살아왔고 어떤 사람인지에 따라 다르다. 마르크스가 비판하는 외화된 관계를 수반하는 일과 그렇지 않은 일을 결정하는 것은 무엇인가? 마르크스가 소외라는 개념을 통해 본인이 파악하고자 하는 현상에 대해서 착각한 것은 아니다. 19세기 자본주의에서 노동 착취는 노동자 계급에게 물질적으로나 정신적으로나 매우 지독한 잔인함과 빈곤을 안겨 주었다. 중요한 것은 왜 이런 상황이 발생했는지에 대해 정확히 진단하여 효과적으로 대응하는 것이다.

마르크스의 구상에서 난점은 돈에 대한 논의와 관련하여 더 분명해진다. 돈은 소유자가 실제로 소유하지 않은 특성을 소유자에게 부여한다. "나는 못생겼지만 **가장 아름다운** 여자를 살 수 있다. 그러므로 나는 **못생긴** 게 아니다"(같은 책, 223). 이렇게 뒤바꾸는 것은 효과적인 표현이지만, 완전한 설득력을 얻기에는 너무 단순하다. 마르크스는 돈이라는 형태의 사유 재산이 타인에 대한 사랑과 같은 인간의 본질적 속성을 '소외시킨다'는 사실이 이 상황의 문제라고 여긴다. 돈과 병적인 형태의 관계가 있다는 것을 이제 의심할 수 없다. 거의 모든 사람이 어느 정도 돈의 먹이가 될 수 있고, 돈은 관계를 왜곡할 수 있으며 실제로 왜곡한다. 그러나 모든 종류의 사회적 교환을 가능하게 하는 돈의 장점도 무시할 수 없다. 서로 다른 것을 보편적으로 교환할 수 있게 해 주는 이 추상적 매개 없이, 근대성의 긍정적 발전이 얼마나 많이 이루어질 수 있었을지 알기 어렵다. 동시에 돈이라는 추상적 매개는 인간의 실제 고통을 덮어 버림으로써 엄청난 불의와 잔인함에 한몫하기도 한다. 서구에서 소비되는 식량의 상당 부분을 수확하는 사람들에게, 그들이 처한 곤경은 고려하지 않고 형편없이 지급되는 임금을 생각해 보라.

칸트는 근대 세계에서 돈이 미치는 영향의 위험성을 인지하고 있었다. 그는 다른 무엇과도 교환할 수 없는 이성적 존재의 '존엄성'이라는 가치의 형태를 유지해야 한다고 주장했다. 마르크스도 비슷한 것을 목표하고 있지만, 어떻게 존엄성을 지킬 수 있을지를 제안하는 방식에는 문제가 있다. 개인의 권리와 의무에 기초한 자유주의 이론가로서의 칸트에 대한 그의 일반적 반감은 서로가 다른 지점을 시사한다. 마르크스는 사회 전체의 조직을 통해 존엄성에 이르러야 한다고 생각한다. 개인을 보호하는 정당한 법과 국가에 대한 자유주의적인 관심은 개인과 사회의 관계가 변해야 할 필요성을 매번 인식하지는 못할 것이다. 자본주의에서 개인은 항상 다른 사람의 희생을 대가로 살아갈 것이다. 마르크스는 결과적으로, 사회 변혁을 어떻게 이룰 수 있을지에 관한 획일적이지 않은 **정치적** 구상의 중요성을 과소평가했고, 이는 훗날 그의 이름으로 자행된 몇몇 잔인한 일의 원인 중 하나임이 틀림없다. 개인을 보호하는 국가의—종종 불공정하고 불평등한—법이 **단지** 사회의 소외된 상태를 나타내는 것일 뿐만 아니라 가혹한 대우를 막는 주요 방어 수단이라면, 사회는 단순히 사유 재산에 있는 소외의 원인을 제거한다고 해서 변화될 수 없다. 그것이 더 나쁜 형태의 가혹한 대우를 초래하지 않을 것이라 장담할 수 있을까?

마르크스는 단순히 자본주의의 교환 방식이 유입되기 전의 사회 상태로 돌아갈 것을 추구하지는 않는다. 헤겔과 공유하는 마르크스 사상의 가장 중요한 측면 하나는 시계를 되돌리는 것이 합리적일 수 있다는 생각을 거부하는 것이다. 사회의 문제 상황을 극복한다는 것은 과거를 되살릴 수 있다고 생각하는 것이 아니라, 문제 상태에서 더 나은 미래를 가리키는 측면을 발전시키려고 노력한다는 의미다. 진짜 문제는 '소외된 노동'에 대한 그의 판단을 구성하는 종말론적 성격에 있다. 《경제학 철학 수고》에서 그는 유럽의 많은 지역에서 당시에 전형적이었던 최저 생계 수준 이하의 임금이 대폭 인상되더라도, 노동에 "인간의 결정권과 존엄성"(같은 책, 163)을 부여할 수 없다고 주장한다. 게다가 그는 노동자와 자본가 사이의 관계의 성격을 고려할 때 이런 식의 임금 인상이 아마 불가능하다고 생각한다. 노동조합 운동의 역사는 그가 틀렸음을 증명할 것이다. 임금은 "소외된 노동의 직접적 결과이며 소외된 노동은 사유 재산의 즉각적 결과"(같은 곳)이기 때문에, 이 둘은 함께 폐지되어야 한다. 이렇게 폐지된다면 그 결과는 공산주의일 테지만, 마르크스는 공산주의가 실제로 무엇으로 구성될 것인지에 관해서는 분명하게 밝히지 않은 것으로 악명 높다.

여기서 난점은 자아와 사회 간 관계의 특성을 기술하는 것이다.

마르크스는 "사회가"―여기서는 정의롭게 조직된 집단적 삶의 형태라는 강한 의미에서 사회를 뜻함―"자연과 인간의 본질의 완전한 통일, 자연의 진정한 부활, 인간의 발전된 자연주의와 자연의 발전된 인본주의"(같은 책, 186)라고 주장한다. 그가 추구하는 것은 본래 대립된 것으로 이해되어 온 측면들―개인과 사회―의 통일이다. 마르크스는 이 둘이 대립하는 이유가 단지 사적 개인이 이익을 원하는 측면에서 사회가 조직되었기 때문이라고 본다. 마르크스에게 개인은 사회 질서의 일부로서만, 그리고 인간종의 구성원으로서만 개인일 수 있다. 이러한 생각은 헤겔과 매우 유사하다. 개인은 단지 개인임을 가능하게 하는 사회에 종속되어 있을 뿐이라는 생각은 우려스럽지만, 그럼에도 마르크스의 반ᵏ개인주의적 구상은 몇 가지 주목할 만한 통찰로 이어진다. 서로의 유익이 되는 인간과 자연의 균형이 필요하다는 지적은 우리가 셸링의 《자연 철학》에서 본 생태적 측면을 이어간다. 여기서 마르크스는 자연을 인간의 관점에서 지배해야 하는 것으로만 간주하지 말아야 할 것이라 제안하는데, 그의 후기 작품에는 이러한 발상이 거의 없다.

마르크스는 《경제학 철학 수고》에서 "산업의 역사"에 대해 "인간의 본질적인 능력, 감각적으로 존재하는 인간의 심리에 관한 열린 책"(같은 책, 192)이라고 말한다. 그는 사회와 심리가 어떻게 불가분하게 연결되어 있는지를 보지 않고 개인에게만 초점을 맞추면 사회를 변혁하는 방법을 이해할 수 없다고 주장하는데, 이러한 주장이 여기서 더 명민한 형태로 나타난다. 인간 심리의 본질적 측면은 사람들 본인이 말하는 자기 행동의 동기보다 사회의 물질적 산물을 살펴볼 때 분명 더 잘 이해할 수 있다. 나치 건축물, 자가용, 디지털 기술 등 다양한 사물이, 이러한 사물이 중요한 역할을 하는 사회에서 살아가는 사람들이 어떠한가에 대해 중요한 것을 말해 줄 수 있음을 생각해 보라. 그러나 이러한 통찰은 일반화된 소외 개념이 위험할 만큼 부정확하다는 점을 마르크스가 간파하지 못한 것을 없던 일로 만들지 않는다. 저 소외 개념은 인간의 진정한 본질이라는 유사-신학적 관념에 의존하고 있는데, 올바른 환경이 조성될 때만 그런 인간의 진정한 본질이 드러날 수 있다고 본다. 이러한 관점은 올바른 환경을 이루는 데 필요한 것은 무엇이든 한다는 유혹으로 이어질 수 있다. 이것이 바로 마르크스주의 유산의 위험성 중 하나다. 종교 극복과 관련된 복잡성을 고려하면, 유대교 메시아사상의 흔적들이 마르크스의 반종교 논증의 표면 아래 숨어 있는 것처럼 보여도 너무 놀라운 일은 아닐 것이다.

역사적 유물론

심리와 산업에 관한 마르크스의 언급은 그가 "역사적 유물론"이라고 부르는 것에 관한 중요한 성찰들을 미리 보여 준다. 그는 프리드리히 엥겔스와 함께 저술한 《독일 이데올로기》(1845-1846)에서 이러한 성찰을 시작하여 이후 저술에서 이 개념을 발전시킨다. '역사적 유물론'이라는 용어 해석의 어려움은 정치적 실천으로서의 마르크스주의 역사에 큰 영향을 미쳐 왔다. 그러나 역사적 유물론에서 초기 쟁점 자체는 매우 간단하다. 마르크스는 사람들이 자기 세계에 관해 어떻게 생각할지, 무엇을 할지 결정할 때, 생산과 교환이라는 사회적 형태가 이른바 순수 과학적 또는 철학적 탐구의 결과물보다 더 중요하다는 생각을 점점 하게 된다. 이는 철학에 대한 청년 헤겔주의적 비판이 철학의 독자적인 존재를 더 이상 지지할 수 없다는 보다 철저한 주장으로 확장된다는 의미다.

그렇다면 모든 형태의 형이상학 — 사물들이 하나의 전체로 일관되는 방식에 관한 설명이라는 넓은 의미에서 — 이 옹호될 수 없다고 주장하는 **이론**은 어떤 지위를 가지고 있는가? 이러한 주장은 이론들이 존재의 무시간적 본성에 접근하려는 순전히 사심 없는 시도에서가 아니라 구체적인 사회 행위자들의 실천에서 비롯된다는 사실을 형이상학이 나타낼 수 없기 때문에 제기된다. 그러나 전체성에 관한 주장이 불가능하다고 전체화하는 주장은 어떻게 가능한가? 마르크스는 사상이 단순히 이론적으로 정당화된다기보다 실천적으로 스스로를 입증해야 한다고 강조했기 때문에, 어떤 면에서는 이 문제를 인식하고 있었다. 하지만 여기서도 이렇게 물을 수 있다. 이 주장 자체가 이론의 토대가 되는 주장인가? 그렇다면 그 근거는 무엇인가? 하지만 이러한 정당화 요구 자체가 실상 마르크스가 거부하고자 하는 철학 개념으로 돌아가는 방식이라고 주장할 수도 있다. 하이데거와 실용주의자 리처드 로티의 작품에서도 비슷한 생각을 발견할 수 있다. 이들은 우리가 정신으로부터 독립된 실재와 대응하는 관념이라는 생각을 버리고, 그 대신 사유가 실천 활동과 분리될 수 없다는 생각을 가지고 연구하기를 바랐다(예컨대 Heidegger 1979;

Rorty 1991을 보라).

　마르크스는 예컨대 '실천적 의식'으로서의 언어에 관해 이야기했는데, 이는 이른바 언어의 내적이고 정신적인 측면을 세계에서 다른 사람과 공유하는 행동의 일부로 삼는 그의 입장을 적절하게 요약해 준다. (우리는 하이데거에게서도 비슷한 생각을 접하게 될 것이다.) 동시에 마르크스의 경우는 당대의 지배적 사유 형태에 내포된 기만들과 특정한 형태의 사회적·경제적 교환의 관계를 분석함으로써, 그러한 기만들을 드러낼 수 있다는 생각을 추구한 것으로 보인다. 이러한 생각은 이론이 환상 뒤편에 있는 궁극적 실재를 드러낸다는 식의 더 실재론적인 접근 방식을 상정한 것으로 보일 것이다. 이는 결국 그리스 시대부터 철학자들이 시도해 온 일이다. 이 과제가 이제 과학적 측면에서 해석되고 있다는 사실 자체는 중요하지 않다. 결정적인 것은 철학과 관련하여 과학에 부여된 지위다. 이 시대와 이후 시대에 많은 사람이 과학은 단순히 실재의 본성을 추측하는 데 그치지 않고 테스트 가능한 실재상을 제공하기 때문에 결국 철학을 대체할 것이라고 생각한다. 물론 이것이, 최신 과학 개념의 측면에서 작동하는 것이 아닌 일상적인 인간 세계에 어떤 의미가 있냐고 물을 수 있다. 도덕적 결정과 행동이 자본주의의 억압적 성격에 관한 마르크스의 분석에 속해서—이러한 분석을 위해 그는 점점 더 과학적인 주장을 펼치고 있다—등장하는 방식과, 도덕적 결정과 행동에 관한 '일상적 관점'을 어떻게 일치시킬 수 있을까?

　실용주의적 접근에 기초하여 형이상학을 폐지하는 것과 관련된 가정들과, 철학보다 과학의 통찰이 우월하다는 주장에 기초한 가정들 사이의 긴장은 이후 마르크스주의의 역사는 물론 다른 여러 형태의 독일 철학사에서도 근간을 이룬다. 마르크스는 실천에 기반하는 전자에서 점차 후자로 옮겨 가는 경향을 보인다. 19세기 자본주의의 수수께끼를 푸는 것에 관한 그의 관심은 그가 생각한 경제, 사회 발전, 정치 사이의 관계에 대한 핵심적인 **이론적** 통찰에 더욱 의존하게 된다. 이러한 문제는 여기서 다루기에는 너무 복잡하기 때문에, 이후 근대 철학 전개에서 그의 작업이 중요한 자리를 차지하는 두 가지 측면만 강조하려 한다. 그것은 (1) 물질적 생산과 정신적 생산의 관계, 그리고 (2) 상품 이론이다.

철학이 칸트에서 관념론 비판으로 이행할 때 핵심 요소 하나는 자율적 자아의 역할이 줄어든다는 점이다. 마르크스의 구상도 이러한 경향에 속한다. 하지만 그렇다고 해서 마르크스가 개인을 **단지** 추상적 체계 및 구조의 결과물로만 생각한 것은 아니다. 특히 초기 저작에서 그의 목표는 진정한 개인성이 드러나게 하는 것이었다. 이는 소외를 극복한 사회에서만 가능하며, 그런 사회를 이루려면 그가 잘못된 종류의 개인주의로 본 것이 극복되어야 한다. 마르크스의 강점은 그가 근대성의 자기 기술의 본질을 깊이 통찰하여, 최선을 다해 자아를 '탈중심화'한 것이다. 약점은 사람들의 행동을 결정하는 인과적 요인으로 사람들을 환원하고 자율성의 가능성에 대해서는 설명하지 않음으로써 일종의 과학주의로 나아간 것이다.

마르크스는 《정치경제학 비판》(1859) 서문에서 위에서 살펴본 개념을 수정한 다음 자신이 고안한 방법을 고전적으로 간략히 정리한다. 그는 '생명의 사회적 생산'—단지 생명이 자연적으로 주어지는 게 아니라, 사회에서 지속적으로 '생산'되어야 한다는 점에 주목하라 —이 어떻게 '물질적 생산력'에 기초하여 이루어지는지 기술한다. 예를 들어, 생명의 생산은 생활필수품을 생산하는 데 이용할 수 있는 기술 자원에 따라 역사와 더불어 변한다. 핵심 문제는 '물질적 생산력', 즉 마르크스가 '시민 사회'의 '생산관계'의 측면에서 말하는 구조가 어떻게 한 사회의 법적·정치적 관계를 '조건 짓는지'다. 이는 악명 높은 경제적 '토대'와 법적·정치적 '상부구조' 모델이며, 전자가 후자에서 사람들이 사고하는 방식을 조건 짓는다는 것이다. "사람들의 존재를 조건 짓는bestimmt 것은 그들의 의식이 아니며, 오히려 사람들의 의식을 조건 짓는 것이 그들의 사회적 존재다"(Marx and Engels 1971: 8-9). 이렇게 조건 짓는 것에 대한 해석은 독일어 '베슈팀트'bestimmt를 어떻게 이해하느냐에 따라 달라진다. 이 단어는 인과적 '결정'을 가리킬 수도 있지만, '조건 짓다'condition로 번역할 경우, 기계적 필연성이라는 뜻이 한 요인의 효과가 다른 요인보다 앞선다는 쪽으로 약해진다. 가족 및 친구와의 관계가 사람을 조건 짓는다고 말할 수는 있지만, 그런 관계가 반드시 사람을 전적으로 결정하는 것은 아닌 것처럼 말이다.

소련과 그 밖의 여러 지역에서 마르크스의 텍스트가 수용된 굴곡진 역사가 시사하듯, 삶은 이러한 해석의 문제에 따라 달라질 수 있다. 예를 들어, '위로부터' 산업화하는 '명령 경제'command economies, 계획 경제의 방식으로 토대의 변화를 강제하는 발상은 상부구조에서의 변화도 초래하는 것으로 이해될 수 있다. 물론 이러한 변화 자체는 상부구조, 즉 국가에 의해 발생한 것이다. 그러나 마르크스의 진정한 요지는 기술 발전이 사회와 국가가 이러한 발전이 의미하는 바를 조정하는 것보다 **선행한다**는 것이다. 재산 및 기타 법적 관계의 측면에서도 그렇고, 이에 관해 생각하는 데 사용되는 개념의 측면에서도 그렇다. 우리가 디지털 기술의 폭넓은 함의와 영향을 완전히 통제하거나 이해하지 못하고 있지만 사회가 디지털 기술로 얼마나 빨리 변하고 있는지 생각해 보라. 그러나 토대가 사물을 조건 짓는 방식은 그리 간단하지 않은데, 특히 그 이유는 토대와 상부구조 사이에 일방적인 관계가 있는 것 같지 않기 때문이다. 마르크스는 그가 프랑스 혁명을 이해한 관점에서 혁명적 변화를 생각했다. 소위 마르크스주의 원리를 따랐다고 하는 소련이 변화를 강제한 과정을 보면 그림이 매우 달라진다. 즉, 이 그림에서는 마르크스주의 이론의 존재가 바로 원인이 되어서 토대와 상부구조의 관계가 거의 반전되어 있다.

마르크스의 논증에서 그다음 부분은 생산력이 생산관계들과 '모순'에 빠질 때 혁명이 발생한다는 것이다. 이러한 변화가 어떻게 '상부구조'에 영향을 미치는지는 이데올로기에 관한 문제라고 그는 주장한다. 그것은 '과학적' 확실성 같은 것으로 확립될 수 없다. 마르크스의 설명은 19세기 역사의 본질과 봉건주의 탈피에 대한 분석으로는 큰 가치가 있다. 하지만 방금 살펴본 것처럼, 20세기에는 하나의 마르크스주의 자체가 이데올로기적 문제의 일부가 되면서 상황이 훨씬 어려워진다. 마르크스는 물질적 생산과 정신적 생산의 관계가 전적으로 후자에 의존하는 것이 아니며, 오히려 대개 전자에 더 많이 의존한다는 것을 보이는 데 성공했다. 이 논증의 일부는 이데올로기 문제의 또 다른 형태다. 《비판》에서 그는 개인이 자신에 대해 생각하는 것으로 그 개인을 판단해서는 안 되는 것처럼, 한 시대의 한복판에 사는 사람들이 자신들이 하는 일에 대해 생각하는 것을 가지고 와서 그 시대를 판단해서는 안 된다고 주장한다.

아마도 이러한 발상의 함의가 **철학적으로** 가장 영향력 있게 발전한 것은 마르크스의 상품에 대한 설명일 것이다. 이 설명은 그의 완숙해진 경제 이론의 핵심을 이루는 '잉여 가치' 개념을 바탕으로 한다. 이는 자본가를 위해 일하는 사람들이 실제 일하는 시간보다 적게 임금을 받기 때문에 자본가가 부를 축적할 수 있다는 생각이다. 따라서 노동자들은 기계, 토지 등을 소유한 사람에게 돌아갈 잉여를 창출해 내고, 그 잉여는 부를 생산하는 데 사용된다. 생산 수단을 통제하는 사람만이 그 부를 전용할 수 있다. 이 사실은 사유 재산을 폐지하고 생산된 부를 실제 생산자에게 돌려주어야 한다는 이 논증의 또 다른 형태로 이어진다. 이것이 건전한 경제 이론인지, 아니면 그 이상으로 노동과 재산의 분리를 재편하기 위한 도덕적 주장인지는 여전히 논쟁의 여지가 있다. 마르크스가 이러한 발상에서 발전시킨 이론의 핵심 요소는 이러한 부의 **형태**에 관한 것이다.

마르크스는 자본주의 경제에는 사용 가치와 교환 가치라는 두 종류의 가치가 있다고 주장한다. 전자는 단순히 사물의 유용성, 예컨대 코트의 보온성 같은 것이다. 모든 사물은 이러한 용도를 얼마든지 가질 수 있고, 그 용도는 헤아릴 수 없을 만큼 다양하다. 사용 가치는 부의 '물질적 내용'이며, 어떤 의미에서는 사물이 사용되는 사회와 무관하기도 하다. 그러나 이전의 경제 유형과 달리 자본주의에서는 사용 가치가 교환 가치를 '물리적으로 담는 것'이기도 하다. 이는 "사용 가치로서의 상품이 무엇보다도 질이 다른 만큼, 교환 가치로서의 상품은 양이 다를 수밖에 없다"(Marx 1975: 52)라는 중요한 결과를 낳는다. 상품의 교환 가치는 사용 가치처럼 상품에 본유적인 것이 아니라, 다른 상품의 가치에 대한 해당 상품 가치의 **관계**다.

마르크스가 보기에 자본주의의 본질적 요소는 상품 형태가 사회에 침투하여 세계를 근본적으로 바꾸어 놓는다는 점이다. 여기서 문제가 되는 구조는 익숙할 것이다. 어떤 것의 교환 가치가 한 (화폐) 체계에서 다른 교환 가치와의 관계에 달려 있다면, 헤겔이 유한한 세계의 본성을 설명하는 데 스피노자의 '부정으로서의 규정' 개념을 사용할 때 우리가 보았던 것과 동일한 '부정'의 지위를 갖는다. 한 사물은 다른 사물과의 관계를 통해서만 교환 가치를 갖고, 이런 식의 가치는 순전히 양적인 것이다. 내가 이 글을 쓰는 컴퓨터를 사려고 지불한 천 파운드를 같은 값의 와인 한 병을 사는 데 지불할 수 있다. 따라서 이 둘은 교환 가치로서 **동일**하며, 마르크스가 사회 "총 노동"Gesamtarbeit이라 부른 관계 체계의 일부가 됨으로써 모든 특수성을 상실한다. 《자본론》(1864)의 유명한 부분인 〈상품의 물신적 성격과 그 비밀〉에서, 마르크스는 상품 형태의 중요성에 대해 논하기 위해 또 다른 버전의 소외 개념을 사용한다. 종교는 인간 정신의 산물을 인간 정신과 별개라고 여겨지는 것으로, 물신의 형태로, 그 힘이 숭배되는 무생물로 만들 수 있다. 비슷한 방식으로, 상품 체계는 '인간의 손에서 나온' 상품에 단순한 사용 가치에는 없던 지위를 부여한다. 실물이 전적으로 추상적인 지위를 부여받아, 서로 교환 가능하게 된다.

구체적인 경제적 측면에서 보면, 이는 자본가가 자동차 생산으로 부자가 될 수 있는 만큼 신문 생산을 통해서도 부자가 될 수 있다는 의미다. 최근 세계 경제 동향은 이 사실을 뒷받침한다. 다국적 기업들은 담배에서 신발로든 무엇으로든 생산 품목을 바꿀 수 있고, 살 만한 교환 가치만 있다면 어떤 생산품이든 사들일 수 있다. 마르크스는 이러한 추상화 과정에 포함된 것을 인간의 모든 노동과 등가적인 반환물로 본다. 추상화 과정은 노동 없이는 교환 가치가 존재할 수 없다는 사실을 숨기는 형태로 일어난다. 이후 독일 철학에 중요한 쟁점은 사물의 질적 성격을 지우는 상품 체계와, 우리가 관념론 철학에서 보았던 식의 체계적 형이상학을 연결하는 데 있다.

여기서 주목해야 하는 점은 자본주의 세계가 모든 사물의 일반화된 등가성을 구체적으로 생산하는 것이, 근대 세계에서 사물을 '동일'하게 생각한 결과에 관한 철학적 물음과 상당히 연결되어 있다는 것이다. 노예 무역을 생각해 보라. 노예 무역은 사람을 교환 가능한 상품으로 만드는 데 의존했고, 교환 가치로 환원될 수 없는―칸트의 '존엄성'과 같은―가치라는 이름으로 폐지되었다. 경제, 시민 사회, 국가에 대한 마르크스의 폭넓은 구상에 어떤 의구심이 들 수 있더라도, 근대 문화를 이해하는 데 그의 상품 분석이 갖는 중요성은 상당할 것이다. 실제로, 이 문제는 철학 자체에 대한 일부 사상가들의 태도에도 영향을 미칠 것이다. 예를 들어, 아도르노는 개념적 동일시와 상품 형태의 연관성을 형이상학을 거부하는 데 핵심으로 삼고 있으며(11장을 보라), 하이데거의 경우도 비슷하다. 이 연결 고리는, 상품 교환의 확산과 관련된 추상화 과정이 과학이 자연의 일반 법칙을 개별 사례에 적용할 수 있게 하는 추상화 과정과 유사한 방식으로 기능하는 것처럼 보인다는 사실에서 가장 분명하게 드러난다. 문제는 두 과정에서 대상의 특수성이 환원되는 것이 **반드시** 문제가 되는지, 그리고 상품 구조와 과학적 사고를 이렇게 연결하는 것에 어떤 실제적인 철학적 내용이 있는지다. 근대 세계에서 이러한 식의 동일성 비판이 등장하도록 가장 큰 영향을 미친 인물 중 하나는 니체다.

더 읽을거리

Avineri, S. (1971) *The Social and Political Thought of Karl Marx* (Cambridge: Cambridge University Press). 마르크스의 사상을 신뢰할 만하게 제시한다.

Callinicos, A. (1985) *Marxism and Philosophy* (Oxford: Oxford University Press). 마르크스의 사상을 헌신적으로 옹호한다.

Eagleton, T. (1999) *Marx* (London: Routledge). 마르크스의 사상을 현재에 맞게 생생하게 전달하는 읽기 쉬운 선명한 글.

Elster, J. (1986) *An Introduction to Karl Marx* (Cambridge: Cambridge University Press). 마르크스에 대한 명쾌한 비판적 설명.

Habermas, J. (1986) *Knowledge and Human Interests* (Cambridge: Polity Press). 강영계 옮김,《인식과 관심》(서울: 고려원, 1983). 마르크스를 비판적 사회 이론이라는 더 넓은 맥락에 위치시킨다.

Korsch, K. (1970) *Marxism and Philosophy* (London: Pluto). 마르크스 철학의 이미지를 바꾸는 데 도움을 주는, 주도적 위치에 있는 마르크스주의자의 영향력 있는 글.

Schmidt, A. (1978) *The Concept of Nature in Marx* (New York: Schocken). 마르크스의 자연 문제 접근 방식에 대해 아도르노의 제자가 쓴 고전적 설명.

Wood, A. (1981) *Karl Marx* (London: Routledge). 마르크스 철학에 관한 설명.

7. 관념론 비판 III: 니체

비극과 근대성

19세기 후반에는 이성적 사유가 세계의 진정한 본성을 은폐할 수 있다는 생각이 여러 다양한 형태로 되풀이된다. 관념론 비판이 합리성 비판이라는 더 일반적인 비판과 동일시될 수 있는가가 새로운 문제가 된다. 마르크스는 상품 형태에 의한 현실 왜곡에 관해서 구체적인 역사적 분석을 했는데, 이에 대한 흔한 대안은 칸트가 현상과 사물 자체로 나눈 것에 대한 쇼펜하우어식 이해 방식에서 비롯된다. 이 관점에서 인간의 사유는 **본질상** 환상이며, 어떤 사물과 실질적 관계가 없는 관념을 그 사물에 투사한 것이다. 여기서 과제는 무엇이 사유를 참된 파악이 아닌 투사로 만드는지 알아내는 것이며, 따라서 그 투사를 발생시키는 것이 무엇이든 그것이 철학의 진정한 기반이 된다. 문제는 기존 사유 방식으로는 투사를 발생시키는 것에 대한 분석에 접근할 수 없다는 것이다. 기존의 사유 방식 자체가 투사에 속하기 때문이다. 여기서 문제가 되는 이 같은 구상을 이해하는 한 가지 방법은 우리의 사유가 셸링이 자연의 "생산성"이라고 부른 것의 한 측면일 뿐이라는 생각을 통해 이해하는 것이다. 즉, 사유가 우리의 의식적 의지와 독립적으로 일어난다는 것이다. 우리는 사유를 선택하지 않는다. 어떤 의미에서 그냥 우리에게 생각이 일어나는 것이다.[1] 초기 셸링은 물질적 자연의 생산성과 정신의 생산성 사이의 유사성이라는 측면에서 사유에 대한 이러한 관점을 제시했다. 하지만 이제는 어떤 종류의 사유로도 자연적 생산성 자체에 접근할 수 없다고 여겨지는데, 왜냐하면 자연적 생산성은 광기를 포함하여 모든 양상의 '생각'을 발생시키는 것이기 때문이다.[2]

그렇다면 인간의 사유가, 이성의 통제가 그칠 때에만 진정한 형태로 드러나는 것을 근본적으로 억압하고 있지는 않은가 하는 가능성이 제기될 수 있다. 예컨대, 황홀경이나 광기의 상태에서 사물이 진정한 형태로 드러날 수도 있다. 이러한 상태는 개념적 사유로 인해 억압된 사물의 본질을 접하게 해 주는 것으로 추정된다. 여기서 기본적인 문제는 2장에서 '비이성주의'의 문제를 살피면서 다루었다. 거기서 확인한 난점은, 무언가가 합리성에 완전히 저항한다면, 그것

---

1   니체는 이 발상은 물론 이와 관련된, 주체가 스스로에게 투명하다는 생각에 대한 비판으로도 종종 인정을 받는다. 이 발상은 이미 18세기 말경에 과학자이자 격언가인 게오르크 크리스토프 리히텐베르크가 했고, 후기 셸링이 상세하게 발전시켰다. 니체는 셸링의 저작 일부를 읽었다(Frank 1982: 344-47을 보라).

2   셸링은 《세계의 시대》에서 이러한 접근 방식을 고찰하지만, 그의 관심은 항상 광기에서 어떻게 합리성이 나올 수 있는지에 있다.

에 대해 말하는 것은 그것을 상호주관적 이해의 영역으로 가져가는 것이므로, 그것에 대해 말할 수도 없다는 것이다. 즉, 이성이 은폐하는 것에 대해 다른 식의 '직관적' 접근이 필요하지만, 그러한 접근은 결코 상호주관적 타당성을 확보할 수 없게 되는 대가를 치러야 한다. 만일 우리가 이러한 접근에 대해 서로 소통할 수 없다면, 나는 당신이 하지 않는 방식으로 내가 실재에 접근할 수 있다고 성공적으로 **주장**할 수 없다.

그렇다고 합리적으로 증명할 수 없는 것에 호소하는 접근법을 그저 무가치하게 본다면 잘못일 것이다. 예를 들어, 극단적 정신 상태나 극단적 상황을 자주 다루는 모더니즘 예술의 원천 중 하나는 기존의 사고방식이 다른 어떤 존재 방식을 억압하고 있다는 확신이다. 이를테면 새롭게, 어쩌면 충격적인 방식으로 전달되어야 하는 더 진정한 존재 방식을 말이다. 이러한 사상을 그저 앞뒤가 맞지 않는 것으로 일축하면 안 되는 또 다른 명백한 이유는 19세기 후반과 20세기 초반에 왜 이러한 사상이 철학과 예술의 주요 특징이 되었는지를 이해할 필요가 있기 때문이다. 그 답은 근대성이 종교를 비롯한 여타 확실성들을 파괴한 것과 관련된다. 앞서 살펴본 것처럼, 이러한 파괴는 새로운 가능성의 방향으로 이끄는 해방으로 느껴질 수도 있고, 방향을 잃게 하는 위협으로 느껴질 수도 있다.

이 시기에 일어난 변화에서 이번에도 핵심적인 또 하나의 요인은 자연 과학이 성공했다는 점이다. 자연 과학은 목적론에 기반한 생각, 즉 자연의 작용에 더 일반적인 목표가 내재해 있다는 생각을 무효하게 만들었다. 개별 법칙을 탐구하기 위해 목적론을 포기한 것은 근대 과학에서 수많은 진보의 원천이지만, 이는 인간과 자연의 관계에서 정합성에 대한 느낌을 상실한 대가로 얻은 것이다. 칸트의 '목적의 왕국'과 같이 인류에게 고유한 목표가 있다는 생각은 과학이 목적론 사상의 유용성을 점점 의문시하면서 더 믿기 어려워진다. 자유와 목적론을 연결하면 도덕적 행동이 더 포괄적인 인간 목표에 이바지한다고 생각할 수 있는데, 이러한 생각이 공격받으면 자유 개념 자체에 의문이 생기게 된다. 자연 과학이 다루는 영역이 넓어짐에 따라, 과학이 말하는 내용으로 환원될 수 없고 목적론과 연결되지 않으면서도 자유와 연결되는 예술과 같은 인간 활동의 필요성도 커진다.

실질적으로 니체의 첫 출간작인 《음악 정신으로부터의 비극의 탄생》(1872)은 이러한 쟁점 중 많은 부분을 탐구한다. 니체는 고전 문헌학자로 학문 경력을 시작했다. 계몽주의 이후 근대 문헌학의 주요 원천이었던 고대 그리스에 대한 독일의 집착은 그리스를 인간 존재의 이상이 있는 곳으로 만들었다. 니체가 한 일 때문에 당시 많은 고전학자가 《탄생》을 거부하게 되었는데, 그 일은 바로 그리스 문화가 우월하다는 생각을 19세기 유럽 문화의 문제점을 내비치는 수단으로 사용한 것이다. 그는 당시 인문학계에 널리 퍼진 그리스 이미지를 파괴하려고 노력함으로써 그렇게 했다. 그는 '그리스의 영광'이 철학자들, 특히 플라톤과 연관된다고 보지 않고, 철학자들이 얄팍한 과학적 합리주의라는 이름으로 더 심오한 그리스 비극의 통찰을 저버렸다고 본다. 니체가 이 저술을 쓴 시기는 과학적 진보가 제공하는 장래성에 대한 낙관주의가 유럽과 미국에 매우 널리 퍼져 있던 때라는 점을 기억하는 것이 중요하다.

비극은 기원전 5세기 아테네 문화가 공동의 신념을 공개적으로 표현한 것이다. 아테네 문화는 위대한 아름다움을 창조했고, 삶에 대해 근본적으로 긍정적인 태도를 만들어 내는 듯했다. 물론 비극의 내용은 근친상간, 부친 살해, 모친 살해, 형제 살해였다. 여기에는 인육 섭취, 신체 절단을 비롯한 온갖 끔찍한 내용이 들어 있다. 요컨대 비극은 사회와 개인이 피하고자 하는 모든 것을 다룬다. 니체는 아름다운 것과 끔찍한 것이 이렇게 공존하는 것이 근대 문화를 더 건강하게 만드는 핵심이라고 여긴다. 실존의 끔찍한 면을 과학적으로 설명함으로써 극복하려 하는 근대 문화는 그가 생각하기에 자기 기만적이다.

《탄생》이 발단한 개념적 기반은 그저 쇼펜하우어의 형이상학을 프리드리히 슐레겔이 처음 사용한 낭만주의의 토포스topos로, 즉 2장에서 살펴본 그리스 신 아폴론과 디오니소스의 관계로 번역한 것에 불과하다(Frank 1982를 보라). 아폴론은 세계를 '표상'으로 나타내고, 디오니소스는 '의지'로 나타낸다. '아폴론적인' 것은 형상의 영역으로, 여기에는 꿈도 포함된다. 즉, 개념적 사유의 재료일 수 있는 것을 모두 포함한다. '디오니소스적인' 것은 취함과 광기의 영역이다. 의지와 마찬가지로 디오니소스적인 것은 '개별화의 원리'의 결과를 파괴한다. 즉, 우리를 우주의 나머지 부분과 분리된 존재로 만들어서 타자로부터 자신을 방어할 방법이 필요하게 만드는 원리의 결과를 파괴한다. 또한 의지와(또는 셸링의 '생산성'과) 마찬가지로 디오니소스적인 것은 그 자체로는 나타날 수 없으며, 그것의 영향만 나타난다. 이렇게 나타나는 것은 대체로 그 기저에 있는 것의 파괴적이고 혼란스러운 본성을 감추기 위한 방법이다. 비극은 실존의 이러한 두 측면 사이의 관계를 표현한다. 비극은 개념적 내용을 전달할 수 있는 단어들로 구성되지만, 그 밑바탕에는 세계 '그 자체'의 본질적인 분열된 성격을 표현하는 음악이 깔려 있다. 이러한 구상은 슐레겔의 《그리스 로마 문학사》(1798)와 1840년대 셸링의 저술들에서 아무런 언급도 없이 '빌려온' 것이다. "다른 순간이 아니라 같은 순간에, 취하면서 동시에 맨정신인 것이 참된 시Poesie의 비밀이다. 이는 아폴론적 열광과 디오니소스적 열광을 구별한다"(Schelling 1856-1861: II/iv. 25).

그리스 비극에 대한 해석으로서 니체의 도식은 많은 것을 시사한다. 비극의 주제는 인간이 완전히 통제할 수 없는 현실에 의해 친족 제도와 같은 인간의 질서 형태가 훼손되는 방식이다. 오이디푸스는 자신도 모르게 아버지를 죽이고 어머니와 근친상간하여 자신의 딸이면서 동시에 누이인 아이들을 낳는다—이 모든 일은 이렇게 되리라는 신탁의 경고를 듣고 이렇게 되지 **않도록** 의도적으로 노력했기 때문이다. 비극은 질서가 파괴되는 것을 극적인 형태로 제시하여 끔찍한 사건들을 담아낼 수 있고, 어떤 면에서는 그러한 사건들을 '구원'하는 것처럼 보이는 표현적 언어로 사건들을 나타낼 수 있다. 사람들이 자신이 상상할 수 있는 최악의 상황을 상징하는 상연을 보러 가는 이유가 달리 무엇이겠는가? 음악과 비극에 대한 니체의 논증은 역사적으로 타당성이 떨어진다. 우리는 그리스 음악에 대해 충분히 알지 못하며, 당시 그리스 음악이 어떤 식으로 경험되었는지도 알 수 없다. 이 논증은 사실 바그너의 악극에 대한 니체의 일시적 열광과 더 관련이 있다. 니체는 바그너의 악극을 "독일 신화 재탄생"(1980: i. 147)의 가능한 원천으로 간주한다.

《탄생》에서 니체는 인간의 지식과 관련하여 우리가 야코비에게서 접한 영향력 있는 문제를 다룬다. 야코비에게 있어, 무언가에 대한 설명을 라이프니츠의 '충족이유율'의 측면에서 근거 지으려는 시도는 설명에 대한 설명이라는 퇴행으로 이어진다. 이는 야코비처럼 자연을 이해 가능한 것으로 만들기 위해 신을 도입하거나, 피히테처럼 '절대적 주체'를 지식의 근거로 삼지 않는 한, 궁극적으로 어떤 주장을 근거 짓는 것은 아무것도 **없다**는 말이다. 이에 대한 대안은 이성이 아무런 토대를 갖지 못하기 때문에 아무런 지배력을 행사할 수 없는 '심연'에 직면하는 것이라고 야코비는 생각한다. 니체가 볼 때 라이프니츠의 원리를 고수하는 사람들은 "사유가 인과율이라는 실타래를 통해 존재의 가장 깊은 심연에 도달한다는 굳건한 믿음"을 신봉하고 있으며, 심지어 사유가 "존재를 **교정**"할 수 있다고 믿는다(같은 책, 99). 니체는 이러한 믿음에 아무런 정당성이 없다고 보고, 항상 과학은 "**예술**로 변해야만 하는" 한계에 이를 것이라고 주장한다(같은 곳). 과학이 실존 사실 자체를 이해 가능하게 만들려고 하면, 결국 아무 의미 없는 실존에 의미를 부여하기 위해 신화에 의지할 수밖에 없다. 신이 세계를 창조함으로써 발생하는 종류의 정당화라는 의미에서, 이러한 '의미'의 결여는 비극을 통해 드러난다.

《탄생》에서 '예술'의 의미는 매우 특수하다. "어떤 형태로든, 특히 종교와 과학의 형태로 예술"(같은 책, 100)이 없다면, 실존을 설명하고 정당화하려는 시도의 공허함으로 인해 삶이 견딜 수 없게 될 것이다. 사람들은 비록 허구일지라도 절대적인 것으로 기능하는 목표가 필요하다. 그 목표가 과학 이론 추구든, 예술 작품 창작이든, 그리스도교 신화 신봉이든, 무엇이든 간에 본질적 차이는 없다. 이 모든 것은 무의미한 실존에 의미를 부여하려는 투사이며, 따라서 모두 '예술'이라는 주장이다. 니체가 도발적으로 과학과 신화를 동일시한 것은 포이어바흐처럼 유한하고 감각적인 개인에게 영향을 미치는 측면에서 세계를 바라보았기 때문이다. 포이어바흐는 자연이 제공하는 본질적으로 상서로운 억압된 가능성이라는 감각에 의존했다. 반면 니체는 존재를 근본적으로 비극적이어서 구원이 필요한 것으로 본다. 그는 "우리가 예술 작품의 의미에서 최고의 존엄을 갖는다 — 왜냐하면 **미적 현상**으로서만 실존과 세계가 영원히 **정당화되기 때문이다**"(같은 책, 47)라고 주장한다. 음악은 이러한 정당화에 결정적이다. 음악은 "개인의 파괴에 대한 기쁨"(같은 책, 108)을 이해하게 해 준다. 음악이 디오니소스적인 근원적 실재의 본질인 불협화음을 전달함으로써 즐거움을 선사하여 우리를 실존의 유한성과 화해시키는 방식으로, 우리는 이러한 기쁨을 경험한다.

니체는 현대 세계에서 문화적 싸움이 "만족할 줄 모르는 낙관적 인식과 예술에 대한 비관적인 욕구" 사이의 싸움이라고 주장한다. 하지만 전자는 후자의 얄팍하고 자기 기만적인 형태에 불과하기 때문에, 니체 작품에서 이 둘은 같은 의미로 사용되어야 한다. 후자는 과학의 진보로 생겨난 지배적인 낙관주의에 억압되어 왔다. 낙관주의는 과학이 확정적인 해답에 이르지 못할 것으로 보인다는 사실을 직시하지 않는다. 과학의 결과가 제1차 세계대전에서 대량 학살이라는 기술로 나타날 때, 많은 사람이 이러한 시각을 매우 선견지명 있는 것으로 보게 될 것이다. 《탄생》 후반부에서 니체는 바그너의 악극이 합리성이 한계에 직면한 결과인 신화의 부활을 제시하고 있다고 논증하려 한다. 이런 차원의 논증은 매우 의심스럽다. 이후 역사가 보여 주듯이, 근대성 변혁에 필요한 신화를 창조해 낼 "찬란하고 내적으로 건강하며 오래된 힘"(같은 책, 146)을 기원하는 것은 자기기만에 불과하다. 그러한 힘에 기반한 것과 그렇지 않은 것이 무엇인지 어떻게 인식할 수 있는가? 특정 민족이나 인종이 이러한 힘을 가지고 있고 따라서 다른 인종에게는 없다고 답한다면, 이러한 형태로 신화가 부활하는 것은 분명 파국에 이를 것이다.

소설, 수사학, 논증

니체는 이후 작품에서 《탄생》에서의 구상을 지지하지 않는다. 독일 신화 및 이와 관련된 민족주의가 새로운 의미를 창출할 자원이라는 생각으로 돌아가는 경우도 설사 있다 해도 거의 없다. 《탄생》의 폭넓은 주제와 관련해 그가 생각을 바꾼 까닭은 우리가 이미 마주한 근대성이 지닌 양가적 특성 때문이다. 근대성이 해방보다 더 위협적이라는 생각은 《탄생》에서 근대성을 '구원' 내지 '정당화'되어야 하는 근본 공포의 계시라는 측면에서 이해한다는 의미다. 쇼펜하우어와 《탄생》의 니체는 신학을 거부하지만, 둘 다 신학을 신학과 거의 같은 역할을 하는 무언가로, 즉 '구원'과 '정당화'*라는 어휘로 대체하려 한다. 이들은 실존이 본유적으로 문제이며, 예술과 같은 형태의 형이상학이 이에 대한 답이 되어야 한다고 가정한다.

근대성이라는 대안적 사고는 근대성이 미신으로부터, 합리적 타당성이 없는 권위로부터 사람들을 해방하여 무한한 기회를 열어 준다고 여긴다. 이러한 측면에서는 근대성이 실제 상실을 수반한다고 생각할 이유가 없는데, 결국 '상실'한 것이 환상이었기 때문이다. 상실감이 존재하지 않았던 것에 대한 상실감이라면, 사물을 바라보는 새로운 방식에 관한 논증의 일환으로 상실감을 사용함으로써 얻을 이점은 없다. 미국 철학자 새뮤얼 휠러는 이런 맥락에서 "모든 경우에 필연적인 결핍인, 그래서 오직 불가능한 꿈과만 관련된 결핍인, 그런 결핍에 대한 비탄"(Wheeler 2000: 118)에 관해 이야기했다. 따라서 같은 종류의 환상을 다른 형태로 선전함으로써 이전의 세계관이 여전히 현대적 관점을 오염시키고 있는 방식을 모두 드러내는 것에 관심을 두어야 한다. 이러한 생각의 한 가지 형태는 포이어바흐와 마르크스의 종교 비판을 촉발했다. 니체는 《탄생》이 인간 실존의 유한성에 대항할 형이상학적 대응을 요구하기 때문에, 《탄생》 자체가 자신이 극복하고자 하는 근대 문화 문제의 증상일 수 있겠다고 생각하게 된다. 하지만 이러한 문제에 대한 그의 새로운 접근 방식은

● 옮긴이 주: 니체 번역에서 보통 '정당화'로 옮기는 이 말(justification)은 그리스도교 신학에서는 '의화' 또는 '칭의'로 옮기며, 신의 은총으로 죄인이 의롭게 된다(또는 의롭다 칭해진다)는 의미다. 이와 같이 저자가 나란히 쓴 구원/구속(redemption)과 연결되는 말이다. cf. "신들은 … 인간의 삶을 정당화한다"(Nietzsche 1980: i. 36; 《탄생》 3절).

포이어바흐와 마르크스를 되울리는 경우도 많지만, 또한 그들과 상당히 다르기도 하다. 게다가 니체는 토대를 이루는 형이상학적 입장들의 실패 결과를 과장하고 있다.

신학적 토대를 대체할 형이상학적 토대를 찾는 것은 종종 신뢰할 수 있는 지식의 새로운 근거로 주체가 격상되는 것과 관련된다. 동시에, 그 토대는 궁극적 토대라는 관념을 확신하지 못하는 사람들에게 반복적으로 공격받는다. 실천 이성의 차원에서도 칸트의 이성적 자기 결정이라는 명백히 토대적인 관념은 그저 규제적 관념에 불과한 것으로 해석될 수 있다. 그것은 도덕적으로 행동하고자 노력할 때 지침이 될 만한 것이지, 실제로 도덕 법칙의 '예지적' 원천으로 나타날 수 있는 것은 아닐 것이다. 하지만 규제적 관념을 포함한 **모든** 토대 개념이 **그저** 허구에 불과하며, 그런 관념을 따라 사유하고 행동하라는 요구를 궁극적으로 뒷받침할 수 있는 것이 없다는 사실을 감추기 위해 사용되는 '고결한 거짓말'이라면? 1870년대 후반의 어느 시점부터 니체는 이러한 가능성을 '신의 죽음'이라는 측면에서 본다.

그가 이 새로운 발상을 어떻게 펼쳐 내는지 살펴보기 전에, 근본 문제 하나를 간략히 언급해야 한다. 세계에 관한 우리의 믿음이 모두 허구라는 주장은 회의주의와 상대주의에 관한 표준 반론에 답해야 한다. 저 주장을 참이라고 가정하면, 저 주장은 실제로 거짓 주장이 된다. 저 주장 자체가 실재에 관한 하나의 믿음으로서 **참**이라고 가정되어야 하고, 따라서 허구가 **아니기** 때문이다. 이렇게 하면 문제가 꽤 결정적으로 해결된 것처럼 보인다. 하지만 문제가 그렇게 간단하지 않다. 우리의 모든 믿음이 실제로 허구라는 주장 자체는 진리 대응론에 의존한다고 볼 수 있다. 즉, 우리의 관념이나 진술이 우리의 관념이나 진술과 독립적으로 존재하는 것을 표현하지 않기 때문에 실재에 '대응'하지 못한다는 것이다. 하지만 대응론이 그럴듯한 진리 이론이 아니라면? 진술과 사물이 대응한다는 발상은 실제로 무의미할 수 있다. 왜냐하면 우리가 현실에 관하여 하는 말과 완전히 분리된 어떠한 현실 영역도 있을 수 없기 때문이다. 어떤 영역에 대해 생각하는 것조차 불가피하게 언어로 일어난다. 우리는 우리가 한 말이 그 말에 상응하는 세계를 통해 언어 외적으로 확인되는지를 보려고 언어 바깥으로 나갈 수 없다. 이것이 사실일 수 있는 이유는 세계에 관한 생각이 갈라질 수 있는 방법의 수가 확인 불가능할 정도로 많다는 것이다. 따라서 우리가 하는 사물에 관한 모든 새로운 표현이, 저기 바깥에서 '대응되기를' 기다리는 사물 안에 이미 어떻게든 있다고 가정하는 것은 설득력이 없다. 이러한 가정은 사물에 대한 신적 관점에 달려 있다. 하만과 헤르더는 언어가 단순히 이미 존재하는 것을 '표상'하는 것이 아니라 창조적 요소까지 포함하여 '세계를 드러내는' 것이며, 또한 특정 사회에서의 인간 행동의 산물이라고 주장했다. 그렇다면 대응 이론은 우리가 무언가에 대해 완전히 새로운 방식으로 말할 때, 어떻게 우리가 그것을 참이라고 생각하게 되는지를 이해하는 데 도움이 되지 않는다.

우리가 진리의 측면에서─진리는 단어를 사용하여 무언가를 의미할 가능성과 연관된 것으로 보인다─생각하지 않고는 지나갈 수 없다는 점을 고려할 때, 진술과 사물이 대응한다는 아마도 비정합적인 관념을 포기한다면, 그것은 그렇게 큰 문제가 아닐 수도 있다. 《탄생》이후 저술에서 이러한 문제에 대한 니체의 반응은 결코 일관적이지 않다. 진리에 대한 우리 신념의 환상적 본질에 관한 중대한 이야기를 하고자 하는 욕망에서, 진리에 관한 대부분의 철학적 논쟁의 이러한 측면 자체를 우회하려는 훨씬 더 흥미로운 시도에 이르기까지 말이다. 여기서 최악인 부분을 꼽자면, 그가 많은 측면에서 망상에 기반했다고 본 서구 문명에서 이 문제가 신기원을 이룬 변화라고 그가 과장한 점이다. 반면 가장 좋은 부분을 꼽자면, 그의 글은 철학이 모든 것을 포괄하는 형이상학을 열망하다 실패했다는 생각에 대한 반응으로 나올 다양한 가능성을 보여 준다는 점이다.

1870년대에 니체의 글쓰기가 발전하면서 문체와 수사학의 역할이 상당히 커진다. 니체가 마침내 명성을 얻게 될 작품들은—하지만 1890년에 그가 미치기 전에는 그의 작품들이 거의 팔리지 않았다는 점을 기억할 필요가 있다—재치, 수사학, 통찰력이 매우 잘 드러난다. 그러나 이 작품들은 종종 호통치며 강박적으로 호언장담하는 것으로 넘어가기도 하는데, 이는 니체의 정치적 입장과 그것이 근대 역사에 미친 영향에 대한 정당한 우려의 원인이기도 하다. 이 작품들이 각각 오로지 하나의 주요 주제만 추구하는 것이 아니기에, 몇몇 지배적인 주제들이 니체의 작품 전체에서 어떻게 전개되는지 고찰하는 것이 가장 좋다.

니체의 주요 작품 중 다음과 같은 몇몇 제목을 보면(더불어 초판 출간일을 보면), 의제를 설정하는 데 도움이 될 수 있다.《즐거운 학문》 (1882, 확장판 1887),《선악의 저편》(1886),《도덕의 계보》(1887),《안티크리스트》(1894). 그는 자연 과학의 역할을, 그리고 기존 도덕 개념을 뛰어넘으려는 시도를, 그리고 이와 연결된 그리스도교에 대한 반대를 다른 다양한 문제와 함께 비체계적인 방식으로 탐구한다. 텍스트는 대개 짧은 절로 구성되고, 여기에 시⁕나 아포리즘 모음이 산발적으로 들어가 있다. 절들은 주제로 서로 직접적으로 연결될 때도 있고 그렇지 않은 때도 있다. 우리는 2장에서 하만이 '수행적' 사상가였다는 사실을 고려했는데, 왜냐하면 그가 표상으로서의 언어보다 세계에서 창조를 드러내는 행위로서의 언어에 더 관심을 두었기 때문이다. 니체도 분명 이러한 결을 따른다. 니체의 텍스트가 그 주장하는 바를 뒷받침하는 체계적인 논증을 진행하지 않는다는 점 자체가 그 텍스트가 전달하는 메시지의 한 부분이다.

오늘날에도 철학의 주요 목표를 완전한 투명성으로 상정하는 철학자가 많다. 철학적 문제에 대한 만족할 만한 명확한 답에 이를 때까지 논증과 반론이 진행되어야 한다. 플라톤 이래로 철학에서는 수사학, 즉 '설득의 기술'을 미심쩍게 생각했다. 철학은 듣는 사람을 그저 현혹하는 '진리'가 아니라, 자명하고 순수한 진리에 도달해야 하는 것으로 여겨진다. 니체가 볼 때 철학이 실제로 이러한 방법으로 자명한 진리에 도달할 것 같지 않다는 게 그야말로 문제였다. 철학이 결국 그렇게 되지 않을 것이라고 **필연적으로** 말할 수는 없지만 (니체는 때때로 그렇게 주장하기도 한다), 플라톤 이래로 철학의 역사를 통해 추론해 보면 이 방법이 잘못되었다고 짐작할 수 있다. 철학적 입장은 널리 채택되었다가도 얼마 지나지 않아 거부되기도 하고, 한참 지나서 다시 받아들여지기도 한다. 일반적으로 한번 반박된 이론은 계속 반박된 상태인 자연 과학과는 달리, 여러 철학 이론은 최종적인 반박이 없을 것으로 보인다.

중요한 물음은 주로 논증과 반론으로 이루어지는 식의 철학을 포기한다면 어떻게 해야 하는가다. 한 가지 우려되는 점은 이것이 자칫 부당한 주장을 제멋대로 펼치는 쪽으로 이어질 수 있다는 것이다. 이는 종교 근본주의자의 입장일 수도 있고, 때때로 니체의 입장이기도 하다. 물론 철학적 논증을 포기해야 한다는 주장이 일관성 있을 수는 없다. 그러한 시도는 '수행적 모순'에 빠진다. 즉, 어떤 식으로 주장하는 것이 그 주장의 내용과 모순되는 것이다. 그러나 주장 및 논증들을 전적으로 서로 일관성 있게 만든다고 해서 자기 정당화가 되는 것은 아니다. 단순한 일관성은 편집증의 특징일 수도 있다. 즉, 자신이 생각하는 모든 것이 서로 일관적이지만, 사태를 바라보는 다른 사람의 관점과는 위험할 정도로 상충할 수도 있다. 게다가 우리는 다른 맥락에서는 말을 바꿔서 다른 주장을 펼칠 때도 있다. 왜냐하면 각각의 맥락에서 자신이 얻어 내고자 하는 것이 다르기 때문이다. 이는 창피한 일일 수도 있지만, 누구나 한 번쯤 자신이 그랬던 것을 불현듯 깨닫게 될 수 있다.

일관적이어야 한다는 의무를 흥미롭거나, 도발적이거나, 목표를 달성하는 것보다 덜 중요할 수 있는 여러 요구 중 하나에 불과하다고 보는 **철학자**를 어떻게 봐야 할 것인가? 그는 '철학자'라는 지위를 상실한 것인가? 그것이 문제가 되는가? 니체 텍스트의 난점은 마치 그가 토론을 좋아한다는 의미의 철학자라는 듯이 그의 저술을 읽으면 그가 비일관적임을 보여 주기가 매우 쉽다는 것이다. 마치

이 사실이 가장 중요한 문제인 것처럼 이 사실에 집중하면 더 중요한 것을 놓칠 수 있다. 그러나 동시에 전통적인 철학자의 방식으로, 니체의 논증이 단순히 정당하지 않다고 하는 것이 중요해 보이는 지점도 많다. 그래서 수행적 측면에서 가장 잘 이해될 수 있는 사상가가 제기한 문제들에는 쉽게 답할 수 없다. 그런 텍스트들은 이를테면 저자가 실제로 믿지 않는 것을 말함으로써 독자의 반응을 부추기려 하는 것일 수도 있다. 이 경우 그 논증에 반대하는 것은, 순전히 농담으로 의도한 것을 진지하게 받아들이면 덜떨어져 보이는 것과 같이, 텍스트가 설정한 함정에 빠진다는 의미일 뿐이다. 한 가지 전략은 니체의 텍스트에서 일어나고 있는 많은 것들이 실제로 논증보다 수행에 가깝다는 점을 받아들이되, 수행이 아이러니로 혹은 순전히 수행적으로 이해될 수 없는 종류의 주장으로 바뀌는 순간을 주의 깊게 살펴보는 것이다. 또 다른 전략은 그의 글의 이념적 맥락을 염두에 두는 것이다. 《탄생》 이후의 니체를 독일 민족주의자로 간주할 수는 없지만, 그의 엘리트주의와 그가 사회 문제를 마치 생물학적 문제인 것처럼―예컨대 사회와 문화가 '병'들 수 있다는 생각과 관련하여―간주하는 경향은 19세기 후반의 반동적 사상에 상당히 만연한 부분이다. 이러한 사상은 20세기 나치즘과 반민주주의 운동에 반영되어 있다. 하지만 그러한 사상은 니체가 창안한 것도 아니고 진지한 철학적 관심사도 아니다.

가치 재평가

종교가 인간 발전의 장애물이라는 전제는 《탄생》 이후 니체의 주요 저작에서 핵심으로, 청년 헤겔주의자들을 메아리처럼 되울리고 있지만, 이 전제에서 니체가 도출하는 결과들은 그들과 매우 다른 경우가 다반사다. 니체가 이 전제를 다루는 방식은 '광인'에 관한 내용을 담고 있는 《즐거운 학문》 3부 125절을 통해 설명될 수 있다. 이 사람은 대낮에 등불을 들고 시장에 와서 "신은 죽었다"라고, 그리고 이는 지독한 대참사라고, 이는 인류의 탓이라고 선언한다. 이 구절의 쟁점은 궁극적 권위로 보장되는 것이 없는 세계에 대한 반응이다. 위험과 기회라는 근대성의 이중적 측면이 여기서 다시 드러난다. 동시에 이러한 문제들이 나타나는 **방식**은 단호하다.

이 텍스트를 해석하는 일은 니체가 제기한 도전을 보여 준다. 우선 이 텍스트의 앞뒤에 있는 나머지 텍스트에 대해 알고 있어야 한다. 3부는 부처가 죽었을 때 "그의 그림자가 수 세기 동안 동굴에서 보였다"는 사실을 반영하는 짧은 절로 시작한다. 그런 다음 텍스트는 "신은 죽었"지만 부처의 경우와 비슷한 일이 수천 년 동안 일어날 수 있으므로, "우리는 그의 그림자도 정복해야 한다"(Nietzsche 1980: iii. 467)고 대담하게 주장한다. 이 텍스트는 신학을 그 모든 변형까지 극복하는 것이 그 과제이며, 그것이 매우 어려운 과제일 것이라는 점에 의심의 여지를 두지 않는다. 이어지는 절에서는 사물에 질서를 부여하는 인간의 방식에 맞춘 자연에 관한 모든 종류의 형이상학적 설명을 공격한다. 이 모든 생각이 사물에 내재된 질서를 전제로 한다는 점에서 신의 그림자라고 주장한 것이다. 이러한 전제는 자연에서 정말로 새로운 자원을 도출하는 것을 방해하는데, 왜냐하면 그것들이 신학의 잔재로 항상 오염되기 때문이다. 니체는 자연이 '법칙들'이 아니라 '필연들'로 구성된다고 주장하는 것 말고는 여기서 말하는 자연이 어떤 의미인지 말하지 않는다. 법칙은 또 다른 형태의 신인동형론적 투사이며, 법 수여자를 필요로 한다. 바로 이것이 그가 제거하고자 하는 세계에 대한 관념이다.

이 구절은 두 가지 방식으로 이해할 수 있다. 한 가지 방식은 본질상 비판적인 것인데, 자연에 대한 어떤 대안적인 긍정적 설명도 제공하지 않는 것이다. 왜냐하면 자연에 대한 긍정적 설명은 우리가 자연을 경험하는 방식을 제한하는 틀을 부과함으로써 형이상학의 문제를 반복할 수 있기 때문이다. 또 다른 방식은 다음 절에서, 니체가 '삶'에서 '인식의 기원'을 고려할 때 분명하게 드러난다. 인식은 자연의 다른 부분을 통제하는 힘이다. 여기서 사유는 주로 진리를 탐구하는 것이 아니라 자기 보존의 기반으로 여겨진다. 진리는 자기 보존에 이바지할 때만 중요하다. "인식이 수단 이상의 것이 되고자 하는 것은 역사상 새로운 것이다"(같은 책, 480). 이 구절은 일어나는 모든 일의 근저에 어떤 본질적 동기가 있다고 상정하는 긍정적 이론의 방향을 가리킨다. 이러한 발상은 나중에 '힘에의 의지' 이론을 살펴볼 때 좀 더 고찰해 볼 것이다.

125절에 이를 때까지 니체는—이 절을 설명하기 위한 맥락으로 두 가지 예를 들면—순수 사유로서의 논리의 본질에 대해 묻기도 하고, 인과 개념이 인간의 자연 통제를 목적으로 하는 신인동형론이라고 주장하기도 한다. 125절 바로 앞에는 철학적 토대가 없는 삶에 대한 다음과 같은 은유적 성찰이 나온다. "우리는 육지를 떠나 배에 탔다." 이 배는—초기 낭만주의를 되울린다—끝없는 여행 중이고, "이제 '육지'가 없기" 때문에 고향이 그립다는 생각은 위험하다(같은 책, 480). 앞서 살펴본 것처럼 급진적인 반토대론적 접근은 잃어버린 것에 호소할 수 없는데, 왜냐하면 토대론이 그저 환상이나 투사에 지나지 않는다고 전제하기 때문이다. 따라서 이 여행은 흥미진진하면서도 두렵다고 여겨지는데, 앞으로 무엇이 나타날지에 대한 보장이 없기 때문이다. 하지만 보장이 없다는 것 자체는 긍정적일 수도 있고 부정적일 수도 있다. 방금 스케치한 발상의 맥락에서, 우리가 신을 '죽인' 끔찍한 결과에 대한 광인의 통찰은 이 텍스트가 반대하는 태도를 예시하는 것이 분명해 보인다. 신을 믿지 않는 것으로 묘사된 시장 사람들은 두려움으로 반응하지 않는다. 처음에는 웃다가, 광인이 신이 뒷받침하지 않는 세계에 관한 끔찍한 통찰을 그려내자, 사람들은 그저 당황할 뿐인데, 이는 광인의 행동거지 때문일 수도 있다.

그러나 광인이 그린 비전은 근대 과학적 우주관의 결과 일부를 요약하고 있으며, 이 결과들은 여러 관점에서 혼란을 일으키고 **있다**. 이 관점에 따르면 우리는 특별할 게 없는 어떤 은하계에 자리한 임의의 별을 도는 하찮은 행성에 있다. 게다가 엔트로피의 결과는 이우주가 결국 생명과 발전이 사라지고 정체 상태에 빠지게 될 것을 의미한다. 19세기 후반에는 '우주의 열 죽음'에 관한 우려가 널리 퍼졌다.[3] 니체 텍스트의 노련함은 독자가 이 상황에 반응하도록 도전하는 방식에 있다. 이는 두렵게 느껴질 수도 있지만, 장기적으로 아무것도 중요하지 않다고 생각하는 것이 **도움**이 될 수도 있다. 이러한 깨달음은 지금 당장 삶을 충만하게 살아야 한다는 요구로 이어질 수도 있지만, 어떤 신도들에게는 트라우마적인 충격이 되어 불신이 시작되고 완전히 방향을 상실할 수도 있다. 후자의 반응은 니체가 '허무주의'nihilism라고 부른 것의 일부로, 환상으로 판명 날 형이상학적 신념들을 고수한 **결과**다. 허무주의를 피한다는 것은 잃을 것이 없도록 애초에 그런 위안을 주는 허구에 빠져들지 않는다는 의미다. 니체는 130절에서 "세계를 추악하고 나쁜 것으로 보려는 그리스도교의 결정이 세계를 추악하고 나쁘게 만들었다"(같은 책, 485)고 주장한다. 그렇다면 문제는 어떻게 그리스도교가 가져온 왜곡 없이 세계를 바라보는가다. 따라서 세계가 더 이상 추악해지지 않기를 희망한다. 하지만 세계의 아름다움은 위안을 주는 아름다움일 수 없는데, 왜냐하면 우주에는 더 이상 이러한 점에 대해 본유적으로 위안을 줄 수 있는 것이 없기 때문이다.

문제는 어떻게 하면 세계가 '추악하고 나쁜 것'이기를 멈출 수 있는지가 가치 평가적 물음이라는 점이다. 칸트가 정언 명령으로 제공하고자 했던 것과 같은 가치 평가의 토대가 없다면, 가치에 대한 합

---

3 온라인 풍자 누리집 〈디 어니언〉(the onion)은 캔자스주 그리스도교 근본주의자들이 역사 현상을 설명하는 열역학 제2법칙을 폐기하고자 하는 노력에 관한 놀라운 풍자 이야기를 다음과 같이 소개한다. 캔자스주 상원의원 윌 블랜차드는 "나는 내 아이가 열 죽음과 진공 상태로 용해되는 세계에서 자라는 것을 바라지 않는다. … 제대로 된 부모라면 이를 바라지 않을 것이다." http://www.theonion.com/onion3631/christian_right_lobbies.html.

의는 매우 어렵다. 《선악의 저편》, 《도덕의 계보》와 같은 책 제목 자체가 니체가 취하는 방향을 내비친다. 그는 한편으로 그리스도교와 관련된 도덕성을 초월하고자 한다. 그는 이 작업을 '모든 가치의 재평가'라는 측면에서 이야기한다. 다른 한편으로는 그리스도교 도덕이 왜 지금과 같은 식인지를 규명하고자 한다. 이 두 가지 과제를 서로 조화시키기란 쉽지 않다. 니체는 역사적 해석을 수반하는 후자를 설명하는 것과 도덕에 새로운 기반을 요구하는 전자를 시도하는 것을 종종 융합한다. 니체 본인이 말했듯이 어떤 것이 어떻게 생겨났는지 말하는 것만으로는 다른 상황에서 그것의 본질이 무엇인지 특징짓기에 충분하지 않다. 따라서 도덕성에 관한 '계보적' 설명은 몇 가지 핵심 철학적 물음을 재-평가하는 중요한 방법을 제공하면서, 동시에 상당한 난점을 수반한다.

니체의 몇몇 접근 방식의 문제는 《아침놀》(1881)의 한 구절에 드러난다. 거기서 그는 "우리의 도덕 판단과 평가조차도 우리에게 알려지지 않은 생리학적 과정에 관한 이미지와 환상, 즉 특정 신경 자극을 지칭하는 일종의 습관화된 언어에 불과하다"(같은 책, 113)라고 주장한다. 따라서 의식적 사고는 "알려지지 않았고 아마 알 수도 없지만 느낄 수는 있는 텍스트에 관한 다소 환상적인 해설"(같은 곳)이다. 그런데 그는 이미 이 '텍스트'가 신경계에 관한 생리학이라고 말했는데, 이는 과학적 이론에 근거한 지식에 관한 긍정적 주장이다. 그러나 이 주장은 추정컨대 우리의 다른 의식적 사고와 같은 지위에 있는 것이고, 따라서 그 자체가 또 하나의 해석에 불과하다. 니체에게 해석은 유기체 내의 다양한 충동들이 주목을 끌기 위해 경쟁하는 측면에서 이루어진다. 특정 현상과 관련하여 우리 자신의 어떤 측면이 지배적인 역할을 하느냐에 따라 우리가 주목하는 것도 달라진다. 우리는 사람을 생리학적 과정의 덩어리, 성적 욕망의 대상, 동정의 대상, 분노의 대상이나 그 밖의 여러 가지로 볼 수 있다. 이 중에서 어떤 것이 우세한지는 어떻게 결정되는가? 니체의 구상에서 핵심인 이 문제를 감안할 때, **그가** 자신이 한 해석을 선택하는 근거는 무엇인가?

니체의 '생리학적 과정'에 관한 생각과 유사한 입장을 현대 철학에서 접할 수 있다. 우리의 일상적 욕망, 열망, 도덕적 괴로움 등이 '민속 심리학' 영역의 일부에 불과하다고 생각하는 사람들의 주장에서 말이다. 실제로 이러한 욕망 등의 실재는 디지털 컴퓨터와 유사하게 생각되는 뇌와 신경계의 기능으로 구성된다. 니체의 요지는 이런 식의 환원주의와 관련된 입장보다 다소 더 복잡하긴 하지만—'느낄' 수 있는 '텍스트'에 관한 언급이 이점을 분명히 한다—기껏해야 역설일 뿐이다. 우리의 도덕 판단은 뇌와 신체의 생리적 과정 없이는 일어나지 않을 게 분명하지만, 그래서 도덕 판단이 실제로 심리적일 **뿐**이라고 말하는 것, 즉 필요조건이 충분조건이기도 하다고 말하는 것은 완전히 다른 문제다. 칸트는 비록 결정된 현상의 영역으로부터 윤리적 영역이 완전히 독립적이라는 생각으로 우리를 납득시키지는 못하더라도, 전자를 후자로 환원하는 것이 타당하지 않음을 보여 준다. 만일 도덕적 딜레마가 둘 이상의 생화학 반응 중 어떤 것이 유기체에 일어날지에 대한 불확실성으로만 이루어져 있다면, 우리는 도덕적 딜레마가 무엇**인지**조차 이해하지 못할 것이다.

도덕 술어들은 물리적 술어들과 다른 질서로 되어 있다. 도덕적 술어가 그저 환상에 불과하다고 선언하지 않는 한, 후자에서 전자를 얻어 낸다는 것은 있을 법하지 않은 명제로 보인다. 심지어 그렇게 선언하더라도 그러한 주장이 의미하는 바를 이해할 수 있으려면, 도덕 술어와 관련하여 **무엇이** 그저 환상에 불과한 것인지를 말할 수 있어야 하는데, 이는 지금 부인하고 있는 것, 즉 단지 물리적 사실이 아닌 도덕적인 것을 전제로 한다. 니체는 《아침놀》에서 보여 준 식의 문제 있는 논증을 이후 여러 저술에서 사용한다. 그러나 그의 주장 중 또 다른 차원이 더 흥미로운 것을 드러낸다.

계보 그리고 힘에의 의지

우리는 도덕의 기원을 설명하려는 여러 형태의 시도를 접했다. 상호주관성의 기원에 관한 피히테의 설명에서도 접했고, 《현상학》에서 헤겔이 '욕망'에서 상호 인정으로 나아가는 것에서도 접했다. 이 두 설명은 모두 윤리적 삶의 역사를 바탕으로, 윤리적 관계의 발전에서 일반적 패턴이 규명될 수 있다고 가정한다. 기존 권위에 호소할 수 없는 탈전통적 맥락에서 개인과 사회의 이해관계를 조정하는 데는 어려움이 따르지만, 그 모든 어려움에도 불구하고 근대는 과거보다 진전된 것으로, 더 많은 도덕 발전의 가능성을 제공하는 것으로 간주된다. 니체는 이러한 전체 그림을 깸으로써, 근대 독일 철학에서 다음과 같은 사상가들 사이에서 근본적 분열을 만드는 데 기여했다.

(1) 도덕적 진보를 허용하는 칸트와 헤겔 전통의 합리적 목표를 유지하고자 하는 사상가들. (2) 합리론 전통이 윤리에 대한 형이상학적인 설명(은밀하게 신학에 의존하거나, 자기 결정 능력이 있다고들 하나 실제로는 그렇지 않은 주체의 입법적 역할에 의존하는 설명)을 고집하고 있다고 주장하는 사상가들. 이 분열의 급진성은 19세기의 역사적 변화에 대한 매우 다양한 반응과 어떤 면에서는 분명히 관련된다. 이 시기에 새로운 사회 통합에 대한 희망은 자본주의의 발전, 도시 생활의 급속한 확장, 그로 인한 사회적 적대감이 그러한 통합을 불가능하게 한다는 의견의 먹잇감이 되곤 했다. 이러한 역사적 발전은 흔히 '대중 사회'로 불리는 것을 생산했고, 이것은 니체의 주요 표적 중 하나다. 예를 들어, 민주적인 지지를 받아 더 나은 교육이 이용 가능해지고 널리 보급되는 것, 사회적 유동성을 창출하는 더 공정한 방식이 도입되는 것이 문화적으로 더 빈곤한 사회가 아니라 더 나은 사회를 낳을 수 있다는 생각을 니체는 거부한다.

이런 맥락에 있는 니체의 논증들은 도덕관념의 원천에 대한 자신의 대안적 설명에 의존한다. 여기서 그는 매우 눈에 띄는 개념적 전환을 시도한다. 형이상학적 토대가 없으면 앞서 살펴본 것처럼 도덕이 본질적으로 임의적인 것이 될 위험이 있다. 도덕의 기원에 관해 이야기하는 것조차도 도덕이라는 용어에 통일된 의미가 없을 수 있다는 문제가 따른다. 그리스도교에서 유래한 근대 서구의 방식으로 사유하면, 칸트, 피히테, 헤겔이 생각했던 대로 도덕은 다른 모든 이성적 존재에 대한 존중과 관련된다.[4] 물론 니체는 바로 그리스도교가 이 영역의 문제라고 생각한다. 이는 그리스도교를 바탕으로 도덕의 기원에 관한 역사를 구성할 수 없다는 의미다. 그러나 가치에 대한 대안적 토대를 언급하지 않고, 가치의 원천에 관해 설명할 수 있을까? 이 문제에 대한 니체의 대답 중 하나는 여러 면에서 매우 강력하다. 그는 도덕의 가치 자체가 무엇인지 묻는다. 도덕과 가치가 같은 외연을 가진 것처럼 보일 수 있기 때문에, 이 물음은 역설적으로 보일 수 있다. 이 역설에 대한 한 가지 대답은 '가치'가 의미하는 바와 '도덕'이 의미하는 바를 구분하고, 후자를 자기 부인, 타인에 대한 친절 등과 같은 그리스도교 도덕과 동일시하는 것이다. 여기서 이러한 속성의 가치가 무엇일지 묻는 것은 타당하다. 예컨대 이러한 속성은 결국 사람들을 병들게 하는 식의 자기 부인으로 쉽게 이어질 수 있다. 동시에 무엇이 가치를 가치이게끔 하는지 묻는 것이 중요한데, 그 대답에는 어떤 것을 다른 것보다 선호하는 기준이 되는 근거 같은 것이 필요하기 때문이다. 칸트의 '정언 명령'은 모든 이성적 존재의 도덕적 평등을 그러한 근거로 상정한다. 물론 문제는 이 근거가 실제로 어디까지 보편적이라 할 수 있느냐는 것이다.《계보》에서 니체는 도덕의 기원을 살펴보는 유일한 방법은 도덕 **언어**의 측면에서 살펴보는 것이라고 주장한다.

방금 개관한 딜레마에서 니체가 벗어나는 방법은 다양한 언어에서 도덕적 술어의 어원을 고찰하는 것이다. 그는 '선'이라는 단어의 의미가 변하는 경향이 공통적으로 있다고 주장한다. 처음에 '선'은 '고귀한'과 연관되었고 '나쁜'은 '평범한'과 연관되었지만, 그리스도

---

4   이는 이성적이지 않은 존재—동물—를 적절하게 다루지 못해서 오늘날 때때로 이의가 제기되는 이유 중 하나다.

교 도덕에 익숙한 방향으로 의미가 변해서, 선이 '비이기적'unegoistic을 의미하게 된다. 사회 특권층이 그들 **실상**의 관점에서 '선'을 정의하는 대신, 고귀하지 않은, 특권층이 아닌 사람들이 이 단어를 정의하게 되었고, 따라서 이 단어는 이런 사람들의 실상을 반영한다고 추정되는 관점에서 정의된 것이다. 이 논증의 어떤 역사적 측면들은 옹호될 수 있을지 몰라도, 이런 식으로 사람을 분류하는 것은 항상 위험하다. 니체를 옹호하는 사람들은 그가 '유대인'에 관해 이야기할 때는 어떤 측면에서 매우 반유대주의자에 근접하지만, 반유대주의자는 아니라고 주장한다. 하지만 그는 대개 기본적으로 인종차별적 방식으로 논증한다. 예컨대 《계보》의 제1논문 5절이 그렇다. 그는 여기서 나중에 우위를 점하게 되는 '열등한' 인종의 검은 머리와 피부색에 주목하고, 사회적 특성이 한 '인종'이 가지고 있는 속성과 어떤 식으로든 관련된다고 제안한다.[5] 이런 식으로 인종과 문화를 의도적으로 융합하는 것은 그 시대의 특징이지만, 이것이 도덕적 술어에 관한 역사적 주장을 뒷받침해 주지는 않는다.

그렇다면 도덕의 기원에 관한 그의 중요한 논증은 무엇인가? 간단한 대답은 도덕 개념이 어떻게 발전할 수 있었는지에 관한 문제를 언급하지 않기 위해, 니체는 도덕 개념이 초기에는 자기주장의 한 형태라고 결정짓는다. 도덕 개념은 이를테면 권력자가 자신이 가치 있게 여기는 것을, 곧 자기 자신을 도덕적으로 우월한 것으로 칭하

---

5   니체의 주장이 누군가에게 그럴듯해 보일 경우, 모든 생물학적 증거가 인종 개념 자체가 신화임을 지적하고 있다는 점을 기억할 필요가 있다. 호모 사피엔스는 아마도 아프리카에 한 근원이 있는 종으로 보이며, 따라서 우리 모두는 서로 관련된다. 우리의 차이는 문화, 지리 등에서 비롯된 결과다.

는 형태다. 그는 도덕 개념을 이렇게 "이름을 수여할 수 있는 주인의 권리"이자 "지배자의 힘을 표현한 것"(1980: V. 260)이라고 언어 자체와 연결하여 말한다. 이는 통찰력이 있는 동시에 미심쩍은 부분이다. 도덕관념의 기원을 실제로 이해하려면 한 문화권에서 평가의 언어가 어떻게 발전했는지를 조사하는 것으로 시작해야 한다. 그렇지 않으면 자기 자신의 가치 개념을 그 문화에 부과해서 그 문화를 이해하지 못할 위험이 있다. 게다가 초기 증거에 관하여 제시할 만한 또 다른 출전이 있는지도 불분명하다. 도덕이 도덕 감정에 의존한다고 생각한다면, 도덕 감정은 언어로 전달될 필요가 있다. 그러나 낯선 종류의 도덕이 있고, 그 도덕이 의존하는 도덕 감정에 우리가 전혀 다가가지 못한다면, 낯선 종류의 도덕을 우리가 이해하겠느냐고 물을 수 있다. 그럼에도 니체의 논증은 더 넓은 다음과 같은 발언의 맥락에서 살펴볼 필요가 있다. 《저편》에서 니체는 "선하고 건강한 귀족"은 "불완전한 사람으로, 노예로, **귀족을 위한** 도구로 억압되고 낮아져야 할 수많은Unzahl 사람의 희생을 선한 양심으로_{양심의 거리낌 없이} 받아들일"(같은 책, 206) 것이라고 주장한다. 이것이 반어법이라는 기색은 없다. 따라서 반성 없는 자기주장이 가치의 원천이자 그 자체로 궁극의 가치 같은 것이며, 이러한 가치는 이를 위해 타인을 억압하는 것을 정당화한다. 이러한 입장이 지금까지 살펴본 독일 근대 윤리 사상의 전통적 측면과 어긋난다는 것은 분명하다. 따라서 니체는 헤겔이 추적한 윤리 발전의 낮은 단계 중 하나에 머물러 있으며, 상호 인정이라는 지점에 도달하지 못했다고 간단하게 응수할 수도 있다. 하지만 이는 다소 불공평해 보일 수 있으므로, 이 논증을 좀 더 고찰해 보자.

니체는 근대의 도덕적 삶이 "도덕에서 노예 반란"(같은 책, 270)의 결과라고 주장한다. 이 반란은 약자가 강자에게 분노한 데서 비롯되었고, 따라서 가치를 창시한 귀족들이 '능동적'으로 가치를 명명한 것과는 대조적으로 그저 '반응적'일 뿐이다. 이 주장의 역사적 내용은 그리스-로마 세계관을 유대-그리스도교 세계관과 대조하여 해석한 것이며, 후자가 승리했다는 해석이다. 강자는 자기 상태에 대해 죄책감을 느끼게끔 약자에게 설득당한다. 니체의 수사는 '포식 동물 인간' 길들이기인 문화라는 관념에 그가 반대한다는 점을 분명히 나타낸다. 그가 반대하는 까닭은 문화가 인간의 본질적 상태를 억압하기 때문이다. 그는 현대 문화가 이러한 억압으로 오염되어 사람들이 삶에 진저리 치게 한다고 주장한다. 문명을 억압으로 보는 발상은 이 시기부터 독일의 문화 비평에서 흔해졌다. 이 발상에 너무 열광하기 전에 기억해야 할 것이 있다. 바로 많은 젊은이가 (종종 니체를 읽고 나서) 전쟁이 숨 막히는 문화에서 벗어날 방법이라 생각하며 기꺼이 제1차 세계대전에 참전했다는 사실이다. 문화 형태가 때에 따라 특정 사회 구성원들의 안녕을 파괴하게 될 수 있다는 점을 부정한다면 분명 잘못이다. 하지만 이에 관한 니체의 견해는 그의 저술에서 가장 빈약한 측면을 내비치고 있다.

근대 도덕의 본성에 관한 물음에는 두 가지 입장이 특징적으로 나타나는 경향이 있다. 하나는 평가가 완전히 다양하여 공통 분모로 환원될 수 없다는 문제를 강조한다. 이 견해는 합의된 토대를 가지고 조정할 수 없는 윤리적 차이가 있음을 받아들이는 방법을 모색한다. 다른 견해는 근대 도덕에서 잘못된 것에 관한 일반 이론을 수립하고자 한다. 니체가 최선일 때는 전자의 입장에 직면하도록 강권하나, 최악일 때는 후자를 해로운 형태로 제안한다.[6] 이러한 이중성은 도덕에 대한 그의 접근 방식뿐만 아니라 다른 철학적 문제에도 영향을 미친다. 이 난점의 상당 부분은 '힘에의 의지'라는 그의 교설에 요약되어 있다.

니체는 《계보》 제1논문 13절에서 맹금류를 '악'이라고 생각하는 어린 양과 맹금류를 매우 재미있게 대조한다. 맹금류들은 어린 양을 싫어하지 않는다고 말한다. "심지어 우리는 어린 양들을 좋아한다. 부드러운 어린 양이 가장 맛있다"(같은 책, 279). 핵심은 강자가 강자답게 행동하지 않기를 기대하는 생각을 조롱하는 것이다. 실제 논증은 다음과 같다. 힘은 힘의 '총량'으로 특징지어진다. 힘은 그저 힘을 드러낸다. 어떤 힘을 드러낼지 결정하는 '주체'란 없는데, 왜냐하면 그 주체 **자체**가 힘이 또 다르게 드러난 것에 불과하기 때문이다. 따라서 칸트가 합리적 자기 결정의 가능성의 측면에서 중시했던 주체의 자발성은 이제 전체 세계의 본성을 구성하는 힘의 또 다른 측면

---

6 또 다른 형태의 형이상학적 입장은 '동일한 것의 영원한 반복'이라는 교설에 나온다. 이는 우주가 영원히 반복될 것이며, 따라서 인간의 삶도 미래에 같은 방식으로 계속 반복될 것이라는 발상이다. 니체는 왜 그러한지를 보이는 어떤 논거도 제시하지 않는다. 이 발상은 당시 물리학의 일부 측면에 암시된 것으로 보인다. 또한 그는 동일한 반복을 인식할 수 있으면 새로운 것이 일어날 수 있기 때문에 동일한 반복은 전적으로 인식 불가능할 것이라는 사실도 다루지 않는다. 이 교설의 요지는 삶이 자신에게 어떻게 다가오든 삶을 긍정해야 한다는 것이다. 20세기에 박해받는 사람들의 경험은 이 교설이 설득력이 떨어진다는 점을 보여 주기에 충분할 것이다.

에 불과하다. "행위와 작용과 생성의 배후에는 어떤 '존재자'도 없다. '행위자'란 그저 행위에 덧붙여 만들어진 것이다"(같은 책, 279). 그렇다면 모든 것은 쇼펜하우어가 그랬듯이 '의지'다.

물론 이런 입장의 결과는 터무니없을 뿐이다. 마치 독수리가 어린 양을 잡아먹음으로써 독수리가 곧 독수리의 힘인 것과, 힘러가 교육받으며 도덕 개념을 접했음에도 불구하고 유대인들을 죽임으로써 힘러가 곧 힘러의 힘인 것 사이에 본질적 차이가 없는 것처럼 말이다. 니체의 주장은 '힘' 또는 '힘에의 의지'로 불리는 절대적인 것에 단순히 의존하고 있으며, 이 힘의 드러남은 오로지 힘의 **양**적인 면에서만 차이가 난다. 이러한 관점에서 도덕이 나타날 수 있는 유일한 방법은 자신을 등지는 힘의 형태다. 즉, 강자가 죄책감을 느껴서 자기 자신을 공격하게 되는 억압의 형태로만 도덕이 나타날 수 있는 것이다. 프로이트의 '이드', 그리고 이드와 '자아'와 '초자아'의 관계에 관한 설명에서도 비슷한 구조를 관찰할 수 있는데, 이드가 자기 보존이라는 명목으로 자기 자신에게 등을 돌림으로써 자아와 초자아가 생성된다. 문제의 구조는 이미 피히테의 '나'의 '자기 제한' 개념에서 제시된 것이지만, 피히테는 이를 이용해 도덕에 대한 이성적 설명을 개발하려 했다. 니체가 도덕관념의 원천을 역사화한 것은 이성적 접근 방식에 매우 어려운 물음들을 제기한다. 그런데 이러한 역사화가 이성적 접근 방식에 반드시 치명적인가?

호모 사피엔스 종에 본유적인 도덕적 특성이 없다는 주장은 도덕관념 발전의 굴곡진 역사에 비추어 보면 옹호될 수 있다. 헤겔이 주장했듯이, 특정 사회 집단의 집단적 상황, 언어, 관행은 도덕 발전의 일부이며, 우리는 사회적 맥락의 결과 없이는 사람이 어떤 식의 존재일지를 결코 알 수 없다. 이런 의미에서, 어떤 절대적 근거를 가지고 힘러는 악에 불과한 반면 독수리는 그 자체로 존재할 뿐이라는 주장을 하고 싶어도 단순히 그렇게 주장할 수 없다. 또한, 도덕이 무엇인지에 관한 보편적 측면이 있다는 칸트식 관념은 적어도 법 앞의 평등이라는 목표를 낳는데, 근대사에 비추어 볼 때 그 힘이 줄어들기는커녕 오히려 자라는 것으로 보인다. 난점은 도덕에 대한 절대적인 철학적 기반이라는 개념을 포기할 경우 어떻게 해야 하는가다. 절대적 기반에 대한 요구는 형이상학적 요구이며, 니체는 이 요구를 공격하는 중이다. 동시에 그는 자기 **나름의** 절대적인 것—유일한 목표가 자기 드러냄인 힘—에 의존한다. 니체의 진짜 문제는 이러한 접근 방식의 환원적 성격이다.

니체의 형이상학적 주장이 옹호 가능하다 하더라도, 그것이 인종 차별주의자가 자신의 방식이 잘못임을 알게 되거나 사람들이 무자비하고 싶은 유혹을 극복하는 등 많은 사람이 실제로 살아가는 복잡한 도덕적 삶이 **순전히** 자기기만이라는 의미인가?[7] 니체는 자기 사회 사람들이 도덕이라 생각한 것의 근간에 관하여 그가 폭로한 것을 가지고 그들이 정확히 무엇을 **해야** 한다고 생각했을까? 자신의 도덕적 환상을 떨쳐 낼 만큼 강한 사람만이 그가 제안하는 바를 실현할 수 있을까? 만약 그렇게 된다면 상황이 어떻게 될까? 그의

---

[7] 여기서 니체에 대해 제기한 것과 같은 종류의 반론이 도덕성을 진화론적 발전의 측면에서 해명해 내려 하는 현대 사회생물학의 시도에 대해서도 제기될 수 있다. 둘 다 모든 증거를 미리 판단하는 형이상학적 논지를 가정하므로 순환적인 입장이다.

가치 재평가 논증의 결과 중 하나인 '초인'은 무엇을 할 것인가?[8] 니체는 이러한 물음에 거의 답하지 않았고, 이후 역사는 '전통적인' 도덕에 대한 그의 태도에 암시된 답들이 결코 고무적이지 않음을 시사한다고 해석될 수 있다. 20세기 역사에 비추어서, 이제 우리는 최악의 상황을 막을 수 있는 무언가가 인간 안에 일반적으로 내재해 있지 않음을 안다. 현실적으로 보면 최악의 상황과 싸워야 하지만, 힘에의 의지의 니체는 저 역사와 관련하여 풍성한 자원이 아닌 것 같다. 저항했던 사람들의 실제 이야기와 저항한 이유를 살펴보는 것이 더 나은 생각이다. 이를 통해 '동정심'을 비롯한 그리스도교의 덕목에 대한 니체의 반론 중 일부가 때에 따라 매우 적절하다는 것이 드러날 수도 있지만, 그가 제시한 **전반적인** 전망이 실질적인 절대자가 없는 근대 도덕이 실제로 어떠할지에 대한 핵심을 포착할 가능성은 거의 없다.

이것은 의지에 관한 니체의 글을 지나치게 가혹하게 설명한 것으로 보일 수 있지만, 《저편》과 같은 텍스트는 약자로 간주되는 사람들에 대한 경멸을 실제로 보이기 때문에 현재 많은 사회에서 도덕적으로 용인될 수 없는 주장으로 가득 차 있다. 무엇을 약함으로 간주할지를 결정하는 것 자체는 거의 모든 사회적 맥락에서 매우 논란의 여지가 있는데, 니체의 텍스트는 이를 고려할 여지를 거의 두지 않는다. 그러나 니체가 도덕적 삶을 **세부적으로** 살필 때와 몇몇

---

8   '위버멘쉬'(Übermensch)의 가장 좋은 번역어는, 많은 사람이 반대하지만 그럼에도 '초인'(superman)인 것 같다. 제안된 대안적 번역어들은 거의 모두 니체를 이런 면에서 실상보다 덜 문제가 되게 하려는 시도에 의존한다.

그리스도교 교육으로 인한 자기 증오와 같은 현상을 고찰할 때, 그는 종종 놀라운 통찰을 제공하고, 마음 편히 어떤 도덕 신념을 고수하는 안일함에 충격을 준다. 프로이트가 초자아의 영향을 줄이려고 시도한 것처럼, 니체는 '신이 나를 지켜보고 있다'는 편집증적 측면에 공격을 가하는데, 이는 여러 형태의 종교에서 비롯되는 문화적 억압에 대항하는 중요한 작업이다. 하지만 니체가 이른바 우리가 '자연적 성향'을 부인한다고 전면적으로 공격한 것은 자연적 성향이 무엇인지 우리가 정말로 잘 안다는 형이상학적 착각에 의존한 것이다. 니체는 칸트주의 전통과 낭만주의 전통을 자주 조롱한다. 하지만 정신적인 것과 물리적인 것, 문화적인 것과 자연적인 것이 지금의 우리를 만들어 내는 헤어날 수 없는 방식에 대한 그들의 제안은 모든 것을 힘에의 의지로 환원하려 할 때의 니체보다 훨씬 더 통찰력 있다.

《저편》 22절에서 니체는 '자연의 합법칙성' 개념을 다시 검토하고, 이것이 단지 해석에 불과하다고 제안한다. 그는 법칙 개념을 전혀 사용하지 않고도, 다양한 방향으로 작용하는 '힘에의 의지'의 측면에서 자연의 필연성을 정당하게 고찰할 수 있다고 제안한다. 이 절은 다음과 같이 마무리된다. "이 또한 하나의 해석일 뿐이라고 가정한다면—당신은 이런 이의를 제기할 만한 열의가 있는가?—그렇다면 훨씬 더 좋다"(같은 책, 37). 니체가 자신의 접근 방식에서 핵심 문제를 이렇게 도발적으로 인정한 것은 다른 곳에서는 대개 독단적이고 입증되지 않은 주장을 펴는 것과는 다른 모습이다. 하지만 유기체 안에서 경쟁하는 힘의 양에 근거한 니체의 해석 **이론**은 힘에의 의지 이론과 같은 문제를 안고 있다. 우리가 흔히 일상 세계를 대하는 방식에 관한 경험적 관찰로서의 해석이 지배적 동기에 따라 달라지는 것은 '프로이트의 말실수' 개념과 같은 방식으로 드러날 수 있다. 하지만 이것이 획기적인 통찰은 아니다. 게다가 해석에 관한 **일반적** 접근 방식으로서의 이 이론은 항상 자기 준거의 문제를 안고 있다. 이 이론 자체도 사물이 존재하는 방식에 관한 하나의 해석이며 따라서 한 힘(이 이론)이 다른 힘보다 양적 우위에 있다는 가정을 바탕으로 하고 있기 때문이다. 이는 모든 해석에는 본질적으로 자의성이 존재해야 하며, 따라서 다른 힘의 양이 우위를 점하면 항상 해석이 달라질 수 있다는 의미가 된다. 이 주장 자체도 동일한 자기 준거의 문제를 안고 있다. 니체의 이론을 그 자체로 다른 어떤 이론보다 우월하다고 여길 아무런 **이유**도 없으며, 따라서 수상할 정도로 텅 비어 보인다. 모든 것이 힘이라면, 힘과 대비시킬 수 있는 것이 아무것도 없으므로, 아무것도 힘이 아니다. 이런 이론을 주장하는 것은 해석에 대한 어떤 깊고 새로운 통찰이 아니라, 동일한 기본 원리를 자의적으로 표현한 것에 불과하다.

니체에게는 (1) 힘으로서의 해석에 관한 형이상학적 주장을 강력히 옹호하는 것(그는 철학 전통을 떠나고자 했지만, 이러한 주장을 펼침으로써 떠나려 했던 전통의 일부가 되었다), 그리고 (2) 그가 '관점주의'perspectivism라고 부르는 것의 결과를 보여 주는 것 사이에서 분열이 있다. 관점주의는 객관성을 이해하기 위한 중심 위치가 있을 것이라는 생각을 버린 데서 비롯된다. 그러나 관점들이 위치하는 것과 관련된 중심 위치가 없다는 긍정적 주장 자체가 중심 위치를 점하고 있는 주장이다. 하지만 관점주의를 지지하는 또 다른 방법은 사물이 존재하는 방식에 관하여 일반적이고 권위적인 주장을 하지 않는 것이다. 그 대신, 눈에 보이는 어떤 방식으로도 서로 조화되지 않는 온갖 종류의 주장을 할 수 있다. 《즐거운 학문》과 같은 니체 최고의 저술을 읽다 보면 쟁점에 관한 관점이 끊임없이 변하는 경험을 하게 되는데, 그 결과 새로운 생산적인 통찰을 얻게 되는 경우가 자주 있다. 심지어 받아들일 수 없는 지배적 관점이 등장하거나, 관점들이 서로 충돌하는 것처럼 보일 때조차도 말이다. 이렇게 수행적으로 철학 하는 방식은 철학적 발견은 물론 일상생활에 중요한 실용적 통찰에도 원천이 될 수 있다. 하지만 수행적 방식은 또한, 힘의 부과가 아닌 다른 것에서 타당성이 나올 가능성을 무시하고 수행할 때 수행적 방식이 반대하는 것만큼이나 독단적으로 변질될 위험이 있다. 이 문제는 결론에서 하버마스와 관련하여 다시 다룰 것이다.

네 가지 선택지

이 장은 독일에서 광범위한 철학 발전의 한 부분으로서 니체를 어떻게 이해할 수 있을지를 간략히 요약하는 것으로 마무리하는 것이 좋겠다. 니체가 제기한 가장 중요한 도전은 형이상학 개념 자체에 대한 것이지만, 그는 진정한 도전을 비일관적으로만 제기할 뿐이고, 때로는 자신이 공격 중인 몇몇 형태의 형이상학보다 덜 그럴듯한 형태의 형이상학으로 미끄러져 들어가기도 한다. 이런 의미에서 두

명의 니체가 있는데, 한 명은 자신은 드러낼 수 있으나 아직 아무도 제대로 알아본 적 없는 근본적인 철학 원리가 있다는 생각을 계속 고수하는 니체고, 다른 한 명은 일상생활에서 종종 모순되는 세부적인 것에 주의를 기울임으로써 이런 식의 생각을 '해체'하는 니체다. 후자의 니체는《안티크리스트》*에서 "어떻게 '참 세계'가 결국 우화가 되었는지"라는 작은 분량의 장이 아마도 가장 잘 요약할 것이다. 이 글은 우리가 사는 세계가 참 세계인지에 관한 걱정을 그만둘 때 일상에서 누릴 이점을 재미있게 지적한다. 하지만 이 구절도 형이상학이 극복된 인류의 위대한 새 시대에 대한 최종 발표로, 다른 니체에 대한 암시와 함께 끝난다.

니체 자체가 그런 건 아니지만, 형이상학적 니체는 칸트 이후에 철학이 절대적인 것에 접근 가능하다고 주장하는 철학 줄기에 속한다(선택지 1). 하이데거는 데카르트에서 니체에 이르는 이 근저의 원리가 사실상 '주체성'이라고 주장할 것이다. 그것이 데카르트의 확실성이든, 헤겔의 절대정신이든, 마르크스의 역사적 생산 과정이든, 니체의 힘에의 의지이든 말이다. 하이데거가 의미하는 바는 이 모든 것이 세계를 본질적 원리의 측면에서 해석한다는 것이다. 하이데거는 초월적 주체성이 동일한 지위를 갖는다고 간주함으로써 이러한 해석에 칸트를 포함시킨다. 그러나 칸트와 낭만주의자들이 어떤 형태의 주관적 기초 원리를 통해, 즉 낭만주의자들이 비판하는 피히테식 원리를 통해 최종 진리를 얻을 수 있다는 생각을 반드시 받아들

●　옮긴이 주:《안티크리스트》가 아니라, 니체 전집(Kritische Studienausgabe)에서《안티크리스트》바로 앞에 배치된《우상의 황혼》에 나오는 내용이다.

이는 것은 아니다. 그들은 주체가 본질적으로 스스로에게 투명하며 따라서 어떤 의미에서 절대적이라고 생각하는 대신, 절대적인 것은 유한한 것을 초월하려는 모든 시도의 상대성을 인식함으로써 생성되는 규제적 관념에 지나지 않는다고 생각한다(선택지 2). 낭만주의 사상의 또 다른 줄기는 니체와 더 가깝다. 만일 진리가 '무한한 근삿값'에서 접근해야 하는 규제적 관념이라면, 본질상 공허할 수 있다. 우리가 진리가 무엇**인지** 어떻게든 이미 알고 있지 않다면, 우리가 진리에 가까워지고 있는지를 어떻게 알 수 있겠는가? 결과적으로 **철학적** 진리 추구라는 개념 자체가 망상으로 간주될 수 있으며, 진리에 대해 철학적으로 주장하려는 시도를 약화하는 아이러니한 해체 전략이 철학에 참여하는 가장 좋은 방법이 된다(선택지 3). 이 선택지가 철학이 어떤 종말에 이르렀음을 의미하는지는 다음 장들에서 다룰 주제다. 여기서 다른 대안(선택지 4)은 진리가 사고하고 소통하는 데 불가결한 부분임을 받아들이는 것이다. 이 경우 우리가 미리 알 수 없는 것을 추구한다는 생각은 문제가 되지 않는데, 진리에 대한 직관적인 감각을 사유의 기반으로 가정하는 것 말고는 대안이 없기 때문이다. 이 주장을 부정하는 것조차도 그 부정을 이해할 수 있는 능력을 전제하고 있고, 이 역시 진리에 대한 감각을 필요로 한다. 현대 철학의 다양한 영역에 나타나는 이 마지막 선택지는 다양한 방식으로 해석될 수 있으며, 이어지는 장들에서 그 중요성이 분명해질 것이다.

더 읽을거리

Bowie, A. (2003) *Aesthetics and Subjectivity: From Kant to Nietzsche*, 2nd edn, completely revised (Manchester: Manchester University Press). 칸트에서 낭만주의에 이르는 근대 독일 사상의 맥락에 니체를 위치시키고, 음악 문제를 특별히 강조한다.

Clark, M. (1991) *Nietzsche on Truth and Philosophy* (Cambridge: Cambridge University Press). 니체의 작품이 분석 철학자들 사이에서 더 널리 받아들여지는 데 이바지한, 니체에 관한 분석적 설명.

Deleuze, G. (1985) *Nietzsche and Philosophy* (London: Athlone). 이경신 옮김, 《니체와 철학》(서울: 민음사, 1998, 2001). 프랑스 주요 철학자의 생생한 연구.

Heidegger, M. (1979-1982) *Nietzsche*, 4 vols (San Francisco: Harper and Row). 박찬국 옮김, 《니체》 1-2(서울: 길, 2010-2012). 서구 형이상학에 관한 하이데거 사상의 맥락에서 니체를 고전적으로, 때로는 의심스럽게 읽는다. 어렵지만 중요하다.

Kaufmann, W. (1974) *Nietzsche: Philosopher, Psychologist, Antichrist* (Princeton: Princeton University Press). 니체 사상에 대한 다소 비판적이긴 하나 명쾌한 설명.

Magnus, B. and Higgins K. M. (eds.) (1996) *The Cambridge Companion to Nietzsche* (Cambridge: Cambridge University Press). 주요 주제에 관한 논문 모음집.

Nehamas, A. (1987) *Nietzsche: Life As Literature* (Cambridge: Cambridge University Press). 니체의 의의에 관한 주목할 만한 재해석.

Schacht, R. (1985) *Nietzsche* (London: Routledge). 주요 주제에 관한 믿을 만한 일반적 연구.

Tanner, M. (1995) *Nietzsche* (Oxford: Oxford University Press). 생생하고 간략한 소개.

8. 언어적 전환

기원들

1932년 오스트리아 철학자 모리츠 슐리크(1882-1936)는 다음과 같이 주장하였다. "모든 '철학 문제'의 운명은 이렇다. 어떤 철학 문제들은 우리의 언어 실수나 오해로 밝혀져 사라질 것이고, 그 밖의 철학 문제들은 평범한 과학 문제가 위장한 것으로 드러날 것이다. 나는 이 언급이 철학의 미래 전체를 결정한다고 생각한다"(Rorty 1992: 51에서 인용). 우리는 철학이 결국 종말에 이를 것이라는 생각을 이미 다른 형태로 접했다. 이후 장들에서는 이러한 종말을 그리는 방식이 철학, 언어, 과학의 관계를 어떻게 특징짓느냐에 따라 달라질 것이다. 슐리크가 환상이 아닌 실제적 물음에는 오로지 과학적인 해결책만 있다고 가정하고 동시에 언어에 집중한 점은 일반적으로 '분석 철학'(독일식 명칭—'언어 분석 철학'—이 더 정확하지만)이라 불리는 독일 철학에서 일어난 운동의 특징이다. 이 운동은 1930년대 이 운동의 대표적인 인물 상당수가 독일과 오스트리아에서 강제적으로 이주하게 됨으로써, 결국 영어권 세계에서 20세기에 가장 영향력 있는 운동이 되었다. 소위 '언어적 전환'은 앵글로·색슨 세계 분석 철학의 특징이다. 하지만 언어적 전환에는 언어를 철학의 중심으로 삼았다는 생각으로는 포착될 수 **없는** 매우 특수한 특징이 있다. 앞서 살펴봤듯이 18세기 독일 전통에서 주요 사상가들은 이미 언어를 핵심으로 삼았다. 그렇다면 이 새로운 철학 전통은 지금까지 살펴본 이야기와 어떻게 관련되는가? 예컨대《비극의 탄생》과 슐리크의 주장 사이에서 과학에 대한 견해 차이는 가장 큰 대조를 이룬다. 18세기에 언어 중심적 철학은 하만과 헤르더에게서 보았던 것처럼, 계몽주의가 감각적 인간 존재 및 역사와 언어의 관계를 고려하지 않았다는 비판에 의존하는 경향이 있다. 반면 분석 철학은 경험적 증거를 바탕으로 하지 않는 형이상학적 사변에 대항하는 수단으로 과학적 확실성을 추구하는 계몽주의의 한 측면을 이어가고 있다. 문제를 복잡하게 만드는 것은 언어와 관련된 경험 세계의 위상이다. 하만의 경우, 감각 자료가 지식의 핵심 원천임을 주장한 분석 전통에서 빼놓을 수 없는 인물인 로크와 흄의 열렬한 추종자이기도 했다.

분석 전통이 언어를 철학의 중심으로 가져왔다는 주장이 오해의 소지가 있는 까닭은 단지 18세기에 몇몇 사상가가 이미 언어에 초점을 두었다는 사실 때문만은 아니다. 19세기 독일 철학에서 언어의 역할도 때때로 과소평가되고 있다. 예컨대 F. D. E. 슐라이어마허

(1768-1834)는 1805년에 시작하여 평생에 걸쳐 개정한 해석학 연구에서 언어를 자기 기획의 핵심으로 삼았다. 슐라이어마허는 자신의 모든 철학 작업에서 다음과 같이 주체와 관련된 문제가 언어와 분리될 수 없다고 주장한다. "의식의 교환은 … 매개하는 용어, 공유된 보편 지시 체계를 전제로 한다"(Schleiermacher 1839: 372). "담론Rede 없이는 사상도 없고 … 말이 없으면 생각할 수도 없다"(1977: 77). 그는 또한 언어가 "언어 행위"speech acts(같은 책, 80)의 형태로 구성된다고 본다. 슐라이어마허에게 역사적으로 발전된 문법 구조는 칸트의 초월적 사유 구조를 대신한다. 언어학자 빌헬름 폰 훔볼트(1767-1835)도 비슷한 생각을 발전시켰다. 슐라이어마허와 훔볼트 모두 언어가 **사용**될 수 있는 다양한 인지적, 미학적, 실천적 방식에 주목했다는 점이 중요한데, 이는 후기 비트겐슈타인의 작업 전까지는 분석 전통에서 일반적으로 볼 수 없는 방식이다.

니체 역시 언어의 중요성을 강조한다. 그는 데카르트 이후 철학자들이 제시한 주체의 형이상학에 관한 문제들은 실제로 언어의 주어-술어 구조에서 비롯된 '문법적 습관'의 결과라고 주장한다. 또한 주장하기를, 행위와 사고의 배후에는 주체가 없고 다만 행위와 사고가 있을 뿐이며, 따라서 '통각의 초월적 통일'로서의 주체 개념은, 언어 형식에 나타나서 언어 형식을 통해 이해해야 할 문제를 흐리게 할 뿐이다. 니체는 계몽주의에 대해 공격을 퍼부었지만, 그럼에도 분석 전통이 언어에 관한 다른 철학적 접근법들과 상당히 달라지는 한 측면에서 유사한데, 그가 형이상학적 문제들이 실제로는 언어에 관한 문제이며 따라서 언어의 본성을 이해함으로써 소거될 수 있다

고 주장했다는 점이 그렇다.[1]

이 문제가 복잡해지는 지점은 언어가 무엇인지에 따라 많은 것이 좌우된다는 점이다. 예를 들어, 하만, 헤르더, 슐라이어마허, 훔볼트는 언어를 주로 세계 안의 사물을 표상하는 수단으로 생각하지 않았다. 그 대신 언어를 세계와 우리 안에서 사물이 드러나거나 나타나게 만드는 사회적 행동의 형태로 보았다. 하지만 과학 용례에서는 용어들을 과학 법칙이 예측하는 사물을 애매함 없이 지칭하는 것으로 볼 수 있고, 여기서는 언어의 주된 기능이 이미 거기 있는 것을 '재-현전시킨다're-present는 의미에서 표상적representational 기능으로 보일 것이다. 분석 전통은 특정 영역에서 언어의 표상적 차원이 결정적이라는 확신이 커지면서 발전했다고 할 수 있다. 수학을 기반으로 한 자연 과학이 신뢰할 만한 과학 법칙을 생산하는 데 성공한 것을 고려해 볼 때, 분석 철학의 선구자들에게 철학의 과제란 이것이 어떻게 가능한가를 언어에 대한 설명을 통해서 기술하는 것임이 분명해 보인다. 이 과제는 어떤 면에서는 칸트가 《순수 이성 비판》에서 탐구했던, 지식이 가능한 조건을 연상시킨다. 이를 통해 칸트는 '선험적 종합 판단'이라는 발상으로 나아갔다. 하지만 분석 전통이 종종 칸트와 결별하는 지점은 바로 이러한 판단 형식에 관한 생각과 관련될 것이다.

선험적 종합 판단의 문제는 칸트의 도식작용 사상에서 분명해졌다. 칸트는 '순수 지성 개념'과 '직관'이라는 서로 다른 영역이 도식

---

1   니체는 빈학단(Vienna Circle)의 창시자 중 한 명인 오토 노이라트에게 중요한 영향을 미쳤다.

작용에서 서로 들어맞게 된다고 본다. 수학적 판단과 관련된 필연성은 우리가 사물을 지각하는 비일관적인 방식들과 분명 긴장 관계에 있다. 피타고라스 정리의 필연성(유클리드 기하학 내에서)은 우리가 삼각형을 논할 때 사용하는 용어들로 신뢰할 만하게 전달할 수 있을 것 같다. 삼각형에 관한 우리의 정신 이미지가 아무리 엉망이더라도 말이다. 그렇다면 어떻게 우리가 순수 기하학에 관해 이야기할 수 있는지를 보여 주기 위해, 칸트의 낯선 혼합인 도식이 실제로 필요할까? 도식의 배후에 있는 발상은 우리가 한정된 수의 단어를 무한한 수의 사물에 사용할 수 있는 능력에 관한 핵심적인 것을 설명하는 데 도움이 되었다. 이 문제는 의미 이론을 제시하고자 하는 분석전통의 시도를 괴롭히러 돌아올 것이다. 어쨌든 이 전통은 언어가어떻게 수학적·과학적 지식을 가능하게 하는지를 설명하는 일이 신뢰할 만한 철학적 지식으로 가는 새로운 길이 될 것이라는 확신이나타나면서 시작되었다.

슐라이어마허는 '공유된 보편 지시 체계'가 생각이 전달될 수 있는 요건이라고 생각했다. 슐라이어마허가 이러한 생각을 저술한 것과 거의 동시에 체코 철학자 베르나르트 볼차노(1781-1848)는 이러한 생각을 정교하게 다듬었는데, 이는 나중에 '의미론 전통'이라고불리게 될 것의 기본이 되는 발상이다(Coffa 1991을 보라).[2] 볼차노의입장은 "어떤 단어가 지시하는 객관적 표상은 그 단어가 애매하지

---

2 볼차노의 저술은 그의 생애 동안에는 널리 알려지지 않았고, 그가 얼마나 많은 영향력이 있었는지도 불분명하다. 하지만 그가 발전시킨 핵심 아이디어들은 나중에프레게에 의해 되울려진다.

않은 한 단일하다"(1963: 66)는 주장으로 요약된다. 주관적 표상은 특정 시점에 어떤 사람의 마음에 떠오른 것으로, 우연적이다. 만일 단어의 의미가 사람들 마음속 심리적 내용에 의존한다면, 과학이 요구하는 객관성은 실현될 수 없음이 분명하다. 이러한 상황에 대한 명백한 해답은 2 + 2 = 4의 진리가 이에 대한 개인의 믿음이나 이해에 의존하지 않는 것과 마찬가지로, 단어에는 개인이 생각하는 의미와 독립적으로 존재하는 객관적인 성질의 의미가 있다고 가정하는 것이다. 이와 동시에, 사고가 '객관적 표상'에 접근할 수 있기 위한 어떤 감각sense이 있어야 할 텐데, 그런 게 없다면 어떤 의미 이론의 가능성은 사라진다. 다시 말해, 그런 게 없다면 누가 어떻게 그 이론을 이해하겠는가? 하지만 그런 게 있다 해도 그러한 접근은 객관적 의미에 대한 직접적이고 직관적인 인식으로서 심리적 차원의 확실성 형태로 있을 수 없다. 왜냐하면 우리는 거짓인 생각들이 객관적이라고 확신할 수도 있기 때문이다.

그렇다면 우리가 단어로 지시된 '객관적 표상'에 닿을 수 있도록 보장하는 것은 무엇인가? 이것은 분석 전통이 답하려 할(그리고 답하는 데 실패할) 문제 중 하나인데, 애초부터 잘못된 물음일 수도 있다. 문제의 근원은 단어가 애매해서는 안 된다는 볼차노의 주장에 암시되어 있다. 즉, 적어도 일부 단어는 단어와 단어가 지시하는 대상 간에 일대일 관계로 지시하는 것이 가능하다는 가정이 깔려 있어야 한다. 이에 대한 대안은 한 단어의 의미는 다른 단어들과의 일련의 관계에 의존하므로 이 관계 사이에서의 선택이 확정되지 않은 상태라는 것, 또는 단어가 사용되는 맥락과 나타나는 맥락에 따라 달라진다는 것이다.

볼차노가 제안한 방식으로 단어에 의미가 붙어 있다는 가정은 의미 이론의 기획에 많은 문제를 가져온다. 단어와 지시체 사이의 일대일 관계는 헤겔식으로 표현하자면 단어의 의미에 관한 '직접적' 파악에 의존한다. 하지만 이미 초기 낭만주의자들은 단어가, 변화하는 맥락에서 다른 단어들과의 관계를 통해서만 그 의미를 얻는다고 주장했다. 다른 단어들(이 단어들의 의미도 다른 단어와 맥락에 의존한다)을 사용하지 않고 한 단어의 의미를 달리 어떻게 확립할 수 있는가? 여기서 한 단어가 다른 단어(들)와 동의어일 때는 예외일 수도 있다. '모든 총각은 미혼 남성이다'와 같은 칸트의 '분석' 판단은 '종합' 판단에서의 단어들과 달리 '정의상 참인' 부류의 진술을 제시하므로, 그 안의 단어들은 서로 일대일 관계다. 모든 산술 규칙이 필연적이고 선험적인 논리의 진리라는 측면에서 공식화될 수 있다면, 정의상 참은 수학적 진술에도 적용될 수 있다. 이것이 가능하다면, 산술적 진술이 정보를 전달한다고 보는 칸트의 '선험적 종합'(1장을 보라)은 불필요해질 것이다. 하지만 문제는 동의성과 산술의 순수 논리적 지위가 모두 옹호할 수 없는 개념으로 판명될 것이라는 점이다.

객관적 표상 개념의 전반적 문제를 파악하는 간단한 방법은 그러한 표상이 어디에 있는지를 묻는 것이다. 우리가 '탁자'라는 단어를 생각할 때 세계 안의 구체적인 탁자는 객관적 표상이 아닌데, 왜냐하면 무언가를 탁자라고 부를 수 있다는 것 자체가 객관적 표상에 **의존하기** 때문이다. 따라서 이것은 플라톤적 의미에서 탁자의 '형상'으로 보인다. 이것이 바로 우리가 탁자로 존재하는 매우 다양한 사물을 지시할 수 있게 해 주는 것이다. 하지만 단어가 올바르게 사용되었는지 확실하지 않은 경계선에 있는 경우를 생각해 보라. 이는 우리가 객관적 표상을 파악하지 못해서일까, 아니면 객관적 표상이 우리가 세계에서 마주한 것에 적합하지 않아서일까? 하지만 볼차노가 찾고 있는 것이 그저 터무니없지는 않다. 비록 찾는 방법이 잘못일 수는 있더라도 말이다. 철학자들이 서로 생각이 다르더라도 사람의 마음속에서 일어나는 우연적인 심리적 사실에 근거해서는 진리를 확고히 할 수 없다는 데는 동의할 것이다. 또한 진리가 단어의 올바른 사용 방식에 대한 합의를 통해서 구성된다는 생각조차도 '참'이 사용되는 모든 방식을 포착하지는 못한다. 보편적 합의는 거짓으로 판명될 수도 있다. 따라서 진리는 절대적인 것으로 보이며, 단어가 의미하는 바와 **어떤** 연관성이 있어야 한다. 문제는 그 연관성이 무엇인지 규명하는 데 있다.

프레게

고틀로프 프레게(1848-1925)는 논리학에서 신기원을 이룬 연구를 통해 새로운 방식으로 언어와 수학을 연결하기 시작한다. 분석적 지향을 가진 많은 철학자에게, 프레게의 공헌은 타의 추종을 불허할 만큼 중요하다. 그는 과학, 컴퓨터 처리 등 여러 분야에 기여한 개념적 도구를 제공했을 뿐 아니라, 엄밀한 근대 철학이라는 의제를 설정했다. 이전 장들에서 살펴본 유럽의 다른 주류 철학 전통에서도 프레게는 논리학에 대한 공헌으로 인해 의심할 여지 없이 중요한 인물이다. 하지만 그는 언어에 대한 적절한 이해에 속하는 너무 많은 차원을 배제하는 구상의 원류이기도 하다. 어떤 측면에서 이러한 비판은 계몽주의 철학에서 하만과 헤르더가 반대했던 것을 되울린다. 이러한 구상들 사이에서 계열적 구분이 이제 다음과 같이 나뉘게 된다. (1) 자연어는 실제로 아무것도 지칭하지 않는 말하기 방식을 허용하기 때문에 결함이 있으며, 따라서 논리적으로 정제된 언어(프레게는 이를 "개념-표기"Concept-Script라고 부른다)를 구성해야 한다는 생각. (2) 이러한 생각이 잘못된 방향이라는 생각(왜냐하면 논리적으로 정제된 언어를 이해한다는 것은 자연어를 이해하고 사용하는 법을 배웠음을 전제로 하기 때문이다). 매우 개략적으로 보면, 이 차이는 순전히 분석적인 접근 방식과 해석학적인 접근 방식의 차이를 나타낸다. 하지만 이러한 접근 방식들을 전적으로 대립시키는 것은 잘못이다. 각각의 지지자 중 일부는 특정한 생각들을 공유한다—예를 들어, 프레게가 항상 (1)을 고수하는 것 같지는 않고, 전기 비트겐슈타인은 (1)에 대해 애매하고, 후기 비트겐슈타인은 (2)를 고수한다. 최근 몇 년 동안 도널드 데이비슨, 만프레드 프랑크, 넬슨 굿맨, 위르겐 하버마스, 리처드 로티 같은 철학자들의 연구에서 이 접근법들 간에 상당한 수렴이 이루어지고 있다. 이렇게 수렴되고 있긴 하지만, 그래도 방금 설명한 구분은 나중에 몇 가지 핵심 문제를 명확히 하는 데 유용할 것이다.

영국 철학자 마이클 더밋은 프레게의 혁신과 관련하여 분석 철학이 첫째, "언어에 대한 철학적 분석을 통해 사고에 대한 철학적 설명을 해낼 수 있다는 확신"으로, 둘째, "완전한 설명은 이런 방식으로만 해낼 수 있고 다른 방식으로는 불가능하다는 확신"(1988: 11)으로 규정된다고 주장한다.[3] 이런 공식화의 요지는 우리가 방금 볼차노에게서 접한 것처럼, '생각을 의식에서 꺼내서' 언어에 몰아 넣는 프레게의 '반反심리학'을 강조하는 것이다. 사고가 우리가 의사소통에 사용하는 소리나 표시를 통해 구성된다면, 이러한 소리나 표시로 구현되는 기호의 구조와 기능에 대한 분석은 주체에 의존하는 사고에 대한 설명을 아마 대체할 수 있을 것이다. 따라서 분석의 목적은 어떤 특정 화자가 생각하게 된 것과 무관한 의미를 어떻게 단어가 지니는지를 규명하는 것이다.

프레게는 유명한 논문 〈뜻과 지칭체에 관하여〉On Sense and Reference/Significance/Denotation (1892)에서[4] 다음과 같이 주장한다. "기호와 연결된 '관념'('포어슈텔룽'Vorstellung, '정신 이미지'라는 의미)은 기호의 지칭체 및 뜻과 구별되어야 한다. 어떤 기호가 지칭하는 지칭체가 감각적으로 지각할 수 있는 대상이라면, 그것에 대한 나의 관념은 내가 가진 감각

---

3   이 견해는 점점 더 논쟁을 불러일으키고 있지만, 불과 얼마 전까지만 해도 널리 받아들여졌다. 이 견해에 의문이 제기된 이유는 언어적 전환이 분석 철학을 특징 짓기에 적절하지 않을 수 있기 때문이다. 사실 분석 철학을 특징짓는 엄격한 방법이 전혀 없을 수도 있다.

4   독일어로는 "Über Sinn und Bedeutung"인데, 합의된 영어 번역이 없다. 제목 번역은 두 가지 주요 용어가 의미하는 바에 따라 달라지며, 또한 이는 이 논문 자체가 어떻게 해석되는지에 따라 달라진다는 사실 때문에 특히 문제가 된다. 분명한 것은 Bedeutung이 명제가 지칭하는 대상, 즉 흔히 '지칭체'(referent)로 불리는 것을 의미하는 게 **아니라**는 점인데, 왜냐하면 프레게는 대상을 기술하는 술어도 Bedeutung을 가질 수 있다고 생각하기 때문이다. 이어지는 내용에서 속성 귀속과 대상 지칭에 관한 논의를 참고하라.

인상에서 생긴, 또 내가 수행한 내적·외적 활동에서 생긴 내적 이미지다"(1994: 43). 따라서 그 관념은 나의 특수한 경험의 역사에 달린 우연적인 것이며, 인식적 의미를 갖지 않는다. 프레게는 다음과 같이 달을 바라보는 이미지로 '뜻'sense과 '지칭체'reference의 차이를 설명한다. "나는 달 자체를 지칭체에 비견한다. 지칭체는 망원경 안의 렌즈를 통해, 그리고 관찰자의 망막을 통해 투사되는 실제 이미지로 매개되는 관찰 대상이다. 나는 전자를 뜻에 비견하고, 후자를 관념 또는 직관에 비견한다"(같은 책, 45). 망원경 렌즈의 이미지('뜻')는 망원경을 통해 보는 사람이면 누구나 접근할 수 있는 반면, 망막의 이미지('관념')는 그 망막으로 보고 있는 사람만 접근할 수 있다. 우리 모두는 객관적 세계에서 접근할 수 있는 것에 동일한 단어나 문구를 사용할 수 있다. 실제로 합의된 지식이 가능하려면, 우리가 서로 단어를 동일한 의미로 사용할 수 있다고 가정해야 한다. 하지만 이것이, 프레게가 단어의 '뜻'이라는 말로 의미한 바에 우리가 접근할 수 있다는 의미인지는 분명하지 않다. 실제로 '뜻'이 무슨 의미인지도 분명하지 않다. 프레게는 뜻이 "지시되는 것이 주어지는 방식"이라고 말하지만, 이 말이 도움이 되는가? 프레게의 목표는 언어 분석의 완전한 투명성이지만, 그가 이 투명성에 이르기 위해 사용하는 핵심 용어들이 의미하는 바를 아무도 투명하게 알지 못한다. 왜냐하면 그의 저술에서 이 용어들이 때로는 양립할 수 없는 일련의 맥락에 따라 달라지기 때문이다.

프레게는 자신이 의미하는 바를 설명하고자 금성을 예로 든다. 금성은 오랫동안 두 개의 서로 다른 별, 즉 샛별과 개밥바라기로 여겨졌다. 기본 요지는 같은 사물에 두 개의 다른 뜻이 있고, 두 뜻이 서로 다른 지칭체를 갖는다고 생각되어 왔지만, 실제로는 그렇지 않다는 것이다. 이 예는 뜻을 분명하게 정의해 주지는 않지만, 동일성 문제와 관련하여 전통적 형태의 논리학이 제기하는 딜레마에 부분적이지만 중요한 해결책을 제공한다. 프레게는 "생각"을 "주관적인 사고 활동이 아니라, 많은 사람의 공동 소유가 될 수 있는 사고의 객관적 내용"(같은 책, 46)으로 정의한다. "샛별은 태양이 비추는 물체다"라는 말로 표현되는 **생각**은 "개밥바라기는 태양이 비추는 물체다"라는 말로 표현되는 생각과 다르다(같은 책, 47). 두 문장의 **지칭체**는 같다. 즉, 둘 다 우리가 금성이라고 부르는 것을 지칭한다. 따라서 생각은 문장의 **뜻**으로 해석되어야 한다. 그렇다면 그것의 지칭체는 무엇을 의미하는가? 프레게는 "진리를 향한 노력은 모든 곳에서 우리가 뜻에서 지칭체로 나아가도록 몰아가는 것"(같은 책, 48)이라고 설명한다. 따라서 지칭체는 문장의 "진리치"truth-value이며, "이는 문장이 참이거나 거짓인 상태"다(같은 곳). 프레게는 **모든** 문장의 지칭체는 '참'the True이거나 '거짓'the False 둘 중 하나여야 하며, 생각과 참의 관계는 뜻과 지칭체의 관계라고 주장한다. 따라서 뜻은 역사적으로 가변적일 수 있으며, 본유적인 진리치를 가지고 있지 않다. 따라서 뜻이라는 관념은 진리 추구의 한 단계일 뿐만 아니라, 실존하지 않는 것을 이해하고 믿을 수 있는 방법, 지칭체가 없는 잘못된 생각을 믿는 방법과도 관련된다. 하지만 이 경우, 애초에 주어진 것이 아무것도 없다면 어떻게 뜻이 '주어짐의 방식'이 될 수 있는지가 불분명하다. 그렇다면 뜻과 지칭체는 서로 다른 질서를 가지고 있다. 즉,

뜻은 지칭체의 가능성이고, 지칭체는 '참'을 표현할 수 있는 것이다. 이에 대해서는 잠시 후 다시 다루겠다.

이와 관련하여 프레게가 이룬 혁신은 그가 아리스토텔레스식 주어-술어 논리 모델에 대한 대안으로 제시한 것이다. 이 대안 모델은 이후 분석 철학이 발전한 많은 방식에 필수적인 것이었다. 하지만 프레게의 모델은 셸링이 동일성과 서술 문제를 고찰하며 이미 그 밑그림을 그린 것이다. 셸링은 "이 물체는 빨간색**이다**"라는 진술을 예로 들겠다고 말한다('이 물체'를 샛별 또는 개밥바라기일 수 있는 *x*로 생각해 보라).

분명히 빨간색이라는 성질은 여기서 독자적으로 존재할 수 없는 것이지만, 주어인 **물체**와의 동일성을 통해 존재한다. 즉, 빨간색은 서술되는속성으로 나타나는 것이다. 서술하는속성을 나타내는 것, 즉 물체가 이 속성의 '에세' *Esse* [존재]인 한에서 그것은 실제로 이 속성**이다**(진술이 말한 대로). 하지만 그런 이유로 주어 **물체**의 개념이 술어 **빨간색**의 개념과 (논리적으로) 같다는 결론이 따라 나오지는 않는다(Schelling 1856-1861: I/vii. 204-5).

다음과 같은 예를 들면 논리적 요지가 명확해진다. 어떤 사람에게 한 시점에는 "이 사람은 화났다"라고 말했고, 다른 시점에는 "이 사람은 화나지 않았다"라고 말했는데, 이 사람은 **동일한** 사람이다.

'빨간색이다'와 '빨간색인 것' 사이의 논리적 차이는 프레게가 '함수' function 와 '논항' argument 이라는 측면에서 공식화했다. '빨간색이다'/

'화났다'라는 함수는 그 자체로는 논리적으로 불완전하고—의미 있는 명제가 될 수 없고—함수가 충족되기 위해서는 '논항', 즉 빨간/화난 무언가가 필요하다. 이 용어들은 수학에서 끌어온 것인데—예컨대, 논항 4를 충족시키는 2 + 2, 1 + 3 등 무한한 수의 함수를 생각해 보라—프레게는 수학의 경우가 자연어에도 적용된다고 주장한다. 왜냐하면 수학은 실제로 논리학으로 환원될 수 있고—이것이 바로 프레게의 '논리주의'logicism가 의미하는 바다—또한 논리학은 의미 있는 언어 사용의 기반이기 때문이라고 그는 생각한다. 수학이 논리 체계로 **완전히** 기술될 수 있는 일련의 추론 규칙에 기초한다는 발상은, 빈학단의 일원인 쿠르트 괴델(1906-1978)에 의해 나중에 옹호될 수 없는 것으로 밝혀지지만, 여전히 몇 가지 중요한 통찰을 담고 있다. 하지만 다른 쟁점은 훨씬 더 논란의 여지가 많다. 그것은 논리가 언어를 의미 있게 하는 기반이라는 발상에 대한 해석 문제다.

논리는 형식일 뿐이므로 실질적인 내용이 없다는 견해에 반대하며, 프레게는 논리가 다른 종류의 언어만큼이나 내용이 있는 사고의 표현이라고 주장한다. 논리학의 주제는 사유가 참인지 여부, 사유들이 서로 어떻게 관련되는지다. 물리학의 주제가 운동 법칙 등에 관한 진리인 것과 마찬가지다. 프레게의 이러한 개념화의 결과는 중요하다. 설령 이러한 개념화가 전체적으로 그럴듯한 것은 아니라 하더라도 말이다. 예를 들어, 프레게의 뜻-지칭체, 함수-논항 모델은 속성을 귀속시키는 것('빨간색이다/화났다')과 속성이 귀속되는 대상을 지칭하는 것('빨간/화난 x가 있다')을 구별하는 방식을 보여 준다. (우리는 4장에서 이와 관련된 셸링의 주장이 헤겔을 반대하는 데 사용되는 방식을 살펴보았다.) 이러한 구분을 통해 우리는 지식이 어떻게 발전하고 확장될 수 있는지를 이해할 수 있다. 예컨대 예전에는 연소되는 것이 플로지스톤이라고 생각했지만 이제는 산소라고 생각하는 것처럼, 동일한 대상이 이전의 설명과 모순될 수 있는 새로운 설명으로 특징지어질 수 있다. 이 경우 논리적인 사항이 세계에서 인간이 많은 시간 동안 성공적으로 수행한 일에 관한 핵심 사실과 부합한다. 그런데 논리적 구조가 인간이 이를 성공적으로 수행할 수 있기 위한 **토대**인가? 그렇다면 그것은 무엇을 의미하며, 어떻게 그것이 사실임을 보일 수 있는가? 프레게는 언어가 사회에서 구체적으로 사용되는 방식을 의도적으로 고찰하지 않고, 언어 사용자의 '심리'에 의도적으로 관심을 두지 않는다. 참은 어차피 인간이 생각하는 것과 무관해야 하기 때문에, 실제 인간이 진리와 어떻게 맞닿는지는 그에게 중요한 문제가 아니다.

하지만 프레게가 하는 것처럼, 그가 수數에 관한 참된 정의를 제시하기 전까지 사람들은 수가 무엇**인지** 몰랐다고 주장한다면 과연 설득력이 있는가? 인간이 사유를 시작할 때부터 사실상 수학을 할 수 있었는데도 불구하고 말이다(Hacker in O'Hear 1999: 233을 보라). 프레게는 선재하는 일련의 이데아적 형상인 플라톤주의적 수학 개념을 제시하는데, 수학 지식의 특수한 비경험적 지위 때문에 여전히 이를 지지하는 많은 옹호자가 있다. 그러나 플라톤주의의 한 형태를 진리 전체로 확장하면 큰 문제가 드러난다. 다음과 같이 생각해 보라. '프레게는 독일인이다'와 '러셀은 영국인이다'라는 두 명제는 프레게식으로 동일한 '대상', 즉 참을 나타낸다. 이는 에른스트 투겐트하트가 제안한 것처럼, 모든 참 명제는 무언가를 지칭하기 때문에 '실재' 내지 '세계'를 나타낸다는 의미로 이해할 수 있다. 그렇다면 무시간적인 참 세계가 존재한다. 이 세계는 어떤 의미에서 독일인 프레게, 영국인 러셀 등으로 구성된 완전히 결정된 세계다. 그러나 또 다른 의미에서 이 세계는 칸트의 사물 자체처럼 결정되지 않은 세계다. '참'은 구체화되어야 하는데, 프레게가 독일인이라는 것은 모든 경험적 정보와 마찬가지로 이를 반박할 새로운 정보가 나오면 거짓으로 판명될 수 있다. 세계가 '실제로 존재하는' 방식은 우리가 수집할 수 있는 모든 증거를 초월하며, 따라서 참을 접근 불가능한 세계 자체로 만든다.

프레게의 난점을 다음과 같이 더 제시할 수 있다. 1897년에 그는 진리 대응론이 진리를 정의하는 일과 관련되기 때문에 어려움을 낳는다는 점을 깨닫는다. 만일 어떤 관념을 '실재에 대응하는 경우' 참이라고 규정한다면, 어떤 구체적인 관념이 실재와 대응하는지, "다시 말해, 그 관념이 실재에 대응한다는 게 참인지"를 확인해야 하는 상황에 놓이게 되는데, 이는 그 관념을 규정하려 할 때 항상 진리를 이미 상정하고 있어야 한다는 의미다. 따라서 "진리는 명백히 너무 근원적이며 단순한 것이어서 더 단순한 것으로 환원이 불가능하다"(1990: 39). 동시에 프레게는 앞서 살펴본 것처럼, 참인 모든 문장이 참에 대응한다는 발상에 의존한다. 그러나 도널드 데이비슨이 말했듯이, "대응할 것이 오직 하나만 있다면, 그 대응 **관계**는 중요하지 않은데, 왜냐하면 그런 경우는 모두 그 관계가 예컨대 '*x*는 우주에 대응한다'와 같이 1항 술어로 축약될 수 있기 때문이다"(Davidson

2001: 184). 이 경우 〔대응한다고 하지 않고〕 그냥 'x는 참이다'라고 하는 것이 더 와닿지만, 이는 프레게가 주장하는 많은 것을 포기한다는 의미다. 결국 프레게는 다음과 같은 삼중 세계로 끝난다.

- 지각에 주어진 대상들의 세계. 즉, 우연적이며, 진리치는 없고, 나의 지각을 비롯한 심리적 역사의 결과물인 대상들의 세계.
- 생각으로 표현된 사태의 세계. 즉, 사실이라고 말할 수 있는 것으 **로서의** 대상들―샛별과 개밥바라기로서의 금성.
- 참의 세계.

이러한 세계들이 어떻게 서로 접촉할 수 있는지는 미스터리이며, 이것이 오늘날 데이비슨, 로티를 비롯한 사람들이 이러한 구분에서 벗어나고자 노력하는 이유다. 어떤 것에 관해서든, 말할 수 있는 잠재적으로 참인 것의 수가 무한할 수 있다는 점을 깨달으면 기본 문제가 명확해진다. 게다가 세계 안의 수많은 대상의 경계선은 대상에 관해 어떤 언어를 사용하느냐에 따라, 또는 그 대상과 관련하여 어떤 행동을 수행하느냐에 따라 달라진다. 우리가 관념론과 낭만주의에서 접한 전체론적 사상들이 시사하듯이, 대상의 경계를 영원히 규정짓는 본유적인 것은 없을 것이다. 그렇다면 대상적 존재와 '참으로 사실이다'를 논리적 동치라고 말할 수 없다. 이 서로 다른 세계들이 어떻게 서로 관련되어 있는지를 규명하는 문제는 분석 철학의 여러 방향에 대한 모델을 제공한다. 이제 고려해야 할 방향은 지각에 감각 자료로 직접 주어지는 세계와, 과학이 기술하는 세계 사이의 관계를 설명할 방식을 찾는 것이다. 이 작업의 실패는 분석 전통과 해석학 전통 사이에서 현대적인 수렴을 이끈 원인 중 일부가 될 것이다.

빈학단과 비트겐슈타인의 《논고》

이 장에서 여기까지 오면서, 독일에서 관념론 이후 철학 발전에 중요한 역할을 한 구체적인 사회적·역사적 세계를 뒤로한 것으로 보일 수도 있다. 그러나 우리가 살펴보고 있는 좀 더 전문 학술에 맞춰진 논증들이 정치적 반향을 불러올 수 있다. 빈학단은 1920년대 빈에서 새로운 철학 구상을 논하기 위해 모이기 시작한 철학자 및 자연 과학자 무리로 구성되었다.[5] 이 학단에 관한 이상한 사실 하나는 그 사상의 이른바 반동적인 정치적 함의 때문에 거의 처음부터 일부 좌파에게 공격받았다는 점이다. 이 학단이 시작될 때 많은 구성원이 정치에 관여하는 사상가였고, 일부는 마르크스주의자였으며(그중 일부는 계속 마르크스주의로 남았고), 다른 일부는 미국으로 망명한 후 나중에 보수주의자가 되기도 했다. 1929년에 이름이 붙은 이 학단에서 가장 유명한 인물로는 루돌프 카르납, 필립 프랑크, 헤르베르트 파이글, 쿠르트 괴델, 한스 한, 오토 노이라트, 모리츠 슐리크, 프리드리히 바이스만, 에드가 질셀이 있다(출판물에 관한 자세한 사항은

---

5   베를린에도 한스 라이헨바흐 등이 참여한 비슷한 집단이 있었지만, 빈학단이 더 영향력이 컸다.

Friedman 1999를 보라). 빈번히 좌파적인 성향을 띤다는 점과 다른 어떤 좌파 사상가들의 표적이 된다는 점의 조합은—이 학단의 특징이다—20세기 독일 철학 발전의 핵심 요인을 가리킨다. 마르크스주의자와 사회민주주의자를 너무 자주 갈라놓았던 파멸적인 파벌주의와는 별개로, 스스로 좌파라고 생각하는 많은 철학자를 갈라놓은 것은 철학과 자연 과학의 관계에 관해 그들이 취한 입장이다. 이 관계에 관한 의견 충돌은 정치적 차이에도 중요하게 반영된다.

여기서 '실증주의'라는 개념은 악명 높은 역할을 한다. 빈학단의 철학은 종종 '논리 실증주의'로 불리지만, 어떤 사람들은 이 명칭이 오해의 소지가 있다고 보고 '논리 경험주의'라는 말을 더 선호한다. 일부 좌파들은 여전히 실증주의를 경멸적인 용어로 여기는데, 이 용어는 너무 자주 매우 모호한 방식으로 사용된다. 이 용어는 1830년대에 프랑스 철학자 오귀스트 콩트에 의해 널리 사용되기 시작했다. 콩트에게 과학은 '신학적' 단계, '형이상학적' 단계, '실증적' 단계라는 세 단계를 거친다. 마지막 단계는 형이상학적 사변을 거부하고 감각 증거에 기반한 지식을 고수하는 데서 비롯된다. 실증주의에 대한 반감은 처음부터 실증주의가 철학의 영역에서 배제하고자 한 것과 많은 관련이 있다. 이러한 배제에 반대하는 것은 가톨릭교회와 여러 마르크스주의자가 실증주의를 반대하는 것과 연결된다.

콩트의 개념은 빈학단의 개념과 차이가 있지만, 빈학단 구성원들도 경험 자료를 지식의 주요 원천으로 삼아 과학에서 형이상학을 배제한다는 콩트의 목표를 공유하고 있다. 빈학단에 핵심적인 영향을 미친 인물 하나는 빈 철학자 에른스트 마흐(1838-1916)다(그는 소설가 로베르트 무질에게도 영향을 미쳤다). 마흐는 19세기 말부터 여러 과학 지향적 철학의 특징이 되는 급진적 움직임에 착수한다. 그는 자신이 실재로 여기는 것을 제한한다. 논리적 추론을 통해 과학적 지식을 구성하는 데 사용되는, 감각 자료에 있는 '기본적으로 주어진' 것으로 말이다. 감각을 유발할 수 있는 주체나 실재에 대해 언급할 필요가 없기 때문에, 마흐는 이러한 구성을 사유하는 주체의 일로 보지 않는다. 예측은 논리 법칙을 따라 조직된 반복적 자료를 통해 이루어질 수 있고, 이는 이론이 현실을 '반영'한다거나 현실에 '대응'한다는 주장을 하지 않고도 과학 이론을 형성하기에 충분하다. 따라서 주체와 대상이 어떻게 관련되는지를 보일 필요가 없다. 이렇게 고정된 주체와 대상 개념을 강요받기 거부하는 것은 상대성 이론이 뉴턴식의 고정된 시공간 개념을 종결하는 것과 관련하여 특히 이점이 있다고 여겨진다. 이와 동시에 우리가 지금 우리 자신에 관해 느끼는 많은 것을 철학적 고찰에서 배제한다는 점도 주목하라. 마흐식으로 보면 '자아'는 '기본적으로 주어진' 것으로 나타날 수 없기 때문에 허구가 된다.

마흐의 접근 방식은 그에게 영향받은 사람들의 접근 방식과 몇 가지 측면에서 다르지만, 그가 철학적 관심사를 경험 자료와 논리 법칙으로 축소한 점은 빈학단의 특징이기도 하다. 논리 법칙과 경험 자료는 지식의 유이한 두 원천으로 간주되며, 이는 선험적인 것과 경험적인 것 사이에 다리를 놓으려는 칸트의 선험적 종합 지식 사상이 거부되었음을 의미한다. 선험적 종합이 이렇게 거절된 데는 여러 이유가 있다. 가장 중요한 이유 하나는 지각 가능한 자연 세계의 인식 가능성을 좌우하는 필수적, 무시간적 사유 원리라는 칸트의 생각이 수학과 물리학 이해의 변화와 충돌한다는 점인데, 이 변화는 유클리드 기하학에서 벗어나는 것과 상대성 이론과 관련된다. 이러한 변화에 비추어 볼 때 시간과 공간은 더 이상 같은 것으로 보이지 않는다. 따라서 철학은 과학적인 세계 개념의 일부가 될 방법을 모색하는 것이 더 낫다고 여겨진다. 결국 이러한 구상은 상대성 이론과 같이 자연을 설명하는 놀랍도록 성공적인 새로운 방법을 제공한다.

다른 형태의 철학들과 긴장을 이루는 주요 원인이 바로 여기에 있다. 범주의 무시간적 지위에 대한 의문은 하만이 칸트에게 제기한 일종의 반론에 이미 내재해 있다. 그 결과 이러한 의문의 한 형태는 서양 철학의 핵심 관심사가 다른 문화 및 세계관에 대한 해석이 되는 쪽으로 이어지며, 이는 자연 과학이 특권적 지위를 갖는다고 가정할 필요가 없다는 의미다. 이와 대조적으로, 대개 분석 전통은 과학이 칸트와 같은 이론들의 지지 불가능성을 보여 줄 수 있는 능력이 있는데 이런 능력에는 자연 과학에 적합한 방법으로 확인할 수 없는 모든 주장을 철학에서 배제해야 한다는 요구가 함의되어 있다고 가정한다. 이는 철학의 범위를 과격하게 제한한다. 예컨대 과학에는 윤리나 미학에 관해 이야기할 방법이 없다. 분석 전통이 이런 식의 제한을 요구하는 것은 '형이상학'이 경험적으로 검증 가능하지도 않고 논리학처럼 선험적이지도 않다는 이유로 철학에서 형이상학을 배제하려는 일반적 목표의 원천이다. 빈학단의 구성원들이 이러한 배제를 이루고자 하는 방식은 그들 접근법의 특징이다. 논리학적 진리는 분명 감각 증거에 의존하지 않는데, 문제는 그것이 현실과 관련하여 어떤 지위를 갖는가다. 빈학단은 논리학적 진리는 그저 관습에 불과하다는 버트런드 러셀과 A. N. 화이트헤드의 주장을 받아들임으로써, 칸트의 핵심인 지식의 두 원천을 연결하는 문제에 말려들지 않으려 한다. 그렇다면 사실적 진술은 어떻게 신뢰할 수 있는 이론으로 만들어질 수 있는가? 무엇보다도 논리가 단지 일련의 관습에 불과하다면, 논리적인 것과 경험적인 것의 관계에 관한 **철학적** 주장은 어떤 지위를 갖는가? 궁극적으로 문제가 되는 것은 바로 어떻게 언어가 세계와 관련되는가 하는 물음이다.

이 문제를 강조하는 한 가지 방법은 세계가 '문장 형태로 된 아이템들'로 구성되어 있는가를 묻는 피터 스트로슨의 물음에 잘 드러난다. 왜 언어 구조가 비언어적인 실재와 어떤 식으로든 상응해야 하는가? 칸트는 이 문제를 개념의 차원에서 보았는데, 그는 세계가 우리에게 나타나는 방식에 대한 판단으로 지식을 제한했고, 따라서 독일 관념론이 했던 식의 사유와 물리적 자연 사이의 구조적 연결을 주장하지 않았다. 빈학단이 직면한 문제는 언어와 세계 사이의 관계를 분석하려면 형이상학적 주장을 해야 할 것으로 보인다는 점이다. 형이상학적 주장을 배제하려 했던 기획인데 말이다. 이 문제는 분석 전통을 괴롭힐 것이다.

분석 기획의 일부 초기 형태에서는 단순히 세계가 별개의 대상들로 구성되어 있다고 가정한다. 러셀은 (한동안) 언어를 '이름'과 '기술'로 나눌 수 있다고 생각했다.[6] 전자는 대상을 지시하고, 따라서 이름의 **의미**는 지시된 대상이다. 후자는 여러 다른 대상에 적용될 수 있기 때문에 대상을 직접 지시하지 않으므로 '의미'를 갖지 않는다. 이 이론은, 이름으로 보이지만 존재하지 않는 무언가를 지시하는 단어들을 다루려 하면서 무너졌다. 여기서 이에 대해 자세히 설명할 필요는 없다. 우리의 목적상 여기서 중요한 것은 '의미'라는 개념이 의미의 기준이 되는 세계 속 별개의 대상들과 연결될 때 문제가 발생하는 방식이다. 한 가지 분명한 문제는 우리가 사용하는 언어의 상당 부분이 어쨌든 '의미'에서 제외된다는 점이다. 언어 연구의 초점이 개별 단어에 맞춰지면 문제는 더 심각해진다. 러셀은 헤겔 숭배자로 시작했지만, 대부분의 빈학단 사람들과 마찬가지로 헤겔의 연구를 무의미한 것으로 간주하게 되었고, 정확히 헤겔과 반대되는 입장을 채택했다. 러셀의 세계는 이름을 붙일 수 있는 별개의 존재자들로 구성되어야 한다. 물론 헤겔은 이런 유의 구상이 '직접성'에 의존한 것이며, 사물이 항상 다른 사물과의 관계로 매개된다는 점을 간과한 것이라고 간주했다. 그래서 사물이 그 정체성을 (따라서 그 의미를) 상실하는 대가를 지불해야만 전적으로 별개일 수 있다는 것이다. 러셀의 세계는 어떤 것에도 애매함이 없기를, 모든 것이 다른 사물의 영향을 받지 않는 정체성이 있기를 바라는 과학자가 꿈꾸던 세계다. 이는 물리 과학의 영역에서는 바람직할 수도 (그렇지 않을 수도) 있다. 하지만 우리가 감정, 가치, 열망의 측면에서 서로 소통하고 교류하는 세계에는 별로 도움이 되지 않는다. 그러

---

6 러셀은 자신의 마음을 너무 자주, 너무 빨리 바꿨기 때문에, 어느 시점에서 그가 거부하지 않은 입장이 그의 입장이라고 하기는 어렵지만, 어쨌든 이 입장은 다른 사상가들에게 영향을 미쳤다.

나 여전히 많은 철학자가 이러한 전통에서 출발하여, 일상의 영역을 끝내 물리 과학의 측면에서 완전히 설명할 수 있게 될 것이라 믿고 있다.

이런 종류의 철학은 비트겐슈타인의 1921년 《논리-철학 논고》로 대표되는 더 흥미로운 형태로 나오는데, 이 책은 러셀과 프레게가 주장한 측면들에 대한 응답으로 빈학단에 큰 영향을 미치게 되었다. 비트겐슈타인이 제1차 세계대전 당시 오스트리아 군인으로 복무할 때 쓴 이 글은 20세기 철학에서 가장 흥미로운 저술 중 하나다. 이 책의 목표는 '철학의 문제들'을 해결하는 것이며 비트겐슈타인은 서문에서 자신이 해결했다고 주장한다. 그래서 아마 당연한 일이겠지만 《논고》에 대한 해석은 매우 다양하다. 이 책이 언어로 '그려진' 개별 대상들의 세계를 구축하려 시도하기 때문에, 어떤 사람들은 이 책이 러셀과 과학 중심의 철학 전통에 속한다고 보고, 또 어떤 사람들은 칸트와 낭만주의 전통과 연관된다고 지적한다. 어떻게 해석하더라도 《논고》는 의미 있게 말할 수 있는 것에 관심을 두고 있다. 이 책은 오직 두 종류의 진리만 있다고 주장한다. 하나는 필연적인 논리적 진리이고, 다른 하나는 세계를 올바르게 '그리는' 우연적 사실 진술이다. 전자는 '빨간색은 빨간색이다'라는 진술과 같이 필연적으로 참이지만 세계를 관찰하여 배울 수 있는 어떤 것에도 의존하지 않기 때문에, 모두 내용 없는 동어 반복이다. 후자는 자연 과학의 명제다. 비트겐슈타인은 "명제를 이해한다는 것은 어떤 경우에 그것이 참인지를 안다는 것을 의미한다"(1984: 28)[7]고 주장한다. 의미와 진리는 분리될 수 없으며, 방금 살펴본 것처럼 진리는 논리적이거나 경험적일 수밖에 없다. 빈학단은 언어가 참된 사실들을 '그린다'는 발상과 별개로, 이러한 구상을 채택하여 적용하였다. 그러나 비트겐슈타인이 이렇게 제한을 두며 주장을 제시하는 방식은 우리를 매우 다른 곳으로 데려가는데, 이 점은《논고》의 지속적인 매력을 설명해 준다.

동어 반복은 어떤 정보도 말해 주지 않으며, 경험적 진리는 우연적 세계에 대한 관찰에 의존한다―따라서 우리가 생각하는 세계의 모든 구조는 적어도 부분적으로는 우리가 우연히 관찰한 것에서 나온다. 하지만 분명 우리가 말하는 것의 상당 부분은 이런 범주에 맞지 않는다. 우리가 가치 있게 여기는 것, 바라는 것 등에 대해 하는 말 중 상당수는《논고》의 견지에서 볼 때 '무의미'nonsense, Unsinn하다. 왜냐하면 우리는 우리가 말하는 것이 어떤 경우에 참인지 안다고 주장할 수 없기 때문이다. 당연히 문제는 오직 논리적 사실과 경험적 사실만 무의미하지 않다면, 무의미 개념을 적용할 수 있는 범위가 매우 넓다는 점이다. 비트겐슈타인은《논고》의 명제들 자체가 진리치를 갖는 범주 중 어디에도 속하지 않음을 인정한다. 그 명제들은 동어 반복도 아니고 경험적으로 확인할 수도 없으므로 "무의미하다"unsinnig(같은 책, 85). 이와 같이 이 책은 자기 반박으로 보인다.《논고》가 무엇이 참일 수 있는지에 관하여 말한 내용을 적용한다면, 왜 우리는《논고》의 명제들을 참이라고 여겨야 하는가? 여기서 무의미를 어떻게 생각하는지에 따라 많은 것이 좌우된다. 현재 분석 전통

7   《논고》는 짧은 단락들로 구성되어 있고, 단락 간의 관계는 숫자로 표시되어 있다.

에서 무의미를 바라보는 방식은 기본적으로 두 가지다. 두 방식 모두 형이상학이 전적으로 논리적이거나 전적으로 경험적이지 않은 진리 주장을 포함하므로 무의미하다고 주장한다.[8] 무의미를 바라보는 첫 번째 방식에서, 형이상학에 대한 이러한 판단은 암묵적으로든 명시적으로든 경멸적일 수 있다. 빈학단이 대체로 그랬던 것처럼 말이다. 그러나 이는 비트겐슈타인이 생각했던 것처럼, 인간에게 가장 중요한 물음은 "말할 수 없는"(같은 책, 33) 것으로 이어지므로 과학적 또는 철학적 해답을 명확하게 얻을 수 없다는 암시도 될 수 있다. 형이상학이 무의미하다는 주장 자체도 논리적 진리나 경험적 진리가 아니라는 점을 주목하라. 그러한 주장은 말할 수 있는 것이 무엇인지 결정하는 조건이 허용하지 않는 주장이다. 여기서 기본적인 문제에 비추어 리처드 로티는 다음과 같이 말한다. 철학자들은 "'표현을 인식 가능한 것으로 만드는 조건은 …이다'라고 말하고 싶은 유혹을 끊임없이 받는다. 저 명제 자체가 스스로 나열한 조건을 충족하지 못함에도 불구하고 말이다"(1991: 91). 문제는 이러한 상황에 어떻게 답하는가다.

비트겐슈타인은 《논고》에서 자신의 기획을 "생각의 표현에 한계를 긋는 것"(1984: 9)으로 본다. 이는 '생각에 한계를 긋는 것'과는 다른데, 왜냐하면 "한계 안팎을 모두 생각"(같은 곳)할 수 있다는 의미이기 때문이다. 한계 안팎을 모두 생각한다는 주장은 사유될 수 없

---

8   따라서 논리적인 것과 경험적인 것, 선험적인 것과 종합적인 것 사이의 구분이 유지될 수 있을 때만 형이상학을 이러한 용어로 확인할 수 있다는 점을 여기서 언급할 필요가 있다.

는 것을 **생각하는** 일로 추정되기 때문에 '무의미하다.' 여기서 쟁점은 이전에 나왔던 관련 문제를 되돌아봄으로써 설명될 수 있다. 문제의 구조는 헤겔이 칸트의 생각, 즉 우리가 아는 것은 항상 특정 조건에서만 알 수 있으므로 사물 자체는 알 수 없다는 생각을 반박하고자 했던 방식 하나를 떠올리게 한다. 헤겔이 볼 때 이런 식으로 생각의 한계를 긋는 것은 본유적으로 자신이 그은 한계를 넘어서는 것인데, 왜냐하면 어떤 것이 한계라는 점을 **안다**는 것은 이미 그것을 넘어섰다는 의미이기 때문이다. 헤겔 변증법의 요지는 우리가 아는 모든 개별 사물은 한계가 있으며, 철학이 모든 개별적인 것이 총체적이고 자기 폐쇄적인 체계에서 다른 모든 것과 관련되는 방식을 보여 줌으로써 생각의 한계를 초월할 수 있음을 깨닫는 것이다. 여기서 '절대지'는 구체적인 무언가가 사실임을 아는 것과는 확연히 다른 지식이다. 초기 낭만주의 사상을 이어받은 후기 셸링은 실제로 자기 일관적인 완전한 논리 체계를 구축할 수 있지만 그 체계가 어떻게 현실과 관련되는지는 설명하지 못한다고 주장했다. 그러한 설명에는 그 체계의 일부가 아닌 다른 무언가가 필요하다. 어떻게 생각과 현실이 관계되는지를 설명하려면 생각과 현실을 포괄할 수 있는 관점이 필요한데, 이 관점이 어느 쪽—생각이나 현실 중—에 속할 것인가를 아는 것이 불가능하다는 말이다.[9] 그 한계가 생각의 한계라는 점을 참작하면, 비트겐슈타인이 "한계 안팎을 모두 생각"하

---

9   헤겔이 《논리학》에서 존재를 해석하는 방식을 통해 이 문제를 피하고 있다는 점을 보여 주려는 시도가 많지만, 4장에서 제시한 존재에 관한 논증은 이런 식의 헤겔 해석에 심각한 문제를 제기한다.

는 것이 무의미하다 터무니없다고 본 것은 바로 이런 의미다. 초기 낭만주의는 존재를 개념적으로 완전히 이해할 수 없다고 확신하면서 예술에 집중하는 쪽으로 갔다. 예술 작품이 빠짐없이 완전히 해석될 수 없는 방식을 통해, 철학이 말할 수 없는 것이 나타나는 장소로서의 예술에 집중하게 된 것이다. 예술 작품은 생각과 현실의 관계 문제를 적극적으로 극복하지는 못한다. 하지만 우리의 유한한 관점을 초월하려는 모든 시도가 실패할 수밖에 없다는 점을 인식하게 해 주고, 유한하지 않은 것에 대한 '말로 표현될 수 없는' 감각을 줄 수 있다.

비트겐슈타인은 《논고》에서 말할 수 있는 것은 무엇이고 보여 주어야 하는 것은 무엇인지에 관해 비슷한 내용을 제안하는 것 같지만, 그가 제안하는 바의 본질에 관해서는 여전히 매우 논쟁의 여지가 있다. 그는 논리학이 "초월적"(의미 '가능성의 조건'이라는 의미에서)이고 "학설이 아니라 세계에 대한 거울 이미지"(같은 책, 76)라고 본다. 그리고 무엇이 말해질 수 있는지를 이러한 관점에서 해석하고 최대한 엄격하게 다룸으로써, 말할 수 있는 것을 '논리적 구문론'을 따르는 것으로 제한한다. 우리가 일상적으로 언어를 사용할 때는 같은 단어가 매우 다른 역할을 할 수 있어서 혼란이 내재해 있는데, 이와 관련해서는 프레게의 '개념-표기'와 같은 방식으로, 자연어 구문론에서 발생하는 혼란을 배제할 수 있는 논리적 구문론으로 언어를 사용해야 한다고 주장한다. 그러면서도 그는 일상 언어의 역할을 축소하지 않는다. 일상 언어는 "인간 유기체의 일부이며 인간 유기체 못지않게 복잡하다." 즉 "일상 언어를 이해하기 위한 암묵적 합의는 엄청나게 복잡하다"(같은 책, 26)는 것이다. 여기서 그가 러셀과 프레게의 경향처럼 "실제로, 있는 그대로, 논리적으로 완전히 질서 잡힌"(같은 책, 66) 명제로 된 일상 언어를 사용하는 방식을 타깃으로 삼고 있지 않으며, 다만 **철학적** 문제에서 "언어의 논리"(같은 책, 26)가 불투명할 때 그러한 철학적 문제를 묻고 답하는 데 언어를 사용하면서 발생하는 혼란을 타깃으로 삼고 있음이 드러난다.

앞서 말했듯이, 비트겐슈타인은 서문에서 자신이 "철학적 문제들"을 해결했다고 주장한다. 그러나 결정적으로 그는 "이 작업의 가치는 … 이 문제들을 해결함으로써 이룬 것이 얼마나 적은지를 보여 주는 데 있다"(같은 책, 10)라는 말을 덧붙인다. 그렇다면, 철학의 문제에 답할 수 있더라도 그 답이 큰 성과를 거두지 못한다면, 철학의 의의와 범위는 무엇인가? 이러한 철학적 문제에 대한 해결책으로 제시된 것 중 하나가 의미 그림 이론picture theory of meaning이다(훗날 그는 이 발상을 포기한다). 그림 이론은 다음과 같은 비트겐슈타인의 말로 가장 잘 설명할 수 있다. "축음기 레코드판, 음악 구상, 악보, 음파는 모두 언어와 세계 사이에 존재하는 서로에 대한 내적 관계를 표상한다. 그것들은 모두 공통적인 논리적 구조를 가지고 있다"(같은 책, 27). 그래서 교향곡을 음표의 언어로 "나타내는 법칙"이자 "음표의 언어를 축음기 레코드판의 언어로 번역하는" 법칙인 "일반 규칙"이 있다(같은 곳). 한 표현 형태에서 다른 형태로 번역하는 것은 이해할 수 없는 것을 만들어 내는 게 아니라, 번역되기 전 형태만큼이나 이해할 수 있는 것을 만들어 낸다. 레코드판의 홈들은 녹음된 음악을 재현하는 것이지, 임의의 소음을 표현하는 것이 아니다. 게

다가 "모든 직유의 가능성, 우리의 표현 수단이 완전히 그림적인 성격Bildhaftigkeit을 가질 가능성은 재현representation, Abbildung의 논리에 있다." 그래서 "명제"Satz는 "현실에 대한 이미지"(같은 책, 28)이고, 이러한 명제는 "기호가 대상을 표상재현한다는 원리"(같은 책, 29)에 의해 가능한 것인데, 이는 레코드판과 레코드판으로 재생할 수 있는 음악 사이의 관계 방식처럼 기능한다.

따라서 비트겐슈타인은 언어와 언어가 표상하는 대상 사이의 모든 이해 가능한 관계에 그가 '논리적 형식'이라고 부르는 공유 원리가 반드시 있다고 가정하는 것 같다. 그러나 논리적 형식 자체는 표상될 수 없다. 이 점을 어떻게 이해해야 할까? 낭만주의자들은 칸트의 세계 인식 원리인 초월적 '나'가 자신을 자신에게 표상할 수 없다고 확신하며, 화가의 이미지를 사용했다. 즉, 그림을 그리는 자신의 이미지는 그릴 수 있지만, '나'에 대한 대상적 이미지가 그 그림을 그리는 '나'와 동일하게끔 하는 것은 그릴 수 없다는 것이다.[10] 비트겐슈타인도 비슷한 것을 말하고 있는 것으로 보인다. 문제의 원리는 두 경우 모두 철학의 주요 관심사지만, 철학 안의 표상을 벗어난다. 이미 노발리스는 "참된 철학은 결코 표상될 수 없다"(Novalis 1981: 557)고 주장했고, 철학을 "끝없는 활동"(같은 책, 180)으로 보았다. 비트겐슈타인은 "철학은 학설이 아니라 활동", 즉 "생각을 논리적으로 명료화하는 것"(1984: 32)이라고 주장한다. 결정적인 점은 의미 있는 것, 즉 자연 과학의 경험적 명제는 모두 언어로 진술될 수 있기 때문

10 　비트겐슈타인은 노발리스를 적어도 어느 정도는 읽었다. 노발리스는 피히테에 대한 성찰에서 이 이미지를 사용한다.

에 언어가 "현실 전체를 표상할" 수 있더라도, 명제는 "명제가 현실을 표상할 수 있기 위해 현실과 공통적으로 가져야 하는 것을 표상할 수는 없다"(같은 책, 33). 명제는 "현실의 논리적 형식을 **보여**"(같은 곳) 주지만, 그 형식이 무엇인지 **말**할 수는 없다. 이것이 의미의 과학이 있을 수 없는 이유이며, 또한 철학이 자연 과학과 근본적으로 다른 이유다.

비트겐슈타인의 논증에서 가장 의심스러운 측면은 그가 다음과 같이 말하는 부분에 분명하게 나타난다. "경험적 현실은 대상들의 총체에 의해 한계 지어진다. 그 한계 자체는 다시 기본요소적/원자적 명제들Elementarsätze의 총체에 드러난다"(같은 책, 66). 이러한 측면에서, 지금까지 살펴본 형이상학적 주장을 비판하는 접근 방식은 '기본요소적/원자적' 명제로 그려진 변하지 않는 총체로 구성된 세계라는 가정으로 대체된다. 비트겐슈타인은 이러한 대상과 명제가 무엇을 의미하는지 예시를 제시하지 않지만,《논고》의 초반부에서 이러한 대상과 명제가 세계의 본성에 관한 자신의 전반적 설명의 핵심임을 밝히고 있다. 여기서《논고》는 칸트보다 앞선 라이프니츠의 세계인 '모나드들', 곧 개별적이고, 불가분하며, 자기-동일적인 실체들이 그 실체들을 그리는 기본요소적 명제들과 조화를 이루는 곳으로 우리를 데려가는 것처럼 보인다. 하지만 비트겐슈타인은 이것이 실제로 무엇을 의미하는지, 왜 자신의 주장을 믿어야 하는지에 대해서는 아무 언급도 하지 않는다.

이 책의 또 다른, 더 흥미로운 차원은 실제로 칸트를 연상시키는 것으로 보인다. "자연 과학의 명제들"(같은 책, 85)로 말할 수 있는 것이라는 한계와 "모든 사건과 이러저러하게 존재하는 것은 우연적"(같은 책, 83)이라는 사실을 감안할 때, 이 세계 **안에** 가치란 있을 수 없다. 그러므로 가치는 무언가가 이렇게 존재하는 **비우연적** 이유들이다. 이를테면 세계의 존재를 정당화하는 것으로 신학이 주장하는 종류의 비우연적 이유나, 사람들이 자기 행동을 위해 제시하는 비우연적 이유 같은 것이다. 따라서 경험에 근거한 명제들은 우연적 세계에 관한 것이기 때문에 "어떤 윤리학 명제"도 있을 수 없으며, "윤리학과 미학은 하나이며 동일하다"(같은 곳). 칸트에게 과학 명제들의 세계는 가치의 영역과 분리되어 있다. 칸트는 '예지적' 영역이 존재한다고 분명하게 말하지만, 그 영역에 우리가 인지적으로 접근할 수는 없다고 주장한다. 비트겐슈타인은 경험 세계 바깥에 무엇이 있는지에 대해서는 훨씬 덜 명확하게 말하지만, 다음과 같이 주장함으로써 그가 취하는 방향을 내비친다. "우리는 가능한 모든 과학적 문제에 답을 얻는다 하더라도 우리 삶의 문제는 조금도 만져지지 않음을 느낀다. 인정컨대, 어떤 물음도 남아 있지 않다. 그리고 바로 이것이 답이다"(같은 책, 85). 철학은 삶의 의미에 대한 답을 말할 수 없다. 삶의 의미를 소유하고 있다는 것은 더 이상 물을 필요가 없다는 의미이며, 이는 침묵의 영역으로 데려간다. 하지만 이는 매우 의미심장한 침묵이다. 즉, 삶이 더 이상 문제가 되지 않기 때문에 철학을 떠날 수 있다는 의미다. 비트겐슈타인 본인도 《논고》를 집필한 후 한동안 철학을 떠났지만, 자신이 제안한 언어와 실재에 관한 구상이 잘못되었음을 확신하게 된 후인 1920년대 후반에 비로소 다시 철학으로 돌아왔다. 최근 들어 《논고》에 대한 논의는, 이전에 생각했던 것보다 《논고》가 후기 비트겐슈타인의 사상과 잘 조화된다는 점을 보여 주려고 시도하는 관점에서 활기를 되찾았다. 이는 비트겐슈타인이 《논고》에 논리학의 몇 가지 핵심 쟁점들을 해결함으로써 우리가 세계에서 실제 사용하는 언어에 관하여 새롭게 탐구할 자리를 후기 저술에 남겨 두었다는 생각이다. 그러나 이렇게 접근하면 '대상들의 총체'에 관한 문제나 《논고》를 마무리하는 무의미, 철학, 윤리에 관한 문제를 적절하게 다루지 못한다. 여기서 주목해야 할 또 다른 중요한 측면은 비트겐슈타인이 철학이 무엇인지에 관하여 한계를 둔 것인데, 이 한계는 특히 러셀과 프레게의 협소한 분석적 초점에서 비롯된 것이다. 이러한 초점의 한계가 초래한 결과는 특히 빈학단의 발전 때문에 20세기 철학에서 매우 중요하게 작용한다.

과학적 철학

빈학단이 소화한 《논고》는 대체로 다음에 국한되어 있다. 선험적 종합이 무의미하다고 거부한 것, 《논고》의 경험론, 논리적 문제에 관한 몇 가지 답변, 즉 프레게나 러셀과 반대로 논리학이 내용을 말하기보다 동어 반복으로 되어 있다고 주장한 것. 중요한 점은 그들이 낭만주의 사상과 연결될 수 있는 문제들은 거의 전적으로 무시한다는 것이다. 그렇다면 이 학단이 구체적으로 기여한 것은 무엇인가? 최근의 연구(예컨대 Friedman 1999; Cartwright et al. 1996; Bowie 2000,

2001을 보라)에 따르면, 빈학단의 실제 저술들은 그들의 역사적 영향력이 보여 주는 것보다 훨씬 더 다양하다는 사실이 드러나면서 과거에 비해 이들에 대해 말하는 게 훨씬 어려워졌다. 하지만 이 학단의 역사적 영향력의 경우 철학에 대한 기존의 여러 접근 방식에 도전을 가한 한두 가지 발상에 기대어 있으며, 이는 영어권 세계의 학문 철학에 막대한 영향을 미쳤지만, 현재는 일반적으로 의심스러운 것으로 여겨진다. 특히 1940년대부터 1950년대와 1960년대까지 미국 철학에서 결정적인 역할을 했던 이 학단의 작업은 결국 과학 분석 철학의 한 부분으로 전락했다.

나치의 침공으로 이 학단은 빈을 떠나야 했지만, 그 전에 이 학단의 원대한 목표는 '과학적 철학', 즉 과학의 결과와 일치하는 철학이었다. 1920년대와 1930년대의 정치적 분위기에서, 이는 여러 종류의 반동적인 비이성주의 철학에 대응하는 방법으로 여겨졌다. 7장에서 살펴봤던, 이성에 대해 부정적인 주장을 하고 자연 과학에 종종 적대적이었던 그런 종류의 철학에 대응하는 것이었다. 이 학단이 볼 때, 인지 과학이 외부 세계 지각에 관한 신뢰할 만한 예측 이론을 제시한다면, 대상에 관한 진술의 논리적 지위를 명확히 할 뿐만 아니라, 정신이 선험적 종합 판단을 할 수 있다는 식의 개념보다 우리의 인식이 가능한 방식에 관해 이야기하기 위한 더 나은 근거가 될 것으로 보인다. 철학자가 잘 확립된 과학 이론을 고려하는 것은 당연히 중요하지만, 과학으로는 더 잘 달성할 수 없는 철학의 기여는 이제 무엇일까? 빈학단이 생각한 한 가지 답은, 철학의 과제는 과학적으로 타당할 수 있는 것과 그럴 수 없는 것의 기준을 제시하는 것이다. 이를테면 전통적인 인식론을 대체할 지각 이론을 평가하기 위한 기준 말이다. 이를 위해서는 과학 자체로는 제공할 수 없는 과학적 타당성에 관한 설명이 필요할 것 같은데, 이는 수상쩍게도 그들이 형이상학이라는 말로 의미하는 바와 비슷하게 들린다. 빈학단이 논리학과 경험 자료라는 두 가지 원천을 고수하는 것은 결국 형이상학을 피하는 과학적 설명에 이르는 방법을 제시하기 위해서다.

경험론이 매력적인 이유는 과학자들이 자료를 수집하여 세계를 탐구한 것이 경험론의 기반처럼 보이기 때문이다. 하지만 칸트가 깨달은 것처럼, 지식이 감각 자료에 의존한다는 사실을 인정한다면 문제는 이러한 감각 자료가 어떻게 의미 있는 명제를 낳을 수 있냐는 것이다. 이 쟁점에 관하여 카르납은 《세계의 논리적 구성》(1928)에서 한 가지 견해를 제시했는데, 이는 현상론phenomenalism과 관련된 것으로, 객관적 세계에 대해 우리가 가진 유일한 확신은 우리에게 현상으로 나타나는 것뿐이라는 철저한 경험론적 사상이다. 이러한 확신은 철저히 사적인 것인데—카르납은 여기서 '방법론적 유아론'과의 연관성을 말한다—문제는 사적인 확신에서 공적으로 통용될 수 있는 지식으로 가는 것이다. 여기서 난점은 사적인 감각과 공적인 언어가 서로 명확하게 번역될 수 없다는 것이다. 감각의 어느 부분이 인지적으로 관련되는가? 언어가 공적이며 일반적이라는 점을 감안할 때 사적인 감각의 특정 부분이 언어 조각과 어떻게 연결될 수 있을까? 특정한 종류의 경험에는 우리가 기초 삼을 확실성을 주는 방법이 있는가? 형이상학 반대론자들이 배제한 것을 요구하지 않고, 즉 오로지 논리적이지도 오로지 경험적이지도 않은 사유의 측면을 요구하지 않고, 어떻게 이를 알 수 있는가? 3장에서 우리는 '토대론'의 문제를 고찰했는데, 라인홀트는 토대 명제를 "다른 어떤 명제를 통해서 그 의미를 얻으면 안 되고 얻을 수 있어도 안 된다"(1978: 353)라는 말로 요약했다. 다른 방도는 토대의 가능성이 없이 한 명제가 다른 명제에 의존하는 식으로 계속 퇴행이 일어나는 것이다. 분석 철학의 역사 중 대부분은 칸트 이후 우리가 관찰한 토대론의 문제를 언어적 형태로 재탕한 것으로 밝혀졌고, 이것은 확실히 빈학단의 역사적 운명이다.

빈학단이 원했던 것은 어떻게 경험 자료로 지식을 전달하는 명제를 만드는지 말하기 위한 신뢰할 만한 수단이었다―그들은 경험 자료로 그런 명제를 만들 **수 있으리라**는 점은 의심하지 않았다. 그렇게 만들 수 없다면 과학이 신뢰할 만한 예측을 가능하게 하는 이론에 도달할 수 있겠는가? 문제는 철학이 토대를 찾는 과정에서 이러한 확신이 무너지는 것으로 보인다는 점이었다. 이 문제를 극복하려는 가장 유명한 시도는 의미에 대한 검증주의적 기준으로, 명제의 의미는 그것이 참임을 보일 수 있는 방법이라는 것이다. 이 기준은 원리상 누구의 경험으로도 확인할 방법이 없는 무의미한 진술을 배제하는 것이 목적이며(《논고》와의 연결이 명확할 것이다), 따라서 본질적으로 부정적인 목적이다. 하지만 이는 고전적 토대론의 딜레마로 이어진다. 검증 가능성 기준 자체는 검증 가능한가? 그렇지 않다면, 비트겐슈타인이 의미 가능성의 조건들을 기술하려다가 깨달은 것처럼, 빈학단이 자기 관점을 고수할 때 저 기준이 어떤 의미를 갖는다고 여길 이유가 없다. 검증하고자 하는 것을 이해해야 하는데, 이해의 **기준**이 검증하고자 하는 것이다. 이런 순환 논리로 이어지는 검증 없이, 어떻게 저 기준이 검증될 수 있겠는가? 어떤 검증 개념은 모든 과학 지식 개념화에 분명 중요하지만, 빈학단은 이 문제를 피해 가는 설명을 제시할 수 없었다.

의미의 기준을 확립할 방법을 찾는 또 다른 시도는 슐리크의 시도다. 그는 단어가 단어를 정의하는 퇴행을 피하기 위해, "결국 우리는 직접지시ostension 행위로 단어를 경험에 직접 연결해야 하며, 궁극적으로 모든 의미는 주어진 것 안에 존재한다"(Friedman 1999: 29에서 인용)고 주장한다. 그러나 단어들을 사용해야만 상대방이 그 의미를 분명히 알도록 무언가를 직접 가리키는 것이 성공할 수 있다. 이를테면, 갈색 물체에 무게가 30파운드인 의자를 상기해 보라. 철저한 경험론의 두 가지 형태는 모두 작동하지 않으며, 결과적으로 카르납을 비롯한 사람들은 새로운 형태의 칸트의 선험적 종합으로 가게된다. 단순한 이유는 세계가 지식에 기여하는 것과 정신이 지식에 기여하는 것 사이의 경계선을 철학에서 엄밀하게 그릴 수 없기 때문이며, 특히 언어가 정신-세계의 구분에서 양쪽 모두에 속하는 것으로 보이기 때문이다. 그렇다면 논리와 경험적으로 '주어진 것'만을 토대로 삼아 거기에만 의존하는 시도는 모두 실패할 수밖에 없다. 이 둘을 하나로 묶으면 결국 어느 쪽도 순수한 형태로만 존재한다고 말할 수 없다는 점이 드러난다. 오토 노이라트는 이러한 근본적인 오류를 인식하게 되었고, 훨씬 더 생산적인 방향을 제시하는 여러 논증을 발전시켰는데, 우리는 이어지는 장들에 나올 사상가들에게서도 비슷한 점을 보게 될 것이다. 또한 이는 이미 슐라이어마허와 슐레겔 같은 낭만주의 철학자들이 개략적으로 드러낸 바이기도 하다(Bowie 2000, 2004를 보라). 그래서 역사적으로 영향력 있는 빈학단의 학설에서 벗어나는 예외가 빈학단의 학설 안에 얼마나 되는지 지적하는 것만으로는 충분한 평가가 될 수 없다.

이 맥락에서 두 가지 관련 측면이 중요하다. 1931년에 괴델이 수학이 논리학으로 환원될 수 없다는 점을 드러낸 것과 1950년대에 미국 철학자 W. V. O. 콰인이 분석 명제와 종합 명제의 구별(이는 오직 논리적인 진리와 오직 경험적인 진리를 주장하는 근거다) 자체가 옹호될 수 없다는 점을 드러낸 것은 빈학단을 지배한 사상이 종말을 맞이한 것에 관한 표준적인 이야기다. 왜냐하면 분석 명제는 단어들이 엄밀하게 동의어일 수 있다는 점에 의존하는데, 이는 언어의 전체론적 성격으로 인해 증명될 수 없기 때문이다. 언어의 전체론적 성격이란, 한 단어의 의미는 항상 막연한 수의 다른 단어들의 의미에 의존한다는 것이다. 하지만 슐라이어마허가 1820년대에 이미 이 점을 지적했다는 사실은 거의 알려지지 않았다.

> 분석 판단과 종합 판단의 차이는 유동적인데, 우리는 이를 고려하지 않는다. 같은 판단(얼음은 녹는다)이더라도, 특정 온도라는 조건을 통해 존재하게 되거나 없어진다는 점이 얼음이라는 개념에 이미 자리 잡았다면 분석 판단이 될 수도 있고, 아직 자리 잡지 않았다면 종합 판단이 될 수 있다. … 따라서 이러한 차이는 개념이 형성되는 상태의 차이를 표현할 뿐이다. (1839: 563)[11]

이 역사적 사실의 요지는 빈학단이 그랬던 것처럼, 철학이 자연 과학의 혁명적인 새로운 구상과 함께 성공적으로 작동하고 있다고 확신하는 사람들이 '형이상학적인' 낭만주의 전통을 회고할 가능성이 극히 적다는 것이다. 철학을 혁명적으로 재검토하고 있다는 희망이 있을 때 과거는 대부분 버려진다. 나중에 다시 돌아올 가능성이 있긴 하지만 말이다. 이는 두 번째 측면으로 이어진다. 빈학단은 종종 기릴 만한 진보적인 정치적 목표가 있었지만, 그럼에도 과학적인 철학을 구상하는 쪽으로 기울어지는 경향이 있었다. 언어 분석은 과학적 명제 및 그 명제가 현실을 표상하는 방식에 초점이 있는데, 이러한 초점은 사태에 관해 이야기하는 다른 방식들을 깎아내리는 데 사용된다. 그러나 우리가 하만과 헤르더에 대해 살펴본 것에서 알 수 있듯이, 슐라이어마허가 속한 전통은 언어 분석을 그렇게 국한하는 것이 언어의 본성에 관하여 근본적으로 잘못된 인식을 가져온다는 매우 설득력 있는 논증을 발전시켰다. 그럼에도 해석학 전통이 매우 최근까지도 분석 철학의 주요 발전에 영향력을 미치지 못했다는 사실은 복잡한 이야기이며, 다음 장에서 설명하기 시작할 것이다. 또다시 철학, 정치, 자연 과학의 관계가 매우 중요해질 것이다.

11   슐라이어마허의 논증은 실제로 콰인의 논증보다 덜 독단적이라는 장점이 있다. 즉, 구별이 쓸모없다는 게 아니라, 근본적인 논리적 구별일 수 없다는 것이다.

더 읽을거리

Beaney, M. (1996) *Frege: Making Sense* (London: Duckworth). 프레게 사상의 쟁점들에 관한 훌륭한 연구.

Canfield, J. V. (ed.) (1986-1988) *The Philosophy of Wittgenstein*, 15 vols (New York and London: Garland). 비트겐슈타인 사상에 관한 주요 논문 모음집.

Coffa, J. A. (1991) *The Semantic Tradition from Kant to Carnap* (Cambridge: Cambridge University Press). 분석 철학의 근원과 초기 발전에 관한 뛰어난 역사적 설명.

Currie, G. (1982) *Frege: An Introduction to His Philosophy* (Brighton: Harvester). 유용한 입문서.

Dummett, M. (1981) *The Interpretation of Frege's Philosophy* (London: Duckworth). 현대에 가장 영향력 있는 프레게 해석가가 프레게 철학에 관하여 쓴 주요 저작.

Friedman, M. (1999) *Reconsidering Logical Positivism* (Cambridge: Cambridge University Press). 역사적 탐구와 철학적 논증을 바탕으로 한, 빈학단의 작업에 관한 의미 있는 재해석.

Kenny, A. (1973) *Wittgenstein* (London: Allen Lane). 김보현 옮김,《비트겐슈타인》(서울: 철학과 현실사, 2001). 유용한 일반 개론서.

Kenny, A. (1995) *Frege* (Harmondsworth: Penguin). 최원배 옮김,《프레게: 현대 분석철학의 창시자에 대한 소개》(서울: 서광사, 2002). 분석 철학에서 프레게의 중요성을 강조하는 훌륭한 일반 개론서.

Sluga, H. (1980), *Gottlob Frege* (London: Routledge). 역사적 정보를 바탕으로 한, 프레게의 저술에 관한 연구.

9. 현상학

대륙/분석으로 나뉨

근대 철학에 대한 대조적인 접근법을 논할 때, '대륙' 철학 전통과 '분석' 철학 전통의 차이를 종종 '현상학' 전통과 분석 전통의 차이로 언급하기도 한다. 각 전통의 철학적 주장들과 관련하여 이렇게 구분 짓는 것은 때때로 정당할 수 있다. 하지만 이렇게 구분하면 사회-역사적 세계와 관련된 복잡성이 가려질 수 있고, 때때로 구분 자체의 막연한 성격도 무색해질 수 있다.[1] 이를테면 나치가 독일과 오스트리아를 점령하지 않았다면 이렇게 나뉜 성격도 매우 달라졌을 것이다. 왜냐하면 상반된 철학적, 정치적 관점을 가진 사상가들 사이의 의사 표현이 곡해된 정도가 지금과는 달랐을 것이기 때문이다. 모리

---

1   앞서 살펴본 바와 같이, 이 부분을 분석 철학이 언어에 집중하는 측면에서 확실하게 기술하는 것은 가능하지 않다.

츠 슐리크는 1938년 나치 학생에게 살해당했고, 도망쳐서 살아남은 빈학단이나 베를린에서 온 동료들은 비트겐슈타인처럼 고국의 철학보다 영국과 미국 같은 다른 나라의 철학에 훨씬 더 많은 영향을 미쳤다. 다른 한편, 마르틴 하이데거는 나치당이 1933년에 창당할 때부터 1945년에 비참한 말로에 이를 때까지 나치당원이었는데, 제2차 세계대전 이후 공식적인 학자 직책을 맡는 것이 금지된 상황에서도 독일 철학에 계속 영향을 미쳤다. 게다가 전후 독일 철학에서는 빈학단이 발전시키고 빈학단에 영향받은 개념적 자원이 별로 없었기 때문에, 하이데거의 영향력이 더 커졌다. 그러나 1930년대부터 1960년대까지, 아도르노와 호르크하이머처럼 자신을 좌파로 여기는 많은 이들이 하이데거는 **물론** 빈학단의 사상과 영향력에도 반대했다. 또한 1970년대 독일 철학에서 아마도 가장 중요한 발전은 아도르노의 제자인 위르겐 하버마스가 분석 전통의 핵심 사상을 수용한 점일 것이다. 하버마스는 하이데거의 제자인 에른스트 투겐트하트의 영향도 받았는데, 투겐트하트는 분석 철학의 주장들을 지지하며 자기 스승의 사상 중 상당수를 거부하게 되었다.

이른바 전통들의 구분은 이렇게 복잡성을 띠는데, 이는 역사를 더 거슬러 올라간다. 1840년대 헤겔주의의 종언 이후부터 1900년대 초 에드문트 후설(1859-1938)의 저술과 1920년대에 그의 제자 하이데거의 저술이 등장하기 전까지, 독일 학계의 철학은 자연 과학과 사회 과학의 새로운 발전에 비추어 칸트의 사상을 수정할 방법을 찾는 게 지배적이었다. 이는 대체로 '신칸트주의'Neo-Kantianism로 불린다. 이 운동의 대표자 중 상당수는 현재 분석 전통으로 간주되는 것에 더 가까워 보인다. 이들은 논리학과 과학적 타당성에 관심을 두었다. 현재 '대륙' 철학 내지 '유럽' 철학으로 간주되는 것과 때때로 다른 방식으로 말이다. 동시에, 이 사상가들은 전형적인 분석 전통과도 다른 방식으로, 자연 과학Naturwissenschaften이 제공하는 지식과 인문학Geisteswissenschaften, 정신 과학이 제공하는 지식이 어떻게 관련되는지에 대한 문제도 다루었다. 독일 근대성의 발전에서 중요한 역할을 하는 양면 가치들은 철학에서 이러한 문제로 드러난다. 이 문제는 여기서 다룰 나머지 이야기에서 핵심이 될 것이다.[2]

우리는 자연 과학의 성공과 그 영향이 독일 철학을 어떻게 변화시키는지를 반복해서 확인했다. 예를 들어, 실증주의의 극단적인 형태는 과학적 명제만 의미 있고, 윤리학과 미학은 순전히 주관적인 감정을 바탕으로 하므로 실질적으로 의미나 타당성을 주장하는 명제를 낳지 않는다는 생각으로 이어진다. 칸트, 낭만주의자들, 헤겔의 저술은 근대 생활에서 인지적, 윤리적, 표현적 차원을 전체 그림에 통합하여, 우리를 정합적이고 의미 있는 세계에 위치시키는 데 관심을 두었다. 실증주의는 이러한 통합을 실패로 인식한 데서 비롯된 극단적인 결과이며, 이는 그토록 많은 독일 사상가가 실증주의에 반대하고 싶어 한 주된 원인이다. 신칸트주의 철학자들은 이러한 통합의 실패를, 철학이 인간 활동의 서로 다른 영역에 대한 적절한 '근거'를 제공하지 못한 결과로 보는 경향이 있었다. 이러한 근거 다지

2   나는 이 책에서 신칸트주의에 관한 설명은 하지 않을 것이다. 왜냐하면 신칸트주의의 다양한 입장들을 제시하면 너무 많은 공간을 차지하기 때문이다. 이는 유감스럽긴 하다. 특히 에른스트 카시러의 저술은 과학과 근대 문화에 관한 논쟁에서 아직도 많은 것을 시사하기 때문이다. 그의 책《상징 형식의 철학》을 보라.

기의 핵심은 과학과 나머지 문화의 관계에 대한 설명을 제시하는 것이었다. 즉, 이를 통해 과학—이는 독일에서 자연 과학과 인문학을 모두 포함하는 말인 '비센샤프트'Wissenschaft이다—이 어떻게 '통합'될 수 있는지 보여 줄 수 있어야 했다. 이 통합의 핵심은 물리학, 역사학 등 서로 다른 영역에서 주장하는 바의 본질을 규명하고, 이를 통해 그 주장하는 바들이 인류 문화의 다른 측면들과 어떻게 연관되는지를 파악하는 것이다. 나치가 인류와 사회에 대한 가장 야만적인 구상을 선전하는 데 가장 진보된 기술을 사용했다는 점을 생각해 보면, 이 문제가 왜 그렇게 중요한지 알 수 있다.

과학들의 분열을 인지하여 이에 대응하려는 신칸트주의 철학의 시도들은 모든 형태의 지식이 어떤—충분히 구체화되지 않았다—본질적인 '가치들'에 근거해야 한다는 생각을 바탕으로 한 정교한 체계 구성으로 귀결되는 경향이 있다. 이를테면 하인리히 리케르트 (1863-1936)의 저술이 이런 생각을 바탕으로 한다(Rickert 1986을 보라). 이러한 가치들은 역사 세계와 경험 세계의 우연성을 초월하여 참된 판단을 가능하게 하는 것이다. 본질적으로 보편화하여 일반 법칙을 산출하는 물리 과학(신칸트주의 철학자 빌헬름 빈델반트가 "법칙 정립적 과학"nomothetic sciences이라고 부른 것)과 역사적 사건과 행위의 특수성에 관심을 두는 역사 과학("개별 기술적 과학"idiographic sciences)을 구분하는 다양한 형태가 나왔지만, 이 중 어느 것도 전적으로 그럴듯하지는 않다. 더욱이 두 영역에서 실제로 연구할 때 철학의 의의가 불분명하다. 그래서 20세기 초 30여 년간의 철학적 접근법을 대체로 다음과 같이 광범위하게 볼 수 있다.

- 인간의 삶 상당 부분을 철학적 고찰에서 배제하는 '과학적 철학'이라는 '실증주의적' 또는 논리 경험주의적 사상.
- 과학적 지식을 근거 짓는 일, 과학과 나머지 문화를 관계시키는 일에 철학이 여전히 본질적으로 관련된다고 보는 철학.
- 후설과 함께 등장하여 하이데거의 연구에서 실제로 발전한 새로운 선택지.

이 세 번째 선택지는 분석/대륙으로 나뉘는 일과 이후 독일 철학의 발전[3]에 가장 큰 영향을 미칠 것이다. 이 선택지의 중요성은 특히 개별 과학들로부터 철학의 독립성을 확립하려는 시도에 있다.

후설 현상학의 핵심 개념들

(a) 다양한 경험

후설의 현상학이 널리 매력을 끈 이유는 초기에, 철학적 물음들에 거대한 답을 제시하려는 시도에서 벗어나 그러한 물음이 발생하는 우리의 세계 경험을 자세히 기술하려는 방향으로 나아갔기 때문이다. 세계가 우리에게 나타나는 방식에 관한 기술은 후설이 '현상학'이라는 말로 의미하는 바를 이룬다. 핵심 문제는 이렇게 경험을 조

---

3   다양한 버전의 마르크스주의 중 일부의 역할을 11장에서 고찰할 것이다.

사한 것의 지위다. 후설이 늘 주장하듯이, 이 조사는 순전히 기술적인 것인가? 만일 그렇다면, 후설은 어떻게 그 결과를 철학에 새로운 종류의 토대를 구축할 수단으로 사용하고자 하는 것일까? 그렇게 함으로써 그는 초기 기획이 수반할 필요가 없었던 일종의 거대한 형이상학적 구상으로 나아간다고 해석될 수 있다. 토대론적 접근의 문제는 앞서 살펴본 바와 같이, 토대를 형성하는 원리가 확고하게 확립될 수 없으면 나머지 철학 건축이 위협을 받는다는 것이다. 게다가 철학적 탐구의 시작점이 절대적으로 확립되어야 한다면, 첫 원리가 체계를 구축할 수 있게 해 주더라도, 중요한 물음들을 부당하게 배제할 위험이 있다. 합리론적 접근과 대조되는 경험론적 접근의 매력은 경험론이 우리가 마주하는 모든 현실에 열려 있음으로써 이러한 문제를 피할 수 있다고 생각하는 데 있다. 그러나 헤겔이 이미 보여 주었듯이, 경험론 자체는 순전히 경험 자료로만 작동한다고 할 수 없다. 왜냐하면 가장 '직접적인' 감각 경험조차도 이해 가능하려면 '이것', '여기', '지금'과 같은 보편 개념들을 포함해야 하는 것으로 드러나기 때문이다.

여러 종류의 경험론에 있는 문제는 세계가 우리에게 드러나기 위해 일차적으로 '주어지는' 것이 가공되지 않은 감각 자료라고 생각하는 데 있다. 그러한 자료에 관해서는 아무런 언급도 불가능한데, 언급하는 순간 그러한 자료의 특수성이 일반 개념의 지배를 받게 되기 때문이다. 따라서 날것 그대로의 자료에서 이해 가능하게 표현된 사물의 세계로 가는 길은 설명할 수 없게 된다. 세계가 유기체에 미치는 인과적 영향을 인식 가능하게 지적하는 것은—예컨대, 망막에 인과적으로 영향을 미치는 것으로 입증될 수 있는 광자—감각 자료가 어떻게 지식의 기초가 될 수 있는지에 관해서는 말해 주지 않는다. 즉, 광자가 망막에 인과적 영향을 미침을 입증했다고 해서, 감각 자료가 그 지식의 기초가 되는 방식이 해명된 것은 아니다. 광자가 망막에 닿는다는 것은 그 점에 대해 **아는** 것과 다르다. 빛은 주체에 의해 무언가**로서** 경험되어야 하는데, 이것을 인과적 과정이라고 할 수는 없다. 무엇보다도 인과적 과정이라는 개념 자체가 우리의 사고 능력에 의존하기 때문이다. 우리는 실제로 날것 그대로의 자료로 되어 있는 세계를 **경험하는** 게 아니라, 사물과 의미로 되어 있는 세계를 경험한다. 우리가 규정되지 않은 빛 조각을 규정되지 않은 것으로 보는 까닭은 빛이 온갖 종류의 규정된 의미를 갖는 세계와 그 빛 조각이 어떻게 들어맞을지 알고 싶기 때문이다. 진짜 문제는 '날것 그대로의 자료'라는 말로 추상적으로 기술될 수 있는 것이 주체의 정신 행위에 의해 정합적 세계로 **만들어**지는지, 아니면 세계의 정합성이 다른 어떤 방식으로 구성되어 있는지 여부다. 후설의 목표는 어떤 의미에서 경험론적이다. 그는 세계의 이해 가능성이 어떻게 구성되는지 분석하기 위해 경험된 대로의 세계에 주목하고자 한다. 동시에 그의 입장은 종종 칸트와 피히테에 더 가까워 보이기도 한다. 후설의 경험론적 측면과 초월적 측면 사이의 긴장은 그의 철학의 영향을 이해하는 데 필수다.

현상학에서 출발점은 세계 자체가 현상으로 나타난다는 사실이다. 그러나 이것이 그저 나타나는 세계가 아닌 또 다른 세계, 즉 있는 그대로의 세계가 있음을 의미해야 하는 것은 아니다. 그런 식의 두 세계가 존재한다는 '현상론적' 가정은 칸트가 현상과 예지체를 나눈 것을 이해하는 한 가지 방식이다.[4] 현상학은 분명 '궁극적 실재'의 문제를 여전히 포함할 것이며, 일부 비평가들은 현상학이 현상론phenomenalism으로 이어진다고 주장한다. 그러나 현상학은 사물, 소음, 냄새 등의 세계에 대한, 즉 직접적 의미의 세계에 대한 부인할 수 없는 일상적 경험에서 출발한다. 후설을 비롯한 사람들은 우리가 사물을 이미지로만 경험한다는 잘못된 생각이 이러한 일상적 경험을 가린다고 생각한다. 사물을 이미지로만 경험한다는 것은 경험이 '사물 자체'에 대한 경험이 아니라, 우리와 사물 사이의 매개에 대한 경험이라는 의미다. 그러나 후설은 우리가 나무를 볼 때, 나무 이미지나, 우리가 나무를 구성해 내는 재료인 한 다발의 감각 자료를 보는 게 아니라, 나무 자체를 본다고 주장한다. 이제 과제는 이런 일이 어떻게 이루어지는지를 설명하는 것이다.

후설은 주관성에 대한 강한 관심을 과학적 객관성이 중요하다는 주장과 결합하기 때문에, 현대 철학에 지속적으로 영향을 미치고 있다. 이렇게 그는 근대 철학의 낭만주의적 측면과 실증주의적 측면을 새로운 방식으로 연결한다. 후설 철학의 결정판은 존재하지 않으며, 그의 텍스트들은 그가 출간한 다양한 저작 시기별로 몇 가지 중요한 차이가 있다—그의 저작 중 상당수는 생전에 출간되지 않았다. 이러한 차이 중 아마도 가장 중요한 점은《순수 현상학과 현상학적 철학의 이념들》(1913)에서 명백하게 초월적 관점으로 전환한 데 있

---

4 이는 사물 자체에 관한 한 가지 해석에만 부합하는 설명이다—즉, 사물을 전혀 알 수 없다는 해석에만 부합한다(1장을 보라).

을 것이다. 초기의 《논리 연구》(1900-1901)는 프레게에서 비트겐슈타인에 이르는 지배적 접근 방식이 배제하는 경향이 있었던 의미 개념의 차원들을 제시하고 있다는 점에서, 최근 분석 전통의 일부 사상가들에게 주목받고 있다. 하지만 독일(그리고 상당한 유럽) 철학에 가장 큰 영향을 미친 것은 《이념들》에서 개발하여 이후 텍스트에서 정교화한 구상이다. 가장 교훈적인 텍스트는 후설이 1913년 출간한 《이념들》,《데카르트적 성찰》(1931),《유럽 학문의 위기와 초월적 현상학》(1936)이다.

(b) 순수 현상학

후설은 자신의 기획을 가리켜 "순수 현상학"pure phenomenology이라고 부르며, 이것이 "철학의 토대 과학"(1992: v. 3)이어야 함을 보여 주고자 한다. 경험에 대한 기술 제공이라는 현상학의 목표를 고려할 때, 이는 다소 이상해 보일 수 있다. 경험에 대한 기술은 과학적 심리학의 영역에 속하는 것으로 볼 수 있다. 예컨대 과학적 심리학에서는 착시가 발생하는 방식에 주의를 기울이며 실험을 통해 지각의 본성을 연구할 수 있다. 그러나 후설은 자신이 탐구하는 것은 마음의 작용에 관한 과학적 탐구와는 본질적으로 다르며, 철학은 자연 과학에 용해될 수 없다고 일관되게 주장한다. 이렇게 주장한 이유 중 하나는 그가 '심리주의'psychologism를 거부한 데 있다. 심리주의에서는 심리학이 발견한, 정신의 기능을 지배하는 경험적 법칙의 측면에서 논리 법칙을 설명할 수 있다고 생각한다. 여기서 문제는 어떤 과학적 조사 결과든 이해 가능하려면 논리적으로 일관적이어야 하므로, 심리학은 증명하고자 하는 바를 전제해야 한다는 것이다. 이런 차원에서 여러 형태의 심리주의를 거부하는 타당한 이유가 있다. 선험적 형식이 없는 경험 자료 자체는 이해 불가능한데, 이런 선험적 형식을 정당화하기 위해 부당하게 경험 자료를 사용하고 있다는 것이다. 철학으로 논리학의 토대적 지위나 논리학과 현실의 관계를 적절하게 설명할 수 있는지는 또 다른 문제다. 앞서 비트겐슈타인의 《논고》와 관련해서 보았듯이 말이다. 후설은 이러한 측면에서 흥미로운 문제를 제기한다.

경험을 철학적으로 연구할 때의 난점은 각각의 구체적인 경험이 본유적으로 특수하며, 결코 다른 경험과 엄밀하게 동일하지 않다는 것이다(우리는 1장에서 이를 칸트 및 라이프니츠와 관련해서 살펴보았다). 동시에, 우리는 사물과 사고의 동일성에 의존하여 우리 주변의 세계를 다룰 수 있으며, 일상 세계는 대부분 직접적으로 이해 가능한 것으로 경험된다. 후설 안에는 우연적 세계에서 우리가 기능할 수 있게 하는 직관적 확실성과, 여기에는 우연적일 수 없는 구조가 포함된다는 확신 사이에서 교훈을 주는 긴장이 있다. 따라서 그의 가정은 칸트의 가정에 가깝지만, 경험을 조사하는 방식에 차이가 있다.

이 탐구가 심리학적인 것이라면, 그 방법은 세계가 우리에게 주어지는 방식에 관한 구체적인 예를 취하여, 이것이 지각을 지배하는 구체적인 법칙으로 이어지도록 경험을 일반화하는 것과 관련될 것이다. 하지만 이러한 탐구 자체는 후설이 밝히고자 하는 것에 정확히 의존하고 있다. 즉, 우리가 경험 자료에서 그 자료를 지배하는 법칙으로 이행할 수 있게 해 주는 사유 방식의 **기반**에 의존하고 있다. 이러한 이행을 가능하게 하는 것은 단순히 우리가 실제로 이행한 구체적 사례에서 도출될 수 없다. 우선, 이런 사례 자체는 우리가 세계에서 우연히 접하는 내용에 따라 달라진다. 문제의 자료가 임의의 감각 자료가 아니라 이해 가능한 자료라는 사실에 의존한다. 우리가 접하는 것은 우연적이므로, 그것에 대한 분석은 무엇이 경험에 대한 판단을 타당하게 해 주는지에 관한 주장의 **토대**로 기능할 수 없다. 철학적 토대의 핵심은 우연성을 극복하는 것이다. 이러한 상황은 후설이 '순수' 현상학에 관해 주장하게 된 근원이다. 객관적인 사실의 세계가 완전한 확실성을 제공할 수 없기 때문에, 순수 현상학은 주관성에 관한 설명에 기초해야 한다.

(c) 형상적 과학

후설은 자신의 기획이 "사실학"science of facts이 아니라 "본질학"science of essences이라고 주장했다. 그는 이를 본질에 해당하는 그리스어 '에이도스'*eidos*를 따라서 "형상적" 과학eidetic science이라고 부른다(같은 책, 6). 사실학은 조금 전 살펴본 이유로 철학의 지위를 얻을 수 없다. 그렇다면 어떻게 '본질'에 도달할 수 있을까? 후설은 각각의 개별 사물은 우연적이므로 지금과 같은 식이 아니라 다른 식으로 존재했을 수도 있지만, 또한 사물은 다른 사물과 공통으로 가지고 있는 술어를 지닌다고 주장한다. 이것이 바로 '본질'로 탐구될 수 있는 것이다. 후설은 음표를 예로 들었다. 음표가 음표이기 위해서는 다른 모든 음표와 무언가를 공유해야 하는데, 이를테면 가장 일반적인 수준에서 "음향적인 무언가임"(같은 책, 13)이라는 본질이 그렇다. 이는 음표를 특정한 사물 '영역'에 위치시키며, 후설은 이러한 본질의 경계를 긋는 것인 '지역적 존재론'에 대해 이야기한다. 음표는 음향 존재론의 일부일 수 있지만, 동일하게 사회적 존재론의 일부일 수도 있다. 가령 그것이 공동체를 방해하는 소음이 되어 소란스럽게 기능한다면 말이다.

　세계 안에 있는 각각의 구체적 대상은 어떤 측면이 전면에 오냐에 따라 무한한 경험의 잠재적 원천이 된다. 후설이 '본래적 주어짐'이라는 측면에서 본 '거기 있는 것'에 대한 직관은 내 앞에 있는 특정한 사물에 대한 경험의 형태를 띨 수도 있지만, '본질 직관'의 형태를 띨 수도 있다. 예를 들어, 기하학은 '본질학'인데, 왜냐하면 기하학이 다루는 공간의 순수한 형태는 대상적 세계에서 경험하는 사실로 접할 수는 없기 때문이다. 기하학적 증명에서 '최종적으로 근거를 확립하는 행위'는 경험으로 인해 모순될 수 없는 '본질 직관'이다. 그렇다면 이 두 종류의 직관은 어떻게 관련될까? 경험론자는 사실에 관한 모든 지식은 직접적인 경험 자료로 정당화되어야 한다는 원칙을 고수한다. 후설도 이에 동의한다. 새로운 과학이 그저 이미 알려진 것에서 도출되는 게 아니라면, 직접 경험한 것이자 '본래적으로 주어졌다고' 여겨지는 증거에서 출발하지 않고서, 어떻게 나올 수 있을까? 그러나 그는 이 원리 **자체**가 경험의 측면에서 확립될 수 없다고 주장한다. 이 원리 자체를 지식의 유일한 근거로 확정할 수 있는 경험 자료라는 게 존재할 수 없기 때문이다(이 문제는 앞 장에서 살펴본 검증 원리가 직면한 문제와 유사하다). 현상학이 극복하고자 하는 것이 바로 이러한 경험론의 실패다. 이 실패를 극복할 원리는 그 자체로 절대적 지위가 있어야 한다. 그렇지 않으면 이 원리는 과학이 직면한 우연성에 종속될 것이다. 즉, 과학에 토대를 제공하려 하지만 과학이 직면한 우연성에 종속될 것이다.

(d) 판단중지

모든 과학은 '자연적 태도'에 의존한다. 자연적 태도라는 말로 후설이 의미하는 바는 우리가 저기 '있는' 현실에 몰두하는 방식이며, 그것이 우리에게 '스스로를 제시하는' 대로 받아들여야 한다는 말이다 —우리는 후설이 나중에 이 개념을 어떻게 '생활 세계' 개념으로 발전시키는지 볼 것이다. 우리는 특정 시간에 실제로 저기서 일어난 일에 관해 착각할 수 있지만, 이는 자연적 태도라는 가정을 바탕으로 할 때만 의미 있다. 오류, 환상, 환각을 오류 등이 아닌 '본래적으로 주어진' 것과 대조하는 것 말고, 어떻게 이해할 수 있겠는가? 경험이 환상에 불과할 수 있다는 주장은 무엇이 환상이 아닌지를 알 수 있는 어떤 선재적 감각이 있음을 전제해야만 한다. 《이념들》에서 후설은 우리가 직관에 '적절히 주어진' 것으로 받아들이는 모든 것을 '유보'하거나 '괄호로 묶는' 결정적 조치를 취하는데, 그는 이를 '판단중지'epoché, 에포케라고 부른다. 그는 이를 "**확실하기 때문에 흔들리지 않는, 어쩌면 흔들릴 수도 없는 진리에 대한 확신과 양립할 수 있는 특정한 판단 보류**"(같은 책, 64)로 정의한다. 이 발상은 철학적으로 견고한 토대에 도달하려는 그의 기획의 일환으로, 과학이나 일상 경험에서 모든 증거를 배제하는 것이다. 그렇다고 해서 그가 과학적으로 확립된 진리들을 의심하는 것은 아니며, 단지 과학적으로 확립된 진리들이 그가 확립하고자 하는 것에서 아무런 역할을 하지 않아야 한다는 말이다.

따라서 그 목표는 의식에 내재하지 않은 모든 것을 배제함으로써, 오로지 의식에만 특유한 것을 기술할 수 있게 하는 것이다. 그는 이러한 배제를 "초월적 환원"(같은 책, 69)이라고 부른다. 기술의 내용은 우리가 세계에 기울이고 있는 의식의 측면들로, 이는 세계가 우리를 향해 구성되는 방식에 본질적이다. 경험은 우리가 현실적으로 또는 잠재적으로 인식하는 모든 것을 포함하는 '경험의 흐름'에 나타난다. 후설은 당신이 눈앞의 종이를 볼 때 결정적으로 다른 두 측면이 있다고 주장한다. 하나는 종이라는 물질적 사물의 존재고, 다른 하나는 종이의 촉감, 빛이 종이에 반사되는 것을 보는 방식 등의 측면에서 당신에게 종이가 주어지는 것을 당신이 경험하는 방식이다. 또한 당신은 종이 자체를 주시하고 있더라도 종이 주변의 다른 사물을 인식하기도 한다. 이러한 다양한 사물에는 다양한 주시 방식이 관여한다. 이러한 주시 방식은 당신 앞에 있는 물질적 대상의 특수한 존재에 의존하지 않으며, 무한히 다양한 경우에 적용될 수 있다. 이러한 주시 방식은 일종의 '공간'으로 기능하며, 그 공간에 맞는 다른 사물들이 채워질 수 있다. 이와 같은 주시 방식의 일반적 적용 가능성이 없다면, 경험은 혼란스러운 다수성으로 용해될 것이다. 주시 방식 자체가 결국 주시 방식의 본성을 성찰할 때 성찰의 대상이 될 수도 있다. 이는 기억, 환상, 직접 지각 등과 같은 주시 방식의 다양한 특성을 기술하는 현상학의 과제에 필수적인 부분이다.

(e) 지향성, 내재와 초월

후설은 '지향성'intentionality 개념에 의존하는데, 이는 오스트리아 철학자 프란츠 브렌타노(1838-1917)의 생각을 수정한 것이다. 의식의 지향성은, 의식은 항상 의식이 '향하고' 있는 무언가**에 대한** 의식이라는 의미다(라틴어 '인텐티오'intentio에서 온 말). 브렌타노가 모든 의식 행위는 그것이 향하고 있는 세계 내 대상을 포함한다고 가정하는 반면, 후설은 그런 식의 대상이 없는 의식의 측면도 다룰 수 있기를 원한다. 이는 의식이 무언가(우리가 일상에서 마주하는 실제 사물뿐만 아니라 환상 등도 포함하여, 그게 무엇이든, 의식이 그것에 대해서 있을 수 있는 것)에 '대해서' 있는 방식에 차이를 가져온다는 말이다. 예컨대 어떤 대상을 평가할 때는 평가되는 사물과, '전적으로 지향의 대상인 것'을 구분해야 한다. 우리가 그림을 보는 상황을 예로 들면, 후자에는 우리가 평가하면서 평가 대상에 주의를 기울이는 **방식**이 포함된다. 이러한 측면은 객관적 세계의 일부로서의 사물에 속하지 않는 것이 분명하다. 후설은 이러한 측면이 '순전히 주관적'이라고 주장하는 대신, 이러한 측면은 우리가 경험하는 세계의 성격에 본질적이라고 여긴다.

'경험으로서의 존재'와 **'사물로서의 존재'** 사이의 차이, 의식 안에 있을 수 있는 것과 있을 수 없는 것의 차이 — 예컨대, 대상에 대한 평가와 실제 물질인 평가 대상의 차이―는 '내재'와 '초월'의 본질적 차이로 이어진다. 후자는 실제로 파악되는 방식을 넘어서는 대상의 존재를 의미한다. 초월한 대상에 대한 지각은 항상 그 사물의 측면들과 구간들(후설이 "음영"Abschattungen이라고 부르는 것)만을 보는 것이며, 이러한 것들은 다양한 방식으로 주어질 수 있다. 이 측면들은 모두 같은 대상의 측면임에도 불구하고, 모두 동시에 파악할 수 없다. 세계 경험의 내재적 파악과 관련하여 중요한 점은 경험이 세계 속 대상의 존재 방식으로 존재하지 않기 때문에 **절대적**이라는 것이다. 각각의 경험은 다소간 명확할 수 있지만, 어떤 경험이 다소간 명확하다는 사실 **자체**는 그 경험을 할 때 완전히 **투명**해진다. 반면에 초월한 대상은 어느 정도 명확해 보일 수 있지만, 이러한 사실에는 초월한 대상이라는 개념 자체에 필수적인 불완전성, 상대성이 포함된다. 이 차이에서 추가로 귀결되는 중요한 점은 **"경험의 존재 방식은 원리상 반성의 방식으로 지각될 수 있어야 한다"**(같은 책, 95)는 것이다.

앞서 살펴본 바와 같이, 성찰은 사유가 스스로에 대해 생각하는 능력이다. 후설에 따르면, 어떤 내용에 대해 생각할 때 그 생각 중인 내용이―그것이 미친 공상이든 수학 방정식이든―존재한다는 것을 부인하면 이치에 맞지 않기 때문에, 내재적 지각의 절대성이 생긴다. 그것의 확실성은 데카르트가, 자기 존재를 의심하고 있으므로 자기를 의심하기 위해 반드시 존재해야 하는 자아에 관해 주장한 것과 같은 종류다. 객관적 세계의 우연성은 "순수한 나"(같은 책, 98)의 의심할 수 없는 필연성과 대조되며, 이 '나'가 바로 '순수 현상학'의 초점이다. 아니나 다를까, 이는 후설의 논증에서 가장 논란이 되는 부분이다. 어떤 측면에서 그의 입장은 독일 관념론에 가깝다. 왜냐하면 각 사물의 실재는 다른 사물에 의존하므로 결코 절대적이지 않기 때문이다. 유일하게 절대적인 것은 자신에게 완전히 투명한 의식이다. "자연은 의식과 상관관계를 가진 것으로서만 스스로를 드러내기 때문에, 자연의 존재는 의식의 존재를 조건 지을 **수 없다.** 자연은 의식이 통제한 맥락에서만 스스로를 구성할 뿐이다"(같은 책, 109). 피히테의 접근 방식은 후설의 매우 다른 역사적 세계의 맥락에서 어떤 의미가 있을까? 그 답은 과학에는 철학만이 제공할 수 있는 절대적 근거가 필요하다는 후설의 생각과 관련된다. 이것이 없다면, 과학이 필연적으로 수반하는 우연성과, 과학들이 통합되지 않는다는 점을 극복할 수 없다. 과학의 통합성 부재가 가져온 문화적 결과에 대한 해석은 20세기 독일 철학의 여러 측면에 결정적일 것이다.

(f) 노에시스와 노에마

자기의 정신적 행위를 반성할 수 있는 '나'의 능력은 후설의 분석에서 핵심을 형성한다. 따라서 이 분석은 '순수한 나' 개념의 타당성에 달려 있는데, 칸트가 생각한 통각의 초월적 통일에서의 '나'와 같이, 서로 다른 정신 행위들 사이에서 '순수한 나'의 연속성이 경험 가능성의 조건이 된다. 후설은 '**감각적** 질료hyle와 **지향적** 형상morphe의 이상한 이중성과 통일성'에 관해 이야기하는데, 이를 더 쉽게 설명하기 위해 인식의 '질료'matter, Stoff와 '형상'form이라는 측면에서 이야기한다. 의식이 재료에 대해 하는 일과 재료 자체의 관계에 대한 그의 분석은 그가 "노에시스"와 "노에마"라고 부른 것으로 요약될 수 있는데, 이 말은 정신에 해당하는 그리스어에서 가져온 것이다.

'노에마'noema는 후설이 제시했던 나무의 예로 설명할 수 있다. '자연 속 사물'로서 나무는 **"이렇게 지각된 이 나무"**dieses Baumwahrgenommene als solches(같은 책, 205)와는 근본적으로 다르다. "지각의 의미Sinn인" 후자는 지각된 세계가 아니라, 지각에 불가분하게 속한 것이다. 나무는 불에 타거나 "화학 원소로 분해"될 수 있지만, 그 의미는 "불에 탈 수도 없고, 화학 원소를 가지고 있지도 않고, 물리력도 없고, 실재하는 속성도 없다"(같은 곳). 지각된 대상의 의미는 그것의 노에마다. 노에마에 속하는 것은 "확실하게 존재함, 가능성으로 또는 추정상 존재함 등과 같은 존재 방식이다. 또는 주관적인 시간적 방식, 곧 현재, 과거, 미래에 존재하는 방식이다"(1992: viii. 38). 따라서 노에마에는 언어적 표현의 의미와 관련된 것―그것이 무엇인지에 관해서는 광범위한 의견 차이가 있지만―이 있다. 대상의 노에마가 그 대상과 맺는 관계는 프레게의 뜻이 그 지칭체와 맺는 관계와 같은 것을 포함한다.

그러나 의미에 대한 후설의 해석은 프레게의 해석보다 훨씬 더 광범위하다. 예컨대 음악 작품의 의미를 포함할 수 있는데, 이 의미가 정확히 무엇으로 구성되는지 **말**할 수 없더라도 우리에게 중요하고 우리와 관련되는 한 포함할 수 있다. 의식의 노에시스적 측면은 구체적인 사례에서 '의미'가 파악되는 방식에 관한 것이며, 노에마에 주시하는 방식이 그 대상에 대한 다른 파악으로 바뀜으로써 전환될 수 있다는 사실과 관련된다. 노에시스noesis는 새로운 의미 또는 다른 의미를 노에마에 부여하는 구체적인 행위이며, 이는 이 노에마와 노에시스를 분리할 수 없다는 의미다. 노에마는 나무와 같은 대상이 경험될 수 있는 방식을 예견하는 구조이며, 노에시스는 실제로 어떤 경험이 이루어질지를 결정하는 것이다. 유명한 오리/토끼 그림에서 한 노에마는 오리, 다른 노에마는 토끼와 관련되는데, 한 노에마에서 다른 노에마로의 변화는 노에시스의 차원에서 일어난다. 후설은 다양한 종류의 예견과 그 예견이 이루어지는 방식을 구분함으로써, 세계 속 대상에 대한 경험은 물론 구체적인 대상이 존재하지 않는 곳에서 상상, 기억 등에 대한 경험에 관해서도 설명을 제시할 수 있게 되었다.

토대 문제들

이런 식의 후설의 분석은 그의 경력 전체에 걸쳐 놀라운 끈기를 가지고 추구한 것인데, 노에마와 실제 대상의 관계에 관한 많은 의문을 낳는다. 따라서 이것이 실제로 얼마나 버클리적 관념론이나 피히테적 관념론 같은 것일지에 관한 물음도 낳는다. 그러나 영미 철학 전통에서 후설에 대한 관심이 분명해진 것처럼, 후설이 한 이런 식의 구분이 지니는 가치는 논란의 여지가 있더라도 이제 확고히 자리 잡았다. 훨씬 더 문제가 되는 것은 후설이 자신의 철학을 '절대적 토대 지어짐'에 기초하여 작동하는 '엄밀학'strict science으로 구상했다는 점이다. 여기서 난점은 후설이 의식의 본질적 행위의 순수 내적인 성격을 주장한 방식에 있다. T. W. 아도르노(1970), 자크 데리다(1967), 마이클 더밋(1988) 등 다양한 철학자들이 이러한 구상의 문제를 지적했다. 의식의 순수 내부성은 실제로 신화일 수도 있는데, 왜냐하면 분명히 외부 세계에서 습득하는 언어를 배우지 않으면 의식의 내용이 불명확하기 때문이다. 따라서 언어적 전환이 순수 초월적 주체성 개념 전체를 무효화하는 것 같을 수도 있다. 의식의 내부성은 주체가 습득하는 역사적으로 결정된 언어에, 그리고 주체가 역사적으로 결정된 사회적 행동의 맥락에 위치한다는 점에 어느 정도 영향을 받게 된다. 판단중지는 이런 식으로 결정되는 것을 배제하려고 하지만, 판단중지의 결과를 조금이라도 이해할 수 있으려면 언어가 먼저 필요하다는 점을 빼놓을 수 없다.

특정 순간의 의식을 특징짓는 완전한 투명성이 어떤 식의 절대적 확실성을 수반한다고 주장할 수 있더라도, 주체의 **토대적** 지위라는 측면에서 이러한 반론들은 강력하다. 그러나 의미가 단어에 의미를 부여하는 주체의 행위로 설명될 수 없다는 취지로 분석 철학에서 나온 단순한 언어적 반론은 점차 후설의 주장에 대한 적절한 반론이 아닌 것으로 여겨지게 되었다. 프레게의 '뜻'처럼 의미를 단어가 '단순히 가지고 있는' 무언가로 보는 의미 개념은 우리가 단어를 이해하고 사용하는 방식의 복잡성과, 후설이 말한 단어의 더 넓은 뜻에서 '의미'를 경험하는 방식을 제대로 다루지 못한다. 이러한 이해에는 실험 심리학으로는 접근할 수 없는 중요한 심리적 요소가 있는 것으로 보인다. 그리고 이는 우리와 언어의 관계에서 중요한 역할을 하는 것으로 보인다. 후설은 자신의 철학이 심리학과의 연관성을 피하고 철학적 순수성을 유지하기를 열망했지만, 본인이 달성하고자 목표한 바가 무엇이든 간에, 세계가 이해되는 방식에 관한 그의 설명은 이러한 측면에서 매우 가치 있다. 또한 편협하게 분석적으로 접근한 사람들은, 일부 분석 전통이 우리의 세계를 그저 진술 가능한 신념의 집합으로 간주하는 것과 다르게, 우리의 체현된 존재가 세계를 우리를 향한 것으로 만드는 방식에 대해 후설이 통찰한 부분을 충분히 고려하지도 않았다.

자기에게 투명한 '나'의 절대적 지위에 관한 후설의 설명에 반대한 결과 중 하나는, 후설의 기획을 실패로 간주한 데리다 같은 사상가들이 자기-의식을 대체로 소홀히 한 점이다. 이렇게 소홀히 한 까닭은 절대적 토대라는 주체 개념이 사유의 확실성이라는 토대 위에서 우리가 '자연의 주인이자 지배자'가 될 수 있다는 데카르트 같은 식의 주장과 연결되기 때문이다. 특히 하이데거를 통해서 그렇게 연결된다. 절대적 토대라는 기획이 실패하면서, 주체에 관한 철학적 관심은 **모두** 후설이 데카르트처럼 극복하지 못한 문제를 반복할 뿐이라는 생각을 낳았다. 7장 말미에서 살펴본 것처럼, 실제로 하이데거는 토대를 마련하는 주체의 역할에 관심 두는 것을 형이상학 자체와 동일시하게 될 것이다. 이제 우리는 후설 작업의 또 다른 측면을 살펴볼 필요가 있다. 이는 다음 장에서 살펴볼 그의 제자 하이데거의 작업으로 이어지고, 독일 철학에서 토대의 문제를 더 자세히 해명할 것이다.

수학화와 생활 세계

후설은 근대 철학의 역사 및 이 역사와 자연 과학의 관계에 대한 성찰로 1936년 작인 《위기》를 시작한다. 이는 《이념들》처럼 대체로 비역사적 방식으로 논증하는 텍스트와는 매우 다른 식의 성찰이다. 후설은 유럽의 비참한 정치적·사회적 발전 국면을 인식하면서, 자신의 초기 저술에서 대개 암시적으로만 다룬 문제들을 명시적으로 고찰하게 된다. 《위기》에서 서로 관련된 두 가지 측면은 이 이야기의 다음 부분에서 중요한 주제들을 강조한다. 첫째는 후설이 자기 철학의 토대적 목표를 그가 근대 세계에서 의미의 위기로 간주하는 바와 연결하는 방식이다. 둘째는 그의 '생활 세계'life-world 개념이다. 후설은 당시 자연 과학의 성공을 고려할 때 자연 과학이 위기에 처했다고 주장하는 것이 이상해 보일 수 있음을 인정한다. 그럼에도 그가 우려하는 것은 빈학단과 관련하여 우리가 관찰했듯이 철학적 초점이 좁아진 점, 그 결과 철학이 "이러한 전인적 실존의 의미 또는 무의미에 관한 물음"(1992: viii. 4)을 다루지 못한다는 점이다. 여기서 저변에 있는 주제는 니체의 견지에서 익숙해진 것이고, 사회학자 막스 베버의 1919년 논문 〈직업으로서의 과학〉에 아마도 가장 잘 제시되어 있다. 베버는 이 논문에서 "전제가 전혀 없는 과학은 없으며, 이러한 전제를 거부하는 사람에게는 어떤 과학도 그 고유의 가치에 대해 근거를 제시할 수 없다"(Weber 1998: 610)고 주장한다. 베버는 개별 과학이 설명할 수 있는 것을 넘어서는 인간 사유의 토대라는 개념을 포기함으로써, 바로 후설이 반대하고자 한 상황을 피할 수 없는 것으로 받아들인다. 인간 지식을 근거 짓는 문제의 구조는 3장에서 본 야코비가 규명한 구조와 같다. 독일 관념론에서 수많은 사유의 초점을 형성한, 이러한 구조에서 비롯된 긴장은 과학적 측면에서 설명할 수 있는 것과 인간에게 그 설명이 갖는 **가치**, 즉 그 설명을 의미 있는 실존의 일부로 만드는 것 사이의 긴장이다. 설명할 수 있는 것의 범위는 무한히 넓으므로, 설명에 대한 설명이라는 야코비의 퇴행으로 이어지기 쉽다. 이러한 측면에서 볼 때, 한 문제를 다른 어떤 문제보다 더 많이 설명하고 탐구해야 할 내재적 이유는 없다. 그렇다면 지배적인 과학적 설명이 구체적인 방향으로 발전하는 이유는 무엇이며, 이러한 발전은 철학적 정당성을 부여받을 수 있을까?

근대 자연 과학의 기원에 관한 후설의 설명에서 핵심적인 요소는 그가 "우주의 수학화"라고 부른 것으로, 이는 갈릴레오로부터 시작된다. 갈릴레오 이전부터 자연 현상을 이해하는 데 수학이 사용되었다는 사실은 분명하다. 후설은 결정적인 변화가 기하학의 지위 변화에서 잘 예시된다고 주장한다. 일상 세계에서 우리는 시공간적 대상을 그것 대로의 특수한 사물로 경험한다. 이는 하나의 대상과 다른 대상의 동일성은 근사치일 뿐이며, 각각의 특수한 사물도 시간이 흐름에 따라 예전의 자신과 완전히 동일하지 않다는 의미다. 반면 갈릴레오를 통해 발전한 순수 기하학은 "이상적인 객관성들로 된 자기 폐쇄적 세계"(1992: viii. 23)와 더불어 작동한다. 그러한 세계는 완전한 정확성과 도형의 "**절대적 동일성**"(같은 책, 24)을 허용하며, 순수 기하학은 이런 것들과 더불어 작동한다. 갈릴레오 이후, 기술적 목적으로 기하학을 실천적으로 사용하는 방식이 정교해지면서 등장한 이 자기 폐쇄적 세계 자체가 기술의 이상이 되기 시작한다. 이제 기술은 스스로 만들어 낸 이 기하학적 이상에 최대한 가까워지려고 한다. (점점 더 많은 삶의 영역이 더 정확한 측정 결과의 형태로 기술과 관련되고 있다는 점을 생각해 보라.) 따라서 점점 더 수학화되는 과학의 세계에서 감각적으로 경험되는 세계가 점차 제거되고 있다. 이는 예컨대, 로크가 '이차' 성질과 대조되는 '일차' 성질 개념—이를테면, 우리가 생활 세계에서 온갖 목적으로 향유하고 사용하는 색과 대조되는 분광기의 각도에 따른 색 개념—을 발전시킨 것에서 분명히 알 수 있다. 따라서 자연 전체가 "괴이하게도 응용 수학"(같은 책, 36)이 된다. "기하학의 산술화"는 우리가 감각 세계를 경험하는 방식에 속한 **"의미를 비워 내는 것"**(같은 책, 44)으로 이어진다. 지형을 지도화하는 구체적인 수단으로 시작되었던 것이 특정한 관습을 넘어서서 '이상화'된다. 자연에 대해 과학적으로 탐구하는 모든 영역에서 같은 식의 전개가 일어난다.

근대 과학의 성격에 관한 유사한 설명이 하이데거(그의 작품은 《위기》에 영향을 미쳤다), 아도르노와 호르크하이머(11장을 보라) 등에게서도 나타난다. 핵심 물음은 이러한 설명이 해당 사상가(들)의 나머지 철학적 비전과 어떻게 연결되어 있는가다. 이러한 측면에서 후설의 주요 혁신은 *그가 생활 세계 개념에 집중한 데* 있다. 생활 세계 개념은 어떤 독점적인 철학으로 방법들과 주장들에 골몰하는 것이 어떻게 인간의 지식과 실존에 근본적인 것을 가릴 수 있는지를 보여 줄 방법을 제공한다. 근대 과학에 의한 세계의 수학화가 지배적인 영향을 미친다는 점에 비추어 보면, 사물들이 과학적 탐구의 통제를 받을 수 있는 방식에 정확히 사물들의 본질이 있는 것으로 보일 수 있다. 그러나 후설이 말하는 방식은 정확히 반대의 결론을 수반한다. 왜냐하면 그는 과학이 **철학적** 토대 역할을 취하고자 하는 모든 시도가 결정적인 결함을 안고 있다고 주장하기 때문이다.

간단한 요지는 인류 대부분이 근대 과학의 발견을 사실상 별로 이해하지 못한 채 살아왔다(지금도 그렇다)는 것이다. 게다가 과학이 각각의 특수한 영역에서 점점 더 세분화되고 복잡한 이론과 그에 따른 기술들을 낳으면서, 사람들은 점점 더 그렇게 살게 된다. 동시에 사람들은 과학적 지식이 거의 또는 전혀 없어도 세계를, 서로를 이해할 수 있다. 이는 다음 두 가지 중 하나를 의미한다.

1. 보통 사람들은 과학적으로 증명 가능한 진리에 대한 만만찮은 주장을 담고 있지 않은, 일련의 일상적 신념과 태도로, 즉 '통속 심리학'의 견지에서 활동한다고 해석될 수 있는 반면, **실제** 세계는 과학으로 기술되는 세계다. 이는 현대 분석 철학의 주요 분야, 특히 '인지 과학'과 관련된 분야에서 지배적인 관점이다.

2. 반면—이는 칸트 이후 독일 철학의 여러 중요한 측면에서 핵심 역할을 한 발상으로, 슐라이어마허가 처음으로 명확하게 공식화했다—사람들이 자신과 세계를 이해하는 전(前)과학적 방법을 이미 가지고 있지 않다면, 과학 자체에 접근할 수 없을 것이다. 과학자는 이론적인 방식이 아닌 실천적인 방식으로 세계를 이해하는 법을 배운 후에야 비로소 과학자가 될 수 있다. 문제가 되는 이해 방

식 자체는 과학적으로 해명될 수 없는데, 왜냐하면 그러한 설명은 순환 논리를 수반하며, 과학의 진리가 순환 논법에서 부당하게 전제되기 때문이다. 사람들이 서로를, 세계를 이해한다면 매우 많은 믿음과 태도를 이미 공유하고 있는 것이며, 따라서 과학 활동에 참여할 수 있는 잠재력을 지닌 것이다. 즉, 이러한 믿음과 태도에 우선순위를 두어야 한다.

생활 세계에 관한 후설의 설명은 두 번째 입장과 관련된 종류의 이해를 탐구한다.

후설은 "과학적 사고 활동을 포함하여 모든 실제 생활을 그 안에 담고 있는 전과학적이고 초과학적인 생활 세계"(같은 책, 60)에 대해 이야기한다. 따라서 생활 세계 개념은 자연적 태도와 관련된다. 이는 세계가 담고 있는 것에 관한 설명에 대해 서로 의견이 다르더라도, 우리가 공유하고 있는 세계이자 물리칠 수 없는 세계를 바라보는 데서 철학이 시작해야 한다는 생각의 더 발전된 버전이다. 일상 생활의 사실들 대부분에 관한 기본적 합의가 없다면, 사회에서 살아가는 것이 얼마나 어려울지 상상해 보라.[5] 후설이 답하고자 하는 근본 물음은 어떤 종류의 "정신적 성취"가 생활 세계에 관한 "전과학

5   이러한 발상의 최근 버전은 도널드 데이비슨의 '자비의 원칙'(principle of charity)이라는 개념이다. 이는 사람들이 말하는 것 대부분이 참이라고 가정해야 하며, 그렇지 않으면 해석이 불가능해진다는 방법론적 원리다. 데이비슨의 요지는 이 원칙이 없다면 우리는 사람들이 말하는 것 중 일부를 의심하는 데까지도 결코 이르지 못할 것인데, 왜냐하면 우리가 인지하지도 못하는 수많은 공유된 가정이라는 훨씬 더 큰 배경을 바탕으로만 우리는 우리가 의심하는 것을 이해할 수 있기 때문이다.

적 경험"을 객관적으로 타당한 과학이 될 수 있는 것으로 만드는가 하는 것이다(같은 책, 97). 앞서 살펴본 바와 같이 일차적 자료가, 이미 의미를 지닌 생활 세계의 대상에 대한 경험이 아니라 단순한 감각에 불과하다면, 이는 불가능할 것이다. 그래서 핵심은 우리 모두가 생활하고 있다는 측면에서 이미 구성된 종류의 타당성들이 "과학적 … 사고의 **부단한 전제들**"(같은 책, 112)이라는 것이다. 부정할 수 없는, 이미 존재하는, 공유된, 의미 있는 세계라는 전제(하버마스는 이에 대해 "거대한 배경적 합의"라고 부른다)가 없다면, 과학은 수학적 이상화의 측면에서 과학의 문제들을 공식화하는 지점에 이를 수 없다. 과학의 "이론적 실천"은 인간의 실천 형태보다 "역사적으로 뒤늦은" 실천이며(같은 책, 113), "모든 사고, 모든 생활 활동이 목적한 바를 이루기 위해 전제하고 있는 … **당연한 것**"(같은 책, 115)에 의존한다. 후설은 판단중지가 세계에 대한 모든 과학적 설명을 제외하여, 토대를 이루는 생활 세계의 구조를 탐구하는 데 사용될 수 있다고 생각한다. 이는 '과학적' 탐구일 수 있지만, 물리학처럼 객관적 과학이라는 의미는 아니다. 그 대신 이러한 탐구는 객관적 과학 세계를 가능하게 하는, 필연적으로 '주체 상관적인' 생활 세계에 대한 설명을 제공하고자 한다.

후설이 제안하는 것은 초월적 철학의 또 다른 버전이다. 왜냐하면 생활 세계는 과학의 가능성에 대한 '주관적' 조건이기 때문이다. 하지만 과학의 근거에 대한 이러한 탐구에서 일련의 새로운 문제들이 발생한다. 후설은 이러한 문제들을 인지하고 있었지만 명확히 답하지는 않았다. 사회 안의 역사적 변화에도 불구하고, 사회들 간의 본질적인 문화적 차이에도 불구하고, 생활 세계 구조는 모든 인간에게 본질적으로 동일한가? 다른 문화와 과거의 문화 유물을 이해하는 우리의 능력을 고려하면 그런 것 같기도 하지만, 우리의 이해가 실제로는 타자에게 우리의 관점을 부과한 것에 불과할 위험이 항상 있다. 하지만 근간이 되는 배경적 합의가 없다면, 우리가 어떻게 다른 언어를 배우고 문화적 차이를 가로질러 소통할 수 있는지를 설명하기 어렵다. 후설처럼 철학은 이러한 차이를 극복하고 보편적인 합리성 개념을 정립해야 한다는 입장과, 이러한 보편화가 생생한 의미의 자원들을 가린다고 보는 입장 사이의 분열은 20세기 독일 철학 발전의 근원이 된다. 그 이유는 하이데거의 저술에서 매우 분명해진다.

더 읽을거리

Adorno, T. W. (1982) *Against Epistemology: A Metacritique, Studies in Husserl and the Phenomenological Antinomies* (Oxford: Blackwell). 후설에 대한 아도르노의 비판적 평가로 도발적이지만 후설에 대해 항상 전적으로 공정하지는 않다.

Bell, D. (1990) *Husserl* (London: Routledge). 후설에 대해 치밀하게 논한 분석적 설명.

Bernet, R., Kern, I. and Marbach, E. (1993) *An Introduction to Husserlian Phenomenology* (Evanston: Northwestern University Press). 주요 후설 학자들이 쓴 좋은 일반 입문서.

Mohanty, J. (1989) *Transcendental Phenomenology: An Analytic Account* (Oxford: Blackwell). 주도적 위치에 있는 후설 학자의 현상학에 관한 명쾌한 분석적 평가.

Smith, D. and McIntyre, R. (1982) *Husserl and Intentionality: A Study of Mind, Meaning and Language* (Dordrecht: Reidel). 핵심 쟁점에 관한 자세하고 영향력 있는 설명.

Smith, B. and Woodruff Smith, D. (eds.) (1995) *The Cambridge Companion to Husserl* (Cambridge: Cambridge University Press). 후설의 저술에 관한 가장 중요한 관점들을 많이 담고 있는 훌륭한 논문 모음집.

Spiegelberg, H. (1982) *The Phenomenological Movement: A Historical Introduction* (The Hague: Martinus Nijhoff). 현상학 발전에 관한 신뢰할 만한 역사적 개론.

Ströker, E. (1993) *Husserl's Transcendental Phenomenology* (Stanford: Stanford University Press). 주요 후설 학자의 좋은 일반적 설명.

10. 하이데거: 존재와 해석학

존재 이해

이상하게 들릴 수 있지만, 20세기에 정치적으로나 도덕적으로나 가장 타협적인 주요 철학자인 마르틴 하이데거(1889-1976)는 자신의 철학적 생애를 '존재'/'존재함'Sein이라는 말이 무엇을 의미하는지 탐구하는 데 바쳤다. 그렇다면 왜 존재의 의미에 사로잡힌 사람이 20세기에 가장 악한 정치 운동에 그렇게 휩쓸리게 되었으며, 왜 많은 사람이 이 운동의 행위와 사상에 당연히 저항하면서도 여전히 하이데거를 중요한 사상가로 생각하는 것일까? 하이데거가 1933년부터 1945년까지 나치당원이었다는 점과 자신이 한 일에 대해 사과하지 않았다는 점이 그의 철학과 어떤 관계인지를 여기서 적절하게 다루기에는 너무 복잡하다(예컨대, Safranski 1997을 보라). 하지만 이 관계를 이해하기 어렵다는 점은 앞 장들에서 고려한 쟁점들이 20세기 전반 독일의 비참한 역사에서 어떤 역할을 했는지 보여 주는 하나의 지표다. 하이데거의 사례는 이러한 철학적 쟁점들이 역사적 세계와 관련되는 방식에 대한 주안점을 제공한다.

하이데거의 핵심 사상은 법칙에 기반한 근대 자연 과학이 만들어 낸 세계와 우리 자신에 대한 설명과, 비과학적인 다른 방식으로 세계와 우리 자신을 이해하는 것 사이의 긴장과 관계가 있다. '존재'의 의미에 관한 그의 관심을 이해하기 위해, 다음과 같은 종류의 물음과 관련지어 첫걸음을 내디딜 수 있다. 자연 과학의 명제들이 사물이 존재하는 방식에 관한 유일하고도 참된 설명인가? 아니면 과학들이 기술하는 바는 존재의 또 다른 의미에 비해 부차적인 것으로, 이러한 존재의 또 다른 의미 없이는 자연 과학을 수행하는 지점에 이를 수조차 없는가?[1] 새로운 과학을 기술技術에 적용하며 일어난 급격한 변화가 사회적 혼란을 가중하고 두 차례 세계대전의 참상으로까지 이어진 세계에서, 이러한 물음은 추상적인 물음이 아니다. 독일의 우파와 좌파 모두 이러한 변화를 이해하여 철학을 과학 및 정치와 연결할 새로운 방법을 모색한다. 이들의 목표는 근대성의 위기의 뿌리에 도달하는 것이다. 그러나 지금 일어나는 일에 대한 철학적 진단이 항상 이러한 목표에 이르기 위한 가장 적절한 방법인지는 자명하지 않다. 이러한 문제를 본질상 사회학, 정치학, 경제학이 아니라 철학의 전유물로 간주하는 것 자체가 문제의 일부로 드러날 수도 있다. 마르크스가 이미 자기 시대의 철학에 대해 말했던 것처럼 말

1   생활 세계에 대한 후설의 설명도 거의 동일한 문제들을 제기하려는 의도로 한 것이다.

이다. 하이데거의 정치적 궤적을 고려할 때, 이것은 근본 쟁점이다.

앞 장에서 우리는 하이데거의 스승인 후설의 견해, 즉 철학은 인류가 근대 세계에서 자기 위치를 설정하는 데 필요한 근거 놓기를 충분히 하지 못했다는 견해를 고찰했다. 후설은 자연 과학이 그러한 근거를 놓을 수 없다고 주장했다. 후설의 사상도 하이데거에게 매우 중요하지만, (다른 여러 사상가 중에서도) 빌헬름 딜타이(1833-1911)의 관심사 역시 하이데거가 의존하고 있다. 후설과 마찬가지로 딜타이도 철학이 인간 경험의 진정한 본성에 잇닿지 못한다고 우려했다. 하지만 딜타이는 이러한 상황에 대한 반응을 우리가 후설에게서 접했던 초월적 측면에서 보지 않았고, 그 대신 적절한 철학적 역사 이해 방법을 모색하는 측면에서, 1867년에 그가 이미 "인간 정신의 경험에 대한 과학"(Dilthey 1990: 27)이라고 불렀던 관점에서 보았다. 심리학을 포함한 자연 과학이 예측 법칙의 측면에서 대상을 설명하려 하는 반면, 인문 과학은 인간의 행동과 사고를 이해하려고 한다(영어에서도 이에 대해 'Verstehen'이라는 표현을 쓴다). 이해는 설명 법칙을 수립하고자 하지 않는다. 왜냐하면 이해는 사람들의 행동에 영향을 미치는 의미의 원천인 경험의 특수성에 접근하고자 하기 때문이다. 딜타이가 말했듯이, "우리는 자연을 설명하고, 영혼의 삶은 이해"(같은 책, 144)하는데, 왜냐하면 "정신은 정신이 창조한 것만을 이해"(Dilthey 1981: 180)하기 때문이다. 딜타이는 "경험Erlebnis, 표현, 이해"의 상호 관계에 기초하여 "역사적 이성 비판"(같은 책, 99)을 제시하고자 한다. 이 세 가지 요소는 의미 있는 문화적, 역사적 현상의 기초가 된다. 첫 번째 단계는 경험이다. 딜타이가 때때로 '삶'이라고 본 "경험"은

"내가 경험하기 때문에 있는" "정신 행위"(Dilthey 1983: 98)를 수반하고, '표현'의 동기가 된다. 표현은 내적 행위, 예컨대 느낌, 생각, 의지적 행위 등이 문화 속에서 객관적으로 드러나는 방식이다. 가령 시, 철학 저술, 음악 작품 등이 그렇다. 세 번째 단계는 이러한 객관화를 일차적 경험이 나타난 것으로 이해하려는 해석학적 시도로 이루어진다. 그러나 이러한 이해는 어떤 단일한 경험과 관련하여 이를 수 있는 게 아니라, 서로 연관된 의미들의 복잡한 연결망을 포함하는 정신적 삶의 맥락을 파악하는 데 달려 있다. 근대 해석학의 창시자인 슐라이어마허에게 그러했듯이, 해석학은 부분과 전체, 현상과 맥락의 상호 작용에 의존하며, 이는 각각이 서로 없이는 이해될 수 없다는 말이다.

딜타이는 슐라이어마허의 저술이 다시 대중의 관심을 받게 했지만, 슐라이어마허와는 달리, 언어라는 공적 매개를 통해서만 '직접적인' 내적 경험에 타인이 접근할 수 있다는 사실을 고려하지 못한 경우가 많았다. 이는 그가 '경험'에 부여하고자 한 토대적 지위를 의심하게 만든다. 이른바 직접적인 내적 요소는 항상 언어라는 외적 자원이 필요하기 때문에 스스로 충분하다고 할 수 없다. 이러한 문제에도 불구하고, 딜타이는 역사적 표현 형태들의 맥락과 특수성에 관심을 두었고, 그래서 자연 과학과 관련하여 인문 과학에 그 고유의 타당성을 부여함으로써 인문 과학에서 지식의 지위를 확립할 필요성을 강조했다. 그러나 이러한 타당성을 확립하는 데는 상당한 문제가 있다.

딜타이가 문화적, 역사적 의미의 원천으로서 개인의 경험의 직접성에 의존한 것은 그의 후기 저술에서 "개인은 개인의 존재가 얽혀 있는 문화 체계, 조직에서 교차점에 불과한데, 어떻게 개인을 통해 그것들을 이해할 수 있겠는가?"(1981: 310)라고 한 말과 상충하게 된다. 문화 체계 안에 있는 개인으로부터 적어도 상대적인 자율성을 누리는 문화 체계에 대한 분석은 역사에서 경험의 본성에 대한 더 객관적인 설명을 약속하는 것으로 보인다. 하지만 그렇게 하면 개인이 문화적 의미에 공헌하게 되는 동기가 무엇인지 파악하지 못할 수 있다. 여기서 하이데거의 사상과 밀접하게 관련 있는 여러 문제가 드러난다. 사람들에게 중요한 경험의 의미를 어떻게 파악할 수 있는가? 이는 자연 과학의 방법을 취하지 않는 방식으로 이루어져야 하는데, 왜냐하면 법칙에 기반한 과학적 설명은 동기를 설명할 수 없기 때문이다. 동기는 동기를 감별하는 해석에 따라 달라진다. 또한 이러한 접근 방식은 개인의 경험이 집단이 공유하는 언어를 비롯한 여러 관행을 바탕으로 한다는 사실을 늘 고려하고 있지는 않은 딜타이의 심리주의도 피해야 한다. 게다가 이러한 접근은 경험의 역사적, 시간적 한계성을 받아들이면서 그런 경험에 대한 **철학적** 접근 방식을 제공해야 한다. 하이데거의 접근 방식의 핵심은 당시 독일 사상가들이 자연 과학과 인문 과학이 본래부터 구별된다고 간주하여 서로 다른 종류의 철학적 탐구가 필요하다는 모델을 사용하려한 경향을 거부한 데 있다.[2] 그는 자신의 접근 방식을 새로운 형태의

---

2   그러나 이러한 경향을 하이데거가 후설과 실제로 어느 정도까지 공유하고 있는지는 의문의 여지가 있으며, 하이데거는 자신이 인정하는 것보다 훨씬 더 후설에게 빚지고 있다.

해석학이라는 측면에서 구상했다.

하이데거의 기본 관심사는 사물이 존재한다는 것이 무엇인지를 이해하는 방식에 관한 것이지만, 이러한 관심사가 정확히 어떤 의미인지는 논란의 여지가 있다. 어떤 차원에서는 언어 문제로 볼 수도 있다. '존재'being, 있다, ~이다와 관련된 언어 형식은 다양한 방식으로 사용될 수 있다. 무언가가 실존한다고 말하는 것은—예컨대 신자가 '신은 실존한다'고 말할 때는—'실존'이라는 의미의 '있다'와 관련된다. '신은 전능하다'God is all-powerful라고 말하는 것은 '서술'적 의미의 '~이다'와 관련된다(칸트의 경우 실존이 술어일 수 있음을 부정했다는 점을 기억하라). 스피노자를 따라서 '신은 자연이다'God is Nature라고 말한다면, 신이 자연과 동일하다고 말하는 것이며, '동일성'의 의미에서 '~이다'를 사용하는 것이다(프레게의 예시, "샛별은 개밥바라기이다"에 대해서도 생각해 보라). 여기에는 서술적 의미와는 다른 종류의 '~이다'가 관련되는데, 왜냐하면 '전능하다는 신이다'all-powerful is God라고 말할 수는 없지만 '자연은 신이다'/'개밥바라기는 샛별이다'라고 말할 수는 있기 때문이다. (이 이유는 프레게가 명제에서 함수와 논항이라는 서로 다른 역할을 구분한 것과 관련된다.) 존재에 관해 이야기하는 이 모든 방식은 어떤 명제를 주장할 때—이를테면, '신은 실존한다, 신은 전능하다, 신은 자연이다'—그 명제가 참이라는 생각을 포함하는 방식이라고도 할 수 있다. 이를 '있다'~이다/'실존하다'의 '진리적'veritative 의미라고 부른다. 이렇게 다양한 의미의 '존재'being, 있다, ~이다는 하나의 총체적인 의미의 '존재'being로 통합될 수 없으므로 하이데거의 주요 목표가 그야말로 이루어질 수 없다는 주장이 제기된다(Tugendhat

1992를 보라). 하지만 이 모든 것은 진리와 관련된 것으로 보이고, 이러한 점이 하이데거에게 중요할 것이다. 이러한 모든 언어 형식은 일상 세계를 다루는 데 사용될 수도 있고 인과에 기반한 예측 이론을 정립하는 수단으로 사용될 수도 있다. 여기까지는 한 영역에서 말할 수 있는 것과 다른 영역에서 말할 수 있는 것의 근본적인 방법론적 구분을 수반하지 않으며, 단지 우리가 세계에서 사물을 다루는 방식에 차이가 있을 뿐이다.

이를 설명하기 위한 예를 들어 보자. 우리는 저녁노을에 대해 '태양[의 색]은 아름다운 주황색이다'라고 말할 수 있지만, 또한 '저녁의 태양 광선은 많은 양의 대기를 통과하며 굴절되어서, 한낮의 태양 광선 스펙트럼과는 다른 부분에 속한다'라고 말할 수도 있다. 두 번째 진술은 빛, 대기, 색 이론들과 관련된 일련의 추론을 수반한다. 두 진술 모두 저녁노을이 어떻게 있는지에 관해 무언가를 말하지만, 첫 번째는 생활 세계의 한 부분으로서, 두 번째는 물리학이 다루는 현상으로서 저녁노을에 관해 말한다. 하이데거는 자신이 이해의 '~로서-구조'라고 부른 것의 측면에서 이 문제를 바라본다. 노을을 아름다움의 대상으로서 보는 일상적 이해가 현상이 처음 나타나는 방식이라는 점을 고려할 때, 왜 저녁노을을 물리학의 대상으로서 보는 것이 일상적 인식보다 우선성을 갖는가? 일련의 반대되는 근거를 따라서도 이러한 우선성을 결정할 수 있다. 여러 문화권에서 다양한 방식으로 존재할 수 있는 현상들이—일몰과 관련된 신화적 이야기들을 생각해 보라—근대 과학의 독특한 방식으로 설명되면, 많은 사람이 그저 일상적으로 판단하기에 진리로 보이는 것이 아닌 과학적 설명 방식을 참 진리로 생각하는데, 왜 그런 것일까?[3] 물론 여기서 근저의 쟁점은 옛날 플라톤식의 현상과 본질의 차이다.

하이데거 사상의 두 가지 주요 방향은 이러한 물음들에 대한 서로 다른 가능한 답과 관련된다. 한 가지 대답—1930년대 중반까지의 전기 하이데거의 대답—은 기본적으로 실용주의적이다. 사물의 의미는 우리가 세계에서 실제로 사물을 접하는 방식으로 구성된다는 것이다. 무언가를 다루는 우리의 방식이 더 이상 통하지 않는다면, 우리는 그것에 대한 더 설명적이고 객관화한 접근 방식을 개발할 가능성이 크다. 하지만 후기 하이데거가 주장했듯이, 우리가 객관화하는 방법을 채택하여 점점 더 자연 세계를 통제하게 되면 이러한 접근 방식 자체가 문제가 될 수 있다. 초기의 접근 방식에서 사물의 의미가 발생하는 장소는 사물을 다루는 실천의 주체다. 1930년대 하이데거의 '전회'로 불리는 것 이후, 후기 접근 방식에서는 주체의 행위를 넘어 세계가 드러난다는 사실 자체에 대해 탐구하는 관점을 추구한다. 세계가 현시될 수 있는 방식에서 중요한 측면들이 주체의 순전히 실용적인 관심으로 인해 실제로 가려질 수 있다. 후기 하이데거의 견해는 주체가 사용하는 언어 자체는 주체의 산물로 설명될 수 없다는 사실과 매우 관련된다. 주체는 언어 속에 위치하는데, 언어는 주체보다 선재하며, 주체가 의미 세계에 거주할 가능성의 조건이다. 전기 접근 방식과 후기 접근 방식 모두, 존재에 관한 물음은 사물이 드러나는 또는 '열어밝혀져' 있는 방식과 관련되지만, 열어밝

---

3 하이데거가 과학적 설명에 이의를 제기하고자 한 것은 아니다. 그의 목적은 그것이 어떤 식의 존재 이해에 의존하는지를 묻는 것이다.

혀짐의 위치가 주체에서 언어로 바뀐다.

이러한 열어밝혀짐의 요지는 무언가에 대해 이론화하려는 시도보다 그것이 열어밝혀져 있는 게 먼저라는 점이다. 우리의 세계에 이미 저녁노을이 있기 때문에 물리학자들이 저녁노을이 그렇게 보이는 이유에 관해 객관적 설명을 시도할 수 있는 것이다. 해석학에 대한 하이데거의 구상은 '정신이 만들어 낸' 것으로 추정되는 발화나 문화적 현상을 넘어 세계 자체로 '이해'의 범위를 확장한다. 왜냐하면 그는, 무언가를 설명한다는 것은 우리가 이해하지 못하는 것이더라도 문제가 되는 것이 **중요하다**는 점을 이미 이해한 상태에서 출발한다고 생각하기 때문이다. 사물을 이해할 수 없다는 말조차도 이미 이해 가능한 세계를 배경으로 할 때만 가능한 생각이다. 그러한 배경 자체는 완전히 기술되거나 객관화될 수 없다. 우리는 세계 **안에** 살고 있기에, 세계 밖으로 나가서, 세계 자체를 세계 안에 존재하는 종류의 대상으로 만들 수 없다. 하이데거의 사상은 '외부 세계의 존재'에 대해 고민하는 철학적 접근 방식과는 대조적으로, 많은 사람에게 당장 설득력이 있다. 하지만 그의 주장은 매우 논란의 여지가 많다. 예를 들어, 카르납은 하이데거가 말한 내용 중 어떤 것들은 말이 안 된다고 주장했다(1932). 인정하건대, 대개 하이데거의 주장들은 매우 어려운 언어로 표현되어 있다. 그 이유 중 하나는 그가 순전히 특정 철학 문제들을 반복할 게 아니라면 전통적인 철학 어휘를 피해야 한다고 생각하기 때문이다.

존재와 시간

하이데거의《존재와 시간》(1927)은 많은 사람이 20세기에 가장 중요한 단 한 권의 철학 작품으로 꼽는 책이다. 그 영향력은 꾸준히 계속되고 있고, 특히 몇 년 전까지만 해도 이 책을 대체로 무시했던 분석 전통의 사상가들에게도 영향을 미치고 있다.《존재와 시간》은 1920년대 중반부터 최근까지 출판된 같은 주제에 대한 하이데거의 대체로 매우 명료한 강의들보다 개념적으로나 언어적으로 정말 더 까다롭다. 하지만 이 책은 당시 그가 출간한 주저이며, 철학자뿐 아니라 예술가와 과학자에게도 영향을 미치며 상당히 성공했다. 이 책의 영향력은 제1차 세계대전으로 인해 인간에 대한 낙관적 생각이 매우 잔혹하게 무너지고, 인간이란 무엇인가에 대해 근본적으로 재고하도록 요구하는 추세가 널리 퍼진 지적 분위기와 관련 있다.《존재와 시간》의 "잠정적 목표"는 "**시간**을 존재에 관한 모든 이해의 가능한 지평으로 이해하는 것"(1979: 1)이다. 이러한 목표의 원천 중 하나는 도식작용에 관한 칸트의 설명이다. 도식작용은 '직관에 주어질' 수 있는 실재라는 칸트적 의미에서의 '실재'를 '규칙에 따라 **시간을** 선험적으로 **결정하는 것**'인 도식과 연결했다. 칸트는 우리가 1장에서 살펴본 방식으로, 실재하는 것에 관한 물음을 시간의 본성에 관한 물음과 연결한다. 칸트의 도식은 경험 세계와 주체의 사고 형식을 연결하는 원천으로 주체 안에 위치한다. 하이데거는 시간을 '직관의 형식'으로 간주하지 않고, 이해 가능성의 조건으로 간주한다. 이것이 무슨 의미인지는 이제 더 자세히 살펴볼 것이다.

하이데거는 어떤 면에서 우리가 존재를 이미 이해하고 있지 못하면, 그가 '존재에 관한 물음'을 건넬 수조차 없었을 것이라는 점을 강조한다. 그가 이러한 이해를 품은 핵심 원천은 후설의 여섯 번째 《논리 연구》에 나오는 '범주적 직관' 개념이다. 이 개념은 우리가 지각하는 것에 대해서 그저 '마음속' 이미지 같은 것으로만 생각하지 않는다는 점을 보여 주기 위한 것이다. 우리가 지각하는 것을 구성하는 일련의 의미 총체가 없다면, 우리의 지각은 지금과 같은 식이 아닐 것이다. 그리고 이러한 의미들 자체는 지각할 수 있는 대상이 아니다. 후설이 말했듯이, "나는 색은 볼 수 있지만, 유색the being-coloured은 볼 수 없다"(Husserl 1992: iv. 666). 그리고 "나는 A를 그릴 수 있고, B를 그릴 수 있고, 같은 그림 공간에 둘 다 그릴 수도 있지만, '둘 다'라는 것을, 즉 'A 및 B'라는 것을 그릴 수는 없다"(같은 책, 668). 한 가지 것과 다른 것의 '차이를 맛볼' 수는 없고, 하나를 맛보고 다른 것을 맛본 다음 두 맛을 관련시킬 수 있을 뿐이다. '감각적 직관'은 흰 종이와 A와 B를 본다. '범주적 직관'은 종이를 흰색으로 '보는 것', 혹은 더 낫게는 이해하는 것, 'A와 B'의 관계 내지 '상태'를 파악하는 것이다. '하나', '그', '그리고', '또는', '만일', '그래서', '따라서', '모두', '아무것도'와 같은 단어로 표현되는 것은 지각할 수 없지만, 이러한 단어들이 없으면 우리가 지각하는 세계를 이해할 수 없을 것이다. '존재'도 마찬가지다. "존재는 대상 안에 있지 않으며, 대상의 일부도 아니다." 존재는 술어가 아니다. 존재는 "지각될 수 있는 것이 절대 아니다"(같은 책, 666). 하지만 '있다'-이다와 '실존하다'를 다르게 사용하는 데서 알 수 있듯이, 사물이 있을 수 있는 다양한 방식은 우리가 사물을 이해하는 데 필수적이다. 동시에, 범주적 직관은 외부적으로 지각할 수 있는 대상에 대한 마음의 작용이 **아니라**, 사실상 사물이 **있는** 방식에 속한다.

하이데거는 범주적 직관 개념이 필수적이라고 여기는데, 왜냐하면 그 개념이 데카르트가 연장과 사유를 분리한 데서 비롯된 마음과 세계 모델을 넘어서기 때문이다. 그러나 감각적 직관과 범주적 직관의 구분은 감각 자료로부터 이해할 수 있는 대상에 이르는 방식을 설명하려 할 때 경험론에서 문제를 일으킨 모델을 다시 도입할 위험이 여전히 남아 있다. 따라서 하이데거는 범주적 직관이 가장 기본적인 지각 경험에도 현전한다고 주장한다. 하이데거가 그렇게 주장하는 까닭은 사물과 우리의 일차적 관계가 실천적 관계이기 때문이다. 우리가 세계를 상대해야 하는 **까닭에** 세계는 항상 **이미** 의미가 있으며, 사물과 우리의 일차적 관계는 그런 세계를 상대하는 실천적 관계인 것이다. 이러한 관계는 초월적 주체에 관한 설명이 필요한 식으로 인지가 우선적인 관계가 아니다. 후설의 지향성 개념에는 우리의 지식이 초월한 대상을 향한 주체의 정신 행위에서 나온다는 생각이 들어 있다. 하이데거는 이런 종류의 '초월'—주체 자신을 넘어 인식 가능한 세계로 주체를 데려간다는 의미의 초월성—이 더 근본적인 종류의 초월에 의존한다고 본다. 그는 이러한 초월을 가리켜 '세계-내-존재'being-in-the-world라고 부르는데, 이는 본질상 실천적이다.

이러한 방향 재설정의 목표는 사유와 세계에 접촉이 있는지에 관한 회의적인 논증에 빠지지 않으면서도, 모든 것을 특정한 과학에

양도하지 않는, 존재에 관한 설명을 제공하는 것이다. 감각 자료가 어떻게 신뢰할 만한 인식을 낳는지에 관해 오랫동안 설명해 내지 못한 분석 전통(8장 참조)에 하이데거가 영향을 미친 까닭은 감각 자료 개념에 기초한 이론을 거부했기 때문이다. 감각 자료 이론 자체는 세계 속 사물의 의미에 대한 우리의 직접적 이해에 언제나 부차적인 것이며, 그러한 이해의 토대가 될 수 없다. 우리는 먼저 테이블과 의자를 보는 것이지, '감각 자료 꾸러미'를 보는 게 아니다. 하이데거의 관심은 "가능성의 선험적 조건"으로, 생물학, 물리학 등과 같이 특정한 종류의 존재자에 관심을 두는 "존재적"ontic 과학들뿐만 아니라 "존재적 과학들 앞에 놓여 있으며 존재적 과학들의 토대가 되는 존재론들"(1979: 11)이 가능하기 위한 선험적 조건이다. 하이데거에게 개별 과학은 "그것이 주제로 삼는 존재자들이 본질적으로 구성되는 범위를 미리 정하는 데 성공한 한에서만 과학이다"(1996: 188). 과학은 인간 존재자의 행동 중 한 부분으로, 오로지 부분일 뿐이다. 그는 인간 존재자를 가리켜 '현씨존재'Dasein, 즉 '거기 있음'/'여기 있음'이라고 부른다. 이 용어는 의식적 존재로 '실존한다'는 것이 어떤 의미인지에 대해 가능한 가장 기본적인 의미를 제공함으로써, 주체 개념에 붙은 상투적인 철학적 함의를 피하려는 의도를 가지고 있다. 돌은 우리가 있는 방식과 같은 의미에서 '거기/여기'에 있지 않다.

따라서 첫 번째 과제는 현존재를 이해하는 것이다. 하이데거는 인류의 지배적 특징에 대해 인류학적으로 탐구하기보다는(물론 책의 뒷부분에서는 그렇게 했다고 말할 수도 있겠지만) 현존재가 세계 내 다른 사물들과 마찬가지로 존재자라는 가장 일반적인 사실에서 출발한다. 하지만 현존재는 "자기 존재 안에서 이러한 존재함에 관심을 두는"(1979: 12) 존재자다. 하이데거는 정의를 제시함으로써 미리 탐구를 결정하는 대신, 우리의 존재 자체가 자기 자신에 대한 관심과 다른 사물의 존재에 대한 관심으로 구성되어 있다는 있는 그대로의 사실을 취한다. 이러한 관심은 세계와 관계하는 **지금** 우리what we are, 우리 존재의 한 부분이다. 지금 우리는 저 세계에 대한 우리의 관여를 통해 우리에게로 '돌아와서 빛난다.' 이러한 관여의 핵심 측면은 사물을 있는 그대로 이해하는 것이다. 따라서 존재에 대한 이해는 먼저 현존재에 관한 적절한 존재론적 설명에 도달하는 데 달려 있다.《존재와 시간》은 하이데거 버전의 이러한 설명을 제공하지만, 그는 현존재에 관한 이해로부터 시간과 관련하여 존재를 이해하는 데까지 나아가고자 계획했던 책의 세 번째 부분은 저술하지 않았다. 그의 후기 저술은 현존재에 전념한 데서 벗어나지만, 존재와 시간이 어떻게 관련되는가 하는 물음에 만족할 만한 답을 제시하지는 않을 것이다.

　하이데거는 자신이 현존재의 "평균적인 **일상성**"(같은 책, 16)에 관심을 두고 있다고 주장한다. 이 기획은 후설의 현상학이 경험의 직접성에서 출발한 데서 영향을 받았지만, 초월적 현상학을 '현상학적 존재론'으로 대체하는 것을 목표로 한다. 하이데거에게 '존재론'의 과제는 존재Sein와, 개별적인 존재적 과학의 탐구 대상을 구성하는 '존재자'Seiendes(동물, 바위, 화학 물질 등과 같이 '존재하는' 구체적인 사물이라는 의미로)를 구별하는 것이다. '존재'와 '존재자'의 차이는 바로 '존재론적 차이'라는 말이 의미하는 바다. 그의 핵심 주장은 "존재자들의 **존재**"(같은 책, 35)가 철학에서 잊혔으며, 그것을 기억하는 것이 "현존재 해석학"(같은 책, 38)의 과제라는 것이다. 그가 의미하는 바는 사물이 어떻게 이해 가능한지를 철학이 전혀 묻지 않았다는 것이다. 이는 후설의 범주적 직관이 제기한 것과 같은 문제를 포함한다. 즉, 존재자들을 다루는 게 아니라, 존재자들을 의미 세계의 일부로 만드는 것을 다룬다. 의미 세계를 이해하려면 현존재를 해석해야 한다—따라서 '현존재 해석학'인 것이다.

하이데거가 하고자 하는 것을 이해하는 한 가지 방법은 그것을 지식 가능성의 조건이 애초에 어떻게 생겨나는지에 관한 칸트의 문제를 다루는 방식으로 보는 것이다. 우리는 이 문제에 대한 한 가지 반응을 피히테, 셸링, 헤겔에게서 보았다. 하이데거는 무엇이 우리가 아는 것과 지금의 우리를 낳는지를 이해할 수 있게 해 주는 실천적인 존재 방식을 설명한다. 인식은 "세계가 주체에 미치는 영향Einwirkung"에서 비롯된 것이 아니라, "세계-내-존재에 토대를 둔 현존재의 한 양태"(같은 책, 62)다. 이러한 정립은 주체가 내부고 세계가 외부라는 모델에서 벗어나, 지향성 개념이 내비치듯이, 우리 존재가 세계 안에 있으므로 우리가 언제나 이미 '외부에' 있다는 모델로 가기 위한 것이다. 우리가 세계 **안에** 있다는 것은 '병 안에 있는 것'과는 다른데, 왜냐하면 병 안에 있다는 것은 병 바깥에서 병과 병 안에 있는 것을 볼 수 있는 관점이 있음을 내비치기 때문이다. 하이데거가 볼 때 그러한 관점은 있을 수 없으며, 그러한 관점을 확립하려고 시도하면 객관화하는 존재적 과학으로 철학을 만들려는 시도에 내포된 기본적 오류를 반복할 뿐이다. 하이데거는 대상이 존재하는 가능성의 선행 조건인 것을 객관화할 수 없다고 주장한다. 이는 다음과 같은 함의를 암묵적으로 내비친다. 즉, 철학이 전적으로 객관적인 설명을 제공하려는 것은 사물들에 관한 진리가 무시간적 '현전'의 형태로 존재하는 신의 눈으로 보는 불가능한 관점을 추구하는 것이다. 반면 세계-내-존재는 본유적으로 시간적이다. 우리가 알고 행하는 모든 것은 시간의 지평에서 일어난다. 우리는 시간의 지평 바깥으로 벗어날 수 없다.

하이데거는 때때로 '실존주의' 철학자로 이야기되기도 한다. 실존주의는 일반적으로 우리가 존재한다는 엄연한 사실이 우리가 우리 자신을 무언가로 만드는 것보다 선행하기 때문에, 이제는 신을 불러내어 우리의 존재를 설명할 수 없기 때문에, 존재의 이유가 없는 우주에서 어떻게 의미를 만들지라는 수수께끼가 우리에게 남아 있다는 사상으로 여겨진다. 하지만 하이데거는 이러한 측면에서 아주 잘 이해되지는 않는다. 그는 오직 의미로 가득 차 있기 **때문에** 세계가 세계인 그런 세계에 우리가 위치해 있다고 본다. 그런 세계가 항상 '열어밝혀져' 있기 때문에, 우리는 항상 이미 의미에 익숙하다. 이미 의미에 익숙한 존재만이 세계가 무의미하다는 생각이 들 수 있다. 하이데거의 진짜 관심은 우리 환경의 일차적인 의미 충만함이 어떻게 다른 종류의 지식, 이를테면 과학에서 도달한 지식의 원천이 되는가 하는 점이다. 이를 설명하기 위해 그가 기술하는 관계는 '손안에'zuhanden('사용할 수 있게') 있는 것과 '눈앞에'vorhanden('손 앞에'/'현전으로') 있는 것 사이의 관계다. 전자는 그가 '도구'Zeug라고 부른 것을 말하며, 이는 반성 없이도 우리가 거주하는 세계의 부분이다. 후자는 손안에 있는 것과 동일한 사물을 지칭할 수 있지만, 그 상태가 바뀌어서 우리가 대상으로 생각하는 무언가가 되었을 때만 가능하다. 하이데거는 망치의 예를 든다. 우리는 망치를 주로 대상으로 생각하지 않고, "사용사태의 전체성"(같은 책, 84) 중 한 부분으로 생각한다. '사용사태'involvement, Bewandtnis라는 용어는 일반적으로 우리가 사물을 용도 없는 대상으로 간주하지 않고 우리와 관련된 것으로 간주한다는 의미를 담고 있다. 사물은 다른 사물들이 무언가를 **위해** 있는 다른 사물들의 전체적 맥락 속에 존재한다. 망치는 지붕을 수리하기 위해, 그림을 걸기 위해 등등 우리가 필요한 맥락의 한 부분이지, 고립된 대상이 아니다. 당신은 그림을 걸면서 '지금 내가 망치를 들고 있구나' 하는 생각을 평소에는 안 하지 않는가? 그러니까 사물의 일차적 의미는 다른 사물 및 가능한 행위와의 관계에 따라 좌우되는 전체론적 의미다. 망치가 부러지고 폭풍이 오기 전에 지붕을 고쳐야 하는 순간에야 비로소 망치의 지위가 변하여 숙고의 대상이 될 수 있다. 이 시점에서 망치는 '대상화된다'는 의미에서 눈앞에vorhanden 있는 것이 된다. 그렇다면 이러한 구분이 근본적인 구분이라는 점은 분명한 것일까?

하이데거는 여기서 수반되는 본질적 변화가 근대 철학에 특징적인 존재 이해의 기초라고 주장한다. 하이데거가 근대 철학의 전형으로 간주하는 데카르트에게서, 존재는 "지속적 현전"(같은 책, 96)으로 이해된다. 데카르트의 세계는 탐구되기 전에 이미 **그렇게** 있는 대상들로 이루어져 있고, 이는 사유가 할 수 있는 모든 일이 대상들을

'재-현전시키는're-present, 표상하는 것이라는 의미다. 세계의 새로운 측면을 열어밝히는 게 아니라는 의미다. 그래서 데카르트의 존재론 개념은 근대 과학이 세계를 수학화하기 위한 기초인 것이다. 이는 세계가 실제로 존재하는 방식에 대해 무시간적이고 법칙 지배적으로 기술하는 것을 목표로 한다. 여기서 존재 물음의 '망각'이라는 개념이 더 발전된 의미를 갖는다. 하이데거는 자연 과학의 물질적 대상들을 그 기반으로 상정하는 존재론은, 이것이 '현전'으로서의 존재에 대한 역사적으로 특수한 이해지, 존재 물음에 대한 궁극적인 답이 아니라는 점을 이해하지 못한다고 주장한다.

하이데거의 물음은 현존재가 항상 자신이 기획투사하는 미래를 지향하고 있으므로 항상 사용사태의 세계 안에서 생활하고 있는데, 이러한 일차적인 '사용사태'의 세계가 어떻게 부차적인 세계로 여겨지게 되는가 하는 것이다. 그는 먼저 우리의 목적과 필요에 따라 거리가 구성되는 공간을 예로 든다(《위기》에서 후설은 이 예시에 영향을 받았다). 제트기로 여행하는 세계에서는 뉴욕에 있는 사람이 스코틀랜드 제도에 있는 사람보다 런던에 있는 사람과 더 가까울 수 있다. 과학이 훨씬 더 정확하게 측정할 수 있는 거리 및 시간과 비교해 볼 때, 이는 과학적 세계관에서 순전히 주관적인 상황일 뿐이다. 하이데거의 물음 다음과 같다. 이런 과학적 관점에서 본 공간을 공간이 나타나는 또 하나의 방식이 아니라, 왜 공간의 실제 존재로 여겨야 하는가? 동시에, 그가 실용적으로 맥락에 따라 한 공간이 다른 공간보다 우선적인 공간의 복수성을 받아들인다기보다는, 단순히 자신의 전반적 목표에 부합하는 것을 위해 우선순위를 뒤집고 있다고 볼 수도 있다. 현존재에게 공간의 본성은, 사냥꾼과 사냥감의 거리, 엄마와 아이의 거리 등 거리가 현 상황과 관련되는 어떤 구체적 세계 안에 존재한다는 측면에서 항상 구성된다. 하지만 이렇게 존재하는 것은 현존재라는 존재자와 환경을 이루는 존재자들 사이의 관계로만 존재하기 때문에, 순전히 '주관적'주체적이기만 한 것은 아니다.

하이데거에게 주체는 주체가 하는 것 때문에, 주체가 존재하는 세계 때문에, 지금의 주체다. "나의 모든 표상에 수반할 수밖에 없는" 칸트의 '통각의 초월적 통일'의 주체는 타자가 있는 세계에 존재해야 가능한 것이다. 따라서 현존재의 존재 방식일 뿐 현존재의 궁극적 토대는 아니다. 하이데거는 주체의 역할을 축소하는 경향이 있으며, 이는 세계와 다른 주체들로부터 다시 주체에게로 반영된다고 할 수 없는 자기 인식의 형태들을 그가 고려하지 못했다는 의미이며, 이런 점에서 헤겔과 상당히 겹친다. 하지만 하이데거의 논증이 지닌 힘은 주체성에 관한 철학적 설명의 문제점을 시사하는 방식에 있다. 즉, 세계 안에 있는 것을 세계와 최종 분리할 수 없는데 세계와 따로 떼어서 철학적으로 설명하려 한다는 것이다. 게다가 현존재의 주된 방향은 필연적으로 미래를 향하는데, 이는 현존재가 무엇인지를 이론적으로 특징짓는 일이 현존재를 온전히 규정할 수 없다는 의미다.

또한 하이데거는 지금 우리에게 있는 기분moods의 핵심 역할을 강조한다. 기분 안에서 "현존재는 여기/거기da로서의 자신의 존재 앞에 데려와진다"(같은 책, 134). 요지는 기분이 선택된 것이 아니라, 우리가 우리 자신을 그 안에서 발견하는 것이며, 우리의 존재 방식을 상당 부분 결정하는 것이라는 점이다. '기분'에 해당하는 독일어 '슈

티뭉'Stimmung은 영어 단어에서는 사라진 의미인 음악의 '선법'mode과 '조율'의 의미를 간직하고 있다. 기분은 우리가 우리 자신의 존재 방식에 대해 인식하는 것보다 앞선다. 기분은 우리에게 일어나는 조율 방식이다. 우리가 기분을 바꾸거나 통제할 수 있다 해도, 기분은 우리가 존재한다는 사실 자체에 의해 항상 이미 거기에 있다. "우리는 결코 기분 없이 기분을 지배하지 않고, 다만 반대 기분을 통해서 지배할 뿐이다"(같은 책, 136). 기분은 또한 세계 안에 존재하는 일차적인 방식이므로, 내적인 것도 아니다.

이러한 주장의 정점은 하이데거가 이해를 "현존재가 존재하는 기본 양태"(같은 책, 143)로 설명한 것이다. 하이데거는 딜타이와 달리, 이해를 과학에서의 설명과 대조되는 인식의 한 종류로 보지 않는다. 이해는 실제로 과학적 설명 가능성의 기반이며, 과학적 설명은 일차적인 이해에서 **파생**된다. 어떤 것을 문제로 이해한 다음에야 비로소 그것을 눈앞에vorhanden 둠으로써 그것에 관한 설명을 추구할 필요가 생긴다. 이해는 "항상 기분잡힌/조율된gestimmt 이해"인데, 왜냐하면 이해된 것에 대한 반성보다 반드시 앞서 존재하기 때문이다. 이해는 현존재가 자기 가능성의 측면에서 자신을 이해하는 '기획투사'project로 일어난다(같은 책, 145). 그리고 하이데거는《존재와 시간》에서 가장 핵심적인 몇몇 주장과 관련하여, '이해의 ~로서-구조'를 도입한다. 그 첫 번째는 무언가를 무언가로서 이해한다는 것을 반드시 명제로 표현될 수 있는 것으로 생각할 필요는 없다는 주장이다. 대상을 어떤 용도로 사용하기 위해 망치로 여기는 것은 어떤 세계의 맥락에서 이미 그 사물에 의미를 부여한 것이며, 이는 '이것을 망치로 사용할 것이다'라는 명제가 가능하게 하는 선제적 조건이다(그러나 필연적이게 하는 조건은 아니다). 이러한 의미는 인간 활동의 기획투사적 특성에서 비롯되며, 이는 우리가 수행할 미래 행동의 측면에서 사물을 열어밝힌다. 이는 두 번째 주장, 즉 이해에는 반드시 순환성이 포함된다는 주장으로 이어진다. 이는 19세기 이후 텍스트 해석과 관련된 분야에서 공유된 주장으로, 텍스트 전체에 대한 이해 없이는 부분을 이해할 수 없고, 전체에 대한 이해는 부분에 대한 이해에 달려 있다는 주장이며, 하이데거도 이러한 주장을 인정한다. 하지만 이러한 순환성은 일반적으로 역사학이나 문학 연구 같은 해석적인 분야의 주장들이 과학의 지위를 차지할 수 없는 이유로 간주되었다. 순환성이 있는 해석적 주장들은 그 정립하고자 하는 바를 전제해야 하기 때문이다. 하이데거는 이러한 논리가 이해를 설명에 종속시킴으로써 사물을 잘못된 방향으로 다루게 한다고 보았다. 하이데거가 볼 때 설명 자체는 이해에서 **파생된** 것에 불과하다. 설명은 우리가 답을 찾아야 하는 세계 속 문제로 무언가를 이미 이해한 것에 의존한다. 수학과 역사 **모두** 이러한 순환 구조를 포함하므로, 엄밀성이 사태를 가장 단순한 요소로 환원하는 데 달려 있다고 전제하는 경우에만 수학이 역사보다 엄밀할 뿐이다. 그러나 역사가 사태를 가장 단순하게 환원한다면 역사는 역사가 아닐 것이다. 역사에서 이해의 핵심 측면이 이런 식으로 환원될 수 없기에 역사가 대상에 대한 진정한 이해를 추구할 수 있는 것인데, 그렇게 환원한다면 이해의 핵심 측면이 배제되기 때문이다.

이는 매우 논쟁적인 입장인데, 헤르더와 하만 이후 독일 철학에서 중요한 역할을 하는 쟁점과 맞닿아 있다. 과학이 언어 습득을 통해, 그리고 사회적 세계 생활의 필요를 통해 우리에게 이미 주어진 공유된 이해에 의존하지 않는다면, 과학이 무엇을 하는지 어떻게 이해하겠는가? 자연 과학이 산출한 분명히 더 신뢰할 만한 진리들에 대해서도 그렇지 않은가? 하이데거가 진리에 관해 제기한 물음들은 독일 철학에서 가장 흥미롭고 논쟁거리가 되는 것들에 속한다. 니체는 진리의 가치에 대해 물었다. 자유로운 결정권, 불필요한 상처를 주지 않는 것, 자기주장 등 다른 것들이 더 가치 있을 수 있으므로, 진리를 아는 것이 항상 좋은 생각은 아닐 수 있기 때문이다. 게다가 과학자들은 임의의 실험을 하고 그 결과를 기록함으로써 무의미한 진리를 끝없이 만들 수 있다고 말할 수 있다. 이는 실제로 매우 해로운 일이 될 수도 있다. 이를테면, 인간에게 독성 화학 물질을 주입하면 고통스럽게 죽는다는 결과를 낳는다는 진리를 확인한 나치의 의학 실험을 생각해 보면 말이다. 최근 철학에서는 진리가 언어 공동체에서 자신이 주장하는 바를 정당화하는 것에 관한 규범적 문제와 더 밀접하게 관련되어 있다. 이러한 **정당화**는 자신의 주장이 세계에 존재하는 것에 대응하는지에 관한 문제와만 관련되는 것은 아닌데, 특히 이는 앞서 살펴본 바와 같이 대응 개념을 이해할 수 있는지가 불분명하기 때문이다. 하이데거는 의사소통의 규범적 성격에 집중하지 않으며, 윤리적 쟁점에 관해서도 그리 흥미로운 이야기를 하지 않는다. 하지만 《존재와 시간》에서와 이후 하이데거의 진리에 대한 설명은 명제의 진리라는 의미론적 문제를 넘어서서 쟁점을 넓히려 한다.

《존재와 시간》의 뒷부분은 독일을 비롯한 여타 철학의 경향은 물론 문화에도 영향을 미쳤지만, 우리가 살펴본 논증과 달리 타당성이 부족한 경우가 많으므로, 여기서 다루지는 않을 것이다. 예를 들어, 시간에 관한 완전히 새로운 설명을 제시하려는 시도는 '이후', '이전', 과거, 현재, 미래 같은 언어로 구성된 '전통적' 시간 개념을 거부하면서도, 실제로는 은밀하게 의존한다. 하이데거는 또한 우리가 살펴본 문제들을 근대 문화에 대한 비판적 설명으로 확장해 가려 한다. 이는 공포나 '죽음을 향한 존재'처럼 사회적·정치적으로 조건 지어진 현상을 다룬다. 그런 현상이 마치 '이해의 ~로서-구조'와 같은 방식으로 현상학적 존재론의 일부인 것처럼 말이다. 이는 분명 사실이 아니며, 하이데거에 대한 정당한 반대를 자초함으로써, 때때로 그의 주장에서 다른 부분들이 무시되는 결과로 이어지기도 한다. 게다가 하이데거가 나치당에 가입한 이유 중 일부가 시사되는 지점이 바로 《존재와 시간》의 뒷부분이다. 하이데거는 근대 문화의 요구에 대한 급진적이고 새로운 접근이라는 명목으로 그렇게 했지만, 이러한 명목은 독일에서 무엇이 잘못되었는지에 관한 완전히 부적절한 사회적·정치적 평가에 기반하고 있다. 하이데거가 근대 세계의 경험에 대한 통찰력을 제공했고 그것이 여전히 가치 있더라도, 문화적·정치적 문제를 진단하는 데 철학을 사용한 것은 좋게 말하면 무능했다.

진리

《존재와 시간》의 논증에서 중요한 역할을 하는 '이해의 ~로서-구조'는 또한 "실존적-**해석학적** '~로서'"existential-*hermeneutic* 'as'로도 불리며, 이로부터 파생되는 "명제의 **서술적** '~로서'"*apophantic* 'as' of the proposition(같은 책, 158)⁴와는 대비된다. 이 둘의 관계는 이해와 설명의 관계다. 이를 설명하는 간단한 방법은 언어 자체가 다른 수단들과 더불어 세계 내 존재의 손안의zuhanden 수단인 동시에 언어학에서 분석하는 눈앞의vorhanden 대상으로 여겨질 수 있다는 사실을 통해 설명하는 것이다. 언어학의 분석은 언어를 객관적인 측면에서 언어로 기술하려는 시도다. 그러나 언어에 대한 설명을 시작하기 위해 필요한 언어 자체는 완전히 객관화될 수 없다. 그러기 위해서는 분석 대상이 되는 언어로부터 완전히 바깥에 있는 언어가 필요한데, 그런 언어는 있을 수 없다.⁵ 이 문제는 하만과 헤르더를 통해 익숙해진 언어의 기원에 관한 문제다. 즉, 낱말을 그저 소음이 아니라 낱말이게끔 하는 것은 무엇인가? 《존재와 시간》에서 하이데거의 답변은 "의미들에 대해 낱말들이 생기고"(같은 책, 161) 의미들은 세계의 "열어밝혀져 있음"개시성(같은 책, 162)을 구성하는 부분이다. 이러한 열어밝혀져 있음은 객관화될 수 없다. 객관화는 이해를 전제하고 있는데, 이해 자체가 여

---

4 'Apophantic'은 명제와 관련된 것에 해당하는 그리스어일 뿐이다.

5 이는 메타언어─'언어에 관한 언어'─가 있을 수 없다는 의미는 아니지만, 담화에 사용되는 언어와 메타언어학적으로 사용되는 언어를 이해하는 것 사이에는 이런 측면에서 본질적 차이가 없다.

기서 설명하고자 하는 것이다.

하이데거는 세계-내-존재가 "본질적으로 마음씀/심려/관심Sorge" (같은 책, 193)이라고 말함으로써, 세계-내-존재 개념을 확장한다. 과학이 요구하는 객관성은 과학의 대상이 우리에게 관심의 대상이 되는 게 먼저라는 사실에 부차적이다. 하이데거가 진리를 분석하는 것은 이러한 맥락에서다. 그는 진리가 항상 존재와 관련하여 이해되어 왔다고 주장한다. '전통적인' 진리 개념은, 진리의 장소는 명제 내지 판단이며 진리의 본질은 판단과 대상의 '대응/일치'라고 상정한다. 문제는 또다시 정신적인 것으로 가정된 것과 물리적인 것으로 가정된 것을 결합하는 일이다. 하이데거는 이에 대한 새로운 이론을 제시하는 대신, 우리와 사물 사이의 이미지 같은 중간 매개체를 거부한 후설을 따라서, 진리는 양쪽의 일치가 아니라 "존재자 자체가 드러나/발견되어 있음"(같은 책, 218)이라고 주장한다. 발언은 "존재자를 그것이 드러나 있는 가운데 보이게 한다. 명제의 **참임**(진리)은" 드러나지 않는 것이 아니라 〔현존재에게〕 "**드러나면서-있음**으로 이해되어야 한다"(같은 곳). 이것은 "현존재의 존재 방식"(같은 책, 220) 중 하나다. 존재하는 무언가의 본성이 바로 그것이 현존재가 이해할 수 있게 드러난다는 의미고, 발언들이 드러남에 의존한다면 진리와 현존재의 존재는 분리될 수 없다. 그러나 이것이 우리가 항상 진리를 알고 있다는 의미는 아닌데, 사물이 드러난다는 것은 은폐될 수도 있다는 뜻이기 때문이다. "존재자는 은폐되어 있음을 찢고 나온다"(같은 책, 222). 하지만 이는 현존재가 없다면 진리도 없다는 의미다. 앞서 살펴본 것처럼, 하이데거는 데카르트식으로 세계를 보는 방식, 즉 진리가 무시간적으로 현전하는 세계로 보는 방식을 거부한다. 그 대신 진리는 우리가 세계에 존재함으로써 시간 속에서 출현한다. 어떤 진리가 거기 있든 간에 그것은 우리가 서로, 그리고 세계와 상호 작용함으로써 출현하는 것이다. 여기서 한 가지 측면—진리가 이해에 의존한다면, 진리가 있음을 이해하는 존재자가 있어야한다는 점—은 분명해 보이지만, 문제는 하이데거가 주장하는 방식으로 진리를 시간의 측면에서 적절하게 특징지을 수 있느냐는 것이다. 게다가 현존재는 진리의 가능성의 조건으로서 초월적 역할을 하고 있지 않은가?

여기서 제기된 문제들은 철학에서 가장 논쟁적인 문제 중 일부이며, 하이데거가 이 문제들에 대해 정확히 어떤 입장에 서 있는지가 항상 명확하지는 않다. 그의 이야기의 강점은, 진리에 대한 설명적 분석은 프레게가 깨달았듯이(8장을 보라) 그것이 분석 중인 것을 항상 전제해야 한다는 주장에 있다. 진리가 무엇인지 아직 이해하지 못했다면, 분석이 참인지 어떻게 알 수 있겠는가? 따라서 진리는 지금 우리의 한 부분으로 전제되어야 한다. 이는 하이데거가 《예술 작품의 샘》(1935)과 같은 후기 저술에서 탐구한, 세계가 나타날 수 있는 다양한 방식에 관한 흥미로운 문제들을 열어 준다. 이 저술에서 그는 예술 작품이 드러내지 않았으면 은폐되어 있었을 것을 예술 작품이 드러냄으로써 예술 작품이 관여하고 있는 진리를 탈은폐한다고 말한다. 예를 들어, 그림은 우리가 세계 안에 있는 사물을 다르게 볼 수 있게 해 준다. 이와 같이 어떻게 그 장소가 현존재에서 벗어나서, 진리를 현존재에게 탈은폐하는 무언가로 이동했는지 주목하라.

여기서 난점은 명제와 관련된 의미론적 문제로서의 진리와, 명제보다 앞선 세계-드러남^{세계의 열어밝혀져 있음, 세계-개시성}으로서의 진리의 관계에 있다. 과거 하이데거의 학생이었던 에른스트 투겐트하트는 하이데거가 세계-드러남에 집중하여 '이가성'^{二價性}의 문제, 즉 주장이 참인지 거짓인지의 측면에서 평가되어야 한다는 사실을 흐릿하게 한다고 주장한다. 투겐트하트는 후설을 따라, 어떤 주장이 무언가에 관해 참이라는 것은 그 무언가가 '있는 그대로' 드러나게 되는 것을 의미한다고 주장한다. 이는 사물이 '있는 그대로'가 아닌 방식으로 드러날 때를 보임으로써 지식이 발전하기 위한 분별이 필요한 사회생활에서 주장 행위의 핵심 기능이다. 하이데거가 명제적 진리와 거짓에 앞서는 드러남이라는 일반화된 개념을 만듦으로써 참과 거짓을 흐릿하게 한 것은—거짓으로 사물이 드러날 수도 있지 않은가?—의심스러운 사회적·윤리적 함의가 있다(이 쟁점에 관한 중요한 설명으로 Lafont 1994도 보라). 투겐트하트는 또한 진리의 문제가 시간과 관련된다는 제안은 명제에서 존재^{being}의 의미의 본질을 오해한 것이라고 주장한다. "하늘이 파랗다"^{the sky *is* blue}라는 하이데거의 예에서, 이 발언은 하늘이 파란 특정한 날에만 참임이 분명하다. 그러나 그날 하늘이 파랗다는 발언의 진리 자체는 무시간적인 진리다. 그렇지 않다면, 일상적인 소통(이는 의미와 불가분하게 연결된 것으로 보인다)에서 우리가 분명히 의존하고 있는 '참'의 의미를 사용하고 있는 게 아니다. 우리는 '하늘이 파랗다'라고 말할 때, '나는 하늘이 파랗다고 생각하지만, 미래의 어느 시점에는 이런 내 생각이 틀릴 수도 있다'

는 뜻으로 말하지 않는다.

이 논증 중 두 번째는 그럴듯해 보이고, 시간을 존재 이해의 지평으로 삼는 전체 기획에 대한 적어도 한 가지 해석에 문제를 제기한다. 하지만 첫 번째 논증은 하이데거의 주장에 대해 반드시 적절하지는 않다. 첫 번째 논증은 우리가 명제적 측면에서만 분별할 수 있다는 가정에 의존한다(이에 대해서는 Dahlstrom 2001을 보라). 명제적 분별이 우리가 세계 안에 존재함으로써 분별하는 방식 중 하나에 불과하다면 어떤가? 언어가 무언가를 의미할 수 있다는 사실은 사물이 '사용사태'의 맥락에서 사물로 파악되는 데 달려 있는데, 이것이 명제적일 필요는 없다(망치를 기억해 보라). 동물도 어느 정도 이런 식으로 세계 안에서 살아가고 있음이 분명하다. 언어 사용자가 동물과 다른 점은 언어 사용자는 사물에 대해 서로 다른 다양한 기술을 제시할 수 있다는 점이다. 언어 사용자는 누군가 말하고 있는 것에 관해, '당신은 그것이 x라고 말하지만, 나는 그것이 y라고 말한다'라는 식으로, '메타언어적' 진술을 할 수 있다. 하지만 이러한 능력은, 세계-내-존재에 내재된 더 근본적인 해석학적 ~로서-구조에 의존한다. 서술적apophantic ~로서-구조는 여기에 의존한다. 언어의 용법이 우리의 생각에 앞서서 우리가 생각할 수 있는 것을 전적으로 결정한다면, 우리는 어떻게 서로 다른 다양한 기술에 이를 수 있는가? 하지만 참이거나 거짓일 수 있는 명제의 기반이 그보다 앞선 해석학적 드러남이라는 **주장**은 순환 논법을 수반하지는 않는가? 추정컨대 이 주장 자체는 거짓이 아니라 참이어야 한다. 하지만 이 주장의 진리를 규명해 주는 것이 '하늘이 파랗다'의 진리를 규명해 주는 것과 같은 질서일 수는 없다. 참되게 말할 가능성의 조건이 있는 것 같은데, 이 조건 자체는 우리가 '하늘이 파랗다'의 의미를 깨닫기 위해 사용하는 추론적 지식 같은 방식으로 분석할 수 없는 것이다. 하이데거의 입장이 작동하려면, 그러한 가능성의 조건이 있어야 한다. 그러나 이러한 조건은 앞서 본 바와 같이 그 자체가 분석 가능성의 조건이기 때문에 더 분석될 수 없다. 이런 점에서 하이데거는 진리가 모든 분석에 전제되어야 하므로 분석될 수 없는 개념이라고 생각한 도널드 데이비슨 같은 의미 이론가들에 가깝다고 해석될 수 있다. 반면, 라폰트(1994)의 주장처럼, 하이데거는 가능성의 일반적 조건으로서의 세계-드러남과 사물에 대한 일상적인 실용적 경험을 엄격하게 구분함으로써, 후기 철학의 몇몇 미심쩍은 측면으로 가는 길을 열어 둔 것으로 해석될 수 있다.

'전회'

하이데거는 그의 작품 전반에 걸쳐 계속 이러한 문제들을 고민한다. 그렇다면 '전회'와 후기 철학은 어떤가? 이 전회를 간단히 설명하자면 이렇다. 하이데거는 진리를 현존재 안에 위치시키는 것이 진리의 원천을 주체 안에 두는 데카르트 이후의 초월적 철학의 패턴을 그저 반복하는 것이라고 생각하게 된다. 이러한 해석으로 인해,《존재와 시간》은 칸트의 선험적 종합 판단이 제시한 필수 구조를 현존재와 세계의 실제적 관계와 관련된 구조에 대한 설명으로 대체한다.

《존재와 시간》 3편이 완성되지 않은 이유는 현존재의 시간성에서 시간으로서의 존재의 의미에 대한 설명으로 이행하는 것이 불가능해 보였기 때문이다. 1962년에 하이데거는 《존재와 시간》에서의 "'시간'이라는 이름은 나중에 '존재의 진리'로 불리게 될 것의 선_先이름"(1969: 30)이라고 말한다. 시간은, 우리가 순간순간 마주할 존재를 이해하는 본질적 방법이라고 그가 나중에 여기게 되는 것을 대신하고 있었다. 주체를 철학의 토대로 사용하려는 시도가 한계를 드러내면, 그다음 단계로 주체성 자체의 근거를 찾는 것이 일부 근대 철학의 패턴이다. 셸링, 쇼펜하우어, 니체는 이러한 단계를 여러 버전으로 만들었다. 예컨대 의지를 이러한 근거로 간주한 것이다(물론 셸링은 막판에 하이데거에게 영향을 준 방식으로 존재의 측면에서 이 문제를 보았다). 하이데거는 그 근거가 데카르트의 코기토든, 칸트의 초월적 주체성이든, 헤겔의 절대정신의 운동이든, 마르크스의 생산력이든, 니체의 힘에의 의지이든 간에, 존재 전체를 이해할 토대를 찾는 일 자체가 그가 '형이상학'이라는 말로 의미하는 것의 본질적 특성이라고 주장하게 된다. 이 토대들은 모두 주체를 기반으로 한 철학들이 했던 것과 동일한 방식으로, 사물이 실제로 존재하는 방식에 관한 진리가 현전하게끔 만들려 한다.

하이데거는 《존재와 시간》에서 현존재가 진리의 궁극적 기반이라는 생각에서 이미 벗어나기 시작했던 측면들에 집중한다. 그는 존재 자체가 시간에 의해 이미 열어밝혀져 있지 않았다면 현존재가 진리에 접근할 수 없었을 것이라고 한다. 그의 관점의 변화를 이해하는 한 가지 방법은 항상 개별 존재보다 앞서 있으며 세계의 의미

와 연결되어 있는 언어의 의미에 현존재가 의존한다는 사실의 측면
에서 이해하는 것이다. 누구도 언어나 의미를 '발명했다'고 말할 수
없으며, 후기 하이데거는 언어를 시간이 지남에 따라 변하는 존재로
부터 온 일종의 '선물'로 이해할 수 있다고 주장한다. 이것이 그가
언어에 대한 과학적 설명이 있을 수 있다는 생각에 그토록 반대하
게 된 이유다. 과학의 가능성 자체가 존재의 선행적 계시인 언어에
의존하며, 과학적 주장은 세계에서 진리가 '일어나는' 방식 중 하나
일 뿐이다. 진리는 또한 과학이 결코 말할 수 없는 것을 말할 수 있
는 '문학'이나 '시'—'디히퉁'Dichtung—의 형태로도 일어난다.

후기 작품은 '디히퉁'을, 특히 횔덜린의 시를, 은폐된 것을 탈은폐
할 수 있는 사고방식에 어떻게 도달할 수 있는지 가능성을 보여 주
는 것으로 간주한다. 근대 과학과 기술의 결과로, 참일 수 있는 것을
강요하는 '틀 짓기'라는 지배적인 방식이 생겼는데, 이런 지배적인
방식으로 인해 무언가가 은폐되었고, 이를 탈은폐할 수 있는 사고방
식에 도달할 가능성을 문학 작품이 보여 준다는 것이다. 무엇을 참
으로 받아들일지를 미리 결정하는 방법이 확립되면 '틀 짓기'가 발
생한다. 따라서 사물을 이해하는 다른 방식들이 배제될 수 있다. 이
러한 주장은 빈학단에서 보았던 문제, 즉 우리가 말하는 많은 것들
이 진리나 타당성에 관한 진지한 고려에서 배제되는 문제와 연결될
수 있다. 하이데거는 틀 짓기를 주체의 활동이 진리의 근거가 된다
는 생각과 연관시킨다. 그의 생각에 따르면, 근대 과학과 기술에서
존재는 주체가 존재를 방법의 측면에서 조작할 대상으로 투사함으
로써 '이미지'로 만들 수 있는 것이 된다(그의 논문 〈세계상의 시대〉를 보

라). 존재의 은폐성이라는 주제는 그의 초기 사상을 재구성하는 데 핵심이 된다. 이것이 그가 자기 작업을 철학적 토대를 제공하는 것으로 간주하지 않는 이유 중 하나다. 토대적 사고는 부재하는 것을 드러내고자 하는 것이고, 철학이 그것을 현전하게 해야 한다는 것이다. 이는 본질상 《존재와 시간》의 현상학적 존재론이 현존재 해석학을 통해 추구하고자 했던 것이다. 또 다른 예로 마르크스의 주장을 들 수 있을 것이다. 마르크스는 생산력의 역할이 드러나지 않았다면 사심 없는 탐구가 만들어 낸 진리로 여겨졌을 만한 것에서 생산력의 역할을 밝혀야 한다고 주장한다. 마르크스의 주장은 실제로 역사의 중요한 새 측면을 드러내기도 하지만, 이러한 특정한 토대에서는 나타날 수 없는 진리의 또 다른 측면을 감출 수도 있다.

이제 이러한 존재 개념의 요지는 바로 그 개념이 결코 극복될 수 없는 구조적 '은폐성'을 포함한다는 것이다. "존재자와 관련하여 존재는 자신을 보여 주지 않으면서도 보여 주는 것, 볼 수 있게 하는 것이다"(같은 책, 39). 그러나 이제 문제는 존재에 관해 이야기하는 방식인데, 하이데거는 종종 존재에 관해 이야기하는 것이 실제로는 불가능하다고 내비친다. 그래서 하이데거는 은유적인 방편을 더 사용하게 된다. 이를테면, 사물이 '은폐되지 않고' 드러나게 되는 '빛트임'('리히퉁'Lichtung, 나무가 우거진 숲에서 빛이 들어오는 빈터라는 의미에서)과 같은 개념이 그렇다. 빛트임은 사물의 현전을 가능하게 하는 것이며, 따라서 그것 자체만으로는 사고에 현전할 수 없다. 하이데거는 사고를 일종의 빛처럼 생각한다면 사물을 비출 수 있는 트인 부분, 즉 자유 공간이 비워질 때만 빛이 비출 수 있다고 말한다. 빛 자체는 이러한 자유 공간을 만들 수 없다. 따라서 어떻게든지 우리에게 주어져야 한다. 그러므로 존재는 우리가 적절히 존재에 주의를 기울일 때 우리에게 허락되는 것의 측면에서 이해되어야 한다. 앞서 살펴본 바와 같이, 존재가 우리에게 허락하는 것 중 하나는 언어다.

언어는 세계를 이해 가능한 것으로 나타내는 필수적인 방식이다. 하이데거는 언어를 '존재의 집'으로 보았는데, 그 이유는 순전히 인간의 목적이 사물을 지배해서가 아니라, 언어가 사물을 안전하게 존재할 수 있게 해 주기 때문이다. 우리가 사물에 관해 말하는 방식은 우리가 그것을 존중하는지 여부에 깊은 영향을 미친다. 따라서 역사상 각기 다른 시기에 어떤 종류의 언어가 지배적이었는가 하는 점이 중요한 문제가 된다. 히틀러의 가당찮은 부르짖음에 매료된 게 틀림없는 사람이 이런 주장을 했다는 점이 다소 받아들이기 어렵다는 것은 인정할 수밖에 없다. 하지만 그가 추구한 사유는 이 같은 거리낌의 대상이 아닌 다른 여러 맥락에서 울림이 있다. 토대를 찾는 식의 철학으로는 끝끝내 존재를 파악할 수 없다는 점을 고려하여, 이제 하이데거는 존재를 '일어나는'happens 것으로 본다. 이는 하나가 다른 것 때문에 일어난다는 인과적 의미에서 일어난다는 것이 아니다. 그렇다면 우리는 존재가 왜 이런 식으로 일어나는지 그 이유를 찾아야 하는데, 그렇게 되면 야코비가 설명한 퇴행을 초래할 것이다(3장을 보라). (하이데거는 책 한 권을 라이프니츠의 '충족이유율'['이유/원인/근거 없이는 아무것도 없다']에 대해서 쓴다.) 이런 식으로 이유를 찾는 것은 다시 '형이상학'이 될 것이다. 하이데거는 존재를 특징짓기 위해, 보통은 '사건'을 의미하지만 또한 '전유', 곧 '자기 것'eigen으로 만든다는 의미도 있는 '에어아이크니스'Ereignis라는 용어를 사용한다. 그가 의미하는 바로 보이는 것은 (명확하진 않지만) 우리에게 선물로 현전하게 되는 것을 존재가 어떤 식으론가 '보낸다'는 것이다. 중요한 점은 존재 자체가 이론들의 원천이기 때문에, 존재가 어떤 식으론가 이론으로 객관화될 수 있다고 여겨지지 않는다는 것이다.

하이데거는 현전에 근본적으로 관심을 두는 철학을 "서구 형이상학"이라고 불렀다. 하이데거 후기 작업의 난점은 특히 이러한 '현전'에 관한 관심에서 벗어나려는 시도가 훨씬 더 급진적으로 변해 간다는 사실에 있다. 이는 앞서 가정한 것에서 뒤따라 나오는 것을 추론하는 구조에 좌우되는 식의 논리적 논증을 그가 대체로 피하고자 했다는 의미다. 하이데거가 볼 때, 이러한 접근 방식은 항상 앞선 가정을 입증하는 문제에 직면한다. 따라서 이는 또 다른 형태로 주체에게 부담시키는 것이다. 그의 접근 방식에서 흥미로운 측면이 있는데―이는 너무 자주 그저 모호하기만 한 것으로 이어진다―그것은 우리가 사물을 결정하려고 하는 대신, 사물이 우리에게 말해야 할 것을 '들어야' 한다는 생각이다. 이는 매우 받아들이기 어려워 보일 수 있다. 사물은 말하지 않고 언어-존재들이 말하기 때문이다. 하지만 생태학의 경우를 생각해 보라. 자연 과학 자체로는 인간과 비인간의 복잡한 상호 관련성을 이해할 개념을 제공할 수 없기 때문에, 자연 과학은 이론의 여지는 있지만 생태학에서 한계에 도달했다. 생태학이 작동해야 하는 방식 중 하나는 우리가 자연을 남용할 때 자연이 우리에게 무언가를 '말하고' 있을 수도 있다는 느낌에 근거한 것이다. 환경 파괴가 인간의 삶을 견딜 수 없게 만들거나 완전히 파괴할 수도 있다는 과학적 증거를 얻으려면 엄밀히 말해 '실험'을 계속하도록 허용해야 하며, 결정적 증거가 나왔을 때는 너무 늦었을지도 모른다. 생태계 위기에서 드러날 수 있는 메시지에 주의를 기울일 것을 요구하는 사고방식은 이러한 상황을 허용할 수 없다. 우리는 자연이 무엇인지에 관한 또 다른 개념, 즉 셸링이 《자연 철학》에서 추구했고, 칸트가 《판단력 비판》에서 지적한 식의 개념에 호소해야 한다. 이러한 개념은 예측 법칙에 기반한 과학적인 측면에서는 규명될 수 없다. 문제는 하이데거가 제시한 것이 검증 가능한 이론이나 심지어 전통적인 형이상학의 논증 방식으로 입증될 수 있는 논증이 아니라는 점이다. 명시적으로 진술되고 논증될 수 있는 것을 넘어선다고 여겨지는 진리 주장이 제기될 때 항상 그렇듯이, 여기서부터 상황이 매우 어려워진다. 우리는 이 문제를 2장과 5장에서 '직관'과 관련하여 살펴보았다.

하이데거의 후기 저술은 평가하기도 어렵다. 문제의 텍스트들은 1934년경부터 사망할 때까지 저술한 것으로, 1945년까지 나치당원일 동안에 쓴 것이거나 이후 나치즘과 관련하여 자신의 역할에 책임이 있었음을 인정하지 않을 때 쓴 것이기 때문이다. 윤리적 결정에 직면한 개인적 상황의 측면에서 해석될 수 있는 기획인 현존재에서 벗어나서, 존재의 진리로 이행하는 것은 편리하게도 세계사적인 변화를 개별 주체를 아주 넘어서는 것으로 만들어 준다고 하버마스(1990)는 말한다. 따라서 하이데거는 그 정당성에 대해 공적으로 논할 수 없는 더 높은 진리라는 이름으로, 잘못된 편에 있었던 것을 암묵적으로 변명할 수 있는 것이다. 이러한 비판에는 어느 정도 타당성이 있지만, 그 자체로 결정적 주장은 아니다(이러한 입장이 이미 초기 저술에 어떻게 잠재되어 있는지를 제안하는 Lafont 1994를 보라).

하이데거는 플라톤에서 데카르트, 칸트, 니체에 이르는 주요 서구 철학자들의 작품에서 드러나는 것을 '존재의 진리'로 간주하게 된다. 그들의 작품은 저자의 '주관적' 관점으로 구성된 것이 아니라, 그 작품이 나온 역사의 본질을 드러내는 일련의 발생들이다. 철학 자체는 '존재의 말'을 하는데, 존재에 관한 말과 존재 자체에서 나온 말이라는 이중적 의미에서 그렇다. 이러한 발상은 물론 매우 의심스러울 수 있으나, 그냥 무시해서는 안 된다. 데카르트가 진리의 토대를 주체 안에서 찾으려 한 것이 근대성에 결정적 영향을 미친 것은 그의 주관적 의도에서 비롯된 결과가 아니다. 세계에서 인류의 새로운 위치에 관한 본질적인 무언가가 당대의 다른 텍스트보다 그의 텍스트에 잘 표현되어 있다는 것이다. 그런데 여기서의 위험은 역사가 철학의 역사에 종속되는 것이다. 이는 근대 독일 철학에서 다양한 방식으로 발생한다. 그래서 철학이 역사 전체에 관한 본질적인 진리를 잘 표현할 것으로 여겨진다. 그런 역사가 나치 시기의 극악한 범죄 행위와 관련된다면, 철학의 눈을 통해 역사를 바라봄에 있어 매우 신중해야 한다. 문제는 존재의 진리가 핵심 사상가들을 통해 말해진다는 하이데거의 주장이 과연 어떻게 정당화될 수 있냐는 것이다. 그리고 그 진리는, 아도르노가 본 것처럼 근대성의 위험을 이해하는 열쇠처럼 보이는 홀로코스트와 어떻게 관련될까? 후자의 문제에 대해 하이데거 본인은 당연히 할 말이 거의 없지만, 그럼에도 다른 사람들은 홀로코스트에 비추어 인간이란 무엇인가에 관한 새로운 구상에 이르기 위해 그의 사상의 요소들을 사용하고자 해 왔다. 하이데거의 개인적 실패는 차치하더라도, 하이데거 사상의 문제 중 하나는 그의 사상에서 윤리학이 거의 아무런 역할을 하지 않는다는 점이다.

전회 이후, 하이데거는 플라톤 이후 철학의 본질에 관한 이야기를 들려주는데, 이는 점점 더 한 덩어리로 된 거대한 이야기가 되어 자기 시대의 사건에 대한 상세한 역사적 분석 같은 것과는 훨씬 더 멀어진다. 다음과 같은 결론을 보면 이 이야기를 이해할 수 있다. "과학의 발전은 철학으로부터 분리되는 동시에 과학의 독립성을 확립하는 것이다. 이 과정은 철학의 종말/완성Vollendung에 속한다"(같은 책, 63). 그의 주장은 플라톤 이후 서구 철학이라는 의미에서 형이상학이 '현전'의 근거를 밝히는 데 관심을 기울여 왔다는 생각을 바탕으로 한다. 그 과제는 이제 자연 과학으로 넘어갔는데, 자연 과학의 본성 자체가 철학이 토대를 탐구한 것에서 파생된 것이다. 그는 과학이 "사이버네틱스로 불리는 새로운 기초 과학에 의해 결정되고 지시되는"(같은 책, 64) 시대가 올 것이라고 주장한다. 사이버네틱스—이제 '인공 지능' 및 관련 디지털 기술도 포함된다—는 사고가 스스로를 설명하고 통제할 수 있다는 방법론적 가정으로부터 도출한 관점에서 사고와 행동의 본성을 설명하고자 한다. 데카르트는 사고의 기반을 사고가 스스로에 대해 갖는 확실성에 두었는데, 이러한 사고의 기반은 과학과 기술이 점점 자연을 지배하는 것과 더불어 계속되고 있으며, 이제는 사고가 인공적으로 사고를 창조할 수 있다는 생각으로까지 확장되었다. 따라서 하이데거가 볼 때 과제는 새로운 종류의 '사고'에 이르는 것이다. 이는 더 이상 철학이 아닌데, 과학의 엄밀성과 유효성에 직면하면서 철학 자체가 철학 소멸의 원인이 되었기 때문이다. '사고'가 무엇인지는 전혀 분명하지 않다. 하지만 그의 주장의 근간을 이루는 다음과 같은 우려가 터무니없는 것은 아니다. 즉, 어떤 자연 과학의 구상을 따르면, 과학이 제공하는 것 말고는 세계에 관한 다른 종류의 진정한 기술은 궁극적으로 없어질 것이다. 물론 이것이 인간 문화에 미치는 영향은 큰 문제이며, 근대 문화와 관련된 하이데거 본인의 판단 실패는 이것이 얼마나 어려운 문제인지를 시사한다.

하이데거의 후기 주장들은 과학적 방법이 존재를 지배한 것에 지불해야 할 대가에 대한 깊은 통찰이 터무니없는 과장 및 왜곡과 뒤섞여 있다. 그는 일어나는 일에 대해 비판하지 않는다. 사태를 그렇게 만든 것은 현존재의 의도가 아니며, 다만 존재가 그런 식으로 '일어난다'는 사실을 하이데거가 고려하고 있다면, 그는 누구를, 아니면 무엇을 비판해야 하는가? 하이데거의 전반적 주장에 대해 여기서 어떤 식의 판단을 시도하기보다, 다음 장에서 근대성에 관한 비슷한 버전의 이야기를 고찰해 볼 것이다. 그것은 《계몽의 변증법》에서 호르크하이머와 아도르노가 한 이야기인데, 정치 스펙트럼상으로는 반대편 끝 쪽에 있다. 결론에서는 이러한 버전에 대한 하버마스의 비판을 고찰함으로써, 20세기 역사에 비추어 독일에서 철학의 역할과 기능에 대한 더 적절한 평가를 내릴 수 있을 것이다.

더 읽을거리

Dahlstrom, D. (2001) *Heidegger's Concept of Truth* (Cambridge: Cambridge University Press). 하이데거 철학의 한 핵심 문제에 관한 매우 자세하고 광범위한 조사.

Dreyfus, H. L. (1991) *Being-in-the-World: A Commentary on Heidegger's* Being and Time, *Division I* (Cambridge, MA: MIT Press). 하이데거의 가장 영향력 있는 작품에 관한, 매우 상세하고 명쾌한 해설.

Dreyfus, H. L. and Hall, H. (eds.) (1992) *Heidegger: A Critical Reader* (Oxford: Blackwell). 주요 주제에 관한 논문 모음집.

Inwood, M. (1997) *Heidegger* (Oxford: Oxford University Press). 하이데거의 가장 논쟁적인 사상 중 일부를 이해할 수 있게 해 주는 좋은 입문서.

Makkreel, R. A. (1992) *Dilthey: Philosopher of the Human Studies* (Princeton: Princeton University Press). 딜타이 작품에 관한 신뢰할 수 있는 역사적이고 철학적인 연구.

Mulhall, S. (1996) *Routledge Philosophy Guidebook to Heidegger and Being and Time* (London: Routledge).《존재와 시간》에 관한 매우 명확하고 상세하며 가독성 높은 소개.

Okrent, M. (1988) *Heidegger's Pragmatism: Understanding, Being, and the Critique of Metaphysics* (Ithaca: Cornell University Press). 하이데거 작품에 대한 뛰어난 분석적 설명.

Rée, J. (1999) *Heidegger* (New York: Routledge). 하이데거 작품에 관

한 다가가기 쉬운 설명.

Richardson, W. J. (1963) *Heidegger: Through Phenomenology to Thought* (The Hague: Nijhoff). 하이데거 사상 발전에 관한 훌륭한 일반적 설명.

Safranski, R. (1998) *Martin Heidegger: Between Good and Evil* (Cambridge, MA: Harvard University Press). 철학뿐만 아니라 삶에 대해서도 탁월하게 저술한 지적 전기.

11. 비판 이론

'형이상학'과 근대성

비판 이론을 주창한 프랑크푸르트학파는 1923년 펠릭스 바일이 설립한 사회연구소에서 가장 영향력 있는 사상을 전개한 사상가 집단을 일컫는 이름이다. 이 연구소는 1930년대에 나치에 의해 스위스로, 그 후 미국으로 강제 망명했다가 1949년에 프랑크푸르트로 돌아왔다. 이 학파의 가장 유명한 구성원으로는 테오도어 W. 아도르노(1903-1969), 발터 벤야민(1892-1940), 에리히 프롬(1900-1980), 막스 호르크하이머(1895-1973), 헤르베르트 마르쿠제(1898-1979) 그리고 나중 인물인 위르겐 하버마스(1929-)가 있다. 이 학파는 명시적으로 마르크스주의 정치를 따랐지만, 나중에 구성원 상당수가 스탈린주의 및 나치즘의 부상으로 인해 직접적인 정치 개입을 거부하게 된다. 그런데 이들이 이렇게 한 밑바탕에는 하이데거와 정치적 목표가 매우 다름에도 불구하고, 하이데거 사상 중 일부와 크게 다르지 않은 것으로 판명될 사상이 깔려 있다. 이로 인해 전후 독일의 진보적 사상가들은 어려운 상황에 놓이게 된다. 1960년대 후반부터 이러한 상황을 넘어서는 길을 제시하고자 한 위르겐 하버마스의 시도와 하버마스에 대한 몇 가지 반응은 결론에서 다룰 내용을 설정할 것이다.

하버마스가 직면하게 될 딜레마는 하이데거와 빈학단의 차이에서 이미 분명해졌다. 나치당원이었던 하이데거는 '존재 물음'—아마도 답할 수 없는 물음—에 답하는 방식을 찾으려 했지만 실패했고, 그에 따른 귀결로 1960년대에 〈철학의 종말〉이라는 글을 썼다. 부재하는 진리의 토대를 현전시키기 위한 보편 원리를 목표로 하는 '서구 형이상학'이 새로운 사고방식으로 대체되어야 한다는 하이데거의 인식은 결코 정치적 극우파의 전유물이 아니다. 마르크스의 관념론 비판에서 보았듯이, 마르크스주의 전통에는 항상 '형이상학'에 대한 의구심이 포함되어 있었다. 마르크스는 '상부구조'에 속한 철학 사상의 바탕이 되는 정치-경제적 토대를 분석하여 밝히고자 했다. 그러나 후기 하이데거가 볼 때—하이데거는 마르크스에 대한 존경심도 표현했지만, 그럼에도—이러한 비판은 여전히 토대 원리에 의존하므로, 존재를 이해할 가능성을 허용하지 않았다. 형이상학 극복을 위한 후기 하이데거의 노력은 자연 과학이 우리 자신과 세계에 관한 이해의 기반을 형이상학으로부터 탈취해 갔다는 주장과 관련된다. 따라서 형이상학을 그저 폐기할 수만은 없다. 과학과 기술의 형태로 나타난 형이상학은 이제 전례 없는 방식으로 세계를 결정하고 있다. 문제는 형이상학처럼 세계를 '틀 짓지' 않는 다른 어떤 식의 사고가 있을 수 있는가 하는 것이다.

중요한 것은 이러한 주장이 하이데거를 '형이상학'의 의미와 관련하여 빈학단의 입장과 거의 정확히 **정반대**에 위치시킨다는 점이다. 빈학단에게 자연 과학의 절차로 검증될 수 없는 실재에 관한 주장은 '형이상학적'인 것이었다. 형이상학 개념에 대한 이 놀라운 대립은 철학의 더 깊은 문제를 가리킨다. 과학은 자연 세계를 통제할 수 있는 비교 불가능한 새로운 능력과 그로부터 얻는 막대한 이익의 원천이기도 하면서, 원자폭탄과 생태 위기로 대표되는 미래 인류 문제의 근원이기도 하다. 이렇게 하이데거와 빈학단의 서로 다른 구상은 과학의 이러한 측면들 간의 긴장과 관련된다. 물론 하이데거가 과학의 결과를 논박하거나 과거로 돌아가는 것이 가능하다고 말하는 것은 아니다. 하지만 그는 농촌 전통이라는 매우 의심스럽게 이상화된 개념에 매진하고 있다. 그럼에도 그의 작품은 우리가 세계를 대하고 서로를 대할 때 오로지 과학적인 방법에만 의존하는 과학주의가 무엇을 가리게 될지 보여 주는 데 유용하다. 반면 빈학단의 구성원들은 과학에 진지한 철학적 탐구를 요하는 어두운 면이 있는지에 일반적으로 무관심하다. 이들은 과학 이론과 그 이론이 기술에 적용되는 방식을 엄격하게 구분한다. 하이데거를 비롯한 이들이 등장한 결과로 제기된 철학의 주요 물음 중 하나는 다음과 같다. 과학과 과학이 사용되는 방식의 분리를 어떻게 생각해야 하는가? 프랑크푸르트학파는 마르크스 사상에 영향받은 입장에서 하이데거와 빈학단이 제기한 이런 식의 문제들을 다룰 비판 이론을 개발하려 시도한다. 그리고 이런 시도는 하이데거와 논리 경험주의 모두를 공격하는 것으로 귀결된다. 그러나 이러한 공격이 그 공격 대상에 적합한 공격인지는 의문의 여지가 있다. 프랑크푸르트학파의 초기 구성원들에 대한 하버마스의 비판과 프랑크푸르트학파에 대한 현대 독일 철학이 보인 반응은 그러한 비판이 특정 측면에서 부족하다는 점을 시사한다.

프랑크푸르트학파의 세부적인 역사와 구성원들의 다양한 견해는 여기서 제시하기에는 너무 복잡하다. 하지만 간단한 틀을 통해 그들 관심의 방향을 그럭저럭 드러낼 수 있다. 급격한 기술 발전이 없었더라면 양차 대전의 어마어마한 파괴와 끔찍한 인명 손실도 불가능했을 것이다. 그러나 이러한 기술 발전이 다른 분야에서는 많은 사람의 삶을 훨씬 더 좋게 만들 수 있다. 기술 혁신의 능력은 도덕적, 사회적 진보와는 점점 더 분리되고 있다. 이러한 상황에 대한 한 가지 반응은 칸트와 실러의 사상에서 비롯된 도덕 교육 개선을 바라는 것이다. 여기서 문제의 근원이, 신학이 더 이상 명확한 지침을 제시하지 못하는 세계에 사는 개인의 윤리적 실패에 있는 것으로 보인다. 하지만 바로 기술의 응용 **자체**도 야만성이 늘어나게 하는 것으로 보인다. 그 이유 중 하나는 대체로 기술 수단의 사용자들은 기술로 인해 발생한 결과를 볼 필요가 없기 때문이다. 전쟁에서 도시에 폭탄을 투하한 폭격기 조종사가 폭탄의 결과를 경험하지 않았던 것처럼 말이다. 끔찍한 사건들의 뿌리를 근대 과학의 응용과 사회 조직이 개인에게 미치는 영향에서도 찾아보아야 한다. 이러한 탐색은 개인과 사회의 관계를 이해하고 변화시키는 새로운 방식에 대한 요구로 이어진다. 비판 이론가들에게 이러한 검토의 주요 모델은 마르크스, 막스 베버, 프로이트였다.

마르크스가 자본주의 자체를 부정한 것은 아니다. 그의 주장은 새로운 분업과 새로운 형태의 소유권이 근대 사회의 개인을 변혁시키면서, 바로 자본주의가 봉건제의 구속으로부터 가차 없이 해방시켰던 수단을 통해 더 인간적인 세계를 만들어 낼 수 있다는 것이었다. 그러나 사회 변혁에 관한 마르크스의 관점에서 보다 낙관적인 측면에 대한 의구심이 여러 차원에서 표현될 수 있다. 베버는 근대 사회가 전통적 관행들을 합리적으로 만든 것은 기술 발전을 통해 훨씬 더 엄격히 통제되고 관료주의화된 생활 방식이 초래될 수 있는 조짐이라고 우려했다. 역사적 사건들도 또 다른 의구심을 불러일으킨다. 예컨대 러시아 혁명은 부르주아 자본주의 단계를 거치지 않고 봉건 사회를 공산주의 사회로 전환한 것으로 여겨졌다. 이는 봉건제에서 자본주의로 이행하는 원동력인 혁명에 관한 마르크스의 모델에 맞지 않는 완전히 새로운 사회정치적, 경제적 시나리오를 제시한 것이다. 사회 환경을 변화시킴으로써 개인이 적극적으로 변화될 수 있다는 것은 어린 시절 경험에 근원을 둔 무의식적 동기와 억압에 의해 사람들이 결정된다는 프로이트의 설명과 충돌한다—하지만 비판 이론가들이 지적했듯이, 이러한 경험의 성격 자체가 어떤 종류의 사회에서 그 경험들이 발생했느냐에 영향을 받는다. 자연을 조종하는 기술의 능력은 기하급수적으로 커질 수 있지만, 셸링이 이미 말했듯이 그로써 자연이 회복할 수 없을 만큼 손상될지도 모른다는 위험을 무시할 수 없다. 6장에서 살펴본 초기 마르크스 사상의 내용들은 이러한 문제를 다루는데, 마르크스의 초기 저술 중 일부는 1920년대에 이르러서야 처음으로 출간되었다. 이 시기의 관심사는, 마르크스주의를 과학으로 만들려는 시도로 무력화되지 않았던 몇몇 철학적 관심사와 마르크스의 관계에 있게 된다. 일부 좌파들은 과학으로서의 마르크스주의라는 발상을 역사적 흐름을 의도적으로 결정할 수 있는 능력의 원천으로 간주하였다. 이 발상은 대개 소련을 비롯한 곳에서 제3인터내셔널의 레닌주의 공산당과 관련이 있다. 이 당들은 제2인터내셔널의 사회민주주의적 마르크스주의 당들이 민족적 노선을 따라 분열되어 제1차 세계대전을 막지 못한 것과 관련하여 등장했다.[1] 역사의 법칙을 밝히는 이론으로서 '과학적' 마르크스주의 개념이 가져온 비참한 결과는 당을 그러한 법칙에 대한 통찰의 원천으로 여겼던 정부들의 멸망으로 이어진 일의 한 부분이 될 것이다. 그러나 우리가 아는 것처럼, 적어도 서구 세계에서 이 개념과 작별하려면 1989년까지라는 긴 세월이 걸릴 것이다.

철학과 이러한 문제의 관계에 깊은 영향을 준 저술이 있는데, 바로 헝가리 마르크스주의자인 게오르크 루카치(1885-1971)의 《역사와 계급 의식》(1922)이다. 루카치는 전통적인 인식론의 문제—주체와 대상의 분열—를 극복하여 혁명적 행동이 합리적으로 성취 가능해지기를 바랐다. 동시에 그는 과학으로서의 마르크스주의 개념에 의구심을 품었지만, 곧 당의 압력으로 자기 사상의 상당 부분을 철

---

[1] 사회민주주의 당들도 마르크스주의를 과학으로 간주하는 경향이 있었지만, 프롤레타리아트의 혁명적 개입 없이도 역사의 법칙이 불가피하게 자본주의의 폐지로 이어질 것이라고 제안하는 데 이 아이디어를 자주 사용했다.

회해야 했다. 그는 헤겔에 대한 자신의 해석에 비추어 볼 때, 마르크스주의에서 가장 중요한 발상은 '전체성' 개념이라고 주장한다. 전체에 접근하는 것은 사회생활의 고립된 경험 자료들을 그 의미가 분명하게 드러나는 맥락에 통합시킨다. 봉건 사회는 사회의 부분들이 일반적 연결 원리의 측면에서 연관되어 있지 않으므로 전체성으로 생각될 수 없지만, 자본의 발전은 세계가 하나의 구체적인 전체로 기능하기 시작함을 의미한다. 마르크스에 따르면, 이 연결 원리는 자본주의가 모든 사물을 교환 가능한 상품으로 만드는 것이다. 헤겔은 모든 것의 상호 연결성의 측면에서 근대성의 본질적 측면을 파악하는 철학의 능력을 보았다. 이는 절대정신에 관한 그의 설명에 드러나 있다. 루카치는 이러한 상호 연결성을 근대 사회의 물질적 재생산 형태에 기반한 구체적인 역사적 발전으로 간주한다. 세계화의 영향에 비추어 볼 때, 이러한 구상의 힘은 분명하다. 그러나 자본주의가 가져온 변화의 핵심 특징은 개인이 그 변화를 이해하지 못한 채 그 변화에 종속된다는 점이다. 루카치는 이것이 근대 철학에서 이론과 실천이 분리된 근원이라고 주장한다. 이 지점에서 그는 특히 비마르크스주의 사상가들이 제1차 세계대전이 어떻게 그런 식으로 일어날 수 있었는지 이해하지 못했다는 점을 언급한다.

20세기의 수많은 사상가와 예술가가 근대성에서 개인의 경험과 그 경험의 바탕이 되는 현실 사이의 급격한 분리를 보았는데, 루카치도 그러했다. 이러한 상황에 대한 반응은 근본적인 선택을 수반한다. 한 가지 선택지는 역사의 과정이나 존재의 진정한 본성이 불가해하다는 생각에서 비롯된 것으로, 전체성을 파악하려는 시도를 '비이성적으로' 포기하는 것이다. 다른 선택지는 개인이 전체성을 직접 경험하는 방식과 상관없이, 전체성이 왜 현재와 같은 방식으로 있는지 설명하려는 합리적 시도다. 루카치는 "역사가 외부 세계Umwelt와 인간의 내면세계를 구성하는 객관성 형태들의 역사가 된다"(1967: 206)는 것을 보여 주기 위해, 우리가 칸트와 피히테부터 살펴보았던 전통을 검토한다. 나중에 하이데거가 도입한 용어로 표현하자면 (하이데거는 아마도 루카치의 텍스트에 익숙했을 것이다), 루카치는 세계에 대한 객관화된 '존재적' 구상에서 벗어나, 우리가 세계와 관련하여 하는 일로 구성되는 세계에 대한 '존재론적' 구상으로 나아가고자 한다.

그의 책의 핵심 논문인 〈사물화와 프롤레타리아트의 의식〉에서 루카치의 접근 방식의 중점은, 개인은 객관적 세계에 대해 거의 또는 아무런 힘을 갖지 못한 채 객관적 세계에 직면하므로 근대사에 관한 진실을 파악할 수 없다는 것이다. 제1차 세계대전과 그 후 사회적·경제적 혼란은 이 논증의 힘을 분명하게 보여 준다. 이 문제에 대한 루카치의 대답은 "오직 그 계급만이 … 실제적인 혁명의 방식으로 현실의 전체성과 관계할 수 있다"(같은 책, 211)는 것이다. 문제의 계급은 프롤레타리아트다. 프롤레타리아트가 현실을 변혁할 수 있는 이유는 그 어떤 계급보다 '사물화'reification('사물'을 뜻하는 라틴어 '레스'res에서 유래한 말로 '사물로 만들어진다'는 의미)에 영향을 받기 때문이다. 노동의 역사적 발전은 "계속해서 합리화가 증가하는 것, 노동자의 질적 특성과 인간-개인적 특성을 더욱 강하게 배제하는 것"(같은 책, 99)을 수반하며, 따라서 사물의 세계가 점점 더 사람의 내면세계를 결정하게 된다. "감각적으로 현전하는 인간 **심리**"로서의 산업에 관한 마르크스의 언급은 여기서 프랑크푸르트학파에 핵심적인 방식으로 구체화된다. 근대적 형태의 주체-대상 분열의—따라서 이 분열은 영속적인 것이 아니라 역사에 따라 달라지는 것이다—근원은 바로 이러한 합리화의 과정이다. 이는 프롤레타리아트에게 가장 극심하게 영향을 미친다. 마르크스가 주장한 것처럼, 노동자의 노동은 그들과 대립하는 것이 된다. 프롤레타리아트가 이러한 상황을 집단적으로 파악하게 되면, 이 상황을 끝낼 수 있는 입장에 놓이게 된다고 루카치는 주장한다. 주체인 그들의 빈곤은 자기 삶의 조건이라는 측면에서도, 철학에 추상적으로 표현된 근대 세계에서 현실과의 괴리감을 철폐한다는 측면에서도, 긍정적인 객관적 효과를 가져올 수 있을 것이다. 그러나—여기서 논증이 불길해진다—프롤레타리아트가 자신들을 순전히 사물 대상으로 만드는 것을 폐지하여 역사의 주체가 되기 위해서는 그들의 '집단적 의지'를 조직화하고 대표할 공산당이 필요하다. 루카치의 접근 방식에는 많은 문제가 있다. 당이 프롤레타리아트를 대변하는 것이 어떻게 정당화될 수 있는가? 노동자들이 자신들이 사물화되었다고 생각하지 않는다면, 어떻게 되는가?—그들이 단순히 속은 것일까? 루카치의 말은 소련에서 일어나고 있는 현실과 어떤 관련이 있는가?—이 시기는 당이 스탈린주의라는 최악의 폭정으로 이어지는 길을 닦던 시기다. 이 논증은 그 현실이 너무 복잡해서 도식적으로 파악하기 어려운 세계에 어떤 철학적 관점을 강요하는 것은 아닌가?

이러한 모든 문제에도 불구하고, 근대 인간 활동의 집단적 결과가 어떻게 개인의 안녕에 그토록 치명적인지를 설명하려 한 《역사와 계급 의식》의 사유 구조는 매우 강력하며, 비판 이론에서 중요한 역할을 한다. 비판 이론은 또한, 자본주의가 자본주의 경제의 실제 기능을 감추고 사람들의 합리적 행동 능력을 왜곡하는 방식으로 세계 통합을 증진한다는 생각을 채택한다. 1930년대에, 사회연구소 소장이 된 호르크하이머는 비판 이론이라는 개념으로 자신이 의도한 바를 규명하고자 하는 중요한 논문을 출간한다. 그는 〈형이상학에 대한 가장 최근의 공격〉(1937)이라는 그의 색이 잘 드러난 논문에서 빈학단과 하이데거를 모두 공격한다. 호르크하이머는 "과학은 대체로 그 자체로 형이상학에 대한 비판이다"(1980: vi. 80)라고 주장하는데, 이는 빈학단과 같은 노선을 채택한 것처럼 보인다. 그러나 동시에 그는 빈학단의 과학주의에 대해 비판하고, 하이데거를 비롯한 이들에 대해서도 "과학을 인간 실존의 부수적인 관심사로 조건 지어진 기예로 납작하게 만들었다"(같은 책, 8)고 비판한다. 그의 주된 주장, 즉 "과학과 그 해석은 두 개의 서로 다른 것이다"(같은 책, 49)라는 주장은 충분히 이치가 있다. 그러나 과학주의와 과학을 납작하게 만든 것을 모두, 부르주아지가 자본주의의 위기에 영향을 미치지 못하는 자신들의 무능함에 대응한 것으로 보는 그의 해석은 철학적 문제에서 사회학적 문제로 너무 빨리 넘어가는 위험을 예시할 뿐이다. 노이라트는 정치적으로 활동하는 마르크스주의자였으며, 빈학단의 다른 이들과 마찬가지로 호르크하이머와 본질적으로 같은 편이었다. 호르크하이머는 자기 논문에 대한 노이라트의 응답을 게재하는 것을 거절했는데, 이는 그의 논증에 대한 신뢰감을 심어 주지 못한다. 한 가지 문제를 그 문제와 완전히 다른 질서의 논증들로 설명하려는 전략의 위험성은 여기서 너무 분명해진다. 호르크하이머의 논문들이 항상 이런 식의 부당한 환원을 수반하는 것은 아니며, 철학적 문제가 종종 실제로는 어떻게 정치적 문제인가에 대한 그의 최고의 분석은 대개 비판 이론의 목표를 잘 예시해 준다.

하지만 여기서 비판 이론의 '비판' 개념에 대한 더 깊은 문제가 있다. 호르크하이머가 아도르노와 마찬가지로 이 시기에 하고자 했던 정당한 일 중 하나는 철학이 이데올로기적 목적으로 사용될 수 있는 방식을 비판할 방법을 찾는 것이었다. 이러한 맥락에서 바이마르 공화국의 정치적 상황이 애초부터 얼마나 절망적이었는지를 기억해야 한다. 호르크하이머와 아도르노가 염두에 둔 바는 다음과 같은 부류의 사상가들이다. 즉, 실존에 관한 '심오한' 물음들에 근본적인 통찰을 제공해야 한다고 주장하지만, 그 통찰이 사람들이 실제 사는 위기의 세계에 대한 그들의 비판적 태도에 아무런 영향력을 미치지 못한 사상가들 말이다. 결국 자본주의가 이때까지 해 온 방식으로는 더 지속될 수 없음을 인플레이션과 경제 위기―인간 행동의 누적된 결과―가 명백히 드러냈다. 따라서 자본주의 실패에 대한 적절한 분석은 소위 심오한 철학적 문제들에 대한 대답보다 더 중요하게 여겨진다. 아도르노는 1930년대 초 빈학단이 과학적 물음과 철학적 물음을 명확히 분리한 점을 높게 평가했는데, 이는 그와 호르크하이머가 직면한 딜레마를 암시한다.

그들의 기본 발상은 철학적 문제들이 무시간적 해결책을 요구하는 것처럼 보이지만 그 철학적 문제에 대한 실용적인 해결책이 있음을 깨닫게 된다면 대개 그 문제가 사라진다는 것이다. 루카치도 근대적 형태의 주체와 대상의 분리 문제와 관련하여 비슷한 것을 주장하려 했다. 그리고 8장에서 인용한 슐리크의 말, 즉 어떤 철학 문제들은 "우리의 언어 실수나 오해로 밝혀져 사라질 것이고, 그 밖의 철학 문제들은 평범한 과학 문제가 위장한 것으로 드러날 것이다"라는 말도—비록 덜 거창하지만—철학의 전통적 딜레마를 극복하여 더 나은 방향으로 변화하는 방법을 제시한다. 물론 슐리크와 비판이론가들의 차이는 슐리크의 과학주의에 있으며, 이는 사실 비판 이론이 정당하게 겨누는 타깃이기도 하다. 하지만 철학의 환상을 드러내는 과학에 의존만 하는 게 아니라 과학에 대한 '해석'임을 주장하는 어떤 비판 이론은 여전히 근본적인 어려움을 안고 있다. 아도르노와 호르크하이머는 특정 사회적, 문화적, 과학적 문제가 위치한 역사적 상황을 이해하기 위해, 전체성에 관한 형이상학적 주장을 포기하고자 한다. 하지만 비판 **이론**의 필요성 자체가, 비판을 정당화할 철학적 관점을 개발하기 위해서 루카치가 제안한 것과 같은 식으로 전체성에 관한 총체적 관점을 요구하는 것으로 보인다. 반면, 이론을 정치적 실천에 녹여 넘으로써 명확한 철학적 관점을 포기한다면, 그 실천이 실제로 결과를 산출하고 결과를 정당화할 수 있는지에 따라 많은 것이 달라진다. 아도르노와 호르크하이머 모두 바이마르 공화국의 멸망과 스탈린의 등장으로, 좌파 정치 조직이 박탈당하고 억압받는 사람들의 상황을 개선할 수 있으리라는 믿음을 잃자—개선은커녕 많은 경우 오히려 더 나빠졌다—자신들의 딜레마가 극에 달했다. 호르크하이머는 여러 측면에서 비판 이론을 철학에 대한 비판으로 삼고자 했다. 그리고 후기 작업에서 그의 관점이 변하면서 전체화하는 역사 철학에 지나치게 의존하게 될 것이다.

발터 벤야민: 언어와 시간

호르크하이머와 아도르노가 《계몽의 변증법》(1947)에서 취한 입장에서부터 아도르노의 성숙기 작품에까지 영향을 준 인물은 헤겔, 니체, 마르크스, 막스 베버, 프로이트에 이르기까지 다양하다. 그리고 여기서 살펴볼 사람도 그중 하나다. 바로 아도르노의 친구인 발터 벤야민이다. 벤야민은 20세기 독일 철학에서 가장 당혹스럽고 또 호기심을 불러일으키는 인물 중 하나다. 그의 작업은 마르크스주의에 대한 열심(이는 부분적으로 《역사와 계급 의식》을 읽은 결과다)과 유대교 신비주의에 대한 관심이 결합해 있다. 그는 특히 신이 이해 가능한 세계를 창조한 것과 긴밀하게 연결되어 있는 신비주의적 언어 개념에 관심을 두고 있다. 유대교 신비주의의 주요 원천인 카발라는 신의 말씀들이 실제 사물들을 창조하므로, 세계와 참된 언어는 궁극적으로 동일하다고 주장한다. 카발라에 관한 영향력 있는 새로운 연구는 벤야민의 영향을 받아 그의 친구 게르숌 숄렘이 1930년대에 시작한 것이다. 언어에 관한 벤야민의 관심은 5장에서 살펴본 노발리스와 슐레겔의 초기 낭만주의 철학에 관한 그의 관심과도 연결된다. 그는 1919년 초기 낭만주의에 관한 획기적인 박사학위 논문을 쓰는데, 그 이전에 몇 년 동안 이미 언어와 문학 주제에 관한 글을 썼다. 이 박사학위 논문은 세계의 요소들을 전에 없던 새로운 방식으로 연결하여 의미를 창조하고자 하는 철학적 구상에서 문학과 문학 비평에 중요한 역할을 부여한다. 벤야민의 폭넓은 기획은 상당히 점진적으로 전개되는데, 신학의 잔재에서 급진 정치를 위해 건져낼 만한 것을 찾아서 역사의 세속화를 받아들이려는 시도다. 마르크스조차도 인류의 잠재성 실현이라는 목적론적 역사 개념의 요소들을 간직하고 있다고 볼 수 있지만, 벤야민은 인간 향상이라는 이야기에 의존하는 미래 개념을 언급하지 않고 역사에 의미를 부여하고자 한다. 그의 관심사는 주로 과거가 잊히고 무의미해지는 것을 막는 것이다. 과거는 객관적으로 고정된 것이 아니라 현재를 변혁할 수 있는 것이다. 벤야민의 발상은 구속redemption이라는 신학 개념처럼 들리는 것에 의존한다. 하지만 구속을 꼭 신학적인 것으로만 생각할 필요는 없다. 정신분석학도 트라우마의 현재 영향을 극복함으로써 과거의 구속을 목표로 한다고 할 수 있다. 벤야민은 혁명이 과거의 트라우마적 불의와 새로운 관계로 이어질 때, 집단적 차원에서도 이런 일이 일어날 수 있다고 생각한다. 벤야민의 저술에서 신학적 사고와 정치적 사고의 연결은 일정하지도 않고 쉽게 이해되지도 않는데, 특히 둘 사이의 경계에 관한 논의들이 근대 정치에서 중요한 역할을 하기 때문이다. 그의 작업에 접근하는 가장 좋은 방법은 언어와 시간이라는 주제를 통해 다가가는 것이다.

초기 작품부터 벤야민은 자연 과학의 도구적 언어가 지배적 위치를 차지한 까닭에 가려질 수 있는 언어의 차원들에 관심을 가졌다. 1928년에는 언어와 시간에 관한 이전의 발상들을 모은 《독일 비애극의 원천》을 출간했는데, 이 책은 아도르노에게 중요한 영향을 미쳤다. 표면적으로 볼 때 벤야민의 책은 인간의 불가피한 덧없음에 대한 응답들을 다룬 17세기 독일 바로크 연극에 관한 내용이다. 하지만 이 책은 또한, 루카치가 마르크스주의자가 되기 전에 쓴 《소설의 이론》(1914)과 마찬가지로, 근대성과 시간의 본성에 더 일반적인 관심을 기울인 시기에 쓴 일련의 텍스트에 속한다. 두 작품의 근저에는 베버가 근대 과학과 합리화된 근대 사회에 의한 세계의 '탈주술화'로 논했던 주제가 깔려 있다. 루카치는 '초월적 고향 상실'의 측면에서 근대의 조건을 이야기하는데, 이는 신의 피조물이라서 의미가 가득한 자연과의 관계를 상실한 데서, 개인이 안정적인 정체성을 상실한 데서 비롯된 것이다. 벤야민은 과학적 진리의 지배력이 커지면서 "언어가 의미할 수 있는 진리의 영역"(1980: I 1. 208)이 상실된다고 보는데, 이러한 생각은 그가 하만의 칸트 비판에서 발견한 것이다(2장을 보라). 하이데거는 과학이 접근할 수 없는 종류의 존재의 진리를 이해하는 수단으로서 문학에 관한 물음들을 제기했는데, 이는 이미 벤야민의 탐구에 나타나 있다. 그렇다면 과학이 점점 더 많은 것을 설명하는데도 오히려 인간의 삶은 점점 더 무의미하게 여겨지는 상황의 '허무주의적인' 결과들에 어떻게 직면해야 할까? 벤야민에게 핵심 요소는 근대 세계의 언어의 본성에 관한 이해다.

벤야민이 독일 바로크에 주목한 이유는 그것이 이전의 문학과는 다른 방식으로 알레고리를 사용했기 때문이다. 이 새로운 의미의 알레고리에서 핵심은 다음과 같다. "모든 사람, 모든 사물, 모든 관계가 자의적으로 다른 무언가를 의미할 수 있다. 이러한 가능성은 불경한 세계에 대해 파괴적이지만 공정한 판단, 즉 불경한 세계는 세부 사항이 그렇게까지 중요하지 않은 세계로 특징지어진다는 판단을 내린다"(같은 책, 350). 당시 일단의 작가들과 마찬가지로, 벤야민도 근대에 들어와서 언어가 세계와 분리된 것처럼 보인다는 생각에 우려를 표한다. 단어와 그 단어가 세계에서 의미하는 것 사이에 본질적인 결속이 있는 게 아니라, 단어는 순전히 자의적으로 보편화된 것에 불과하다는 것이다. 언어에 대한 벤야민의 사색은, 창조가 신의 이름 짓기인데 인간의 언어는 창조 시점에, 창조에 의해 개시된 진리에서 멀어졌다는 생각에 기대어 있다. 그는 언어를 순전히 관습으로 간주하는 생각을 언어에 관한 '부르주아적인 생각'이라고 비판적으로 말한다. 언어가 세계와 실질적으로 연결되어 있던 시대라는 개념은 단어가 이미 존재하는 사물에 관한 사실과 연결되어 있다는 생각에 의존한다. 그러나 헤르더가 시작한 식의 언어의 역사에 관한 탐구는 언어가 어떤 원초적이고 순수한 상태에서 근대의 자의적인 상태로 변천한 게 아니라, 항상 인간의 욕구와 욕망에 따라 끊임없이 변하는 상태라는 점을 보여 준다. 다른 식의 '참된' 언어 개념, 즉 신의 창조적인 '말씀'인 언어 개념은 역사적으로 이를 뒷받침할 근거가 거의 또는 전혀 없다. 하지만 벤야민의 개념화는 다른 방식으로 각색될 수 있다.

근대 시기의 언어에 문제가 제기될 수 있는 한 가지 방식은, 낭만주의자들이 깨달은 것처럼, 도구적 사용과 심미적 사용 사이의 차이에 있다. 전자는 빈학단의 논리적으로 걸러진 언어라는 발상이 제안한 것처럼, 단어 사용을 훨씬 더 정밀하게 상술하는 데 의존한다. 후자는 다른 진리로는 환원될 수 없는 고유한 진리를 갖는 무언가를 말하기 위해 억압된 언어 자원을 이용하고자 한다. 이런 식의 진리는 언어를 새로 독특한 조합으로 구성하는 데 의존한다. 시와 같은 텍스트는 이런 식으로, 그 텍스트를 구성하는 언어적 재료의 역사적 자의성을 초월할 수 있다. 이에 반해, 기표의 자의성은 언어 분석을 과학적 기반 위에 두려 하는 소쉬르 언어학의 핵심 개념이다. 소쉬르의 개념은 "모든 규정은 부정이다"라는 스피노자의 경구와 관련되며, 따라서 이로부터 발전한 관념론 및 낭만주의의 개념과도 관련된다. 소쉬르가 볼 때, 언어에는 긍정적 용어가 없다. 즉, 각 단어는 전체 언어 개념 체계 안에서 다른 단어가 아님으로써 그 정체성을 얻는다. 소쉬르 본인은 종종 언어를 화폐와 연결했는데, 그의 생각은 잠재적으로 모든 사용 가치를 교환 가치로 전환하는 보편 상품으로서의 화폐라는 마르크스의 생각과도 관련될 수 있다. 이러한 연결은 언어에 관한 벤야민의 생각의 방향을 내비치고, 그것이 비판 이론에 어떻게 영향을 미칠지를 분명하게 보여 준다.

이러한 생각의 공통 요소는, 어떤 것이든 그것이 그것인 까닭은 개별 사물에 본유적인 것 때문이 아니라, 다른 사물들과의 역사적으로 우연한 관계 때문이라는 것이다. 문제는 관계를 이해할 수 있게 해 주는 것을 관계 자체의 측면에서 생각할 수 없다는 점이다. 관계적 체계는 그 체계가 실제 세계와 연결되어 이해 가능하려면 토대가 필요하다. 하이데거라면 이러한 관계가 '존재적'이라고 볼 것이고, 관계를 이해 가능하게 해 주는 것이 '존재론적'이라고 볼 것이다. 스피노자의 신은 부정적으로 규정된 다자**의 기초를 이루는 긍정적 일자—*다. 언어의 전체성은 어떤 요소가 다른 요소와의 관계에서 의미를 발생시키는지 살펴봄으로써 그 요소가 언어적인지 아닌지가 결정되는 기반이다. 루카치의 프롤레타리아트는 자본주의에서 자의적으로 보이는 관계의 전체성을 파악하여 그 관계를 초월할 수 있는 것이다. 데리다로 인해 친숙해진 용어로 표현하자면, 이러한 각각의 토대는 '초월적 기의'로 기능하여 체계의 모든 기표를 이해할 수 있게 해 준다. 벤야민은 《비애극》에서 단어 자체가 다른 모든 것과 마찬가지로 세계의 다른 부분과 관련될 수 있는 자의적인 것이 된다고 하는데, 이러한 알레고리에 관한 설명은 철저하게 형이상학적인 '이데아들'에 관한 탐구에 의존한다. 이데아는 탐구 중인 우연적 현상의 진리를 구성하는 것으로, 이 경우 이데아는 '비애극'의 이데아다. 따라서 '비애극'은 이 책의 초월적 기의로 기능한다. 초월적 기의는 칸트의 '규제적 관념'에 꽤 가깝다. 그것은 탐구로 도달할 수 있는 것이 아니다. 오히려 그 자체로는 완전하게 존재하지 않으면서도 탐구의 방향을 정하는 것이다. 하지만 탐구의 목표로 그러한 관념들이 궁극적으로 정당화될 수 있는지에 관한 문제가 항상 있을 것이다.

벤야민은 1930년대에 더 정치적이고 마르크스 지향적인 입장을 취하면서, 언어에 관한 자신의 생각을 《역사와 계급 의식》을 읽으며 영향받은 새로운 용어들로 번역한다. 그는 참된 언어가 무엇인지에 관한 신학적 관점을 인류와 근대 세계의 새로운 관계를 수립할 정치적 기획과 결합하고자 한다. 예를 들어, 보들레르와 19세기 자본주의에 관한 연구에서 그는 다음과 같이 주장한다. "항상 알레고리적 지각 방식은 평가절하된 현상의 세계 위에 구축된다. 상품에 현전하는 사물의 세계에 대한 구체적인 평가절하는 보들레르의 알레고리적 의도의 토대다"(1980: I 3. 1151). 그가 죽을 때까지 작업한 미완의 《아케이드 프로젝트》는 19세기 파리에서 쇼핑 아케이드라는 인공적 환경의 등장이 자본주의가 어떻게 그 잔인한 현실을 숨기는 '판타스마고리아'phantasmagoria, 환등상를 만들어 내는지 가장 특징적으로 드러내 준다고 여긴다. 이는 근대 문화의 근본적인 과정으로서 알레고리화라는 개념을 더욱 강조한다. 그렇다면 어떻게 재평가되어야 하는가? 벤야민의 작품에는 이에 대한 단일한 답이 없다.《아케이드 프로젝트》에서 그는 종종 《비애극》에서 가져온 '성좌'constellation 개념과, 가장 이질적인 역사적 자료를 모아 만드는 몽타주 사용에 의존한다. 이는 그렇게 하지 않았다면 하찮은 현상으로 보일지도 모르는 것을 맥락화하여 중요하게 표현하는 새로운 방법을 제시하기 위한 것이다. 그의 목표는 현재 자신들이 지배하고 있는 관점에서 과거에 대한 의제를 설정하는 승리자들의 역사가 아닌 역사를 쓰는 것이다. 이러한 시도의 또 다른 측면은 역사를 인과적 서술이 아니라, 과거와 현재의 불연속적 연결이라는 측면에서 보는 것이다. 그는 과거가 현재의 요구에 의해 어떻게 변할 수 있는지를 보여 주는 예로, 프랑스 혁명이 로마 공화국의 양상들을 사용한 방식을 든다. 이는 객관적인 과거라는 정적인 개념에서 벗어나 역사를 쓰는 일이 현재 행동의 일부가 되게 하자는 생각이다.

벤야민의 후기 성찰은 대체로 문화 개념 자체가 역사에서 지금까지 승리한 자들의 야만성과 불가분하게 연결됨으로써 훼손되었다는 확신이 기저에 깔려 있다. 문제는 이것이 현재의 완전한 변혁을 통해 과거 전체가 구속될 필요가 있다는 종말론적 의미로 그를 이끌어 간다는 점이다. 이러한 필요는 나치즘이 부상하는 절박한 상황이었기에 이해할 만하지만—벤야민은 나치에게 사로잡히지 않으려고 탈출하다가 프랑스-스페인 국경에서 자살했다—이러한 생각의 배후에서 추동하는 힘은 의문스러운 신학이다. 문화에 대한 기록이 어떤 면에서는 항상 역사의 불의에서 비롯된 억압에 대한 증언이라는 것은 비판 이론의 주요 통찰 중 하나다. 하지만 벤야민이 역사의 구속이 무엇을 수반할지를 구체적인 정치 전략의 측면에서 제시하려 한 진지한 시도가 거의 없다. 게다가 이러한 생각은, 역사 전체를 궁극적 목표를 향한 진보의 측면에서 볼 수 없다 하더라도 역사가 실제로 진보의 측면을 포함하는 방식을 너무 쉽게 간과할 수 있다. 예를 들어, 사회에서 여성의 역할에 어떤 진보가 있는지, 의학이나 위생 등 여러 분야에서 어떤 진보가 있는지를 역사에서 알 수 있다는 점을 최악의 종교 근본주의자가 아니고서야 누가 부인하겠는가? 이러한 진보가 충분히 많은 사람에게 혜택을 주지는 못하며, 이러한 점은 급진적 정치의 핵심 원천이어야 하지만, 그렇다고 이러한 점이 계속되는 총체적 재앙의 일부로 기록되어서는 안 된다. 벤야민은 종종 역사의 본질적 성격을 총체적 재앙으로 본다. 그리고 그는, 억압받는 계급이 역사를 재앙으로 여기게 되는 상태가 혁명적 변화의 원동력이 될 것이라고 생각하는 것 같다. 이러한 생각은 20세기의 진정한 진보적 혁명 운동의 동기가 무엇인지에 관한 증거에서 별로 기반이 될 만하지 않다. 벤야민은 의심할 여지 없이 20세기 독일의 위대한 산문 작가이자 문화 분석가다. 인쇄에서 영화에 이르는 문화 전달의 기술적 메커니즘이 미치는 영향의 측면에서 문화를 이해하고 문화가 억압과 어떻게 결부되어 있는지를 밝히려는 그의 열망은 깊은 통찰을 많이 낳았다. 그럼에도 불구하고 그의 철학적 유산은 어느 정도 의심스러운 것으로 간주되어야 한다.

변증법과 재앙

호르크하이머와 아도르노가 1944년 완성하고 1947년에 출간한 《계몽의 변증법》은 독일 역사에서 가장 암울한 시기에 나온 책이다. 앞서 살펴본 것처럼, 호르크하이머의 이전 작업은 마르크스를 지향하며 기존 철학에 대한 일반적인 비평을 시도한 것이었다. 아도르노의 초기 작업은 음악 평론가로서 했던 중요한 작업과는 달리—그는 알반 베르크와 함께 작곡을 공부했고 작곡가가 되겠다는 의욕이 있었다—처음에는 후설의 현상학, 실증주의, 신칸트주의와 관련된 상당히 통상적인 것이었다. 그는 1930년대 초에 《역사와 계급 의식》과 벤야민의 《비애극》을 읽고서 새로운 방향으로 가게 된다. 호르크하이머와 마찬가지로 그는 마르크스주의 노선을 취하지만, 언어와 근대성의 본성에 관한 벤야민의 사상과 더 밀접하게 관계한다. 이 시기에 그의 가장 뛰어난 논증은 문제 해결에 실용주의적으로 접근하는 방식을 취한다. 이러한 접근 방식으로 인해 그는 빈학단에 대해서는 높게 평가하고, 주체가 역사와 더불어 변하는 방식을 인식해야 한다는 미명하에 무시간적이고 초월적으로 철학의 근거 놓기를 시도한 후설을 비판하게 되었다. 나치즘과 스탈린주의의 부상, 그리고 전쟁은 결국 정치적 변혁 가능성에 대한 아도르노와 호르크하이머의 믿음을 약화했고, 이러한 상황 전개로 인한 절망은《계몽의 변증법》을 탄생시켰다. 사드Sade, 반유대주의, 그 밖의 일련의 문화 현상 전반까지 다루는 이 광범위한 텍스트의 두 가지 측면은 나치 시대 이후 독일 철학 발전에 가장 큰 영향을 미쳤다. 그 두 측면은 '계몽주의'가 어떻게 그 반대로 변할 수 있는지에 관한 설명과 '문화 산업'에 대한 비판이다. 하이데거 사상과 프랑크푸르트학파 사상이 중요한 차이가 있음에도 불구하고 어떤 면에서는 수렴하는 경향이 있는데, 바로 이 지점이 그렇다.

저자 본인들이 설정한 과제는 "바로 왜 인류가 참된 인간 상태로 진입하지 않고 새로운 종류의 야만에 빠지고 있는지 알아내는 것"(1971: 1)이다. 하지만 그들은 이 과제가 자신들에게 너무 과한 것이었으며 그들의 대답도 단편적일 뿐이라는 점을 인정한다. 그들의 대답은 당시 지배적인 사고방식에 관해서 어떤 식으로도 순진하게 보지 말자는 열망으로 형성되었고, 이는 종종 과도하게 비판적인 어조로 이야기한 점을 설명해 준다. 그들은 사상이 "상품이 되었다"(같은 곳)고 주장했는데, 이는 그들의 핵심 발상이《역사와 계급 의식》의 관점에서 나왔음을 보여 준다. 사상이 순전히 교환 가치로 전락한 것은 사상이 이미 알려진 사실을 그저 반복하는 데 그치는 경우가 점점 더 많아지고 있기 때문이다. 그들이 지지하는 종류의 사상은 왜 상황이 지금과 같은 식인지를 이해하여 상황을 변화시키는 데 도움이 되도록 사실 너머를 살피는 것이다. 사상이 상품이 된 상황은 "계몽주의의 자기-파괴"(같은 책, 3)의 한 부분이다. 여기서 말하는 '계몽주의'는 데카르트, 18세기 등 그 시발점이 다양하게 언급되는 역사적 시기만이 아니라, 태초부터 자연적 위협의 두려움을 극복하려 한 인류의 시도 전체를 의미한다.

이는 아도르노가 1930년대에 개발한 접근 방식(《계몽의 변증법》 이후 이 접근 방식을 어떤 면에서 다시 채택한다)과 이미 차이가 있음을 암시한다. 이러한 다른 여러 작품 중 최고의 작품에서 아도르노는 추상적인 것들에 의존하기보다 문제의 구체적인 점들을 파악하고자 한다. 하지만 계몽주의 개념을 자기 보존의 원리에 기초하여 인류에 대한 초역사적 설명으로 환원하는 것보다 더 심한 추상화가 있을까? 그러나 결정적으로 지자들은 다음과 같이 그들 기획의 역설적 성격을 강조한다. "우리는 사회에서의 자유가 계몽의 사상과 분리될 수 없다는 점을 의심하지 않는다―그리고 여기서 우리는 선결 문제를 가정petitio principii하고 있다"(같은 곳). 합리적 사고를 자기 보존에 의해 결정된 것이라고 비판하려는 시도 자체가 합리적 사고에 의존해야 한다. 그럼에도 불구하고 그들은 합리적 사고 자체에 합리적 사고의 파괴로 이어지는 무언가가 있다는 생각을 계속 추구한다. 이렇게 역설적 측면에서 사고하는 것이 가능한지는 아도르노가 남은 평생에 여러 측면에서 추구한 물음이다.

《계몽의 변증법》은 마르크스, 베버, 프로이트, 니체의 사상을 혼합하여 연구하는데, 핵심 발상은 다음과 같다.

- 사용 가치에 대한 교환 가치의 승리인 상품
- 근대 사회 조직 형태의 획일화
- 사회생활의 전제 조건인 충동의 억압
- 사유는 본질적으로 현실의 다양성을 훼손하는 개념적 동일시 형태
  의 환원을 수반한다는 발상

이 모든 요소를 연결하는 주제는 "계몽주의가 신화로 퇴행하는 것"
(같은 곳)이다. 이 문제가 저자들에게 얼마나 어려워 보이는지는, 투
명하게 문제를 논한다는 것 자체가 '신화'의 한 형태라는 그들의 주
장에 나타나 있다(같은 책, 4). 왜냐하면 투명하다는 말은 그들이 현
혹되었다고 보는 현재 사회에서 통용되는 말로는 진술될 수 없는
것을 숨기기 때문이다. 이미 1930년대 이후 하이데거가 〈세계상의
시대〉와 같은 논문들에서 발전시킨 발상이 여기서 되울려 퍼지고
있다. 이러한 발상을 바탕으로 하이데거는 과학에 종속되어 버린 철
학을 대체할 '사고'를 위한 새로운 언어를 개발하려 한다. '자연적인
모든 것을 오만한 주체에게 종속시키는 것'이라는 호르크하이머와
아도르노의 생각은 '존재의 주체화'라는 하이데거의 생각에 매우 가
깝다. 데카르트가 주체 안에 확실한 지식의 토대를 구축하는 것이
존재의 주체화의 전형적인 예다. 요지는 이러한 지식의 원천이 인간
의 활동이라는 것이다. 인간의 활동은 적대적인 자연에 대해서든 다
른 사람에 대해서든, 타자에 대한 지배를 추구한다. 아도르노와 호
르크하이머는 이 과정이 새로운 종류의 '제2의 자연'을 만들어 낸다
고 본다. 기술이 자연을 통제하는 능력을 통해 잠재적으로 가능하다

는 더 인간적이고 더 정의로운 세계는 나타나지 않는다. 그 대신 기술 자체가 결국 이성의 통제를 벗어나서 통제되지 않는 '제1의 자연' 이상으로 인간의 안녕을 파괴할 수 있다.

이 마지막 요점은 어떤 면에서 논쟁의 여지가 없다. 근대 기술이 끔찍한 용도로 사용된 사례에 분명히 나타나기 때문이다. 근대 역사에서 가장 최악의 자연재해조차도 인재보다 더 적은 목숨을 앗아갔다. 중요한 문제는 왜 그러한지를 이해하기 위해 들려주는 이야기다. 《계몽의 변증법》은 하이데거와 다른데, 존재 망각을 극복하기 위해 서구 사상 전체를 재구성하려는 거대한 목표가 아니라, 고통의 감소를 바라는 마음이 동기로 작용했다는 점에서 그렇다. 하지만 동시에 몇몇 개념의 활용 방식은 매우 비슷하다. 《계몽의 변증법》은 과학과 과학 결실의 응용을 분리해서 봐야 한다는 '실증주의' 적인 생각—이는 과학의 응용이 어떻게 그렇게 자주 많은 사람에게 해를 끼치는지를 거의 설명하지 못한다—에 반대하여, 과학의 본성과 과학이 근대 세계에 미친 영향 사이에 내적 연관성이 있다고 제안한다. 이 내적 연결의 기반은 동일성 개념, 즉 특수한 것을 일반적인 것으로 환원하는 것인데, 니체의 사유에서도 이러한 점에 대한 비판이 역할을 했고, 하이데거의 '틀 짓기'도 이러한 비판을 담고 있는 개념이다.

《계몽의 변증법》은 모든 상품이 각각의 특수성을 상실한 잠재적 등가물이라는 생각과, 과학 이론이 세계를 가능한 한 적은 요소로 환원하는 것을 목표로 한다는 생각 사이의 연관성을 규명한다. 근대 자연 과학과 상품 구조는 모두 타자(자연이든 사람이든)를 통제하기 위한 목적으로 하는 동일시가 사유에 내재해 있음을 더욱 드러낸다. 신화는 이러한 통제 욕구가 역사적으로 최초로 드러난 것일 뿐이다. 동일시 메커니즘은 사회와 외부 자연의 관계에서도, 개인 자아의 형성에서도 작동한다. 프로이트가 주장했듯이, 자아의 정체성^{동일성}도 타자 배제에 의존하는데, 이번에는 욕망을 억압하는 형태이고, 이러한 욕망은 자신을 넘어 잠재적으로 위험하게 타자에게 관여하도록 하는 내적인 자연적 충동이 낳은 것이다. 동일한 메커니즘이 자신의 억압된 충동을 타자에게 투사하여 실제로 자기 속에 있는 미운 것을 타인 속에서 미워하는 식으로 작동한다. 《계몽의 변증법》은 이러한 투사를 인종차별주의와 반유대주의의 주요 원인으로 여기는데, 그럴듯하다.

《계몽의 변증법》은 사고가 동일시에 의존하는 데서 오는 영향을 수상하게 여기는데, 이러한 의혹은 언어 자체에까지 확장된다. 니체 이후, 언어는 세계의 다양성을 반복 가능한 동일성으로 환원하는 수단에 불과하다고 여겨진다. 이러한 생각은 근대 세계의 "사회적, 경제적, 과학적 장치"(같은 책, 36)가 점점 더 정교해지고 복잡해졌다는 더 광범위한 주장과 관련된다. 그 결과 개인의 경험 능력이 빈곤해졌다. 즉, 이 장치가 그 효율적 작동을 위해 생성한 형태에 들어맞지 않는 것들을 경험하기 어려워진 것이다. "오늘날 기계는 사람들을 먹여 살릴 때조차도 사람들을 불구로 만든다"(같은 곳). 언어가 개별 주체보다 먼저 존재하여 그들이 말할 수 있는 것을 제한하는 것과 같은 방식으로, 근대 사회가 축적한 기술과 메커니즘은 개인이 자율성에 대한 감각을 발전시키기 전에 개인을 미리 형성한다. 이는 욕구가 충족될 수 있는 사회 영역에 있는 개인에게는 괜찮아 보일 수 있지만, 그러한 영역은 다른 영역을 희생시킨 대가로 존립하는 것이다. 예를 들어, 당신이 돌사Dole company에서 수입한 과일을 구입하면, 당신은 '바나나 공화국'을 만드는 데 기여한 것이다. 《계몽의 변증법》은 개인의 결정과 행동의 자유가 그 개인에게 투명하지 않은 작용들과 매우 긴밀하게 연결된 상황을 그리는데, 이제 당시보다 훨씬 더 세계화된 자본주의 세계에서 이러한 상황 묘사는 확실히 강력하다. 가장 주관적이라고들 하는 사고와 감정의 본성이 자신이 알지 못하는 객관적 원천과 항상 관련된다는 것이 드러났다.

문제는 이 텍스트가 이러한 분석을 '철학적인' 것으로 만든다는 점이다. 자연 지배는 '인간 안의 자연nature'에 대한 부정으로 이어진다. 즉, 인간이 인공 구조에 의해 완전히 강제될 수 없는 생명체라는 점에 대한 부정으로 이어진다. 이러한 구조가 근대 사회를 점점 더 지배한다는 사실은 주체 안에 왜곡을 낳는다. 셸링에게서 유래한 이러한 생각은 근대성을 이해하는 데 분명 중요하다. 저자들은 수단—자연 통제—을 목적—자연 속에서의 행복한 삶—으로 착각한 현대 자본주의의 상태가 "원시 주체성 역사에서 이미 감지될 수 있다"(같은 책, 51)고 말한다. 그러나 종의 발전에서 어떤 불특정한 시점에 사회적 개인들이 최초로 형성된 것에서 현대 자본주의의 특성으로 도약하는 것은 그야말로 옹호하기 어렵다. 비판 이론의 핵심 측면 중 하나는 '매개'를 강조한 것이다. 즉, 현상을 적절한 맥락에 위치시키지 않으면 적절하게 분석될 수 없다는 인식이다. 이 경우는 그저 매개가 없는 것이다.

당시 사람들이 세계에 무슨 일이 일어나고 있는지 파악하지 못한 것에 대한 저자들의 절망을 고려할 때,《계몽의 변증법》이 의도적으로 과장된 주장을 펼치는 것일지도 모른다. 하지만 이것이 효과적인 수사적 전략일 것 같지는 않다. 사람들은 아무리 타당한 지적이라도 과장하여 표현하면 거부하는 경향이 있다.《계몽의 변증법》의 〈문화 산업〉 비판에도 같은 문제가 있다. 여기에는 "대중 기만으로서의 계몽"이라는 부제가 붙어 있다. 그 논지는 계몽주의가 어떻게 그 반대에 이르렀는지에 대한 설명과 본질적으로 같다. 문화는 다양성과 혁신을 촉진해야 하는데, 그러지 않고 상품이 되어 버렸다. 상품은 그 자체로는 정당성이 없고 시장의 관점에서 정당화되어야 하는 것이다. 그 결과 진정한 혁신이 아니라 획일화가 심화되고 있다. 이는 대중문화가 실제로는, "후기 자본주의하에서 오락은 노동의 연장"(같은 책, 123)이라는 경제 체제의 명령에 사람들을 맞추는 장치의 또 다른 부분에 불과하다는 의미다. 예술은 다른 것을 위해 사용되어서는 안 되며 예술가와 예술 작품 수용자의 자유로운 활동 결과여야 한다는 생각은 대중문화에서 예술가가 시장에서의 성공을 위해 생산하는 상황으로 바뀌었다. 예술가가 새로운 것을 말하려는 시도보다 이미 존재하는 기대치가 작품을 결정한다.

근대 사회 구조가 어떻게 문화 발전을 왜곡하는지에 관한 이러한 설명은 어느 정도 사실이지만, 문화 산업에 관한 장에서 제기한 구체적인 비판 중 상당수는, 이를테면 재즈에 대한 비판은 옹호할 수 없다. 이러한 비판은 비판 대상의 구체적인 역사와 기능에 대한 완전히 부적절한 이해를 바탕으로 하고 있다. 하지만 그 비판 중 일부는 그사이에 더 적절해졌다. 결국 우리는 영화가 시장성 있는지 평가하고 시장 친화성에 따라 결말이 바뀌는 세계에 살고 있으며, 록 음악 산업이 음악적 판단보다 다국적 마케팅의 명령에 따라 움직이는 세계에 살고 있다. 이 텍스트는 어떤 차원에서는 근대 문화에서 가장 시급한 문제 상당수와 맞닿아 있다—그런데 정확히 어떤 차원일까?《계몽의 변증법》을 평가할 때 진짜 문제는, 예리한 비판적 통찰과 옹호할 수 없게 전체를 통으로 판단하는 것들이 혼합되어 있는데, 이것들과 철학적 주장들의 관계와 관련 있다. 같은 문제가 아도르노의 후속 저술 중 상당 부분에 동일하게 해당된다.

부정 변증법

아도르노처럼 상품 원리가 지배하는 세계를 '보편적인 망상의 맥락'으로 여긴다면, 망상이 아닌 세계에 관한 관점은 어떻게 얻을 수 있는가? 아도르노는 망상을 꿰뚫어 볼 철학적 토대를 제공할 수 있는 사회 세계 내부의 관점도, 사회 세계 너머의 관점도 있을 수 없다고 주장한다. 아도르노가 볼 때 그런 토대는 실재에 대한 최종적인 접근성을 제공하지도 못하고, 오히려 실재에 관여하는 사고 능력을 제한할 것이다. 하지만 그런 토대가 없다면 시간에 매인 주관적 판단밖에 남지 않은 상황으로 이어질 것 같다. 때때로 아도르노 자신의 작품에도 그런 경우가 있는 것 같다. 예를 들어, 그가 재즈를 거부한 것은 자기 문화 전통의 우월성을 너무 확신하여 그 너머에 고유의 가치를 지닌 새로운 것을 보지 못하는 부르주아 독일 지식인의 거부다. 그러나 아도르노가 전체성에 대한 주장과 사유가 전체성을 파악할 수 없다는 주장을 동시에 한 역설적 상황은 그의 논리적 실수에서 비롯된 게 아니다. 철학적 토대를 포기한다고 해서 토대와 관련된 모든 문제를 떨쳐 내는 것은 아니다. 중요한 문제는 철학적 기획에 있는 하나뿐인 특별한 개념을 이렇게 폐기하는 것에 어떻게 대응하는가다.

힐러리 퍼트넘은 "거의 모든 철학자가 한편으로 정당화 내지 인식될 수 있는 것을 명시적으로 설명하고 다른 한편으로 이와 모순되는 진술을 하는데, 이는 심지어 형식 논리학에서도 '모든 언어'에 관하여 진술할 때 자기 언급 금지 때문에 발생한다"(Putnam 1983: 226)라고 말한다. 철학으로 말할 수 있는 것을 초월해야 할 필요성은 근대 독일 철학에서 반복되는 주제다. 빈학단은 의미 있게 말할 수 있는 것을 검증 가능한 과학적 명제로 제한하고자 했다. 비트겐슈타인에게 이는 가장 중요한 것은 '말할 수 없는 것'이라는 의미였다. 여기서 그는 볼 수 있는 것이 말할 수 있는 것보다 어떤 면에서는 더 중요할 수 있다는 낭만주의 사상을 되울렸다. 상품화가 언어에 미치는 영향에 관한 아도르노의 관심을 고려한다면, 그의 주장을 문자 그대로의 주장으로만 평가할 수 없다는 점, 혹은 음악이 그의 사유에서 말할 수 있는 것을 초월하는 역할을 했다는 점이 어쩌면 당연한 것일지도 모르겠다. 완전한 망상의 세계에 속해 있으면서 그 망상의 세계에 대해 이야기하려 한다는 역설은 부족함 없이 안락한 **철학적** 장소가 없다는 의미다. 헤겔의 변증법이 규정적 부정에서 철학의 완성인 긍정적 '절대 관념'으로 나아가는 데 반해, 아도르노의 변증법은 철학적 결론이 없기 때문에 '부정적인' 상태로 남아 있다. 따라서 아도르노에 관한 논란의 대부분은 그의 사상이 철학을 대체하는 은밀한 신학 같은 것으로 이어지는지, 아니면 하버마스가 "탈형이상학적 사고"라고 부른 것에 완전히 새롭게 접근하는 법을 제시하고 있는 것인지와 관련된다. 그리고 더 문제가 되는 것은 비판 이론의 가능성 자체다.

아도르노는 "상처받은 삶에서 나온 성찰"이라는 부제를 붙인 단편 모음집《미니마 모랄리아》(1949)에서 비판 사상가의 딜레마를 다음과 같이 요약한다. "오늘날 사상가에게 요구되는 것은 매 순간 사태Sachen 안과 사태 바깥에 있어야 한다는 것과 다름없다." 이는 자신의 모습이 "자기 머리카락을 잡아당겨서 늪에서 빠져나오는 뮌히하우젠Münchhausen"(1978: 91) 같다는 말이다. 한편으로 전체성에 관한 모든 일반적 주장은 세계의 개별적 측면의 독특한 성격을 제대로 인식하지 못하여, 그러한 측면에 부당한 일을 행한다. 다른 한편으로 그저 개별자들에만 집중하면, 개별자들이 일반 상황에 의해 규정되는 방식을 가리게 된다. 예를 들어, 자신의 독특한 고유성에 대한 감각은 사회적 압박에 의해 자신이 만들어지는 방식을 외면하는 데 달려 있을 수 있다. 망상의 전체적 맥락에 관한 아도르노의 주장은 어떤 의미에서 자기 반박임이 틀림없다. 하지만 그의 주장이 긍정적으로 확인될 수 없다고 해서 반드시 쓸모없다는 의미는 아니다. 그의 주장이 가리키는 바를 무시할 수 없다. 근대 자본주의 세계는 많은 사람의 삶을 훨씬 안락하게 만들어 주는 동시에, 가장 급진적이고 비판적인 사유에도 완전히 투명하게 드러나지 않을 깊은 상처와 폐해를 가져온다. 아도르노에게 자본주의의 본질을 드러내는 역사적 사건은 홀로코스트다. 홀로코스트의 한 가지 요인은 모든 근대 관료제에 특징적인 조직 구조를 이용해 야만적인 행위를 저질렀다는 점이다. 결과적으로 개인은 자신이 전체에 어떻게 기여했는지를 외면하고 자신의 개별적 역할을 변호할 수 있다. 영화 〈쇼아〉*Shoah*가 드러냈듯이, 가해자 상당수는 그저 열차를 정시에 운행하게 했는지 등의 측면에서만 자기가 한 일을 보았다. 대량 학살에서 열차 시간표가 중요한 부분을 차지했다는 측면은 보지 않은 것이다. 대량 학살에는 희생자의 신체 조직 일부를 상품 생산이나 교환을 위한 재료로 사용하는 것도 포함되어 있다. 직간접적인 잔인성은 항상 인류 역사의 일부였지만, 고통을 줄일 수단과 최고로 진보적이고 인도주의적인 사상 중 일부를 만들어 낸 근대 유럽 역사가 왜 앞선 역사보다 더 잔인했는지를 설명하는 일이 과제다. 이러한 홀로코스트의 현상들은 본질적으로 근대 자본주의의 '망상의 맥락'이 낳은 결과 중 일부인가, 아니면 독일과 나치즘이라는 특정 역사의 측면에서 보아야 하는 것인가? 아도르노가 제안한 것처럼, 근대성의 사고 형태 자체에 이러한 사건들을 가능하게 하는 무언가가 있는가? 만일 그렇다면, 혁명적 정치 행동이 종종 야만성을 더했다는 점을 고려할 때, 이에 관해 무엇을 할 수 있는가? 아도르노는 UC 버클리의 "반유대주의의 본질과 범위에 관한 프로젝트"의 일환으로, 근대 사회에서 개인의 심리와 권력의 작동 사이의 관계를 조사하기 위한 중요한 실증적 연구를 수행했고, 이는 《권위주의적 인격》(1950)으로 출간되었다. 그렇다면 이러한 문제들이 그의 철학적 접근 방식에 어떤 영향을 미쳤는가?

　아도르노는 그의 철학적 주저인《부정 변증법》(1966)에서 히틀러로 인해 우리에게 생긴 새로운 '정언 명령', 즉 아우슈비츠가 결코 반복되어서는 안 된다는 명령에 관해 이야기한다. 이 점에서 이 책을 단순히 홀로코스트에 비춘 세계 상황에 대한 일련의 철학적 논증이나 설명으로 평가할 수 없다는 것이 분명하다. 오히려 이 책의 목표는 인간의 잔인성을 줄이는 것을 주요 목적으로 하는 사고방식을 찾는 것이다. 이러한 측면에서 아도르노는 리처드 로티와 같은 현대 실용주의자에 가깝다. 로티는 철학의 새로운 과제가 인식론이나 윤리학의 근거를 마련하는 게 아니라, 고통을 안기는 것을 피하고 탈신학적 희망의 원천을 늘리는 방법을 찾는 것이라고 본다. 아도르노는 자신이 관심을 기울이는 진리는 "현상을 최소한의 명제들로 환원하는"(1975: 24) 측면이 아니라, "고통에 대해 목소리를 내는"(같은 책, 29) 측면에서 보아야 한다고 주장한다. 이러한 생각의 기저에 놓인 발상, 즉 "생각한다는 것은 동일시^{同一視}한다는 의미"(같은 책, 17)이며 따라서 그야말로 동일시될 수 없는 것을 용납하지 않는다는 의미라는 발상은《계몽의 변증법》에 제시된 것과 비슷하다. 문제는 철학이 동일시 없이 진행될 수 없다는 점을 고려할 때, 동일시가 억압적일 수 있는 방식―예컨대 반유대주의가 유대인에게 타자라는 딱지를 붙이는 것―에 철학이 어떻게 대응하는가다.

　그러나 동일성 개념에는 중요한 애매함이 있는데, 아도르노는 이를 항상 충분히 고려하고 있지는 않다. 현대 독일 철학자이자 아도르노의 제자인 헤르베르트 슈네델바흐는 동일성 개념에 논리적 애매성 오류가 있으며, 이는 아도르노가 '동일성 사고'라고 부른 것을 극복하는 기획에 영향을 미친다고 지적했다. 동일성 사고는 상품 구조를 통해 이해할 수 있다. 상품 체계는 실제로는 서로 다른 사물들을 같게 만드는 효과가 있는데, 한 상품(예컨대 특정 나무)이 다른 상품(예컨대 총)과 교환 가치가 같으면 동일시될 수 있다. 여기서 동일시의 잠재적으로 부정적인 효과와, 한 사물을 다른 사물과 동일시하는 특정한 사고 **유형** 사이에 연관성이 있다. 그러나 다음과 같은 이유로 이러한 연관성이 개념적 사고 전체로 확장될 필요는 없다. 한 나무가 아름다운 참나무, 바이킹 선박 재료, 멸종 위기종, 독특한 대상 등**으로** 무한히 동일시_{식별}될 수 있다. 동일시됨으로써 대상이 **본유적으로** 환원된다는 생각은 여기서 그저 아무런 의미가 없는데, 그 사물이 무엇과 동일시될 수 있는지를 더 열거할 수 있기 때문이다. 어떤 개념도 궁극적으로 결정하는 역할을 하지 않는데, 왜냐하면 늘 다른 개념으로 대체될 수 있기 때문이다. 당연히 동일시의 '~로서-구조'*를 사용하지 않는다면, 어떻게 사유가 가능한지를 알기 어렵다. 구체적으로 잘못된 동일시나 부적절한 단어 사용에 대한 반대와는 다른, '~로서-구조'에 대해 유일하게 가능한 **근본적** 반대는 순전히 '관습'에 불과한 다른 언어에 비해 사물의 본질을 표현한다는 벤야민의 참된 언어 개념 같은 것에 의존하거나, 존재의 진리가 드러

● 옮긴이 주: 우리말 '동일시'(identification)는 '~와/과-구조'로 옮겨야 어색하지 않고(예컨대, A와 동일시), 우리말 '식별'(identification)이 '~로서-구조'라는 표현과 잘 호응이 되지만(예컨대, A로 식별), 용어의 일관성을 위해 'identification'과 'as-structure'를 전부 '동일시'와 '~로서-구조'로 옮겼다.

나기 위해서 피해야 하는 '형이상학의 언어'가 있다는 하이데거의 생각에 의존한다. 아도르노는 일반적으로 벤야민 사상의 형이상학적 함의를 거부하지만(그리고 후기 하이데거에 관해서는 전혀 시간을 할애하지 않는다), '동일성 사고'에 대한 그의 비판은 때때로 벤야민에게 의존하는 것으로 보인다.

상품 원리가 근대성의 불의 중 상당수의 원인이라는 사실은 후기 하이데거의 형이상학 개념이나 '형이상학의 언어' 같은 것이 동일시에 대해 일반화된 **철학적** 의심을 품는 것과 실질적으로 연결될 수밖에 없다. 문제는 이러한 개념이 하이데거로 하여금 완전히 기괴한 발언을 하게 했다는 것이다. 예를 들어, 하이데거는 홀로코스트를 언급한 몇 안 되는 발언 중 하나로 1949년에 어느 강연에서 다음과 같이 주장한다. "농업은 이제 기계화된 식량 생산 산업으로, 본질적으로 가스실과 절멸수용소에서 시체를 제작하는 것과 같고, 국가를 봉쇄하여 아사시키는 것과 같고, 수소 폭탄을 제조하는 것과 같다"(Adorno 2002: 429에서 인용) ─ 이 모든 것이 근대 주체가 대상을 지배하는 '형이상학'에서 파생된 것이다.[2] '형이상학의 언어'에 경계를 긋는 것은 형이상학의 언어가 경계를 긋고자 하는 것만큼이나 형이상학적인데, 그러한 언어를 식별하기 위해 사용하는 언어는 어떤 언어인가?《계몽의 변증법》은 방금 인용한 말과 조금이라도 유사한 것을 말하지 않지만, 하이데거와 완전히 다르지 않은 몇 가지 사유 구조를 포함하고 있다.《부정 변증법》과 같은 후기 텍스트에서, 아도

---

2   출판된 형태의 텍스트에는 농업에 관한 언급만 나온다.

르노는 획일적인 전체화 — 에 면제되어 있지는 않지만 — 의 경향을 덜 보인다.

동일시 효과에 관한 의혹에 또 하나의 효과적인 대응은 기존의 사고 형태와 행동 형태에 포괄되기를 거부하는 인간 생산의 측면을 찾는 것이다. 아도르노의 《미학 이론》(1970)은 이러한 발상을 사용하여 예술과 근대성에 관한 매우 통찰력 있는 접근 방식에 이른다. 예술가들이 아무리 독창적인 것을 내놓으려 해도, 그들이 살고 있는 세계의 객관적 압력에 항상 영향을 받는다. 아도르노는 이러한 압력이 작품의 직접적 주제라기보다, 예술가가 마주하고 있는 예술 **형식**의 난해함에 나타난다고 주장한다. 중요한 예술가들은 타협하려 하지 않고, 급진적인 방식의 형식으로 저항한다. 결과적으로 이들의 성취는, 사회 문제를 직접적으로 다루면서 매체의 형식의 문제에는 덜 골몰하는 예술가들보다 사회 현실의 본성에 대해 더 많은 것을 전달한다. 아도르노는 이러한 형식의 문제가 사실 '침전된' 역사적 내용이라고 한다. 즉, 중요한 예술가는 쇤베르크, 베케트, 카프카 같은 급진적 혁신가들이라는 말이다. 그들은 진실을 추구하는 예술의 이름으로 망상의 세계에서 그들 예술의 상황에 직면한다. 이러한 생각은 언어와 동일시에 대한 아도르노의 고민과 연결된다. 예술, 특히 음악은 억압적인 동일시를 피할 수 있는 언어에 대한 실마리로 보인다. 동시에 《미학 이론》은 예술이 예술 작품 창조에 영향을 미치는 사회적 압력의 결과에서 그야말로 벗어날 수 없음을 끊임없이 상기시킨다.

아도르노의 기본 사유 패턴은 딜레마에서 벗어날 방법을 모색하는 동시에, 적어도 현대적 사고방식의 측면에서는 딜레마에서 벗어날 최종적인 방법이 없음을 드러낸다. 아도르노는 환원적 동일시를 피하고자 하는 욕망으로 인해 "사고 모델" 개념으로 나아간다. "이 모델은" 그 대상 안의 "구체적인 것, 그리고 구체적인 것 이상의 것에 이른다"(같은 책, 39). 하지만 그것을 일반 개념에 포괄하지 않는다. 그의 핵심 발상은 경험을 통제하여 익숙한 개념으로 환원하려는 것이 아니라, 새로운 경험의 가능성에 열린 사고가 유지되게 하려는 것이다. 동시에 이 모델이 드러낼 수 있는 것의 일반적인 의미를 보려고 노력해야 한다. 아도르노는 철학적으로 사고한다는 것은 "모델로 사고하는 것"(같은 곳)과 같다고 주장한다. 모델들은 최종 이론이 아니며, 수정에 항상 열려 있는 문제를 설명하고 해결하는 수단이다. 《부정 변증법》은 아도르노의 다른 많은 저술과 마찬가지로 몇 개의 간단한 논증으로만 요약하기는 불가능하다. 이 책이 제안하는 방식의 사고, 즉 결정적인 것으로 보이는 모든 진술이 다른 진술로 인해 상대화되는 것으로 드러난다는 점을 이 책 자체가 가장 잘 예시하고 있다. 모든 고정된 개념은 대상의 다른 측면에 접근하지 못하게 차단할 가능성이 크다. 아도르노가 상대적으로 안정적인 개념 없이 살아갈 수 있다고 생각한 것은 아니지만, 그러한 개념이 진리를 가로막는 걸림돌이 될 가능성이 항상 있으며, 철학은 이 점을 기본적으로 염두에 두고 세계를 탐구해야 한다고 생각했다. 빛과 그림자를 동시에 선사하는 아도르노 작품에 대한 해석은 여전히 큰 논란의 대상이다. 결론에서 살펴보겠지만, 현대 독일 철학은 나치 시대의 참사에 비추어 여러 측면에서 여전히 아도르노의 유산과 비판 이론 개념의 유산을 다루고 있다.

더 읽을거리

Bartram, G. (ed.) (1994) "Walter Benjamin in the Postmodern", special issue of *New Comparison* 18 (autumn). 벤야민 작품의 주요 주제에 관한 논문 모음집.

Benhabib, S. (1986) *Critique, Norm and Utopia: A Study of the Foundations of Critical Theory* (New York: Columbia University Press). 비판 이론에 관한 중요한 철학적 연구.

Benhabib, S., Bonss, W. and McCole, J. (eds.) (1993) *On Max Horkheimer: New Perspectives* (London: MIT Press). 최근 연구에서 대개 소홀히 다루어져 왔던 호르크하이머에 관한 논문들.

Buck-Morss, S. (1977) *The Origin of Negative Dialectics: Theodor W. Adorno, Walter Benjamin, and the Frankfurt Institute* (New York: Free Press). 비판 이론의 핵심 사상의 원천에 관한 역사적 설명.

Buck-Morss, S. (1989) *Dialectics of Seeing: Walter Benjamin and the Arcades Project* (Cambridge, MA: Harvard University Press). 19세기 파리에 관한 벤야민의 미완성된 주저에 관한 연구.

Connerton, P. (1980) *The Tragedy of Enlightenment: An Essay on the Frankfurt School* (Cambridge: Cambridge University Press). 비판 이론의 핵심 사상에 관한 읽기 쉬운 연구서.

Geuss, R. (1981) *The Idea of a Critical Theory* (Cambridge: Cambridge University Press). 다소 편협하고 공감을 기울이지 않는 방식 으로 비판 이론의 가능성을 검토하지만, 몇 가지 의미 있는 반론을 제 시한다.

Held, D. (1980) *Introduction to Critical Theory: Horkheimer to Habermas* (Berkeley: University of California Press). 비판 이론에 관한 광범위한 역사적, 이론적 설명.

Jay, M. (1973) *The Dialectical Imagination: A History of the Frankfurt School and the Institute of Social Research, 1923-1950* (Boston: Little, Brown). 프랑크푸르트학파의 발전에 관한 주요 학자의 고 전적인 역사적 연구.

Jay, M. (1984) *Adorno* (London: Fontana). 아도르노의 사상에 관한 읽 기 쉬운 입문서.

Reijen, W. van. (1992) *Adorno: An Introduction* (Philadelphia: Pennbridge). 아도르노에 관한 생생한 소개.

Roberts, D. (1991) *Art and Enlightenment: Aesthetic Theory after Adorno* (Lincoln and London: University of Nebraska Press). 중요 한 주제에 관한 사려 깊은 고찰.

Rose, G. (1978) *The Melancholy Science: An Introduction to the Thought of Theodor W. Adorno* (London: Macmillan). 아도르노 작 품에 관한 까다롭지만 중요한 연구.

Wiggershaus, R. (1994) *The Frankfurt School: Its History, Theories, and Political Significance* (Cambridge, MA: MIT Press). 광범위한

연구를 바탕으로 한 자세한 프랑크푸르트학파 역사.

Wolin, Richard (1982) *Walter Benjamin: An Aesthetic of Redemption* (Berkeley: University of California Press). 벤야민 작품의 주요 주제에 관한 다가가기 쉬운 연구서.

결론

철학과 근대성

명확히 독일의 철학인 것에 관해 이야기하는 것은 이제 아마 유용하지 않을 것이다. 철학의 역사는 대부분 국가 전통 간의 상호 교류에 의존해 왔다. 철학 사상 발전에 영향을 미친 각 전통의 특수한 성격과 더불어서 말이다. 하지만 이제 근대의 소통 수단들로 인해 지적 전통이 훨씬 더 잘 유입되고 또한 영어가 철학계를 지배하게 되면서, 실질적인 철학 문제와 관련하여 국가 전통의 역할이 훨씬 줄어들고 있다. 존 맥도웰이나 로버트 브랜덤 같은 프레게와 카르납의 영향을 받은 분석 전통의 미국 철학자들이 칸트와 헤겔 전통으로 돌아섰을 때, 많은 독일 철학자가 영미의 분석적 방식으로 철학을 추구하기 위해 자기 전통을 버렸다는 사실이 이를 가장 극명하게 보여 준다. 이 이상한 상황에 대해서는 나중에 다시 다루겠지만, 지금은 이런 상황이 어떻게 발생했는지를 살펴보는 것이 중요하다.

전후 서독에서 철학은 하이데거가 한동안 학계의 공식 직책에서 배제되었음에도 초기에는 그의 영향력이 지배하고 있었다. 나치당원으로 매우 타격을 입은 인물이 이렇게 지배적이었던 것은 부인할 수 없는 하이데거의 철학적 중요성과 관련되고, 또한 독일 사람들이 군사적, 정치적, 윤리적 재앙에 복잡한 반응을 보인 것과도 관련되며, 독일이 서구 자본주의 국가와 소련의 통제하에 있는 사회주의 국가로 분단된 것과도 관련된다.[1] 하이데거와 비슷한 사례는 서독의 수많은 공공 영역에 흔했는데, 서독은 과거에 벌어진 일에 관한 진정한 성찰이 거의 없이, 패전 직후 놀라울 정도로 빠르게 국가를 재건하는 데 전념했다. 재건에 투입된 에너지는 승화된 죄책감과 그에 수반되는 '넘어가자'는 욕구에서 비롯된 것 같다. 전후 연방 공화국을 '탈나치화'하자는 움직임에도 불구하고, 학계를 비롯한 제도권 활동의 상당수가 비록 적극적인 나치 활동을 하진 않았더라도 적어도 나치 시기에 타협했던 사람들에 의해 계속 통제되고 있었다. 트라우마에 대한 처리는 자주 그러했듯이 — 제1차 세계대전 이후에도 비슷한 일이 일어났듯이 — 어느 정도 시간이 지난 후에 시작된다. 이는 대개 완곡한 방식으로 이루어지는데, 여기에는 가장 중요한 철학적 발전이 반영되어 있고 영향도 미쳤다.

1960년대 말과 70년대 초 학생 운동이 일어나고 나서야 전직 나

---

1   독일 민주 공화국(동독)에서 철학 문제는 당의 영향으로 너무 왜곡되어 여기서 유용하게 검토 할 수 없다. 가치 있는 작업은 독일 철학 역사에서 가져온 텍스트를 이용할 수 있는 문헌학적이고 역사적인 경향이 있는 것들이었다. 반체제 인사들도 작업을 수행했지만, 독일 민주 공화국 경계 너머에는 거의 영향을 미치지 못했다.

치 및 나치 동조자들이 독일 공직 생활에서 계속 역할을 맡는 것에 대해 실질적인 문제가 제기되었다. 학생 운동의 비판은 얼마 전까지만 해도 도덕적, 정치적, 경제적 파산 상태였던 사회가 새롭게 풍요로워진 데 대한 의구심에서 비롯되었다. 학생 운동의 철학적 초점은 프랑크푸르트학파를 포함한 마르크스 전통이었는데, 이는 나치 시대에 탄압을 받고 전후 몇 년 동안 간과되어 왔다. 마르크스주의 사상은 제3세계의 압제 정권을 지원하는 데 관여한 서구 자본주의 경제의 정당성에 의문을 제기하는 데 다소 조야하게 사용되었다. 이러한 의문은 혁명적 변화로 이어져야 했다. 그러나 이후 혁명이라는 이념에 투자된 많은 에너지가 실제로는 나치 시대를 인정하지 못했던 감정과 관련이 있다는 게 분명해졌다. 대개 매우 압제적이었던 독일 민주 공화국*동독*이 마르크스 유산을 대표한다고 주장했던 사실도 혁명 정치를 옹호하는 서구인들이 사태를 이해하기 어렵게 만들었다. 하이데거와 실존철학이 제도권을 지배하고 있던 것은 1960년대 후반부터 철학의 사회정치적 영향을 강조함으로써 무너졌다. 이는 프랑크푸르트학파 비판 이론의 영향력 부활과 독일 철학 전통들에 대한 생산적인 물음으로 이어졌고, 또한 나치에 의해 독일에서 쫓겨난 분석 철학 전통에 관한 관심 증가로 이어졌다.

역사적 세계에 관여하지 못하고 결국 아우슈비츠로까지 이어진 철학의 실패에 대한 비판에서 초기에 주도적인 인물은 아도르노였다. 그러나 아도르노는 학생 운동의 혁명적 목표들을 지지하지 않았기 때문에, 그의 작업에 영향을 받은 사람 중 일부를 멀리했다. 소위 마르크스주의로 여겨진 분석을 통해 혁명적 정치 행동의 지름길을 찾고자 했던 사람들은 아도르노가 명확한 정치적 방향을 제시하지 못한다고 보았다. 그러나 학생 운동의 매우 과한 목표가 여러 면에서 실패하면서 아도르노의 입장이 정당성을 얻었다. 사실 학생 운동의 성공은 혁명적 변화를 위한 적극적인 시도보다는 학생 운동이 제기한 물음이 독일 사회에 끼친 자유화의 영향력에 있다. 하지만 아도르노의 작업은, 그의 제자 하버마스처럼 그와 정치적으로 가까웠던 사람들 사이에서도 의심을 불러일으켰다. 아도르노의 지속적 중요성은 자신이 근대성과 독일의 역사, 사회, 문화에 대해 제기한 비판적 물음에 대해 손쉬운 답을 받아들이기를 일관되게 거부했다는 데 있다. 하지만 이렇게 거부한 근거 중 일부는 그를 하이데거와 상당히 가깝게 만든다. 그가 하이데거를 거듭 공격했음에도 불구하고 말이다. 여기서 문제가 되는 것은 철학과 근대성의 관계다.

포이어바흐와 마르크스에서 하이데거와 빈학단에 이르는 다양한 버전의 철학의 종말 개념은 모두 철학과 자연 과학의 관계에 대한 해석에 달려 있다. '실증주의'에 대한 아도르노의 적대감은 자연 과학을 우선시하는 철학이 사회정치적, 문화적 상황에 대한 비판과 관련된 문제들을 배제하려 한다는 그의 인식에서 비롯된다. 그의 초기 저작에는 나타나지 않았던 이러한 적대감은 1960년대에 〈독일 사회학에서 실증주의 논쟁〉으로 알려진 것에 그가 기여한 데서 절정에 달했다.

이는 비판 이론 쪽인 아도르노와 하버마스, 그리고 비판적 합리론자인 칼 포퍼와 한스 알베르트 사이에서 사회 과학의 지위와 역할을 두고 벌인 논쟁이다(Adorno 1991을 보라. 또한 Dahms 1998을 보라).

아도르노는 '실증주의'를 고수하는 어떤 방식에는, 경험적 탐구를 통해 사회적 사실을 식별하는 것과 그러한 사실에 대한 비판적 관점을 제시하지 못함으로써 그 사실들을 정당화하는 것 사이에 필연적 연결이 포함되어 있다고 주장한다. 하지만 아도르노는 이러한 실증주의를 포퍼에게 잘못 귀속시켰다. 실증주의가 경험적으로 검증 가능한 것으로 진리를 제한한 것은 평가적 성격의 사회 문제를 다룰 수 없기 때문에 탐구 범위를 좁게 만든다. 그러나 아도르노의 반대자들이 경험적 사회 탐구로 인해 비판적 관점이 배제되는 주장을 펼치고 있다고 해석할 필요는 없다. 실제로 그들과 아도르노는 논리 실증주의의 검증주의를 반대한다는 생각을 공유하고 있다. 1960년대의 이러한 상황은, 호르크하이머가 노이라트의 철학적 입장을 공격했지만 두 사람의 사회적·정치적 목표는 대개 매우 유사했었던 1930년대에 이미 일어난 일을 메아리처럼 반복한다. 이제 아도르노는 포퍼를 공격한다. 과학은 이론을 반증할 수만 있을 뿐 최종적으로 정당화할 수 없다는 포퍼의 견해가 아도르노도 공유하는 확정적 지식 주장에 대한 거부를 포함하고 있음에도 말이다. 아도르노가 본인이 과학 지향적이라고 간주한 철학—그는 여기에 실용주의도 포함시킨다—에 대해 보인 적대감의 정도는 대체로,《계몽의 변증법》에서 시작된 그의 가장 미심쩍은 발상의 결과다. 이러한 적대감은 대개 사회 정의에 대한 열망이 철학적 차이보다 더 중요한 사상가들 사이에 분열을 일으켜, 전후 독일에서 진보 철학의 발전에 해를 끼쳤다.

아도르노는 설명적 과학 이론이 삶을 더 견딜 만하게 만드는 데 사용될 수 있는 실제적 예측 능력을 가지고 있다는 정당한 주장—
이는 수많은 철학적 입장이 공유할 수 있는 주장이다—과 과학주
의의 구분을 너무 자주 흐리게 한다. 그가 그렇게 하는 것은 주체가
타자를 지배하는 것이 근대성 병폐의 뿌리라는 주장을 바탕으로 한
것이다. 이 주장은 후기 하이데거를 비롯하여 하이데거에게 영향받
은 이들과 아도르노를 가장 가깝게 만드는 지점이다. 이러한 병폐의
뿌리를 찾는 것은 분명 오도된 것이 아니다. 홀로코스트와 원자 폭
탄 투하는 실로 어마어마한 사건으로, 철학은 이에 대응할 방법을
찾아야 한다. 하지만 아도르노의 접근 방식에 대해 주로 다음과 같
이 물을 수 있다.

1. 이 주제를 정말 이러한 측면에서만 생각해야 하는가?
2. 아도르노의 진단은 그러한 병폐가 인간 행동의 영향권에서 벗어
   났다는 느낌을 불러오는 게 아니라, 그러한 병폐에 대응할 실천적
   방법을 제공하는 것인가?

1970년대 이후 독일에서 미셸 푸코, 장프랑수아 리오타르, 자크
데리다와 같은 니체와 하이데거의 영향을 받은 프랑스 사상가의 인
기가 올라간 것과 관련하여《계몽의 변증법》이 훨씬 인기를 얻게 된
것과, 학생 운동의 혁명적 목표가 실패한 이후 특히 젊은 사상가들
사이에서《계몽의 변증법》의 인기가 훨씬 올라간 것은 위 문제와 연
관하여 중요한 의미가 있다. 이 사상가들은 심지어 아도르노의 작품
을 알지 못했을 때조차 아도르노의 사상과 매우 유사한 주제를 자

주 다뤘다. 예컨대, 리오타르와 특히 관련된 '포스트모던' 개념은 철학적인 '주체의 죽음' 개념과 연관된다. 하이데거는 근대성이, 모든 존재와 모든 진리에 대한 확실성이 단일한 자아라는 자기의식, 즉 "나는 생각하므로 존재한다"ego cogito ergo sum에 기초한다고 본 데카르트에게서 유래한다고 주장했다. 이러한 가정을 바탕으로 리오타르는 자연이 가하는 위협과 자기가 부과한 제약으로부터 자신을 해방한다는 명목하에 타자를 통제하거나 배제하려는 주체의 시도를 근대성의 일반적 특징으로 규정한다. 주체의 자기 해방의 '거대 서사'는 실패하였고, 그 결과 인종, 젠더 등 여러 문제와 관련된 다양한 형태의 억압으로 되돌아왔다. 리오타르는 이성이 자신의 틀에 맞지 않는 것을 항상 배제하기 때문에 본유적으로 테러적 요소를 지닌다고 주장한다. 따라서 그는 세계에 관해 이야기하는 경쟁적 방식들은 더 이상 일반적인 '정당화 담론'에 대한 '근대적' 탐구에 의존할 수 없다고 주장한다. 정당화 담론은 확정적으로 동일시하는 온갖 형태에 대한 저항으로 간주되어야 하는 것에 동일성을 부과하는 일을 수반하게 된다. 이러한 견해가 니체의 영향을 받은 《계몽의 변증법》의 계몽주의에 관한 설명에 가깝다는 것은 분명하다. 그러나 아도르노는 이성의 힘에 대한 믿음을 여전히 남겨 놓았다. 물론 그가 정확히 이성의 어떤 점을 옹호하고자 하는지는 간혹 불분명하다. 독일에서 아도르노의 영향을 받은 많은 이들에게 동기를 부여한 것은 보다 긍정적인 이성 개념을 정립할 필요성이다.

《계몽의 변증법》에서 주체와 대상의 관계는 마치 인간의 합리성이 기술적, 정치적 힘을 통해 **오로지** 타자를 통제하는 데에만 관심이 있는 것 같은 주로 도구적 관계였다. 마찬가지로 하이데거는 서구 형이상학이 니체에서 절정에 이른다고 주장했는데, 칸트의 주체의 자발성 설명에서부터 니체의 힘에의 의지 교설에 이르기까지, 인간 지식의 형이상학적 근거는 타자와 대비하여 자기 자신을 확고히 하는 의지라는 주체성의 측면에서 사유되었다는 것이다. 하이데거는 이미 시적 언어에서 형이상학에 대한 한 가지 대응을 보았다. 시적 언어는 '사물을 그 사물로 있게 함'으로써, 자연 과학의 '존재의 주체화'의 근간을 이루는 '형이상학의 언어'와는 다른 방식으로 작동한다. 아도르노는 그가 '모방적'mimetic 합리성이라고 부른 것을 추구한다. 이는 대상에 대한 일반적인 측면의 동일시를 바탕으로 하지 않으며, 그는 예술이 사물과 비개념적 방식으로 관계하는 능력에서 이러한 점을 발견했다. 예를 들어, 음악은 감정선을 불러일으킨다. 이러한 구상들이 도구적 합리성의 몇몇 측면에 의문을 제기하는 중요한 방법을 제공함에도 불구하고, 이 중 어떤 것도 명확히 근대적인 형태의 합리성에 의존하는 근대성에 더 나은 변화가 있었을 가능성을 허용하는 근대성에 관한 설명으로 이어지지는 않는다.

그렇다면 필요한 것은 (1) 이성의 근거를 주체성에 두지 못한다는 점을 인정하고 (2) 여전히 기술 오용에 대한 비판을 제시할 수 있지만 (3) 자연 과학이 그 혜택을 이용할 수 있는 사람들의 삶을 더 괜찮게 만드는 방식도 고려하는, 근대적 이성 개념이다. 아도르노 작품에는 이런 방향으로 가는 측면들이 있지만, 너무나 자주 그는 근대성을 하나로 묶어 판결한 것에서 비롯된 과장으로 넘어간다.

전후 독일 철학에서는 근대 철학에서 주체성의 역할에 관한 의혹,

그리고 그러한 역할과 근대성 병폐의 연관성에 관한 의혹에 대체로 두 가지 비판적 반응이 나왔다. 한 가지 반응은 주체와 대상 사이의 관계 설명을 철학의 목표로 삼은 철학 모델이 잘못되었다는 주장이다. 따라서 진리가 개별 주체의 산물이 아니라 언어라는 공유된 매개에 의존하는 '상호주관성'에 기반한 대안적 모델을 모색한다. 근대성의 긍정적 진보에 좀 더 개방적인 합리성과 근대성 모델을 개발하려고 시도한 사람은 특히 프랑크푸르트학파 '2세대'의 주도적 인물인 하버마스다. 하버마스의 원숙한 구상 중 몇몇 중요한 측면은 카를오토 아펠(1922-[2017]), 하이데거의 제자인 한스게오르크 가다머(1900-2002), 에른스트 투겐트하트(1930-[2023])의 영향을 받아 발전한다. 하버마스는 명제가 실재를 어떻게 표상하는지에 관한 관심에서 '의사소통 행위'로 언어를 이해하는 쪽으로 언어에 대한 초점을 바꿔서, 빈학단이 빠졌던 궁지를 피하고자 했다.

다른 한 가지 반응은 주체에 대한 하이데거식 견해가 근대 철학에서의 주체성을 제대로 이해하기에 부적절하다는 주장이다. 이는 첫 번째 반응과 일부 발상을 공유하지만—아도르노 및 하이데거와 동일한 문제를 일으킬 것 같지 않은 합리성에 관한 설명을 정립하고자 한다—하버마스가 대체되기 전의 철학 모델에 속한 문제로 간주하는 것들을 끝난 것으로 간주하지 않는다. 디터 헨리히(1927-[2022])와 만프레드 프랑크(1947-)는 철학의 근거로서의 주체성 모델이 서양 철학에서 주체성이 사유되어 온 모든 방식을 정말로 포괄하는지 의문을 제기한다(예컨대 Henrich 1982; Frank 1991을 보라). 이들은 객관적 세계를 표상하는 정신의 수단이라는 언어 개념에 의존하지 않는 하버마스와 같은 식의 언어적 전환이 의식과 자기의식에 관한 철학적/형이상학적 문제들을 모두 제거할 수 있는지를 묻는다. 이들은 이렇게 물으면서, 독일 관념론과 낭만주의 전통에 대한 새로운 관점을 제안하여, 이러한 전통을 넘어섰다는 하버마스의 주장에 반론을 제시한다. 이 사람들은 지난 30년 동안 독일에서 활동한 중요한 철학자 중 일부에 불과하다. 그러나 이들은 아마도 가장 영향력 있을 것이다. 나는 가다머와 하버마스에 집중할 것인데, 왜냐하면 가다머와 하버마스의 작업이 최근의 철학과 사회사상에 제일 큰 영향을 미쳤기 때문이다.[2]

한스게오르크 가다머

앞서 살펴본 바와 같이 하이데거의 작품은 1960년대와 1970년대 독일에서 상당한 반대에 부딪혔으나, 프랑스에서 데리다, 푸코 등이 하이데거를 새롭게 수용하면서 비로소 다시금 관심을 받게 되었다. 반면 그의 제자 가다머의 주요 작품 《진리와 방법》은 1960년에 등장한 이후 오늘날까지 이데올로기적 분위기가 변했음에도 불구하고 그 영향력을 유지하고 있다. 가다머는 정치적 스펙트럼에서 보수적인 편에 속하지만, 그가 대화 및 철학에서 예술의 중요성에 전념

---

2   나는 후기 비트겐슈타인은 다루지 않을 것인데, 왜냐하면 그 활동 무대가 기본적으로 앵글로·색슨이기 때문이다. 비트겐슈타인의 후기 저작은 현재 독일에서 상당한 영향력을 행사하고 있지만, 이는 비교적 최근의 현상이다.

한 결과 그의 보수성을 문제 삼는 사람들마저도 그의 사상에 상당히 공감한다. 그는 하이데거와 마찬가지로 자기 사상이 고대 그리스 철학 전통과 밀접하다고 본다. 그럼에도 그의 작품은 철학에 보다 인문학적이고 학술적으로 접근하며, 문헌학적 요구에 더 많은 관심을 기울인다. 가다머가 나치 시대에 라이프치히 대학교에서 근무할 때 수행한 역할은 결코 영웅적이라 하기 어렵지만, 하이데거가 나치의 지원을 받아 자기 명성에 씻을 수 없는 오점을 남긴 것과 같은 식으로 지원을 받지는 않았다. 전쟁이 끝난 후 그는 문화간 대화에 모범적으로 헌신했고, 서구의 새로운 민주주의를 위해 독일 철학의 핵심 측면들을 회복하는 데 중요한 영향을 미쳤다. 그는 후설과 하이데거가 발전시킨 주제들을 계속 연구했고, 이는 해석학 개념의 재구성으로 이어졌다.

하이데거와 마찬가지로, 가다머도 근대가 진리를 자연 과학의 전유물로 여기며 전념하는 방식에 의문을 제기했고, 이해를 과학이 제공하는 구체적인 형태의 설명보다 더 근본적인 것으로 간주했다. 그의 과제는 "과학적 방법론이 지배하는 영역을 넘어서는übersteigt 진리 경험을 찾아내어 … 그 고유한 정당성에 관해 묻는 것"(1975: xxvii)이다. 이는 "예술의 문제를 진리의 문제와 분리하여 예술이 우리에게 전달할 수 있는 모든 지식을 예술에서 박탈하는 것이 옳지 않기"(1993: 203) 때문이다. 딜타이 이후 사상가들이 깨달은 문제는 이러한 비과학적 지식의 위상이다. 여기서 가다머에게 핵심 요소는 언어에 대한 이해다. 자연 과학이 인간 생존에 필수 불가결하긴 하지만, "그렇다고 해서 우리가 당면한 문제들, 즉 사람 간의 평화로운 공존과 자연의 균형 보존 문제를 그런 과학으로 해결할 수 있다는 말은 아니다. 수학이 아니라 인간 언어의 본성이 인류 문명의 기초라는 점은 분명하다"(같은 책, 342). 하만과 헤르더에서 시작한 전통의 일원으로서, 가다머는 과학에 몰입하는 것이 우리가 세계를 공유할 수 있게 해 주는 언어의 기본적 차원을 가리는 방식에 대해 우려한다. 그는 '영향사적 의식'의 형태를 띠는 '전통'의 측면에서 언어를 본다. 우리는 말하고 생각할 때 언어에, 우리가 완전히 자각할 수 없는 세계에 영향을 받는다. 이러한 영향은 우리가 반성하기 훨씬 전에 발생하므로, 우리의 반성으로는 결코 완전히 파악할 수 없다. 우리의 존재는 항상 우리가 인식하고 설명할 수 있는 것 이상인데, 왜냐하면 우리는 우리가 되어 온 바를 결정해 온 세계 바깥으로 나갈 수 없기 때문이다. 우리가 이러한 외부적 관점을 얻을 수 있다고 생각한다면, 우리는 실제로 사람이 얻을 수 없는 권위를 요구하는 형이상학적 주장을 하게 될 것이다. 따라서 가다머는 하이데거와 상당히 비슷한 방식으로 근대 철학에서 주체의 역할을 문제 삼는다. 주체는 '역사적으로 영향받고 결정되기' 때문에, 철학의 토대 역할을 할 수 없다.

《진리와 방법》이라는 제목은 자연 과학이 세계가 어떻게 나타날 수 있을지를 미리 결정하는 규칙 지배적인 방법들에 의존한다는 점을 암시한다. 반면 예술은 개별 주체의 우연적인 반응을 초월하는 전통의 '발생'이라는 측면에서 볼 수 있다. 예술의 진리는, 다양한 맥락에서 전달되고 수용자와 예술 작품 사이에 '지평 융합'을 수반하는 새로운 종류의 이해를 불러일으킴으로써 드러난다. 예를 들어,

낭만주의자들이 디오니소스 사상을 부활시키고 니체가《비극의 탄생》을 출간하기 전과 후에 그리스 비극이 이해된 방식을 생각해 보라. 비극은 이상화된 플라톤적 '그리스의 영광'에서, 실존의 공포와 마주하는 새로운 근대적 대결로 가는 길이 된다. 예술에 대한 이해는 작품이 무엇을 의미하는지를 확정적으로 말할 수 있음으로써 일어난다기보다, 작품에 영향을 받아 자기 지평이 변하는 데서 일어난다. 이는 필연적인 종착지가 없는 계속되는 과정이다. 예술 작품과 텍스트에 대한 다양한 이해의 역사가 현재의 관심에 따라 오류와 왜곡이 계속되는 역사로 여겨진다기보다, 대신 이러한 이해는 예술 작품의 **현재적** 본질로what a work of art is, 즉 대상이 아니라 실제 문화에서 시대마다 '발생'하는 무언가로 간주된다.

가다머는 자연 과학이 대상을 통제하는 주체의 수단이라는 개념과 **미학**의 부상을 연결한다. 둘 다 전통을 무시하고 자신에게 진리를 결정할 권리가 있다고 사칭하는 근대 주체의 시도로 해석된다. 가다머의 이해에 따르면―그의 해석은 매우 의심스럽지만―칸트의《판단력 비판》으로 시작된 미학에서, 예술 작품은 수용자 취향의 우연성을 초월하는 '진리의 발생'으로 여겨지기보다, 수용자 취향의 우연성으로 환원된다. 진정한 대화에는 자기 자신의 관심을 뒤로하고 다른 사람의 관심에 자신을 개방하는 능력이 필요한 것처럼, 예술에 대한 진정한 참여는 작품을 통제하려 하지 않고 작품의 진리가 나에게 발생하도록 허용할 때 일어난다. "이해는 결코 주어진 '대상'에 대한 주체적 관계가 아니다. 이해는 영향사에 속한다. 이는 곧 이해되는 것의 존재에 속한다는 의미다"(1975: xix). 따라서 인간 주체는 예술의 진정한 주체가 아니며, 예술 작품 자체가 주체이고, 그러한 주체의 진리는 작품 수용자의 우연성을 초월한다. 이 미심쩍은, 주체 개념을 '사물화하는' 반전은 가다머 저술에서 다양한 방식으로 나타난다. 마찬가지로 논쟁을 불러오는 지점으로, 가다머는 작품에 대한 한 가지 이해가 다른 이해보다 낫다는 점을 받아들이지 않는다. 그는 "**일단 이해하고 있다면 다르게** 이해하고 있는 것이라고 말하는 것으로 충분하다"(같은 책, 280)고 생각한다.

이러한 주장은 근대 독일 철학 및 여타 철학에서 수많은 논쟁의 근간이 되는 중요한 쟁점으로 이어진다. 결정적 차이는 (1) 진리가 주로, 예술이 끊임없이 새로운 방식으로 사물이 보이게끔 하는 경험을 통해 이해될 수 있는 '세계-드러남'이라는 생각과 (2) 진리가 명제에 대한 동의 또는 거부라는 근본 가능성에 의존한다는 생각에 있다. 가다머가 (1)을 고수하는 이유는 언어와 전통이 과학적 사고를 결정하는 '방법'보다 항상 선행한다고 생각하기 때문이다. 그러나 그는 이해와 언어 사용에 있는 세계-드러남과, 명제에 대한 동의와 거부에 기반하여 상호주관적 타당성을 주장하는 것이 완전히 분리되어 있지 않을 가능성을 적절히 허용하지 않는다. 중요한 점은 이것들의 상호 작용을 효과적인 방식으로 이해하는 것이다. 그렇게 하지 못한다면, 문화 형태에 대한 비판적 관점을 수립하는 것이 불가능하다. 사실 가다머는 진리가 예술에서 발생하는 경우와 그렇지 않은 경우를 어떻게 판단해야 하는지에 대해 거의 침묵하고 있으며, 이는 더 나은 이해가 아닌 다른 이해만 있을 뿐이라는 그의 반직관적인 주장과도 연결된다. 아펠은 가다머에 관한 논문 제목인

〈규제적 관념인가, 진리 발생인가?〉(1998)라는 문구로 이 차이를 요약한다. 진리 발생에 관한 가다머의 생각은 전통이 왜곡될 수 있고 진리를 가릴 수 있다는 인식을 바탕으로 하는 비판적 관점의 여지를 너무 적게 둔다. 다른 한편으로, 진리를 가리는 것에 관한 주장의 문제점은 가리는 일이 식별될 수 있는 위치를 근대 철학이 특정하기는 매우 곤란하다는 점이다. 이는 진리가 우리에게 직접적으로 현전한다고 말할 수 있는 것이 아니라 규제적 관념이라는 생각을 낳는다. 하버마스가 비판적 주장을 할 수 있는 위치를 설정하는 데서 마주하는 어려움은 현대 철학의 몇 가지 주요 쟁점을 두드러지게 한다.

위르겐 하버마스

하버마스를 단순히 철학자로만 간주한다면 그의 업적을 제대로 평가할 수 없다. 그는 사회 이론가, 법 이론가, 사회 비평가, 정치 활동가, 그리고 나치 시대 이후 독일 사상의 새로운 방향을 주창하는 데 관심을 둔 철학자로서 1970년대부터 독일 공론장에서 여러 면에서 본이 되는 지식인이었고, 지금도 여전히 그렇다. 아도르노와 하이데거는 서로 매우 다른 방식이긴 했지만, 실제적인 결과를 가져올 수 있는 정치 활동과 사회생활을 지향하는 철학적 분석에서 벗어나는 방향으로 갔다고 여겨질 수 있다. 그리고 하버마스는 홀로코스트를 비롯한 20세기 역사의 참담함에 비추어 보더라도, 이렇게 나아가는

것이 비판 사상가들에게 필요한 일이 아님을 보여 주었다.[3]

하버마스의 박사학위 논문은 셸링에 관한 것으로, 절대적인 것을 파악하려는 독일 관념론의 시도와, 역사가 그러한 시도를 약화하는 방식 사이의 관계를 살핀다. 따라서 '청년 헤겔주의'가 철학을 역사화하여 바라보는 관점에 대한 하버마스의 관심이 이미 이 논문에 암시되어 있고, 그는 대체로 이 관점을 고수했다. 그의 첫 주요 출간작은 《공론장의 구조 변동》(1962)으로, 봉건주의의 쇠퇴와 더불어 민주주의 발전에 중요한 역할을 한 '공공'과 '여론' 개념의 출현을 고찰한다. 이 책은 그가 의사소통과 정당화 문제에 근본적으로 관심을 두고 있음을 보여 준다.

《인식과 관심》(초판 1968년 출간)은 근대 사회에서 지식의 역할에 대한 비판 이론에 이르기 위한 방법으로서 인식론적 반성의 문제에서 출발한다. 우리는 칸트와 관념론에서 이러한 인식론적 반성의 문제를 고찰했다. 여기서 하버마스는 도구적 행위와 의사소통 행위를 구분하는데, 이는 그의 연구의 근본을 이루게 된다. 그는 아펠의 영향을 받아, 초월적 철학의 주체-대상 모델에 대한 대안을 미국 실용주의 전통에서 찾는다. 실용주의는 현실을 표상하는 사유의 본성에 관한 설명이 아니라, 우리가 세계와 관계하는 주된 방식으로서의 인

---

3   이러한 평가는 현대의 문화적 정치 문제에 관한 작업으로 종종 현실에도 똑같이 관여한 아도르노에게 다소 불공평하다. 하버마스와 다른 점은, 앞서 살펴본 것과 같은 이유로, 아도르노의 명백히 철학적인 작업이 항상 현재에 개입할 방향을 가리키고 있지는 않다는 점이다. 현대적 삶에 대한 예리한 논평자 아도르노와, 근대성을 하나로 묶어 비판하는 냉혹한 비평가 아도르노는 종종 조화를 이루기 어려워 보인다.

간 행위에 관한 설명을 목표로 한다. 아펠을 비롯한 이들이 처음으로 지적했듯이, 실용주의는 세계 내 존재에 관한 전기 하이데거의 설명과 후기 비트겐슈타인의 '삶의 형식'으로서의 언어를 통해 독일 철학과 연결될 수 있다. 실용주의에서 지식은 사회적 실천에 의해 생성된다. 지식은 환경에 대한 적응의 측면에서 보는 생물학적 설명으로도, 칸트처럼 인식론적 측면에서 보는 순수 이론적 설명으로도 환원될 수 없다. 이런 식으로 지식에 대해 생각하는 것은 과학주의를 거부하고 자연 과학의 '실증주의'적 방법에 종속될 수 없는 정당화 형태를 확립할 방법을 제공한다.

어떤 면에서 하버마스가 추구하는 것은 헤겔이 자신의 체계에서 추구했던 근대성의 서로 다른 측면을 통합하는 것과 같다. 차이점은 하버마스의 경우 더 이상 기존의 철학적 통일화 원리에 의존할 수 있다고 생각하지 않는다는 것이다. 그 대신 하버마스는 역사적으로 생성된 경합하는 인간의 관심의 형태들이 어떻게 화해를 이룰 수 있는지 보여 주려 한다. 그는 아펠과 함께 "초월적 실용주의"라고 부른 것을 스케치한다. 실용주의적인 "가능성의 조건들"은 사고의 형태가 아니라 "경험과 행위의 구조"다(1973: 407). 타당성에 관한 논증들은 이러한 구조를 통해 사회생활에서 수행된다. 이러한 공유 구조가 없다면, 타당성에 관한 논쟁이 일어날 수 있는지조차 불분명하다. 이 구조는 자연과학에 우선성을 부여하지 않는데, 그 이유는 과학적 지식의 대상에 관한 의사소통 바깥에서 그 지식의 타당성을 검증할 수 있는 특권적인 접근 방법이 없기 때문이다. 따라서 타당성에 대한 모든 주장에서 중요한 요소는 사회적 논증 과정이다. 이 과정에는 필연적으로 순전히 도구적인 관심 기반의 지식 이론에는 담을 수 없는 진리에 관한 물음이 포함되며, 이는 《계몽의 변증법》에 대해 제기할 수 있는 것과 같은 반론의 여지가 있다. 하버마스는 니체식 접근 방식과 반대로, 우리는 어떤 주장이 자기 이익에 반하더라도 그 주장의 객관성을 주장할 수 있다고 제안한다.

《인식과 관심》은 또한 개인의 정신 형성에서 억압의 역할에 관한 프로이트의 설명을 사용하여, 의사소통이 사회 내에서 어떻게 체계적으로 왜곡될 수 있는지에 대한 분석을 개발한다. 정신 병리학은 환자가 일상적인 의사소통을 무의식적으로 잘못 해석하게 되는 방식과 관련이 있다. 의사소통은 집단적 차원에서도 왜곡될 수 있는데, 예를 들어 투사 메커니즘이 생성한 인종차별적 발언 형태가 그렇다. 우리가 보았듯이, 호르크하이머와 아도르노는 반유대주의를 이해하기 위해 이러한 생각을 사용했고, 포이어바흐의 투사로서의 종교 비판에 이미 그 뿌리가 있다. 하버마스는 "세계-역사적인 사회화 과정과 개인의 사회화 과정"(같은 책, 335)을 비교하려고 한다. 이 비교는 트라우마와 억압으로 생성되는 개인의 신경증이, 자연에 대한 진정한 통제 부족으로 생성되는 사회의 강박 형태—예컨대 종교 율법에 있는 것과 같은 강박—와 상응한다는 점을 규명하려는 것이다. 충동의 억압이 생성하는 환상은 이데올로기적 신념과 '허위의식'의 원천으로 여겨진다. 동시에 이러한 환상은 사회 변화의 동기가 될 수도 있다.

하버마스는 이 개념을 거부하게 되는데, 왜냐하면 '허위의식'을 식별하는 일이 명시화할 수 없는 '참의식'이라는 규범에 의존하기 때문이다. 사회적 맥락이 달라지면 무엇이 그저 환상에 불과하며 무엇이 정당화될 수 있는지에 대한 기준도 달라진다. 가다머는 개별 문화의 의사소통과 상호 작용 형태를 비판하는 객관적 관점 개념이, 그 자체가 모든 문화 바깥에 존재하는 것으로 나타나기 때문에 형이상학적이라고 주장한다. 그리고 이러한 주장으로 인해 하버마스는 수정된 접근법이 필요하다고 생각하게 된다. 그래서 하버마스의 접근법은 의사소통에 본유적으로 상황적 성격이 있다는 점을 고려해야 한다. 그런데 하버마스는 왜곡된 사회 형태에 대한 비판적 시각이 합리성 개념에 필수적이기 때문에 중요하다고 생각하므로 난점이 생긴다. 하버마스가 직면한 긴장, 즉 가다머가 전통의 관점에서 보았던 식으로 정당화와 의사소통의 지역적 관행을 이해해야 할 필요성과, 보다 보편적인 근대적 합리성의 비판 기준을 수립해야 할 필요성 사이의 긴장은 그의 기념비적 저술인 《의사소통 행위 이론》(1981)의 핵심이다.

하버마스는 이 시기부터 자신의 작업을 그가 "탈형이상학적 사고"라 부른 것의 일환으로 간주한다. 그는 '형이상학'을 우리가 헤겔과 독일 관념론에서 보았던 '다시 돌아오는' 구조, "인지적 이성이 합리적으로 구조화된 세계에서 다시금 자신을 발견하는"(1988: 42) 구조의 측면에서 이해한다.[4] 이러한 의미에서의 형이상학과 작별 인사에는 세 가지 필수 요소가 있다.

4　따라서 헤르베르트 슈네델바흐는 '탈관념론적' 사고가 더 적절한 표현이라고 제안한다(Schnädelbach: 1992).

1. 근대 과학이 자연 세계에 대한 상세한 경험적 탐구에 전념하여 성공하면서, 독일 관념론과 같이 사고에 내재된 필연성에 기반하여 선험적 체계를 수립하려는 시도는 쓸모없어진다.

2. 칸트의 초월적 철학에서 판단의 선험적 종합 형식이 있어야 한다는 생각은 선험적이라고 간주되는 것이 역사에 따라 변한다는 이유로 거부된다. 판단들이 의존하는 언어적 구조 자체가 역사의 일부이지 역사에 앞서는 것은 아니기 때문이다. 철학의 주체-대상 패러다임도 객관적 지식으로 간주되는 것의 구성에서 언어의 역할 때문에 쓸모없어진다.

3. 우리가 세계를 이해하는 지배적인 방식은 실천적이다. 이론들은 순전히 추상적인 성찰에 의해서가 아니라, 주로 물질세계에 적극적으로 관여하면서 생성되고 확인된다.

하버마스는 그가 "주체 철학의 패러다임" 또는 "의식 철학"이라고 부르는 것에서 벗어나고자 노력함으로써 그의 구상 중 가장 영향력 있는 구상에 도달한다. 이 패러다임은 철학의 임무가 주체 쪽에 속하는 것과 대상 쪽에 속하는 것을 규명한 다음 그것들이 어떻게 연결되는지를 보여 주는 것이라고 본다. "다양한 현상 안의 **선행적** 통일성"(같은 책, 43)을 보장하는 칸트의 초월적 주체는 하버마스가 거부하는 것의 대표적인 예다. 하버마스의 논증은, 데카르트에서부터 "실체는 주체"라는 헤겔의 주장에서, "모든 원리의 원리"에 관한 후설의 탐구에 이르는 "철학의 관심사Sache는 … 주체성이다"(Heidegger 1969: 70)라는 하이데거의 주장과 관련된다. 하지만 이 패러다임에서 벗어나기 위한 하버마스의 길은 하이데거의 길과는 다르다. 하버마스가 볼 때, 주체성의 근간에 도달하려는 시도는 결국 주체의 본성을 신비화해 버릴 가능성이 큰 정초 원리(예컨대 의지)를 찾는 헛된 탐색으로 이어진다. 결과적으로 그는 "주체성이라 이름할 만한 모든 것"(1988: 34)은 실제로 한 사회의 상호주관적인 언어와 관습으로 사회화하는 것에 달려 있다고 주장한다. 이러한 견해에 대해서 특히 프랑크와 하인리히가 실질적인 문제를 제기했다. 이들은 언어에 관한 이해가 의존하는, 언어적이지 않은 종류의 인식이 존재한다고 주장하는 이들이다.

하버마스가 직면한 가장 큰 도전은 칸트가 "예지"라고 부른 영역(1장을 보라)에 이성이 초시간적으로 존재한다는 형이상학적 가정에 의존하지 않으면서 합리성 개념을 발전시키는 것이다. 이성은 그 대신 역사적으로 우연적인 인간의 구체적인 관습에 위치해야 한다. 하지만 문제는 이성이 구체적인 사회-역사적 맥락이라는 자신의 위치를 초월하지 않으면, 무엇이 합리성에 관한 주장을 정당화할 수 있을지 불분명하다는 것이다. 하버마스는 호르크하이머와 아도르노의 주체 개념이 수단-목적의 '도구적 합리성'의 주체에 국한된다고 주장한다. 여기에 빠져 있는 것은 '의사소통 합리성'에 관한 설명이다. 주체의 합리성은 단지 실천적 목표를 달성하는 측면(칸트가 '가언 명령'의 측면에서 보았던 것)에서만 발휘되는 것이 아니다. 이 목표는 사회 안의 다른 주체들에게도 정당해야 한다. 이러한 정당화는 일상적 의사소통의 공유된 구조에 의존하는데, 그 구조는 일상적 의사소통을 사용하는 사람들의 주관적 인식을 초월한다. 그 구조는 초월적인데 왜냐하면 그 구조가 세속 사회에서 타당성과 정당성을 확립할 가능성의 조건이기 때문이다. 그러나 역사적으로 특수한 맥락에서 발생하므로 우연적이기도 하다. 그리고 바로 이 점이 보다 보편적인 정당화 형태와 보다 지역적인 형태 사이의 긴장을 만들어 낸다. 자연 과학은 보편적 타당성을 요구하는 반면, 윤리적 문제와 미학적 문제는 때때로 지역적 관점에서 정당하게 다루어질 수 있다. 자연 과학만이 자기 주장에 대해 정당하게 타당성을 주장할 수 있다는 과학주의적 가정에 빠지지 않으면서, 다양한 종류의 타당성을 어떻게 연관시킬 수 있을까?

《의사소통 행위 이론》은 오로지 철학서로만 의도되지 않았다. 사실 이 책의 관심사는 주로 사회학적인 것이다. 이 책은 세속화된 근대 사회에서 "합리성의 조건"(1981: 16)을 살펴보고자 한다. 이러한 접근 방식은 영미 분석 철학 전통에 깊은 영향을 받았는데, 1970년대에 아펠과 투겐트하트는 하버마스에게 분석 전통의 중요성을 절실히 느끼게 했다. 이러한 점은 현대 독일에서 분석 철학 스타일에 관심을 일으킨 주요 요인이 되었다.《의사소통 행위 이론》을 이해하기 위한 핵심은 '의사소통 행위'를 해석할 수 있는 다양한 방식에 있다. 이 말의 요지는 언어가 객관적 세계를 표상하는 것으로 이해되어야 한다는 생각에서 벗어나자는 것이다. 이는 하버마스가 프레게 전통이나 전기 비트겐슈타인과 거리를 두는 것이다. 그 대신 언어는 주로, 행동을 조정하고 정당화하기 위해서 다른 사람들과 함께 이해에 이르는 길이다. 이러한 점까지는 니체의 관점에 비추어 볼 때 언어가 불가피하게 권력■과 연결될 수밖에 없어 보이며, 언어의 주요 기능은 원하는 것을 얻기 위한 수단으로, 전략적인 기능으로 보인다. 그러나 하버마스는 의사소통이 목표 추구를 위해 착수한 행동과 같다고 보지 않는다. 그는 언어에 수단-목적 관계 말고도 다른 차원이 있다고 생각한다. 따라서 그는 의사소통을 단지 의식적 또는 무의식적 권력 행사를 위한 수단으로 환원하고자 하는 이들에게 반대한다. 그렇다면 문제는 권력에 기반하지 않은 이성 개념에 대한 논증이 얼마나 설득력 있을 수 있는가다. 하버마스에 대한 주요 반대 의견 중 몇 가지는 이러한 점에 있다.

하버마스는 다른 사람의 의사소통 행위를 이해하는 능력 자체가 이미 합리성의 근본 측면을 포함하고 있다고 주장한다. 논증에 참여한다는 사실은 '합의라는 텔로스'를 수반한다. 즉, "이해에 이르는 것은 인간 언어에 텔로스로서 내재한다"(같은 책, 387). 따라서 논증에 순전히 전략적으로 참여할 필요가 없는데, 왜냐하면 "더 나은 논증의 기묘하게도 강제성 없는 힘"(같은 책, 52-53)에 설득되어 처음에 동의하지 않던 것에 대해 동의하게 될 수 있기 때문이다. 이 힘은 자기 이익을 초월하는 약속에 의존하는데, 이는 칸트가 다른 사람을 단지 자신의 목적을 위한 수단으로 여겨서는 안 된다는 '목적의 왕국' 개념으로 의도한 것과 비슷한 시사점이 있다. 《의사소통 행위 이론》에서 하버마스는 규제적 관념으로 기능하는 '이상적인 발화 상황' 개념을 사용하여, 진리 탐구가 전략적 이해관계에 의해 왜곡되지 않는 의사소통에 관한 관점을 제시한다. 그러나 하버마스는 나중에 이 개념을 폐기한다. 비강압적 논증의 이상을 믿는다 해도, 그러한 논증이 언제 일어나는지 안다고 주장할 수 없으므로, 이 개념이 실제로는 작동하지 않는다는 것이다. 하지만 하버마스는 합리성이 규범에 대한 약속, 이를테면 자신이 틀렸음을 인정할 준비가 되어 있는 상태를 포함하고 있다는 가정을 포기하지는 않는다. 그는 언어의 '발화수반적'illocutionary 측면과 관련된, J. L. 오스틴의 《말로 행위 하는 법》의 '언어행위 이론'에서 가져온 것들로 자신의 구상을 정식화한다. 발언의 발화수반적 측면은 발언의 명백한 명제적 내용에는 드러나지 않는다. 그것은 오히려 사회생활에서 '수행적' 행위로서 발화가 의도하는 바다. 사회생활에서 사람들은 특정한 맥락에서 효과를 얻기 위해 말한다. 이러한 관점에서는 객관적 세계에 대한 지식 주장이 우선되지 않는다. 그것은 의사소통 행위의 한 요소일 뿐이다.

칸트가 인식, 윤리, 미학의 세 가지 비판으로 나눈 것과 베버의 근대 합리성에 대한 견해를 따라, 하버마스는 "각각의 고유한 논리를 따르는"(같은 책, 234) "과학, 도덕, 예술"(같은 책, 202)이라는 세 가지 가치 영역의 분화라는 측면에서 근대성을 본다. 이들 영역은 서로 다른 종류의 "타당성에 관한 비판 가능한 주장", 즉 "명제적 진리, 규범적 올바름, 주관적 진실성"(같은 책, 114)을 포함한다. 하버마스는 논리 실증주의가 경험적으로 검증 가능한 명제에서 토대를 찾는 식으로 이러한 각 영역의 타당성의 토대를 찾지 않는다. 그 대신 인간 활동의 다양한 영역에서 타당성 주장이 어떻게 '유효화'cashed in될 수 있는지에 집중한다. '의식 철학'이 추구하는 식으로 인간의 관심 영역에 직접적으로, 언어 외적으로 접근할 방법이 없기 때문에, 주장의 유효화는 오직 의사소통 행위를 통해서만 가능하다. 우리의 지식이 감각 자료에서 도출되어야 한다는 경험론의 주장조차도 이 주장이 어떻게 타당해질 수 있는지에 관한 **논증**으로만 정당화될 수 있지, 감각 자료 형태로 '주어진' 것에 호소하는 순환 논리로는 정당화될 수 없다. 하버마스는 객관성을 위한 최선의 기회는 속박되지 않고, 강압적이지 않은 의사소통에서 발생한다는 가정하에 진리 합의 이론의 한 형태를 제안한다. 합의 이론의 문제점은 보편적 합의가 거짓일 수도 있다는 점이다. 의사소통이 전략적 이해관계로 제약받지 않는다 해도, 그것이 진실로 이어지리라는 보장은 없다. 따라서 하버마스는 가장 확실한 진리로 보이는 것에 대해서도 우리는 언제나 틀릴 수 있기 때문에, 철저한 '오류가능주의'에 대한 대안은 없다고 주장한다.

하버마스는 사회생활에서 이해라는 부인할 수 없는 사실을 설명하기 위해 후설의 생활 세계 개념의 한 형태를 차용한다. 이는 모든 특수한 개별 의사소통의 배경을 이루어야 하는 공유된 이해의 지평을 이룬다. 의사소통 행위는 역사적으로 정해졌으나 검토되지는 않은 수많은 합의에 의존한다. 이러한 합의가 있어야만 의미 있는 의견 충돌도 가능한 것이다. 이러한 발상은 도널드 데이비슨의 '자비의 원칙'에 가깝다. 이 원칙에 따르면 우리는 다른 사람이 말하는 것을 대부분 사실이라고 가정해야 하는데, 그렇지 않으면 우리는 다른 사람과 의견이 다를 때 서로 이해할 수 없는 것은 물론이거니와, 그가 언어로 말하고 있다는 것조차도 알 수 없기 때문이다. 그러나 생활 세계라는 배경지식은 "엄밀한 의미에서 전혀 지식이 아닌데"(1992: 39) 왜냐하면 오류가 가능하지 않고, 그것이 타당하게 주장될 수 있는지에 대한 논의에 열려 있지 않기 때문이다. 이러한 한계 설정은 세계를 드러내는 인간 의사소통의 모든 영역에서 진리가 발생한다는 가다머의 생각과 충돌한다. 여기서 세계-드러남으로서의 진리 개념과 명제적 주장으로서의 진리 개념의 차이는 여전히 논쟁의 여지가 많은 문제로 이어진다. 우리가 항상 의존하는 생활 세계의 일상적 지식은 과학적 검토에서는 성립이 되지 않더라도 그 고유의 타당성이 있는 것으로 보인다. 그렇다면 철학은 후설과 하이데거에게서 보았던 것처럼 애초에 과학 활동이 가능하려면 필요한 배경지식, 그리고 배경지식과 모순되는 경향이 있는 과학적 지식 모두를 어떻게 다룰 수 있을까? 하버마스가 볼 때 철학은 생활 세계에 근거를 둔 이해에 의존해야 한다. 이것이 바로 의사소통 행위 개념의 요지다. 즉, 이는 무시간적인 선험적 구조에 의존하는 게 아니라, 항상 일상적인 의사소통에서 이미 일어난 것을 분석하는 것이다. 따라서 철학적 주장의 지위 자체가 문제 있어 보이는 이유는 철학적 주장이 우리에게 전적으로 투명하게 드러날 수 없는 것에 뿌리를 두고 있기 때문이다. 진리는 일상적인 의사소통의 일부이면서 동시에 궁극적으로는 그것을 넘어서는 것으로 보인다. 이 모순이 어떻게 조화될 수 있을까?

　기본적인 난점은 믿음이 참이라고 주장되려면 정당화되어야 하는데, 오류가능주의는 정당화에 끝이 있을 수 없다고 주장한다는 점이다. 하버마스는 "모든 정당화 너머로 이어지는 진리를 찾아내는 것이 정당화의 목표다"(1999: 53)라고 주장한다. 이는 정당화를 넘어 진리에 도달하는 또 다른 방법이 있어야 한다는 말이지만, 하버마스는 그것이 무엇인지 구체적으로 밝히지 않는다. 그는 의견과 무조건적 진리 사이의 차이가 없어지지 않으려면, "객관적이고 우리의 설명과 독립적인 세계가 전제"(같은 책, 249)되어야 한다는 또 다른 주장으로 자기 주장을 뒷받침한다. 그러나 그는 이 전제가 '형식적'일 뿐, 즉 우리가 의사소통에서 사용하는 규제적 관념일 뿐, 우리가 그 존재를 아는 그런 것이 아니라는 점도 인정한다. 만일 그런 세계가 존재한다고 가정했다면, '형이상학적 실재론'의 한 형태를—세계의 진리가 그것을 알 수 있는지 여부와 절대적으로 독립적으로 존재해야 하며, 따라서 우리의 모든 믿음이 거짓일 수도 있다는 생각을— 고수해야 했을 것이다. 이러한 이론을 받아들인다면, 의사소통 행위 이론의 주요 목표가 무효화될 수 있다. 즉, 우리가 지식을 확립할 때 우리가 하는 일에 어떤 필연적 영향도 미치지 않는 이러한 성격의 형이상학적 딜레마에서 벗어나는 것이 무효화될 수 있다. 이러한 문제들은 여전히 상당히 논쟁거리이며, 하버마스가 이러한 난점들에 전적으로 그럴듯한 답변을 가지고 있는지도 분명하지 않다.

그러나 하버마스 작업의 중요성은 이러한 철학적 물음들에 대한 그의 학술적technical 기여보다는 이러한 물음들을 근대 사회 세계와 연결한 방식에 있다. 이 경우 중요한 쟁점은 진리에 관한 물음들이 하버마스의 근대성 개념화와 어떻게 관련되는가다. 진리의 본성에 관한 난점들이 구체적으로 사회에서 나타나는 영향은 가치 영역들이 어떻게 서로 관련되는가 하는 물음과, 이러한 영역들에서 활동의 결과가 생활 세계에 어떻게 영향을 미치는가 하는 물음에서 분명해진다. 하버마스의 이론이 직면한 난점이 무엇이든 간에, 그것은 여전히 근대성에 본유적인 억압적 본성에 관한 아도르노의 결론을 피해 가면서 문제들을 탐구할 방법을 제공한다. 전근대 사회에서는 근대성에서 분화된 영역들이 분리되지 않았고, 그래서 예컨대 지식의 타당성이 공적인 논증과 증거가 아니라 사회적 지위가 우월한 사람의 권위에 근거하여 확립될 수 있었다. 전근대 사회는 "언어적으로 구성된 세계상을 … 세계 질서 자체와"(1981: 81) 동일시했다. 하버마스가 볼 때, 이러한 상황에서 벗어난다는 것은 벤야민 사상이 이따금 내비치는 것과 같은 이른바 언어와 세계의 보다 순수한 관계의 상실을 수반하지 않는다. 오히려 타당성 주장을 끊임없이 비판할 가능성은 하버마스가 근대성에 매우 중요하다고 생각하는 인지적, 도덕적, 미학적 발전을 가능하게 한다. 하버마스가 볼 때, 급속한 기술과 과학의 진보, 민주주의와 자율적 예술의 출현은 과학, 근대법, 근대 예술을 위해 개발한 구체적인 유형의 검증에 달려 있다.

그렇다고 하버마스가 근대성 발전에 대해 순진한 긍정적 견해를 내놓지는 않는다. 그의 작업은 결국 독일 역사의 트라우마에 대한 반응이기도 하며, 민주주의를 철학에 필수적인 부분으로 만들어서 이러한 트라우마의 반복을 피해야 할 필요성이 작업에 동기를 부여했다. 근대 시기에 분리된 가치 영역들이 발전한 것은 전근대의 정당화 방식에서 진일보했음을 나타낸다. 파괴적인 결과를 초래한 것은 각 영역의 관계 방식이다. 이러한 생각은 과학 기술의 결과가 종종 생활 세계에 참사를 가져오며 상호 작용한 근대 독일 역사의 발전에 관한 많은 것을 설명하는 데 유용하다. 그는 근대성에 대한 주요 우려 중 하나를 "생활 세계의 식민지화"(같은 책, 10)라는 개념에 요약한다. 베버의 주장처럼, 과학, 정치를 비롯한 근대 생활의 영역들에서 이루어진 전문화는 체계적으로 제도화된 형태를 만들어 낸다. 이는 사람들이 생활 세계에서 자기 삶을 자기 고유의 방식으로 이해하고 경제 및 기술 발전이 삶을 지배하지 못하게 저항하는 능력을 억누를 수 있다. 아도르노는 나치 경험에 비추어서, 근대의 '망상의 맥락'이 사회적 행동과 사고의 가장 기본적인 측면까지도 오염시켰다고 생각한다. 반면 하버마스는 생활 세계에서 발전한 일상적 의사소통의 특정한 구조들이 '식민지화'를 저지**할 수** 있다고 생각한다. 의사소통에서 타당성이 강압적이지 않은 공유된 진리 탐색에 의존할 수 있다는 생각은 그에게 이러한 희망을 준다. 하지만 또다시 문제는 철학이 생활 세계의 실천과 관련하여 어떤 역할을 갖는가다. 하버마스가 생활 세계에서 보는 창조적 언어의 잠재력과 관련하여 의사소통 행위 이론이 의사소통의 구조를 분석하는 것의 위상은 불분명하다.

하버마스는 로티와 마찬가지로 철학이 "오늘날 전체를 하나로 묶는 지식이라는 의미에서, 세계, 자연, 역사, 사회 전체와 관련될 수 없다"(같은 책, 15)고 생각한다. 그러나 하버마스는 철학에서 다른 비판적 담론과 크게 다른 점을 보지 못하는 로티와는 달리, 근대성이 초래한 왜곡을 바로잡는 데 철학이 어떤 역할을 **할 수** 있는지 묻는다. 그의 주장은 철학이 이제 "풀기 힘들게 실이 엉켜 버린 모빌처럼, 인지적-도구적인 것, 도덕적-실천적인 것, 미적-표현적인 것 사이에서 얼어붙은 상호 작용이 다시 이루어지게 하는 데 적어도 도움이"(1983: 26) 될 수 있다는 것이다. 철학은 서로 다른 전문화된 분야가 소통할 수 있게 함으로써 재판장이 아닌 '통역가' 역할을 할 수 있다. 실제적인 차원에서—예컨대 대학에서—철학은 학문 간에 방법론적 장벽을 허무는 데 유용한 역할을 할 수 있다(물론 실제로 그렇게 하는 경우는 거의 없지만 말이다). 하지만 각 영역이 어떻게 상호 작용해야 하는지에 관한 전반적인 구상을 제공하지 않고서, 어떻게 하버마스의 관점에서 철학이 이러한 새로운 역할에 대한 방법론적 주장을 할 수 있겠는가? 의사소통 행위 이론은 우리가 생활 세계에서 인지적, 윤리적, 미학적 문제들을 다루면서 이미 항상 하고 있는 식의 분화를 이론화하는 것을 전제하고 있다. 하지만 이러한 다양한 종류의 문제들은 하버마스가 주장하는 것만큼 명확히 구분되지 않는다. 타당성 주장의 종류를 구분하는 것 자체가 논란이 되면 어떻게 되는가? 이러한 논란에서 의사소통 행위 이론은 어떻게 심판을 볼 것인가? 디터 헨리히는, "의식과 감정이 단지 신호를 방출하는 뉴런들의 복합체에 불과한 실험실에서 나와서, 사랑하는 가족의 품으로 돌아가는"(Henrich 1982: 60) 신경생리학자의 사례를 인용한다. 어떤 감정 기술이 선호되며, 그 근거는 무엇인가? 이 이론이 문제를 알맞은 영역에 할당할 수 있도록 다른 영역들 바깥에 있어야 하는가? 하지만 그런 경우, 하버마스가 이제는 옹호할 수 없다고 생각하는 것과 같은 형이상학적 역할을 하는 게 아닌가?

힐러리 퍼트넘은 자연 과학자들이 예측 능력과 설명 능력을 갖춘 이론에 실제로 도달하는 방식과 관련하여, 하버마스의 구상에서 근간을 이루는 난점을 제시한다. 과학자에게 기본적인 문제는 어떤 현상에 대해 무수히 많은 수의 과학적 설명에 이를 수 있다는 점이다. 따라서 과학자의 문제는 종종 해석학적 문제다. 다른 형태의 이해와 마찬가지로, 이론을 선택하는 일은 완전하게 공식화될 수 없는 배경 지식에 기반한 평가에 의존한다. "물리 과학은 정합성, 단순성 등에 관한 판단을 전제하고 있다. 그러나 정합성, 단순성 같은 것들은 **가치** **다**"(Wingert and Günther 2001: 310에서 인용). 이는 과학 자체가 명제적 진리에 의존하는 것만큼이나 '규범적 올바름'에 의존하는 경우가 흔하다는 의미이다. 그렇다면 개념상 분리된 영역들 사이의 상호 작용이 이미 존재하는 것이다—정합성, 단순성 등은 미학 담론에도 물론 필수적이다. 퍼트넘의 요지는 자연 세계에 관한 주장이 그것의 진리의 측면에서 평가할 수 있는 만큼이나, 가치도 그렇게 평가할 수 있어야 한다는 것이다. 결국 이것은 진리가 객관적 실재의 표상이라는 실증주의적 개념에서 벗어나서 모든 종류의 타당성 주장을 포함하는 의사소통 행위 이론으로 나아가는 한 지점이었다. 아도르노의 제자 하버마스는 자연 과학의 우위를 암묵적으로 가정함으로써, 빈학단의 가정들과 너무 가까운 쪽으로 간다. 독일에서 가장 영향력 있는 철학자에 맞서, 독일 형이상학이 근대성의 다양한 영역들을 통합하려고 시도한 측면들을 환기해 준 이는 카르납의 제자 퍼트넘이다.

전망

하버마스와 퍼트넘 간의 이러한 부분적인 역할 전환은—두 사람은 다른 여러 쟁점에 대해 서로 의견이 일치하고 있고, 하버마스의 입장 역시 분명히 과학주의에 비판적이다—우리가 지금 이 책에서 고찰해 온 전통의 미래에 관한 물음들을 시사한다. 우리는 독일 철학이 자연 과학의 영향력 확대를 참작해야 할 필요성과, 자연 과학이 근대 문화에 미치는 영향에 대한 우려 사이의 긴장을 반복적으로 마주했다. 독일 역사에 비추어 볼 때, 하버마스는 헤르더와 하만으로부터 시작된 전통이 "언어, 문학, 예술의 시적인 힘 앞에서, 문제 해결적인 철학 사고를 그만"(Habermas 1991: 90)하는 쪽으로 이어질 수 있다고 우려하는데, 이는 놀랍지 않다. 하버마스가 볼 때는 가장 신뢰할 만한 수단을 사용하여 민주주의적 방식으로 문제를 해결하는 시도가 우선되어야 한다. 하지만 그래서 그는 가끔 자연 과학에 관한 미심쩍은 철학적 관점을 생활 세계의 창조적 자원보다 우위에 놓는다. 다른 한편으로, 점점 퍼트넘은 미국과 같이 기술 지배적 문화에서 철학적 위험을, 과학의 역할이 진리를 유일하게 신뢰할 만하게 전달하는 것이라는 데 대한 비판적 의문 제기로 보는 게 아니라, 공적 생활에서 과학의 역할에 의문을 제기하는 것에 대한 근본적 거부로 보는데, 이것도 놀랍지 않다. 한 문화 안에서 철학의 역할은 하버마스도 말했듯이 종종 지배적 문화 발전에 반대하는 것이다. 문제는 문화에 미치는 과학의 영향이 다양한 사회적·역사적 맥락에 따라 매우 다르다는 점을 고려할 때, 이러한 반대의 **철학적** 기반을 얼마나 확고하게 할 수 있는가다. 예를 들어, 신화적 믿음을 비판하기 위해 과학을 사용하는 것은 보다 전통적인 문화에서 비인간적인 관행과 관련하여 정당한 전략이지만, 하버마스가 분명히 표현했듯이 이 경우에도 비판 대상이 되는 관행에 적절한 방식으로 관여해야 한다.

물론 이러한 문제들이 독일 철학에만 국한된 것은 아니며, 여기는 어떻게 그 문제들이 해결될 수 있을지를 제안하는 자리가 아니다. 그러나 앞선 장들에서 살펴본 바와 같이 독일 철학은 여전히 이러한 문제를 탐구하는 데 다양하고 발전된 자원들을 제공한다. 동시에 현대 세계에서 철학적 무게 중심이 미국이라는 점은 의심의 여지가 없는데, 빈학단을 제외하면 독일 철학은 최근까지 자주 무시되었다. 이렇게 된 이유 중 하나는 독일에서 많은 철학자가 자기 전통이 샅샅이 다루어졌다고 보고, 미국 철학이 설정한 의제에 집중하는 경향이 있기 때문이다. 이에 대한 이상한 반작용으로, 가장 중요한 미국 철학자들이 독일 전통에서 온 발상들에 점점 더 집중하고 있다. 이러한 초점 변화에 접근하는 가장 좋은 방법은 몇몇 현대 철학적 대안들의 특징, 그리고 그 대안들과 우리가 이 책에서 추적해 온 전통의 관계를 간략하게 결론적으로 정리하는 것이다.

대체로 영어권의 분석 철학은 8장에서 살펴본 쟁점들에 비추어 발전된 질문하기 방식에 여전히 기반을 두고 있는데, 이는 "언어에 대한 철학적 분석으로 사고에 대한 철학적 설명을 해낼 수 있다는 확신"(Dummett 1988: 11)이라는 더밋의 말로 요약된다. 이러한 철학은 자연 과학과 밀접한 관련이 있다는 명백한 이점이 있으며, 논리적·개념적 엄밀함을 고집하는 점은 그것의 주요 참고 지점의 엄밀함을 반영하는 모습으로 보인다. 하지만 이 전통이 지배적인 것에 대한 불만이 커지고 있는데, 여기에는 다섯 가지 주요 쟁점이 있다. 이제 이러한 쟁점 중 다수는 여전히 분석적 질문 방식을 추구하는 몇몇 사람의 의제에 통합되는 경우가 많다. 현재 상황에서 중요한 점은 이러한 쟁점들과 관련된 지배적인 분석 철학의 가정들에 대한 여러 반론이 우리가 검토해 온 전통에서 비롯되었다는 것이고, 매우 최근까지도 분석적 전통이 그중 상당수를 거부했다는 것이다.

1. 경험론적 분석 전통을 지향하는 철학은 논리적·개념적 정확성에 관심을 두고 있음에도 불구하고, 자연 과학과 달리, 경험적으로 검증 가능한 예측력이 있는 이론을 만들어 내지 못한다.

2. 과학은 성공적 결과를 이루기 위해 이런 식으로 철학을 동반하는 일이 사실 필요하지 않으며, 이런 식으로 철학과 과학을 연결하여 인식론적 문제를 해결하려는 시도가 실제로 무엇을 위한 것인지 점점 불명확해지고 있다. 그렇다고 지각에 대한 경험적 탐구가 인식론적 문제와 어떻게 관련되는지에 관한 흥미로운 연구가 있을 수 없다는 말은 아니다. 다만 이러한 탐구의 결과가 과학적 지식을 가능하게 하는 것에 관한 토대적 설명이 되지는 않을 것이다.

3. 칸트나 헤겔을 비롯한 이들이 만든 경험론에 대한 반론—예를 들어 '감각적 확신'에 관한 설명에서 헤겔이 취한 반론(4장을 보라)—은 널리 확신되고 있는데, 이는 이 철학자들의 광범위한 주장이 옹호될 수 없더라도 유효하다. 철학의 토대로 역할 할 수 있는 순수하게 경험적으로 '주어진 것'소여은 이제 대체로 신화로 여겨진다.

4. 이제 상당한 연구 영역을 형성하고 있는 분석 철학의 역사는 철학적 문제에 대한 시대를 초월한 해결책으로 나아가는 철학적 진보의 역사가 아니라, 근대성의 특정 문제들에 특정한 이데올로기적으로 초점을 맞추며 생성된 쟁점들에 대한 종종 우연적인 일련의 대응의 역사였다.

5. 엄밀한 사실/가치 구분을 고수하고 철학적으로 허용되는 언어 사용에 제한을 둔다는 것은 윤리학과 미학에 대한 문제들이 종종 매우 부적절하게 다루어진다는 의미다. 더 효과적인 비판, 해석, 의사소통 방식을 개발하는 것이 아니라, 개념 분석의 완전한 명료성을 추구하는 데 관심을 두는 철학은 후자보다 전자의 선행을 요구하는 문제들을 다룰 자원이 없다.

이러한 점을 비롯하여 분석 철학에 대한 여러 우려는 오늘날 철학의 본성과 역할에 관한 더 폭넓은 고민의 한 부분이다. 이는 근대 독일 철학의 자원들이 여전히 매우 가치 있는 지점이기도 하다. 독일 철학은 처음부터 근대성의 도전들에 대응하려는 시도이기도 했고, 따라서 모든 형태의 문화에 대한 비판적 태도와도 항상 연결된다. 영어권에서 칸트를 수용하는 방식은 인식론에 그치는 경우가 많지만, 칸트는 그저 인식론을 저술한 것이 아니다. 오히려 그는 삶의 의미에 관하여 미리 주어진 답이 없는 세계에서 근대 인류의 위치를 찾으려 했다. 칸트는 철학의 초점이 지식 정당화로 축소될 때 벌어질 일에 관하여 이미 경고했으며, 이는 현재 그의 작업에서 새롭게 주목받는 부분이다.

철학의 본성과 역할에 관한 현대의 논쟁들은 언어의 역할, 형이상학의 본질, 자아의 본성, 자연의 지위, 그리고 철학이 최종 토대에 이르지 못했을 때의 결과와 관련하여 서로 다른 초점과 강조점을 제시한다. 이렇게 서로 다른 접근 방식들은 우리가 살펴본 사상가들의 면면들과 연결해 볼 수 있다. 몇 가지 예가 이를 설명해 줄 수 있을 것이다.

1. 디터 헨리히는 칸트와 피히테에 비추어서 언어적 전환이 자기의식에 관한 만족할 만한 설명을 제공하지 못한다고 주장한다. 우리는 상호주관적인 언어의 영역에서 "우리 자신을 타자들 중 하나[한 사람]로 똑같이 원초적으로 이해하고," 언어적 자원이 내 존재에 관한 나의 특수한 느낌을 표현하기에 불충분할 때 "전체 세계와 대립하는 하나[주체]로 이해한다"(1982: 138). 이 말이 타당하다면, 언어가 세계의 다른 모든 측면과 동일한 용어로 주체성에 접근할 수 있어야 한다는 '탈형이상학적' 주장에 어떤 영향을 가져오는가? 헨리히의 생각은 독일 관념론이 희망했던 것처럼 주체가 지식과 윤리의 토대 역할을 할 수 있다는 게 아니다. 그러나 우리 안에 있는 것 중 기존의 관습과 관행의 압력에 저항하고 사물을 표현하는 새로운 방식에 도달할 수 있는 것이 무엇인지에 대한 해명이 없으면, 우리의 자기 이해에서 중요한 무언가가 빠져 있는 것으로 보인다.

2. 칸트가 주장했듯이 자연에 관한 **지식**이 법칙 지배적인 측면에서만 가능하다는 점은 널리 동의되고 있지만, 생태계 위기는 우리가 자연 세계와 관계 맺는 다른 방식과 관련하여 앞서 셸링, 하이데거, 아도르노 등에서 보았던 문제를 되살려 냈다. 외부 자연의 파괴와 이것이 인간 내면의 자연본성에 미칠 수 있는 파괴적 영향을 연결하는, 보다 실질적인 철학적 자연 개념에 이르고자 하는 모든 시도를 부당한 형이상학이라고 가정하는 것이 옳은가? "사유 속에서 세계를 일관되게 만들려는"(같은 책, 60) 시도라는 의미에서 형이상학은 아직은 피할 수도, 지지할 수도 없는 것으로 보인다.

3. 우리가 고찰해 온 철학 중 일부는 지식이나 윤리의 본질적 원리에 관한 토대적 설명을 지향했고, 이는 우리가 살펴본 많은 문제로 이어졌다. 하지만 철학은 낭만주의와 니체의 가장 좋은 측면에서 보았듯이 토대의 만용을 약화하는 수단으로도, 다른 식의 사고방식이 은폐할 수 있는 것을 상기시키는 수단으로도 사용될 수 있다. 하지만 이러한 약화가 니체의 가장 나쁜 측면에서 보았듯이 도덕과 진리에 관한 환원주의적 설명으로 미끄러지거나, 해체적 접근법의 결과로 흔하게 나타나듯이 현실의 인지적이고 도덕적인 딜레마에서 아무런 방향도 제시하지 못하는 식으로 미끄러지는 것을 어떻게 막아야 하는가?

4. 퍼트넘은 철학의 새로운 역할이 문화 비평이어야 한다고 생각한다. 비평적 관점을 정당화하는 데 따르는 여러 난점을 마주해 온 독일 철학에서 우리는 많은 것을 배울 수 있을 것이다.

5. 이러한 문제 중 상당수는 명제적 진리 개념과 세계-드러남으로서의 진리 개념 사이의 긴장과 관련된다. 전자는 인간 실존의 핵심 차원들을 무시할 위험이 있지만, 공적 설명 의무에 대한 요구에 부응할 수 있다. 후자는 공적으로 정당화될 수 없는 것에 호소할 위험이 있지만, 문화가 살아남기 위해 필수적인 의미의 자원을 제공한다. 명제적 개념화는 세계를 드러내는 개념화에 의존하는가? 이러한 문제들에 대한 응답—해답이라기보다—이 여러 중요한 현대 철학의 실질을 형성한다.

내가 마지막으로 말하고 싶은 것은 이 책에서 살펴본 것과 같은 전통을 잊지 않음으로써 철학이 사용할 수 있는 역사적 자원을 계속 인식해야 한다는 것이다. 20세기 영어권 철학은 삶이 무엇인지에 관한 제한된 개념 때문에 근대 문화의 가장 실망스러운 몇몇 측면과 너무 자주 상통했다. 특히 근대 문화가 우리가 탐구해 온 전통과 더불어 끝났다는 잘못된 확신 때문에 그랬다. 이제 상황은 변하고 있으며, 독일 전통은 인정하건대 심각한 결함을 안고 있지만, 그런 모든 결함에도 불구하고 여전히 면밀하게 검토할 가치가 있다.

더 읽을거리

여기에는 영어로 된 2차 문헌이 거의 없는 현대 독일 철학자들의 책 번역본도 있다.

Bernstein, R. (ed.) (1985) *Habermas and Modernity* (Cambridge, MA: MIT Press). 비판적 논문 모음집.

Bowie, A. (1999) "German Philosophy Today: Between Idealism, Romanticism, and Pragmatism", in Anthony O'Hear (ed.), *German Philosophy Since Kant*, Royal Institute of Philosophy Lectures (Cambridge: Cambridge University Press). 현대 철학을 위한 독일 고전 철학 전통의 유산에 대한 평가.

Dews, P. (ed.) (1992) *Jürgen Habermas: Autonomy and Solidarity* (London: Verso). 깨달음을 주는, 하버마스와의 인터뷰 시리즈.

Dews, P. (ed.) (1999) *Habermas: A Critical Reader* (Oxford: Blackwell). 보다 덜 익숙한 각도에서 하버마스에게 접근하는 좋은 비평 논문 모음집.

Frank, M. (1989) *What is Neostructuralism?* (Minneapolis: University of Minnesota Press). 김윤상 옮김, 《신구조주의란 무엇인가》 1-2(고양: 인간사랑, 1998-1999). 현대 독일의 주요 철학자가 독일 전통에 비추어 본 프랑스 포스트구조주의에 대한 광범위한 연구.

Frank, M. (1997) *The Subject and the Text: Essays in Literary Theory and Philosophy* (Cambridge: Cambridge University Press). 문학 이론의 철학적 쟁점들에 관한 주요 논문들. 서론은 프랑크의 작품에 대한 광범위한 설명을 제공한다.

Freundlieb, D. (2003) *Dieter Henrich and Contemporary Philosophy* (Aldershot: Ashgate). 영어권에서 아직 거의 알려지지 않은 현대의 주요 사상가에 대한 영어로 된 첫 연구서.

Habermas, J. (1977) "A Review of Gadamer's *Truth and Method*", in F. Dallmayr and T. McCarthy (ed.), *Understanding and Social Inquiry* (Notre Dame: Notre Dame University Press). 하버마스와 가다머의 관계를 살펴보기에 가장 좋은 출발점.

Holub, R. (1991) *Jürgen Habermas* (London: Routledge). 사회 비평가로서의 하버마스에 관한 훌륭한 연구.

McCarthy, T. (1984) *The Critical Theory of Jürgen Habermas* (Cambridge: Polity). 하버마스에 관한 영어로 된 표준 연구.

Tugendhat, E. (1982) *Traditional and Analytical Philosophy* (Cambridge: Cambridge University Press). 독일 청중을 대상으로 한 분석

철학 강의를 바탕으로 저술한, 분석 철학자와 유럽 철학자 모두에 대한 통찰이 가득한 책.

Wachterhauser, B. (ed.) (1986) *Hermeneutics and Modern Philosophy* (Albany: SUNY Press). 유용한 논문 모음.

Warnke, G. (1987) *Gadamer: Hermeneutics, Tradition and Reason* (Stanford: Stanford University Press). 가다머 작업의 주요 면면에 관한 좋은 설명.

Weinsheimer, J. (1985) *Gadamer's Hermeneutics: A Reading of Truth and Method* (New Haven, CT: Yale University Press). 가다머의 대표작에 관한, 손꼽히는 가다머 학자의 좋은 설명.

Wellmer, A. (1991) *The Persistence of Modernity* (Cambridge: Polity). 아도르노의 가장 흥미로운 제자 중 한 명이 쓴 근대성과 탈근대성에 관한 중요한 논문 시리즈.

용어 설명

철학자들은 흔히 정의definitions를 미덥지 않은 것으로 여기는데, 당연한 일이다. 여기서 용어 설명은 단지 독자들에게 생소한 용어를 더 탐구할 수 있게 해 주는 하나의 수단일 뿐이다. 이는 확정적인definitive 설명이라 할 수 없으며 최대한 단순하게 설명한 것이다.

가언 명령 假言命令, hypothetical imperative   명령을 보라.

개별 기술적 個別記述的, idiographic   사물을 지배하는 일반 법칙보다 사물의 특수성에 관심을 두는 과학.

검증주의 檢證主義, verificationism   경험적 관찰로 검증할 수 있는 진술만이 무언가를 의미하거나 참일 수 있다는 교설.

결정론 決定論, determinism   자연의 모든 사건에는 필연적 원인이 있으며, 따라서 자유는 환상이라는 교설.

결정성 決定性, determinacy   어떤 구체적인 상태를 갖는 것.

경험론 經驗論, empiricism   모든 지식이 선험적 원리에 기대지 않고 감각 경험에 의존한다는 교설.

계몽주의 啓蒙主義, Enlightenment   인간 이성에 우주 만물을 설명하고 도덕성의 기초를 제공할 능력이 있다고 믿은 근대의 철학 운동이자 지성 운동. 이 용어에는 여러 다른 의미가 있으며, 그 의미들은 때때로 서로 상충한다.

계보학 系譜學, genealogy   무언가의 기원에 관한 설명.

과학주의 科學主義, scientism   과학 법칙을 수반하는 설명만이 진리를 주장할 수 있다는 교설.

관념론 觀念論, idealism   버클리 철학에서, "존재한다는 것은 지각한다는 것"being is perceiving이라는 교설. 존재하는 무언가에 대해서 우리는 오로지 그것을 생각함으로써 알 수 있으므로, 실재가 단지 관념 이상의 것이라고 가정할 권리가 없다. 이러한 의미의 관념론은 독일 관념론과 구분해야 한다(3장을 보라). 독일 관념론은 사유와 세계가 같은 구조임을 보여 주고자 한다.

교조주의^{敎條主義, dogmatism} 칸트 철학에서, 세계의 본래적 질서에 관하여 미리 상정해 놓은 신학적 관념들에 의존하는 철학. 칸트가 제1비판서에서 비판한 '순수 이성'은 교조주의의 한 형태다.

구성적 관념 ^{構成的觀念, constitutive idea} 칸트 철학에서, 규제적 관념과 대비되며, 어떤 것의 궁극적 실재를 기술한다고 여겨지는 관념.

귀납^{歸納, induction} 일련의 서로 다른 개별 현상에서 그 현상들을 설명하는 법칙으로의 이행.

규제적 관념 ^{規制的觀念, regulative idea} 이 말이 가리키는 바가 실제로 현존하는지 증명할 수 없어도, 우리의 생각의 방향을 설정하는 관념. 칸트 철학에서, 법칙에 묶인 체계로서의 자연이라는 관념이 그러한 규제적 관념이다.

내재^{內在, immanence} 어떤 것 '안에 거함.' 자신을 넘어서는 무언가를 취하는 초월과 대조됨.

노에마 ^{noema} 지각된 대상의 의미. 대략 예를 들자면, 어떤 나무 자체가 아니라 그 나무의 존재 방식.

노에시스 noesis　　대상이 파악되는 방식. 예를 들어 기억이나 믿음의 측면에서 파악되는 방식.

대륙 철학 大陸哲學, continental philosophy　　칸트와 독일 관념론에서부터 해석학, 비판 이론, 해체까지의 전통을 프레게에서 현재까지의 분석적 전통과 대조하기 위해 흔히 사용하는 용어. 이러한 구분은 점점 불필요해지고 있다.

도구적 이성 道具的理性, instrumental reason　　목적을 위한 수단 추구에 기반한 이성으로, 칸트가 가언 명령이라고 칭한 것을 요구한다.

도식 圖式, schema, pl. schemata　　칸트 철학에서, 개념이 현상과 연결되는 수단.

도식작용 圖式作用, schematism　　칸트 철학에서, 선험적인 것과 경험적인 것을 연결하는 마음의 기능.

독일 관념론 獨逸觀念論, German Idealism　　주로 피히테, 셸링, 헤겔의 철학을 가리키는 용어. 근대 세계와 인류의 관계에 대한 새로운 설명을 제공하기 위한 하나의 방식으로, 사유의 구조와 자연의 구조 간 관계를 설명하고자 했다.

독일 낭만주의 獨逸浪漫主義, German Romanticism　　철학에서는 독일 관념론

의 몇몇 목표에 대해 비판적이었던 노발리스, 프리드리히 슐레겔, 슐라이어마허와 주로 관련된 용어.

동어 반복同語反復, tautology   같은 것을 두 번 말하는 진술. 예컨대 '어떤 사람은 사람이다.'

디오니소스적 Dionysian   아폴론적과 대립되는, 창조와 파괴의 혼란스러운 영역.

매개媒介, mediation   무언가가 다른 사물과 관련됨으로써 매개된다.

명령命令, imperative   행동의 당위와 관련된 원칙. 칸트 철학에서는 가언 명령과 정언 명령이라는 두 종류의 명령이 있다. 가언 명령은 특정한 목적을 위해 요구되는 명령이다. 정언 명령은 다른 모든 사람이 따르기를 바라는 행동 원칙에 따라 행동하라는 명령이다.

명제命題, proposition   무언가에 관한 주장. 예컨대, '이 와인은 좋다.'

문맥 의존 지시어文脈依存指示語, indexical   '이것', '지금'과 같이 구체적인 맥락에서만 그 의미가 발생하는 단어.

물리주의物理主義, physicalism   모든 것, 심지어 우리가 정신이라고 생각하는 것조차 결국에는 물리적이라는 정립.

미감적 관념 美感的觀念, aesthetic idea   칸트 철학에서, 선함이나 용기 같은 추상 관념을 개념적 언어는 적절하게 담아낼 수 없으므로, 지각할 수 있는 것을 통해 그런 추상 관념을 담아내는 이미지나 사유.

미학 美學, aesthetics   18세기 말 이전에는 지각 이론을 의미했다〔감성학〕. 18세기 말 이후에는 예술과 아름다움에 관한 이론을 의미하게 된다.

반성 反省, reflection   내가 거울을 바라봄으로써 나 자신의 이미지를 바라보고 있는 나 자신의 이미지를 볼 때처럼, 무언가를 두 개의 연관된 측면으로 나누는 것.

반성적 판단 反省的判斷, reflective judgement   개별적인 것들을 추상함으로써 일반 규칙을 찾는 판단.

반정립 反定立, antithesis   어떤 주장에 반대되는 주장. '인간은 자유 의지를 갖는다'라는 정립에 대해, '인간은 자연의 일부로, 자연과 같이, 전적으로 결정되어 있다'라는 반정립으로 반대할 수 있다.

범논리주의 汎論理主義, panlogism   실재 전체가 그 안에 내재된 어떤 이성에 의해 지배된다고 제안하는 교설.

범신론 汎神論, pantheism   신과 자연이 동일하며 따라서 모든 것이 신이라는 교설.

범주 範疇, categories   칸트에게, '지성의 순수한 개념들', 즉 경험에 의
존하지 않는 사유의 형식들로, 선험적이지만, 우리의 경험 지식에
필수적인 것.

법칙 정립적 法則定立的, nomothetic   물리학처럼 일반 법칙과 관련되는 과
학.

변증법/변증학 辨證法/辨證學, dialectic   플라톤 철학에서, 토론을 통해 진
리를 찾아가는 것. 칸트 철학에서, 현상계를 다루는 데에만 타당
한 사유 형식들을 예지계의 사물 자체에 관해 말하는 데 사용하
는 것. 헤겔 철학에서, 모든 개별 사유는 체계 내의 다른 사유와
관련되어야 하므로 '부정적' 否定的이라는 사실에 관한 설명. 헤겔 철
학에서 변증법은 '아우프헤붕' Aufhebung(때때로 '지양' sublation으로 번역되
는 이 단어는 '부정' 내지 '파괴', '보존', '고양'이라는 삼중적 의미가 있다)에
의해 작동한다.

분석 철학 分析哲學, analytical philosophy   철학적 문제를 언어 분석으로 해
결하려 하는, 20세기 초에 개발된 철학.

분석 판단 分析判斷, analytic judgement   '총각은 결혼하지 않은 남성이다'
와 같이 정의에 의해 참인 판단.

비이성주의 非理性主義, irrationalism   이성을 참된 통찰의 장애물로 간주하는 교설.

비판 이론 批判理論, Critical Theory   철학이 사회의 부정의한 특성에 대한 비판으로 이루어져야 한다는 이론으로, 프랑크푸르트학파와 관련된다.

사물화 事物化, reification   사물로 만드는 것. 예를 들어, 개별 인간의 특성이 무시됨으로써 사람들은 사물화된다.

상대주의 相對主義, relativism   모든 진리 주장은 사회적 맥락, 또는 역사적 맥락, 또는 그 주장이 나온 언어에 따라 상대적이므로 절대적일 수 없다는 생각.

선험적 종합 판단 先驗的綜合判斷, synthetic judgement a priori   경험에 의존하지 않으면서도 지식을 더하는 판단. 칸트는 수학이 그러한 판단들로 구성된다고 보았다.

선험적 先驗的, a priori   '최초부터'에 해당하는 라틴어로, 경험으로부터 배울 수 없는 것을 지칭하며, 따라서 경험에 앞서 있어야 한다.

소외 疏外, alienation   포이어바흐에게, 인간에게 속한 것을 신에게 귀속시키는 오류. 마르크스에게, 인간의 잠재력을 깨닫지 못하게 훼방

받은 사람의 상황, 또는 사람의 노동이 어떤 식으로든 자신에게
속하지 않은 상황(6장에서 더 자세한 의미를 보라).

수용성 受容性, receptivity   대상적객관적 세계에 영향을 받을 수 있는 능력.

수행적 遂行的, performative   청자에게 영향을 미치는 행위 형태로 생각
되는 언어를 설명하기 위해 사용하는 말. '설득의 기술'인 수사학
은 언어의 수행적 성격과 관련된다.

실용주의 實用主義, pragmatism   관념들의 유용성이 주된 관심사여야 한
다고 보고, 따라서 진리를 어떤 독립적인 실재에 대한 올바른 표
상으로 이해해야 한다는 사상을 거부하는 철학.

실재론 實在論, realism   실재가 그것이 생각되는 방식과 독립적으로 있
다는 교설(실재론을 특징짓는 여러 다양한 방식이 있다).

실존주의 實存主義, existentialism   실존이 본질보다 앞선다는 교설. 즉, 지
금의 우리는 우리의 본성에 의해 이미 확립된 것이 아니라 행동
을 통해 되어 가는 것이라는 의미다. 실존주의는 또한 아무것도
없지 않고 무언가가 있는 이유가 없다고 상정하므로, 우주가 우
연적이라고 본다.

실증주의 實證主義, positivism   콩트 철학에서, '신학적'이고 '형이상학적'

인 단계를 경험적 관찰에 기초한 지식이라는 이름으로 극복한 결과인 과학의 마지막 단계. 나중에는 논리 법칙에 따른 질서가 있는 경험적 관찰에서만 유효한 지식이 도출된다는 생각을 가리키는 경향이 생긴다.

실천 이성實踐理性, practical reason   행동을 위한 원리와 관련되는 이성.

심리주의心理主義, psychologism   논리를 포함한 사고의 모든 측면이 심리학에서 발견한 마음의 법칙으로 설명될 수 있다는 교설. 이 용어는 좀 더 느슨하게 사용되어, 문화적·사회적 문제가 개인의 내면생활의 측면에서 이해될 수 있다는 관점의 특성을 나타내기도 한다.

아폴론적 Apollonian   디오니소스적과 대립되는, 형상과 질서의 영역.

역사적 유물론歷史的唯物論, historical materialism   실재에 대한 우리의 개념 형성은 역사적으로 발전된 고유한 사회 형식들 안에서 인류가 물질적 자연과 상호 작용한 결과라고 보는 교설.

연역演繹, deduction   보통은 어떤 원리로부터 추론하는 것을 가리킨다. 이를테면 무언가가 땅에 떨어지는 이유를 중력 법칙을 바탕으로 추론하는 것처럼 말이다. 칸트 철학에서는 어떤 사유 형식을 정당화한다는 옛 독일적 의미도 있다.

예지적 叡智的, intelligible 칸트 철학에서, 예지계는 감각으로 접근할 수 없는 세계 '자체'로 인간의 자유가 위치한 곳이다.

예지체 叡智體, noumenon, pl. noumena 칸트 철학에서, 우리의 이해와 독립적으로 존재하는 사물.

오류가능주의 誤謬可能主義, fallibilism 가장 확실하게 확인되는 믿음조차도 거짓으로 판명될 수 있다는 교설.

오류추리 誤謬推理, paralogism 형식이 잘못된 논증.

우연성 偶然性, contingency 앞선 필연성으로 설명할 수 없는 것을 가리킨다. 예를 들어, 우리가 세계의 실존을 설명하기 위해 신 개념을 사용할 수 없다면 세계의 실존은 우리에게 우연적일 것이다. 우리가 세계에서 마주칠 것에 관한 우리의 예측이 옳다고 판가름 날지를 결코 확신할 수 없으므로 우리가 세계에서 마주치는 것은 우연적이다.

유신론 有神論, theism 세계를 창조했고 세계 안에 내재하는 '인격체'로서의 신에 관한 믿음.

유아론 唯我論, solipsism '나 홀로'라는 라틴어에서 유래한 말로, 나는 내가 실존한다는 것만 확신할 수 있고 따라서 나머지 세계의 실재는 나의 의식에 의존한다는 교설.

의사소통 이성 意思疏通理性, communicative reason 선험적 원리에 기초하지 않고, 진리를 추구하는, 비강압적인 논증 및 토론에 기초하는 이성.

이가성 二價性, bivalence 주장이 반드시 참 또는 거짓이어야 한다는 가정.

이데올로기 ideology 이념관념 체계. 마르크스 철학에서는 현실 인식을 왜곡하는 이념관념 체계를 의미하게 된다.

이신론 理神論, deism 어떻게 신이 자신이 창조한 세계에 내재하기도 하는가를 계시를 통해 이해하는 유신론의 신이 아니라, 우주의 지성과 합리성을 창시한 자로 신을 생각하는 교설. 이신론과 유신론의 의미는 시대에 따라 달라진다.

이율배반 二律背反, antinomy 칸트 철학에서 '상반되는 법칙들'로, 예를 들면 자유 의지와 결정론의 대립.

인식론 認識論, epistemology 지식 이론theory of knowledge.

자발성 自發性, spontaneity 다른 무언가에 의해 야기되는 게 아니라 '자체가 원인'이라는 것. 칸트는 우리의 사물 인식 능력을 능동적 판단으로 특징짓기 위해 이 말을 사용했다.

자율 自律, autonomy   타인에게 강요당하지 않고 자기가 자신에게 법을 부과하는 것.

전체론 全體論, holism   어떤 개별 현상도 그것만 따로 떼어 놓고 이해할 수 없으므로, 그 개별 현상의 성격이 그것이 발생한 맥락에 의존한다는 생각.

절대적 絕對的, absolute   다른 무언가에 상대적이지 않은(무조건적인 것을 가리키기도 한다).

정립 定立, thesis   반정립과 반대되는 긍정적 논증.

정언 명령 定言命令, categorical imperative   명령을 보라.

조건 條件, condition   어떤 것이 존재하기 위해 의존하는 다른 어떤 것. 따라서 무조건적인 것은 다른 어떤 것에 의존하지 않는 것이고, 때때로 신을 무조건적인 것으로 여긴다.

존재론 存在論, ontology   세계에 어떤 종류의 사물이 있는지에 관한 이론. 관념론적 존재론이라면 관념들만 있다고 주장할 것이고, 유물론적 존재론이라면 물질 외에 아무것도 없다고 주장할 것이다.

존재론적 차이 存在論的差異, ontological difference   하이데거 철학에서, '존재'와 '존재자'의 차이, 사물들이 인식될 수 있는 것으로 여하튼 존재한다는 사실과 우리가 구체적인 맥락에서 사물들이 무엇이라고 생각하는 것의 차이.

존재신론 存在神論, ontotheology   존재 및 실존에 관한 물음을 신에 관한 물음과 연결하는 것.

종합 판단 綜合判斷, synthetic judgement   '모든 가톨릭 사제는 총각이어야 한다'와 같은 식으로 정의에 의한 참이 아니므로 우리의 지식을 더하는 판단.

종합 綜合, synthesis   합하는 것.

지성 知性, understanding   칸트 철학에서, 직관에 기초하고 규칙이 지배하는 인식 능력.

지향성 指向性, intentionality   의식은 무언가에 관한 의식이며 따라서 세계를 향하고 있다는 사실.

직관 直觀, intuition   독일 철학에서, 무언가와 접촉하는 것을 가리킨다.

예를 들어, 우리가 세계를 경험하는 접촉은 '감각적 직관'의 형태를 띤다.

직접성 直接性, immediacy   무언가가 다른 무언가와 맺는 관계에 의존하지 않는다면 '직접적'이다.

진리 대응론 眞理對應論, correspondence theory of truth   진리가 실재와 진술(또는 관념)의 대응성 내지 적합성으로 이루어져 있다는 이론.

초월 超越, transcendence   현상학에서, 주체를 넘어 세계 안의 대상으로 이동하는 것.

초월적 논증 超越的論證, transcendental argument   경험이나 지식 같은 것을 가능하게 하는 조건에 관한 논증.

초월적 주체 超越的超越的, transcendental subject   인식을 위해 필요한 사고에서 필연적인 것들을 설명할 때 기술되는 주체로, 경험적 주체에게 경험이 우연적인 것과 대조된다.

초월적 철학 超越的哲學, transcendental philosophy   우리의 앎을 '가능하게 하는 조건들'과 관련된 철학. 칸트 철학에서, 이러한 조건들은 사유에 필수적인 형식들로 이 조건들 없이는 경험을 이해할 수 없다.

초월하다 超越하다, transcend   넘어서다.

충족이유율 充足理由律, principle of sufficient reason   모든 것에 이유/원인/근거가 있다는 원리.

코기토 cogito   '나는 생각한다'에 해당하는 라틴어로, 자신이 존재한다는 생각을 의심할 수 있기 때문에 자신이 반드시 존재한다는 데카르트의 논증—'cogito, sum'(나는 생각한다, 나는 존재한다)—을 가리킬 때 사용하는 말.

타율 他律, heteronomy   타자의 법칙에 의해 지배되는 것. 자신이 자신에게 자유롭게 적용하는 법에 지배되는 것을 의미하는 자율과 반대된다.

텔로스 telos   목적, 목표, 목적인.

토대론 土臺論, foundationalism   지식 주장이 정당하려면 확실성이라는 최초의 원리가 철학에 필요하다는 가정. 예를 들어 데카르트의 나는 생각하므로 존재한다는 확실성.

통각 統覺, apperception   무언가(여기에는 자기 자신의 사유도 포함된다)에 대해 생각하고 있다는 의식.

통각의 초월적 통일 統覺의超越的統一, transcendental unity of apperception　'나는 생각한다'가 나의 모든 생각에 수반할 수밖에 없다는 칸트의 생각.

판단중지 判斷中止, epoché　후설 철학에서, 의식의 내부 구조를 조사하기 위해 외부 세계에서 유래한 모든 정신적 내용을 배제하는 것.

합리론 合理論, rationalism　17세기와 18세기에 우주가, 수학적으로 표현될 수 있고 따라서 선험적 원리로 표현될 수 있는 내재적 법칙이 지배하는 구조로 되어 있다는 교설을 가리키는 말.

해석학 解釋學, hermeneutics　해석 기술art 또는 해석 이론. 또한 이해를 지금 우리what we are, 우리 존재의 근본으로 여기는, 하이데거와 가다머가 발전시킨 철학.

허무주의 虛無主義, nihilism　야코비 철학에서, 온 세계가 결정론적으로 작동한다면 인간 실존에 의미가 없다는 생각. 니체 철학에서, 허무주의는 실존에 어떤 더 큰 목적이 있다고 믿었다가 이러한 믿음을 버림으로써 발생한 결과.

현상 現象, phenomenon, pl. phenomena　나타나는 것.

현상론 現象論, phenomenalism　우리가 실제 사물이 아니라 현상만 파악한다는 교설.

현상학 現象論, phenomenology 무언가가 나타나는 방식에 관한 설명. 9장에서 설명한 후설과 관련된 철학 운동을 가리키기도 한다.

현존재 現存在, Dasein 문자적으로는 '거기 있음/여기 있음.' 하이데거 이전 철학에서 '주체' 내지 '나'로 언급되던 것을 가리키는 하이데거의 용어. 하이데거는 주체와 대상의 분리를 낳는 이러한 용어들에 담긴 전통적 함의를 피하고자 '현존재'라는 용어를 사용한다.

형이상학 形而上學, metaphysics 실재의 일반 원리들에 관한 설명.

회의주의 懷疑主義, scepticism 우리가 어떤 것도 확실하게 알 수 없다는 교설.

참고 문헌

독일어 텍스트 인용문은 모두 내가 번역한 것이다. 쉽게 구할 수 있는 영역본은 독일어 서지 정보 뒤에 같이 적었다. 단, 칸트나 니체처럼 쉽게 구할 수 있는 번역본이 두 종 이상인 경우에는 그렇게 하지 않았다. 영어판이 독일어판과 완전히 일치하지 않는 경우도 있다. 20세기 이전의 텍스트 중 상당수는 웹에서 독일어와 영어로 구할 수 있다. 〔한국어판이 있는 경우 같이 적었다. 번역본이 다수인 경우 시중에서 쉽게 구할 수 있는 책들을 출간일 순으로 표기했다. 독일어판(또는 영어판)과 텍스트의 범위가 상당히 다른 경우(예컨대 독일어판은 전집, 한국어판은 개별 도서) 서명 앞에 *로 표시했다.〕

Adorno, T. W. (1970) *Zur Metakritik der Erkenntnistheorie* (Frankfurt: Suhrkamp); *Against Epistemology* (Oxford: Blackwell, 1982).
_____. (1973) *Ästhetische Theorie* (Frankfurt: Suhrkamp); *Ästhetik The-*

ory (London: Athlone, 1997). 홍승용 옮김, 《미학 이론》(서울: 문학과지
성사, 1997).

_____. (1975) *Negative Dialektik* (Frankfurt: Suhrkamp); *Negative Dialectics* (London: Routledge, 1990). 홍승용 옮김, 《부정변증법》(서울: 한
길사, 1999).

_____. (1978) *Minima Moralia* (Frankfurt: Suhrkamp); *Minima Moralia* (London: Verso, 1981). 김유동 옮김, 《미니마 모랄리아: 상처받은 삶
에서 나온 성찰》(서울: 길, 2005).

_____. (ed.) (1991) *Der Positivismusstreit in der deutschen Soziologie*
(Munich: dtv); *The Positivist Dispute in German Sociology* (London:
Heinemann, 1976). 김종호 옮김, 《사회과학의 논리: 실증주의 논쟁》(서울:
이문출판사, 1986).

_____. (2002) *Ontologie und Dialektik (1960/61)* (Frankfurt:
Suhrkamp).

Ameriks, Karl (2000) *Kant and the Fate of Autonomy* (Cambridge: Cambridge University Press).

Apel, Karl-Otto (1998) *Auseinandersetzungen* (Frankfurt: Suhrkamp).

Austin, J. L. (1962) *How to Do Things with Words* (Cambridge, MA, and
London: Harvard University Press). 김영진 옮김, 《말과 행위》(서울: 서
광사, 2005).

Beiser, Frederick C. (1987) *The Fate of Reason: German Philosophy from
Kant to Fichte* (Cambridge, MA, and London: Harvard University
Press). 이신철 옮김, 《이성의 운명: 칸트에서 피히테까지의 독일 철학》(서
울: 도서출판b, 2018).

Benjamin, Walter (1980) *Gesammelte Schriften* (Frankfurt: Suhrkamp);
Selected Writings, 3 vols (Cambridge, MA, and London: Harvard University Press, 1996, 1999, 2002). 최성만·김유동 옮김, *《독일 비애극의
원천》(파주: 한길사, 2009).

Berlin, Isaiah (1999) *The Roots of Romanticism* (London: Chatto and
Windus). 석기용 옮김, 《낭만주의의 뿌리》(서울: 필로소픽, 2021).

Bolzano, Bernard (1963) *Grundlegung der Logik* (Hamburg: Meiner).

Bowie, Andrew (1993) *Schelling and Modern European Philosophy* (London: Routledge).

_____. (1997) *From Romanticism to Critical Theory* (London, New York: Routledge).

_____. (1999) 'German Philosophy Today: Between Idealism, Romanticism, and Pragmatism', in Anthony O'Hear (ed.), *German Philosophy Since Kant*, Royal Institute of Philosophy Lectures (Cambridge: Cambridge University Press).

_____. (2000) 'The Romantic Connection: Neurath, the Frankfurt School, and Heidegger', in *British Journal for the History of Philosophy*, Part One, 8 (2), 2000: Part Two, 8 (3), 2000.

_____. (2004) 'Schleiermacher and Post-Metaphysical Thinking', in *Contemporary Perspectives in Critical and Social Philosophy* (Leiden: Brill).

_____. (2003) *Aesthetics and Subjectivity: From Kant to Nietzsche* (Manchester: Manchester University Press).

Brandom, Robert (2000) *Articulating Reasons* (Cambridge, MA, and London: Harvard University Press).

Breckman, W. (1999) *Marx, the Young Hegelians, and the Origins of Radical Social Theory* (Cambridge: Cambridge University Press).

Carnap, Rudolf (1932) 'Die Überwindung der Metaphysik durch logische Analyse der Sprache', in *Erkenntnis* 2: 219-41.

Cartwright, Nancy, Cat, Jordi, Fleck, Lola and Uebel, Thomas (1996) *Otto Neurath: Philosophy Between Science and Politics* (Cambridge: Cambridge University Press).

Coffa, J. Alberto (1991) *The Semantic Tradition from Kant to Carnap* (Cambridge: Cambridge University Press).

Dahlstrom, Daniel (2001) *Heidegger's Concept of Truth* (Cambridge: Cambridge University Press).

Dahms, Hans-Joachim (1998) *Positivismusstreit* (Frankfurt: Suhrkamp).

Davidson, Donald (1984) *Inquiries into Truth and Interpretation* (Oxford: Oxford University Press). 이윤일 옮김,《진리와 해석에 관한 탐구》(파주: 나남, 2011).

_____. (2001) *Subjective, Intersubjective, Objective* (Oxford: Oxford University Press). 김동현 옮김,《주관, 상호주관, 객관》(서울: 느린생각,

2018).

Derrida, Jacques (1967) *La Voix et le phénomène* (Paris: Presses Universitaires de France). 김상록 옮김,《목소리와 현상: 후설 현상학에서 기호 문제에 대한 입문》(고양: 인간사랑, 2006).

Dilthey, Wilhelm (1981) *Der Aufbau der geschichtlichen Welt in den Geisteswissenschaften* (Frankfurt: Suhrkamp); *Selected Works: The Formation of the Historical World in the Human Sciences* (Princeton: Princeton University Press, 2003). 김창래 옮김,《정신과학에서 역사적 세계의 건립》(서울: 아카넷, 2009).

_____. (1983) *Texte zur Kritik der historischen Vernunft* (Göttingen: Vandenhoeck and Ruprecht).

_____. (1990) *Die Geistige Welt. Einleitung in die Philosophie des Lebens*, Gesammelte Schriften, vol. 5 (Stuttgart: Teubner).

Dummett, Michael (1988) *Ursprünge der analytischen Philosophie* (Frankfurt: Suhrkamp); *The Origins of Analytical Philosophy* (Cambridge, MA, and London: Harvard University Press, 1996).

Elliot, Anthony (ed.) (1999) *The Blackwell Reader in Contemporary Social Theory* (Oxford: Blackwell).

Feuerbach, Ludwig (1969) *Das Wesen des Christentums* (Stuttgart: Reclam); *The Essence of Christianity* (London: Prometheus, 1989). 강대석 옮김,《기독교의 본질》(파주: 한길사, 2008); 박순경 옮김,《기독교의 본질: 신을 인간화한 철학자, 포이에르바하의 신학과 사상》(서울: 동연, 2023).

_____. (1980) *Philosophische Kritiken und Grundsätze (1839-1846)* (Wiesbaden: VMA).

_____. (1983) *Grundsätze der Philosophie der Zukunft* (Frankfurt: Klostermann); *Principles of the Philosophy of the Future* (Indianapolis: Hackett, 1986).

Fichte, J. G. (1971) *Werke I, Werke II, Werke III* (Berlin: de Gruyter); *The Science of Knowledge* (Cambridge: Cambridge University Press, 1982); *Foundations of Natural Right* (Cambridge: Cambridge University Press, 2000). 한자경 옮김, *《전체 지식론의 기초》(서울: 서광사, 1996).

Frank, Manfred (1979) *Die unendliche Fahrt. Ein Motiv und sein Text*

(Frankfurt am Main: Suhrkamp; 2nd substantially extended and revised edn, Leipzig: Reclam, 1995).

_____. (1982) *Der kommende Gott* (Frankfurt: Suhrkamp).

_____. (1988) *Grenzen der Verständigung* (Frankfurt: Suhrkamp).

_____. (1989) *Das Sagbare und das Unsagbare. Studien zur deutsch-französischen Hermeneutik und Texttheorie*, Erweiterte Neuausgabe (Frankfurt am Main: Suhrkamp; 1st edn 1980); *The Subject and the Text* (Cambridge: Cambridge University Press, 1998).

_____. (1991) *Selbstbewußtsein und Selbsterkenntnis* (Stuttgart: Reclam).

_____. (1997) *'Unendliche Annäherung'. Die Anfänge der philosophischen Frühromantik* (Frankfurt: Suhrkamp).

Frege, Gottlob (1990) *Schriften zur Logik und Sprachphilosophie* (Hamburg: Meiner); *The Frege Reader: Selected Philosophical Writings* (Oxford: Blackwell, 1997).

Frege, Gottlob (1994) *Funktion, Begriff, Bedeutung. Fünf logische Studien* (Göttingen: Verlag Vandenhoeck and Ruprecht). 김은정·신우승·윤영경·임나래·이지현 옮김, *《뜻과 지시체에 관하여》*(서울: 전기가오리, 2017).

Friedman, Michael (1999) *Reconsidering Logical Positivism* (Cambridge: Cambridge University Press).

Gadamer, Hans-Georg (1975) *Wahrheit und Methode* (Tübingen: J. C. B. Mohr); *Truth and Method* (New York: Continuum, 1997). 이길우·이선관·임호일·한동원·임홍배 옮김, 《진리와 방법: 철학적 해석학의 기본 특징들》 1-2(파주: 문학동네, 2012).

_____. (1993) *Ästhetik und Poetik I. Kunst als Aussage* (Tübingen: J. C. B. Mohr).

Goodman, Nelson (1978) *Ways of Worldmaking* (Indianapolis: Hackett).

Habermas, Jürgen (1973) *Erkenntnis und Interesse* (Frankfurt: Suhrkamp); *Knowledge and Human Interests* (Cambridge: Polity, 1986). 강영계 옮김, 《인식과 관심》(서울: 고려원, 1983).

_____. (1981) *Theorie des kommunikativen Handelns*, 2 vols (Frankfurt: Suhrkamp); *Theory of Communicative Action* (Cambridge: Polity, 1989). 장춘익 옮김,《의사소통행위이론》1-2(파주: 나남출판, 2006).

_____. (1983) *Moralbewußtsein und kommunikatives Handeln* (Frankfurt: Suhrkamp); *Moral Consciousness and Communicative Action* (Cambridge: Polity, 1990). 황태연 옮김,《도덕의식과 소통적 행위》(서울: 나남출판, 1997).

_____. (1985) *Der philosophische Diskurs der Moderne* (Frankfurt: Suhrkamp); *The Philosophical Discourse of Modernity* (Cambridge: Polity, 1990). 이진우 옮김,《현대성의 철학적 담론》(서울: 문예출판사, 1994).

_____. (1988) *Nachmetaphysisches Denken* (Frankfurt: Suhrkamp); *Postmetaphysical Thinking* (Cambridge: Polity, 1992). 이진우 옮김,《탈형이상학적 사유》(서울: 문예출판사, 2000).

_____. (1991), *Texte und Kontexte* (Frankfurt: Suhrkamp).

_____. (1992) *Faktizität und Geltung* (Frankfurt: Suhrkamp); *Between Facts and Norms* (Cambridge: Polity, 1996). 한상진·박영도 옮김,《사실성과 타당성: 담론적 법이론과 민주적 법치국가 이론》(파주: 나남, 2007).

_____. (1999) *Wahrheit und Rechtfertigung* (Frankfurt: Suhrkamp); *Truth and Justification* (Cambridge: Polity, 2003). 윤형식 옮김,《진리와 정당화》(파주: 나남, 2008).

Hamann, J. G. (1949-1957) *Sämtliche Werke*, 6 vols (Vienna: Herder). 김대권 옮김, *《하만 사상선집》(서울: 인터북스, 2012).

_____. (1967) *Schriften zur Sprache*, ed. Josef Simon (Frankfurt: Suhrkamp).

Hegel, G. W. F. (1969) *Wissenschaft der Logik I, II*, vols 5, 6 Werkausgabe (Frankfurt: Suhrkamp); *Science of Logic* (Amherst: Humanity, 1998). 임석진 옮김,《대논리학》1-3(파주: 자유아카데미, 2022).

_____. (1970) *Phänomenologie des Geistes (PG)*, vol. 3 Werkausgabe (Frankfurt: Suhrkamp); *Phenomenology of Spirit* (Oxford: Oxford University Press, 1979). 임석진 옮김,《정신현상학》1-2(파주: 한길사, 2005); 김양순 옮김,《정신현상학》(서울: 동서문화사, 2016); 김준수 옮김,《정신현상학》1-2(파주: 아카넷, 2022).

Heidegger, Martin (1960) *Ursprung des Kunstwerks* (Stuttgart: Reclam); trans. in *Basic Writings* (London: Routledge, 1993). 한충수 옮김,《예술

작품의 샘》(서울: 이학사, 2022).

_____. (1969) *Zur Sache des Denkens* (Tübingen: Niemeyer); parts in *Basic Writings* (London: Routledge, 1993). 문동규·신상희 옮김, 《사유의 사태로》(서울: 길, 2008).

_____. (1979) *Sein und Zeit* (Tübingen: Niemeyer); *Being and Time* (Oxford: Blackwell, 1978). 이기상 옮김, 《존재와 시간》(서울: 까치글방, 1998); 전양범, 《존재와 시간》(서울: 동서문화사, 2016).

_____. (1983) *Die Grundbegriffe der Metaphysik* (Frankfurt: Klostermann); *The Fundamental Concepts of Metaphysics* (Bloomington: University of Indiana Press, 2001). 이기상·강태성 옮김, 《형이상학의 근본개념들: 세계-유한성-고독》(서울: 까치글방, 2001).

_____. (1996) *Einleitung in die Philosophie* (Frankfurt: Klostermann). 이기상·김재철 옮김, 《철학 입문》(서울: 까치글방, 2006).

Heine, H. (n.d.) *Sämtliche Werke in Drei Bänden* (Essen: Phaidon). 태경섭 옮김, *《독일의 종교와 철학의 역사에 대하여》*(서울: 회화나무, 2019).

Henrich, Dieter (1982) *Selbstverhältnisse* (Stuttgart: Reclam).

Herder, Johann Gottfried (1964) *Sprachphilosophische Schriften* (Hamburg: Meiner); *Philosophical Writings* (Cambridge: Cambridge University Press, 2002).

_____. (1966) *Abhandlung über den Ursprung der Sprache* (Stuttgart: Reclam). 조경식 옮김, 《언어의 기원에 대하여》(파주: 한길사, 2003).

_____. (1985) *Über die neuere deutsche Literatur. Fragmente* (Berlin: Aufbau).

Hölderlin, Friedrich (1963) *Werke Briefe Dokumente* (Munich: Winkler); *Essays and Letters on Theory* (Albany: SUNY Press, 1987).

Horkheimer, Max (ed.) (1980) *Zeitschrift für Sozialforschung 1-9* (Munich: dtv).

Horkheimer, Max and Adorno, T. W. (1971) *Dialektik der Aufklärung* (Frankfurt: Fischer); *Dialectic of Enlightenment* (London: Verso, 1997). 김유동 옮김, 《계몽의 변증법: 철학적 단상》(서울: 문학과 지성사, 2001).

Husserl, Edmund (1992) *Gesammelte Schriften*, 9 vols (Hamburg: Meiner); *Ideas Pertaining to a Pure Phenomenology and to a Phenomeno-*

logical Philosophy (Dordrecht: Kluwer Academic Publishers, 1990); *Cartesian Meditations* (Dordrecht: Kluwer Academic Publishers, 1991); *The Crisis of European Sciences and Transcendental Phenomenology* (Evanston: Northwestern University Press, 1970). 이종훈 옮김, *《순수현상학과 현상학적 철학의 이념들》 1-3(파주: 한길사, 2021-2022); 이종훈 옮김, *《데카르트적 성찰》(파주: 한길사, 2016); 김기복 옮김, *《에드문트 후설의 데카르트적 성찰: 현상학 입문》(파주: 서광사, 2023); 이종훈 옮김, *《유럽학문의 위기와 선험적 현상학》(파주: 한길사, 2016); 이종훈 옮김, *《논리 연구》 1, 2-1, 2-2(서울: 민음사, 2018).

Kant, Immanuel (1968a) *Kritik der reinen Vernunft* (*CPR*), Werkausgabe III and IV (Frankfurt: Suhrkamp). 백종현 옮김,《순수이성비판》(서울: 아카넷, 2006); 정명오 옮김,《순수이성비판》(서울: 동서문화사, 2016); 최재희 옮김,《순수이성비판》(서울: 박영사, 2019).

_____. (1968b) *Kritik der Urteilskraft* (*CJ*), Werkausgabe X (Frankfurt: Suhrkamp). 백종현 옮김,《판단력비판》(서울: 아카넷, 2009); 이석윤 옮김,《판단력비판》(서울: 박영사, 2017).

_____. (1974) *Kritik der praktischen Vernunft, Grundlegung der Metaphysik der Sitten*, Werkausgabe VII (Frankfurt: Suhrkamp). 최재희 옮김,《실천이성비판》(서울: 박영사, 2018); 백종현 옮김,《윤리형이상학 정초》(서울: 아카넷, 2018), 이원봉 옮김,《도덕 형이상학을 위한 기초 놓기》(서울: 책세상, 2019); 김석수·김종국 옮김,《도덕형이상학 정초, 실천이성비판》(파주: 한길사, 2019); 백종현 옮김,《실천이성비판》(서울: 아카넷, 2019).

_____. (1996) *Schriften zur Ästhetik und Naturphilosophie*, ed. Manfred Frank and Veronique Zanetti (Frankfurt: Deutscher Klassiker Verlag).

Lafont, Cristina (1994) *Sprache und Welterschliessung* (Frankfurt: Suhrkamp); *Heidegger, Language, and World-Disclosure* (Cambridge: Cambridge University Press, 2000).

Lukacs, Georg (1967) *Geschichte und Klassenbewusstsein* (Amsterdam: de Munter); *History and Class Consciousness* (London: Merlin, 1991). 조만영·박정호 옮김,《역사와 계급의식》(서울: 지식을만드는지식, 1986).

MacIntyre, Alasdair (ed.) (1972) *Hegel: A Collection of Critical Essays*

(Notre Dame: University of Notre Dame Press).

Marx, Karl (1970) *Ökonomisch -philosophische Manuskripte* (Leipzig: Reclam); *Economic and Philosophic Manuscripts of 1844* (London: Lawrence and Wishart, 1987). 강유원 옮김,《1844년의 경제학-철학 수고》(서울: 이론과 실천, 2006); 김문수 옮김,《경제학·철학초고/자본론/공산당선언/철학의 빈곤》(서울: 동서문화사, 2016).

_____. (1974) *Grundrisse der Kritik der politischen Ökonomie* (Berlin: Dietz); *The Grundrisse: Foundations of the Critique of Political Economy* (Harmondsworth: Penguin, 1993). 김호균 옮김,《정치경제학 비판 요강》1-3(서울: 그린비, 2007);

_____. (1975) *Das Kapital*, vol. 1 (Berlin: Dietz); *Capital*, vol. 1 (Harmondsworth: Penguin, 1992). 강신준 옮김,《자본 I》1-2(서울 : 길, 2008); 김수행 옮김,《자본론 I》상-하(서울: 비봉출판사, 2015); 채만수 옮김,《자본론 1》1-4(서울: 노사과연, 2018-2020); 김정로·전종덕,《자본론》(양평 : 모두의책, 2022).

Marx, Karl and Engels, Friedrich (1971) *Werke*, Band 13 (Berlin: Dietz). 김호균 옮김,《정치경제학 비판을 위하여》(서울: 중원문화, 2017).

Nietzsche, Friedrich (1980) *Sämtliche Werke*. Kritische Studienausgabe in 15 Bänden, ed. Giorgio Colli and Mazzino Montinari (Munich, Berlin, New York: de Gruyter). 〈니체 전집〉(서울: 책세상, 2005).

Novalis (1978) *Band 2 Das philosophisch-theoretische Werk*, ed. Hans Joachim Mähl (Munich, Vienna: Hanser); *Philosophical Writings* (Albany: SUNY Press, 1997); *Fichte Studies* (Cambridge: Cambridge University Press, 2003).

_____. (1981) *Werke* (Munich: Beck).

O'Hear, Anthony (ed.) (1999) *German Philosophy After Kant* (Cambridge: Cambridge University Press).

Pinkard, Terry (1996) *Hegel's Phenomenology. The Sociality of Reason* (Cambridge: Cambridge University Press).

Pippin, Robert (1997) *Idealism as Modernism* (Cambridge: Cambridge University Press).

Putnam, Hilary (1983) *Realism and Reason. Philosophical Papers Vol. 3* (Cambridge: Cambridge University Press).

Reinhold, Karl Leonhard (1978) *Über das Fundament des philoso-phischen Wissens. Über die Möglichkeit der Philosophie als strenge Wissenschaft* (Hamburg: Meiner).

Rickert, Heinrich (1986) *Kulturwissenschaft und Naturwissenschaft* (Stuttgart: Reclam). 이상엽 옮김, 《문화과학과 자연과학》(서울: 책세상, 2023).

Rorty, Richard (1980) *Philosophy and the Mirror of Nature* (Oxford: Blackwell). 박지수 옮김, 《철학 그리고 자연의 거울》(서울: 까치글방, 1998).

_____. (1989) *Contingency, Irony and Solidarity* (Cambridge: Cambridge University Press). 김동식·이유선 옮김, 《우연성, 아이러니, 연대》(고양: 사월의책, 2020).

_____. (1991) *Essays on Heidegger and Others. Philosophical Papers Vol. 2* (Cambridge: Cambridge University Press).

_____. (1998) *Truth and Progress. Philosophical Papers Vol. 3* (Cambridge: Cambridge University Press).

_____. (ed.) (1992) *The Linguistic Turn* (Chicago: University of Chicago Press).

Safranski, Rüdiger (1997) *Ein Meister aus Deutschland. Heidegger und seine Zeit* (Frankfurt: Fischer); *Martin Heidegger: Between Good and Evil* (Cambridge, MA, and London: Harvard University Press, 1999). 박민수 옮김, 《하이데거: 독일의 철학거장과 그의 시대》(서울: 북캠퍼스, 2017).

Schelling, F. W. J. (1856-1861) *Sämmtliche Werke,* ed. K. F. A Schelling, I Abtheilung, vols 1-10; II Abtheilung, vols 1-4 (Stuttgart: Cotta); *Ideas for a Philosophy of Nature* (Cambridge: Cambridge University Press, 1 989); *Philosophical Investigations into the Nature of Human Freedom* (Living Time, 2002); *On the History of Modern Philosophy* (Cambridge: Cambridge University Press, 1994). 한자경 옮김, 《자연철학의 이념》(서울: 서광사, 1999); 최신한 옮김, 《인간적 자유의 본질 외》(서울: 한길사, 2000); 김혜숙 옮김, 《인간 자유의 본질에 관한 철학적 탐구》(서울: 지식을만드는지식, 2012); 이경배 옮김, 《근대 철학사: 뮌헨 강의》(서울: 세창출판사, 2021).

_____. (1946) *Die Weltalter*, ed. Manfred Schröter (Munich: Biederstein and Leibniz); trans. in *Abyss of Freedom* (Ann Arbor: University of Michigan Press, 1997).

_____. (1977) *Philosophie der Offenbarung* (1841-2), ed. Manfred Frank (Frankfurt: Suhrkamp).

Schlegel, Friedrich (1963) *Philosophische Lehrjahre* (1796-1828) (*Kritische Friedrich Schlegel Ausgabe*, vol. 18) (Munich, Paderborn, Vienna: Ferdinand Schöningh).

_____. (1971) *Philosophische Lehrjahre II* (1796-1828) (*Kritische Friedrich Schlegel Ausgabe*, vol. 19) (Munich, Paderborn, Vienna: Ferdinand Schöningh).

_____. (1988) *Kritische Schriften und Fragmente*, Studienausgabe vols 1-6, ed. Ernst Behler and Hans Eichner (Paderborn, Munich, Vienna, Zurich: Schöningh); *Philosophical Fragments* (Minneapolis: University of Minnesota Press, 1991).

_____. (1991) *Transcendentalphilosophie*, ed. Michael Elsässer (Hamburg: Meiner). 이관형 옮김, 《(프리드리히 슐레겔의) 초월철학강의》(의정부: 마인드큐브, 2017).

Schleiermacher, F. D. E. (1839) *Dialektik*, ed. L. Jonas (Berlin: Reimer).

_____. (1977) *Hermeneutik und Kritik* (Frankfurt: Suhrkamp); *Schleiermacher: Hermeneutics and Criticism: And Other Writings* (Cambridge: Cambridge University Press, 1998).

_____. (n.d.) *Über die Religion. Reden an die Gebildeten unter ihren Verächtern* (Berlin: Deutsche Bibliothek); *On Religion* (Cambridge: Cambridge University Press, 1996). 최신한 옮김, 《종교론: 종교를 멸시하는 교양인을 위한 강연》(서울: 대한기독교서회, 2002).

Schnädelbach, Herbert (1992) *Zur Rehabilitierung des animal rationale* (Frankfurt: Suhrkamp).

Scholz, Heinrich, ed. (1916) *Die Hauptschriften zum Pantheismusstreit zwischen Jacobi und Mendelssohn* (Berlin: Reuther and Reichard).

Schopenhauer, Arthur (1986) *Die Welt als Wille und Vorstellung*, in *Sämtliche Werke I*, ed. Wolfgang Frhr. von Löhneysen (Frankfurt: Suhrkamp); *The World as Will and Representation* (New York: Dover, 1969). 권기철 옮김, 《의지와 표상으로서의 세계》(서울: 동서문화사, 2016); 홍성광 옮김, 《의지와 표상으로서의 세계》(서울: 을유문화사, 2019); 곽복록 옮김, 《의지와 표상으로서의 세계》 1-2(서울: 올재, 2021).

Sellars, Wilfrid (1997) *Empiricism and the Philosophy of Mind* (Cambridge, MA, and London: Harvard University Press).

Taylor, Charles (1995) *Philosophical Arguments* (Cambridge, MA, and London: Harvard University Press).

Tugendhat, Ernst (1992) *Philosophische Aufsätze* (Frankfurt: Suhrkamp).

Tugendhat, Ernst and Wolf, Ursula (1986) *Logisch-semantische Propädeutik* (Stuttgart: Reclam).

Weber, Max (1998) *Gesammelte Aufsätze zur Wissenschaftslehre* (Tübingen: Mohr Siebeck). 이상률 옮김, *《*직업으로서의 학문》(서울: 문예출판사, 2017); 전성우 옮김, *《*직업으로서의 학문》(파주: 나남출판, 2017); *《*직업으로서의 과학/직업으로서의 정치》(서울: 길, 2024).

Wheeler, Samuel C. III (2000) *Deconstruction as Analytic Philosophy* (Stanford: Stanford University Press).

Wingert, Lutz and Günther, Klaus (2001) *Die Öffentlichkeit der Vernunft und die Vernunft der Öffentlichkeit: Festschrift für Jürgen Habermas* (Frankfurt: Suhrkamp).

Wittgenstein, Ludwig (1980) *Culture and Value* (Oxford: Blackwell).

_____. (1984) *Tractatus logico-philosophicus. Tagebücher 1914-1916. Philosophische Untersuchungen* (Frankfurt: Suhrkamp); *Tractatus Logico-philosophicus* (London: Routledge, 2001). 이영철 옮김, 《논리-철학 논고》(서울: 책세상, 2020).

인명 및 저술 찾아보기

특정 철학자나 사조를 자세히 다루거나 개념에 관한 설명이 있는 부분은 면수를 **굵은 글씨**로 표시했다.

ㄱ

ㄴ

루소, 장자크(Rousseau, Jean-Jacques) 39, 64, 99-100, 196n12, 213-14
　《에밀》(Émile, 역본 다수) 39
루카치, 게오르크(Lukács, Georg) 81, 388-91, 394, 397, 400
　《소설의 이론》(Theory of the Novel, 문예출판사 역간) 397
　《역사와 계급 의식》(History and Class Consciousness, 지만지 역간) 388, 392, 395,
　　400, 403-4
　　〈사물화와 프롤레타리아트의 의식〉(Reification and the Consciousness of the Prole-
　　tariat) 390
　《이성의 파괴》(The Destruction of Reason, 역본 다수) 81
리오타르, 장프랑수아(Lyotard, Jean-François) 428-29
리카도, 데이비드(Ricardo, David) 214
리케르트, 하인리히(Rickert, Heinrich) 316
리히텐베르크, 게오르크 크리스토프(Lichtenberg, Georg Christoph) 232n1

ㅁ

마르쿠제, 헤르베르트(Marcuse, Herbert) 383
마르크스, 카를(Marx, Karl) 12, 14, 36, 65, 81, 155, 169, 190, 192, 196, 198, 200, 202,
　204-5, **207-30**, 231, 240-41, 266, 288-89, 317, 344, 372, 374, 383-85, 387-89,
　391-92, 395-97, 399-400, 403, 405, 425-26, 470, 474
　《경제학 철학 수고》(Economic-Philosophical Manuscripts, 이론과실천 역간) 214, 218, 219
　〈공산당 선언〉(Communist Manifesto, 역본 다수) 14
　《독일 이데올로기》(German Ideology, 역본 다수) 220
　《자본론》(Capital, 역본 다수) 227
　　〈상품의 물신적 성격과 그 비밀〉(The Fetish Character of the Commodity and Its Se-
　　cret) 227
　《정치경제학 비판》/《비판》(A Critique of Political Economy, 그린비 역간) 223, 225
마이몬, 살로몬(Maimon, Salomon) 118-21, 132
마흐, 에른스트(Mach, Ernst) 289-90
맥도웰, 존(McDowell, John) 423
멘델스존, 모제스(Mendelssohn, Moses) 130
무질, 로베르트(Musil, Robert) 290

ㅂ

바그너, 빌헬름 리하르트(Wagner, Wilhelm Richard) 12, 179, 237, 239
바이스만, 프리드리히(Waismann, Friedrich) 288
바일, 펠릭스(Weil, Felix) 383

버클리 주교(Berkeley, Bishop) 72n10, 107, 117-18, 331, 414, 464

베르크, 알반(Berg, Alban) 12, 79, 170, 232, 403, 418

베버, 막스(Weber, Max) 87, 334, 387, 395, 397, 405, 446, 450

　〈직업으로서의 과학〉(Science as a Vocation, 역본 다수) 334

베케트, 사뮈엘(Beckett, Samuel) 418

베토벤, 루트비히(Beethoven, Ludwig van) 12, 25, 108, 178

벤야민, 발터(Benjamin, Walter) 86n4, 182, 383, **395-403**, 416-17, 420, 422, 450

　《독일 비애극의 원천》/《비애극》(*The Origins of the German Play of Mourning*, 역본 다
　수) 396-97, 400-1, 403

　박사학위 논문 182n7, 395-96

　《아케이드 프로젝트》(*Arcades Project*, 새물결 역간) 401

보들레르, 샤를(Baudelaire, Charles) 400-1

볼차노, 베르나르트(Bolzano, Bernard) 275-78, 280

브랜덤, 로버트(Brandom, Robert) 423

브레히트, 베르톨트(Brecht, Bertolt) 34n1

브렌타노, 프란츠(Brentano, Franz) 327

블로흐, 에른스트(Bloch, Ernst) 14n5

비트겐슈타인, 루트비히(Wittgenstein, Ludwig) 20, 98, 176, 192, 273, 279, **288-303**,
　306, 310, 314, 321-22, 412, 432n2, 439, 444

　《논리-철학 논고》/《논고》(*Tractatus Logico-Philosophicus*, 역본 다수) 288, 294, 295,
　296, 298, 301, 302, 303, 306, 322

빈델반트, 빌헬름(Windelband, Wilhelm) 316

ㅅ

셀라스, 윌프리드(Sellars, Wilfrid) 7, 8n1

셸링, F. W. J.(Schelling, F. W. J.) 12, 19, 35, 51, 66, 81, 105, 123-24, 126, **128-38**, 139,
　142-43, 147, 168-69, 171, 180, 183-87, 191, 194-97, 203, 205, 208, 219, 232,
　235-36, 283-84, 297, 357, 372, 377, 387, 409, 438, 458, 466

　《세계의 시대》(*Ages of the World*) 185, 232n2

　《인간 자유의 본질》/《자유》(*On the Essence of Human Freedom*, 역본 다수) 183, 187

　《자연 철학》(*Naturphilosophie*) 133, 142, 203, 219, 377

　《초월적 관념론 체계》/《체계》(*System of Transcendental Idealism*, 이제이북스 역간)
　126, 135-36, 147

소쉬르, 페르디낭 드(Saussure, Ferdinand de) 399

쇤베르크, 아놀드(Schoenberg, Arnold) 12, 418

쇼를렘머, 프리드리히(Schorlemmer, Friedrich) 16

쇼펜하우어, 아르투어(Schopenhauer, Arthur) 12, 36, 48, 124, 164, 179, 180, 182-83,

187-93, 231, 235, 239, 260, 372

《의지와 표상으로서의 세계》(*The World as Will and Representation*, 역본 다수) 179, 188

숄렘, 게르숌(Scholem, Gershom) 395

슈네델바흐, 헤르베르트(Schnädelbach, Herbert) 416, 441n4

슈펭글러, 오스발트(Spengler, Oswald) 96

《서구의 몰락》(*The Decline of the West*, 범우사 역간) 96

슐라이어마허, F. D. E.(Schleiermacher, F. D. E.) 30, 79, 112, 170, 173, 272-75, 307-9, 337, 346, 467

《종교론: 종교를 멸시하는 교양인을 위한 강연》(*On Religion: Speeches to the Educated of Its Despisers*, 대한기독교서회 역간) 173

슐레겔, 프리드리히(Schlegel, Friedrich) 82, 136, 170, 172-73, 175, 177, 193, 235-36, 308, 395, 467

《그리스 로마 문학사》(*History of Greek and Roman Literature*) 236

슐리크, 모리츠(Schlick, Moritz) 271-72, 288, 307, 314, 394

슐체, 고틀로프 에른스트(Schulze, Gottlob Ernst) 114

《아이네시데모스》(*Aenesidemus*) 114

스노우, C. P.(Snow, C. P.) 21

스미스, 애덤(Smith, Adam) 214

스탈린, 이오시프(Stalin, Joseph) 383, 391, 394, 404

스트로슨, 피터(Strawson, Peter) 292

스피노자, 바뤼흐(Spinoza, Baruch) 34, 72, 130-31, 133, 137-38, 150, 180n6, 184-87, 195, 227, 348, 399

실러, 프리드리히(Schiller, Friedrich) 136, 386

《인간의 미적 교육에 관한 서간》(*Letters on the Aesthetic Education of Humanity*, 역본 다수) 136

ㅇ

아도르노, 테오도어 W.(Adorno, Theodor W.) 129, 197, 205, 228, 230, 314, 332, 336, 340, 378, 380, 383, 393-95, 397, 403-6, **411-20**, 421, 425-31, 437-38, 440, 443, 449, 451, 453, 458, 462

《계몽의 변증법》('호르크하이머'를 보라.)

《권위주의적 인격》(*The Authoritarian Personality*) 414

《미니마 모랄리아》(*Minima Moralia*, 길 역간) 413

《미학 이론》(*Aesthetic Theory*, 문학과지성사 역간) 418

《부정 변증법》(*Negative Dialectics*, 한길사 역간) 415, 417, 419

아인슈타인, 알베르트(Einstein, Albert) 7, 18

아펠, 카를오토(Apel, Karl-Otto) 431, 436, 438-39, 444

86, 390, 392, 397, 399, 404, 406-7, 417, 424-26, 428-34, 437, 439, 442-43, 448, 458, 476, 479-80

〈세계상의 시대〉(The Age of the World-Picture, 《숲길》에 포함됨, 나남 역간) 373, 406

《예술 작품의 샘》(*The Origin of the Work of Art*, 이학사 역간) 368

《존재와 시간》(*Being and Time*, 역본 다수) 352, 356, 362, 364-66, 371-72, 374, 381

〈철학의 종말〉(End of Philosophy) 384

한, 한스(Hahn, Hans) 288

헤겔, G. W. F.(Hegel, G. W. F.) 12, 27, 35, 63, 75, 106, 123-24, 126, 135, 138-39, **141-66**, 167-72, 174, 176, 179-81, 189, 191-99, 201-3, 205, 208, 212-15, 218-19, 221, 227, 247, 253-54, 257, 260, 266, 277, 284, 293, 297, 314-15, 318, 357, 361, 372, 389, 395, 412, 423, 438-39, 441-42, 456, 466, 469

《논리학》(*Science of Logic*, 자유아카데미 역간) 159-60, 163, 170, 194, 297n9

《법철학》(*Philosophy of Right*, 역본 다수) 145, 214

《정신 현상학》/《현상학》(*Phenomenology of Mind*, 역본 다수) 135, 143-45, 147, 152-53, 155-57, 170, 180, 253

《철학 백과》(*Encyclopedia*, 도서출판b에서 제1부 역간) 144

《피히테와 셸링의 철학 체계 차이》(*The Difference of Fichte's and Schelling's Systems of Philosophy*) 142

헤르더, J. G.(Herder, J. G.) 29-30, 77, 79, 86, **92-98**, 99-103, 199, 242, 272, 274, 279, 309, 363, 366, 398, 434, 454

《언어의 기원에 대하여》/《기원》(*Essay on the Origin of Language*, 한길사 역간) 30, 98-100

《최근 독일 문학에 관한 단편들》(*On Recent German Literature. Fragments*) 93

헨리히, 디터(Henrich, Dieter) 431, 452, 458

헬름홀츠, 헤르만(Helmholtz, Hermann) 168n1

호르크하이머, 막스(Horkheimer, Max) 314, 336, 380, 383, 392-95, **403-11**, 420, 427, 440, 443

《계몽의 변증법》(*Dialectic of Enlightenment*, 문학과지성사 역간) 380, 395, 403-5, 407-11, 415, 417, 427-29, 440

〈형이상학에 대한 가장 최근의 공격〉(The Most Recent Attack on Metaphysics) 392

홉스, 토머스(Hobbes, Thomas) 155, 190

《리바이어던》(*Leviathan*, 역본 다수) 190

화이트헤드, A. N.(Whitehead, A. N.) 292

횔덜린, 프리드리히(Hölderlin, Friedrich) 132, 170, 373

후설, 에드문트(Husserl, Edmund) 314, **317-41**, 344-45, 347n2, 353-54, 356-57, 360, 367, 369, 403-4, 433, 442, 447-48, 479-80

《논리 연구》(*Logical Investigations*, 민음사 역간) 321, 353

주제 찾아보기

※ 병기된 영단어의 어형은 원문과 다를 수 있다. 예컨대 원문에 'deterministic'으로 표기된 부분과 'determinism'은 모두 찾아보기 항목에는 "결정론(determinism)"으로 표기했다.

노에마(noema) **329-31**, 465
노에시스(noesis) **329-31**, 466
논리 경험주의(logical empiricism) 289,
317, 386
논리 실증주의(logical positivism) 289,
427, 446
논리주의(logicism) 181, 284, 468
논항(argument) 283-84, 348
농촌 전통(rural traditions) 385
눈앞에(vorhanden) 146, 358, 359, 362

ㄷ

대륙 철학(continental philosophy) 11, 27,
80, 313, 315, 466
도구(Zeug) 358
도구적 언어(instrumental language) 396
도구적 이성(instrumental reason) 466
도덕 / 도덕성(morality) 36, 38, 54,
58-67, 72-73, 110, 123, 125, 145,
154, 167, 181-83, 222, 226, 234,
241, 243-44, 251-63, 343, 386, 425,
446, 450-51, 459, 464
도상 / 이미지(image) 50
도식(schema) 50, 51, 52, 236, 275, 352,
466
도식작용(schematism) **50-51**, 120,
274-75, 352, 466
돈(money) 21, 69, 150, 198, 214, 216-17
동물학(zoology) 180
동어 반복(tautology) 41, 294-95, 303,
467
동일성(identity) 41-42, 45, 49, 52, 115,
134, 137, 142-43, 147, 177, 229,
282-83, 322, 335, 348, 407-8,
415-17, 429
- 사고(- thinking) 416-17
- 철학(- philosophy) 137, 142

동일시(identification) 96, 162, 212, 228,
231, 238, 255, 333, 406, 408,
415-19, 429-30, 450
동일적 진부함(identical triviality) 177
동일한 것의 영원한 반복(eternal recur-
rence of the same) **259n6**
디오니소스적(Dionysian) **82-84**,
235-36, 238, 467, 472
디히퉁(Dichtung) 373

ㄹ

~로서-구조(as-structure)
동일시의 -(- of identification) 416
서술적 -(apophantic -) 366, 370
실존적-해석학적 ~로서(existen-
tial-hermeneutic as) 366
이해의 -(- of understanding) 101,
349, 362, 365-66
해석학적 -(hermeneutic-) 366, 370
리히퉁(Lichtung) 374

ㅁ

마르크스주의(Marxism) 81, 155, 202,
220, 223, 225, 230, 288-89, 317n3,
383-84, 388-89, 392, 395, 397, 403,
425
과학적 / 과학적으로서의 -(scientific
conception of -, - as a science)
388
마음씀(care / concern, Sorge) 367
망각, 존재 (물음의)(forgetting of the
question of being) 360, 407
망상(delusion) 189, 200, 211, 243, 267,
411-14, 418, 451
망상의 맥락(context of delusion) 411,
414, 451